La consagración de la autenticidad

Gilles Lipovetsky

La consagración
de la autenticidad

Traducción de Cristina Zelich

EDITORIAL ANAGRAMA
BARCELONA

Título de la edición original:
Le sacre de l'authenticité
© Éditions Gallimard
  París, 2021

Ilustración: «La velocità dell' agnello», 2016 (Escultura de madera con acrílico),
  © Willy Verginer

Primera edición: *marzo 2024*

Diseño de la colección: lookatcia.com

© De la traducción, Cristina Zelich, 2024

© EDITORIAL ANAGRAMA, S. A., 2024
  Pau Claris, 172
  08037 Barcelona

ISBN: 978-84-339-2292-2
Depósito legal: B. 1179-2024

Printed in Spain

Romanyà Valls, S. A.
Verdaguer, 1, 08786 Capellades (Barcelona)

para Côme

INTRODUCCIÓN

Una fiebre de nuevo cuño, tan irresistible como generalizada, se ha apoderado de nuestra época: la fiebre de la autenticidad. Reivindicada por las personas privadas, exigida por los ciudadanos, prometida por los políticos, deseada por los consumidores, repetida como un mantra por los profesionales de la comunicación y del marketing, la autenticidad se ha convertido en una palabra fetiche, un ideal de consenso, una preocupación cotidiana. Nuestro siglo la ha erigido en valor de culto.

En la era del riesgo y la incertidumbre, de la desconfianza y la sospecha, la autenticidad va viento en popa y se transforma en tendencia. Al mismo tiempo que plebiscitan la alimentación ecológica, los productos artesanales y de proximidad, los circuitos cortos, las denominaciones de origen, la ganadería respetuosa con el bienestar animal, los consumidores se muestran cada vez más exigentes en materia de transparencia de la oferta. Las marcas identitarias y locales están en boga, así como los mercados al aire libre, los contactos directos con los pequeños productores, los intercambios amigables con la «gente auténtica». La época sigue la moda del «do it yourself», de las recetas cosméticas caseras con ingredientes bio, pero también de la ropa de segunda mano, lo «reciclado», los mercadillos, la decoración vintage, los bares y restaurantes retro que recuperan espacios de antaño «100 % auténticos». Lo auténtico se ha convertido en el *new cool*.

Al mismo tiempo, el vasto ámbito del patrimonio, los museos, los monumentos del pasado, los pueblos «típicos», los centros históricos de las ciudades, las tradiciones propias se perciben como emblemas de autenticidad y atraen a un público creciente de visitantes y turistas. Estos últimos, en un número considerable, desean conocer a las poblaciones locales, viajar «de otra manera», vivir experiencias individualizadas, alejados de los circuitos guiados y formateados. Con la modernidad avanzada, la autenticidad brilla en todo su esplendor, y se afirma como un objeto de deseo de masas.

En este contexto y en respuesta a estas nuevas demandas, numerosas marcas se empeñan en poner en valor su origen, su legado, para mostrar así la fidelidad a sí mismas, una identidad «auténtica», una imagen no artificial. Son innumerables las que han apostado por la sinceridad, la honestidad y la proximidad. Para tranquilizar y «reconquistar» a los consumidores escépticos, las palabras clave son ahora transparencia, trazabilidad, ética, compromiso. Cada vez más, la comunicación de las empresas insiste en denunciar la insignificancia espectacular, jurando, con la mano en el corazón, que no hacen *greenwashing* o *socialwashing*. Se trata de ser el más honesto, el más auténtico: se trata, en todas partes, de promover las necesidades «verdaderas» y los valores «verdaderos», de demostrar un compromiso auténtico al servicio del medioambiente y el bien colectivo. Después del *radical chic*, ahora es el turno de la *radical transparency*.

Actualmente se exige autenticidad en todo: en nuestros platos, en los lugares que visitamos, en casa, en nosotros, en la educación, en el universo de las marcas comerciales, en el liderazgo de las empresas, en la vida política y religiosa. Y, sobre todo, más que nunca, en nuestra vida personal, familiar, sexual y profesional. En pocas décadas, «ser uno mismo», llevar una existencia conforme con la propia verdad, se ha transformado en un ideal existencial casi evidente para todos, un derecho subjetivo fundamental que goza de reconocimiento generalizado. A diferencia de momentos anteriores de la modernidad, el ideal de autenticidad que preconiza la congruencia con uno mismo y la realización subjetiva ya no encuentra obstáculos de principio para establecer su reinado. La nueva fase de modernidad en la que nos hallamos ha firmado la consagración social de la ética de la autenticidad individual.

Desconsideración filosófica, preeminencia social

El nuevo lugar que ocupa la cuestión de la autenticidad va acompañado de una paradoja sorprendente. En efecto, en el momento en que el ideal de autenticidad se convierte en algo de consenso masivo y se encuentra en boca de todos los profesionales del marketing y de la comunicación, el turismo y la gestión, la problemática de la autenticidad pierde, entre los pensadores consagrados, su antigua preeminencia teórica, el poder de seducción que le era propio, en particular en las horas gloriosas del existencialismo triunfante. El hecho merece ser subrayado: cuánto más peso adquiere el ideal de ser uno mismo en las aspiraciones individuales, menos preeminencia tiene la autenticidad en el universo teórico. El éxito y la extraordinaria difusión de este concepto en el discurso social corren paralelos al eclipse de su aura filosófica.

Y ahora, cuando el derecho a ser uno mismo es el motor constante de los nuevos movimientos sociales, resulta que se recurre poco a ese derecho, que se reivindica poco, por no decir que se mantiene al margen o se ignora por parte de distintas corrientes, en concreto la ola *woke*,[1] nacida en los cam-

1. Asociado en su origen a la lucha contra el racismo en Estados Unidos, el término *woke* («despierto» en español) ha ido ampliando su

pus estadounidenses, que enfervoriza las redes sociales y se extiende actualmente en Europa. Otros conceptos y principios ocupan el primer lugar: identidad, género, raza, orgullo comunitario, derecho a la diferencia, reconocimiento de las minorías y los particularismos, «interseccionalidad» de las discriminaciones y las luchas. Sin menospreciar el hecho de que la cultura de uno mismo, al implicar libertad de conciencia y expresión, es totalmente pisoteada y renegada por los activistas fundamentalistas del multiculturalismo y la *cancel culture* («cultura de la cancelación»). Una nueva corriente liberticida se extiende y se afirma a través de prácticas de intimidación e intolerancia hacia opiniones divergentes, a través de llamadas a la censura y a la autocensura, en oposición frontal con el principio liberal de la afirmación subjetiva.

La época asiste al crecimiento de movimientos marcados más por el espíritu victimario que por el culto de la invención de uno mismo. La nebulosa «decolonial» e «indigenista» entiende todos los problemas en términos de identidad colectiva etnorracial. Los comunitarismos funcionan como fuerzas que obstaculizan el derecho a la autenticidad del sí; los himnos a las víctimas y a las comunidades de pertenencia se imponen a las llamadas a la autoafirmación subjetiva; los movimientos en lucha contra el sexismo o el racismo ya no enarbolan el ideal de ser incondicionalmente uno mismo, sino el de los Nosotros comunitarios, de género y racializados. La autenticidad personal: ¿aspiración de una época pasada?

Nada más inexacto. Constatar simplemente el eclipse de la difusión filosófica de la idea de autenticidad significa conformarse con una visión miope y superficial. Una cosa es la moda de los discursos y otra el peso real, el papel efectivo, el trabajo social que lleva a cabo en profundidad este imaginario

---

significado hasta identificarse hoy con los movimientos de justicia social de izquierdas en general. *(N. de la T.)*

en el mundo actual. No hay que equivocarse: su importancia social progresa con el retroceso de su prestigio intelectual. Ya que, sea cual sea la fuerza de la retórica comunitaria y victimaria, siempre es la exigencia de ser plenamente uno mismo la que alimenta las nuevas reivindicaciones identitarias, las luchas contra las discriminaciones y las ofensas padecidas. Las amenazas que pesan sobre el espíritu de libertad no deben ser subestimadas, pero la ilusión se completa cuando, a la luz de estos nuevos movimientos, se diagnostica el «sorpaso» de la cultura de la autenticidad. Bajo el empuje de las nuevas reivindicaciones comunitarias y las luchas por el reconocimiento de las identidades de sexo y género, más que nunca, el ideal individualista de autorrealización funciona en nuestro mundo, revelándose como un foco importante de contestación y redefinición del orden subjetivo y colectivo.

La descalificación intelectual del ideal de autenticidad por parte de las corrientes de moda no debe intimidar, puesto que la realidad social señala, con esplendor, su escalada, su transformación en valor-fuerza generadora de un nuevo cosmos social e individual. El hecho está ahí: al penetrar en ámbitos cada vez más amplios de la vida social e individual, el ideal de autenticidad se ha infiltrado en las costumbres, así como en la retórica de las instituciones económicas y mediáticas, familiares y escolares, religiosas y políticas. Ha tomado posesión del espíritu de la mayoría. Convertido en una palabra clave de los discursos contemporáneos, y al mismo tiempo en una demanda de masas y una oferta mercantil en continua expansión, el ideal de autenticidad ha cambiado de régimen y superficie, extendiendo sus exigencias mucho más allá de sus fronteras originales. Un nuevo régimen de la verdad de uno mismo para consigo se impone marcado por la multiplicación de sus puntos de aplicación. Ha llegado el tiempo de la cultura de la autenticidad democratizada, normalizada, figura e instrumento clave de la antropología de la hipermodernidad individualista y mercantil.

Es cierto al mismo tiempo que nuestras sociedades son denunciadas como sistemas que, al difundir lo falso a una escala sin precedente, generan el conformismo creciente de las opiniones y de los comportamientos. Ya en la década de 1960, Debord lanza sus flechas contra la «sociedad del espectáculo», que, al sustituir la apariencia al ser, la apariencia a lo verdadero, impide a los individuos ser auténticamente ellos mismos. Un poco más tarde Baudrillard anuncia la irrupción de la era de la simulación total, eliminando de manera definitiva los marcos referenciales de realidad, autenticidad y verdad. *Fake news*, posverdad, *infox*,[1] *fake self*, avatares y falsas identidades en internet, cuerpos siliconados, fotos retocadas y trucadas, falsificaciones de marca, parques de ocio kitsch y artificializados: domina la «sociedad del *fake*», engullendo el cosmos de la autenticidad.

Al poder de lo falso y el simulacro se suma el de los algoritmos, que trabajan en el mismo sentido. Estos pretenden dar a los individuos los medios para expresar su singularidad gobernándose a sí mismos, pero incitan, de hecho, a actuar como lo hacen aquellos que se les parecen mientras guían a los internautas a elegir lo que ya conocen: dirigidos por robots inteligentes, los seres están cada vez más encerrados en una burbuja de conformismo. Escalada de lo *fake*, gobernanza algorítmica: nuestra época, se dice con frecuencia, marca el fin del valor de autenticidad.

¿Entierro de la autenticidad y triunfo de lo falso, el simulacro y el conformismo? Este diagnóstico no es exacto ya que toma la parte por el todo. Más que nunca la autenticidad resuena como una palabra mágica y su demanda se dispara en todos los ámbitos y todas las esferas de la vida. Ya nadie acepta vivir siguiendo los mandatos de instancias exteriores a uno

1. Término francés creado a partir de las palabras *information* e *intoxication. (N. de la T.)*

mismo, cada cual considera que es legítimo guiarse según sus propios gustos, elegir su camino, autodeterminarse para así alcanzar la plenitud: nuestra época se adhiere masivamente a la ética de la autenticidad preconizando el principio del *be yourself.* Hay que dejar de pensar que la hipermodernidad individualista coincide con el eclipse de la búsqueda de la verdad, del espíritu de altruismo, de las formas de compromiso sincero: estas conductas están en realidad mucho más extendidas que en el pasado. Las interpretaciones teóricas que destacan el mundo «auténtico» del pasado oponiéndose al *fake* devastador de hoy son visiones mitológicas. Ni pánico, ni nostalgia: el *homo authenticus* no está enterrado, sencillamente se viste con ropas nuevas.

Una nueva condición subjetiva

El ideal de autenticidad individual no es algo de hoy: acompaña la aventura de la modernidad democrática e individualista desde su comienzo. Pero, inaugurada en el siglo XVIII, la ética de la autenticidad ha cambiado radicalmente de aspecto. Si bien el ideal sigue idéntico, las formas que adopta la cultura de la coincidencia con uno mismo y la autorrealización individual han cambiado de pies a cabeza. Un nuevo espíritu de autenticidad irriga nuestra época y un nuevo *homo authenticus* nos define. Somos testigos de la aparición de una manera nueva de ser uno mismo que presenta cada vez menos rasgos comunes con el modelo de los orígenes. Este libro pretende trazar el retrato de este hombre, de esta cultura de autenticidad profundamente reconfigurada.

Definida como exigencia de «ser uno mismo», la ética de la autenticidad ha sido, durante dos siglos, contenida estructuralmente en su expansión social por diversos dispositivos. Primero, por el número de sus adeptos, en tanto que estos pertenecían a pequeñas minorías cultivadas que se oponían frontalmente al sistema de valores. Luego, por el marco referencial del género y la ideología de la naturaleza: las mujeres y las minorías sexuales no gozaban del derecho a gobernarse libremente. Por la educación rigorista y autoritaria que no reconocía la autonomía de los «jóvenes». Por los convencionalismos, las exigencias de decencia y pudor: no todo podía decirse ni mostrarse. Por último, por los ámbitos de aplicación: la vida auténtica estaba asociada a los ámbitos «nobles», a los actos, decisiones y compromisos importantes de la vida (vida moral, lucha por la libertad, relación con la muerte, creación artística) excluyendo las esferas de la banalidad cotidiana, que se asimilaban a fuentes de alienación.

Este ciclo secular es cosa del pasado. Hemos virado de una cultura de autenticidad contenida a una cultura de hiperautenticidad que funciona en modo sobremultiplicado o hiperbólico. Todas las antiguas barreras se han eliminado. Ser uno mismo se ha transformado en derecho subjetivo universal del que ya no se excluye a las mujeres, los jóvenes, los adolescentes, las personas LGTBI. Régimen de hiperautenticidad también porque los antiguos límites relacionados con el pudor han saltado por los aires: en la web todo puede decirse y enseñarse, hasta lo más secreto y extremo de la vida sexual. Asistimos a una refundición completa de la arquitectura del régimen de la verdad con uno mismo. La autenticidad, que era sinónimo de anticonformismo, se ha normalizado e institucionalizado. Era un imperativo moral exigente e intransigente y se ha convertido en derecho subjetivo para ser mejor uno mismo, para alcanzar la plenitud existencial de los individuos. Se afirmaba a través de la angustia y el rechazo de la tranquilidad «burguesa», ahora celebra una existencia hedonista, feliz y reconciliada. Se manifestaba en la intimidad de los diarios íntimos: ahora se despliega en el hiperespectáculo de la telerrealidad. Exaltaba el conocimiento profundo de sí a través de un trabajo largo y minucioso de introspección, ahora se muestra a través de los selfies, las fotos divertidas en internet, los posts que tratan de casi todo sin importar lo que sea, en el registro de la espontaneidad, lo efímero, la diversión y la insignificancia. Se ha producido una revolución cultural de primer orden: hemos pasado de la autenticidad rigorista a la autenticidad eudemónica, posheroica y postsacrificial.

Al trastocar radicalmente la naturaleza de la relación de sí consigo mismo, la ideología de la autenticidad individual no ha seguido siendo un ideal formal confinado a la esfera de la moralidad abstracta y de las representaciones puras. Lejos de ser una ilusión de libertad, el derecho a ser uno mismo funciona como una idea-fuerza, una idea revolucionaria que provoca una profunda redefinición de la relación de los individuos consigo mismos, con los demás y con las grandes instituciones sociales. El ideal de autenticidad actúa como un formidable transformador antropológico, un operador de cambio de las maneras de pensar y existir. Vector de un cambio antropológico importante, ha moldeado, a largo plazo, una nueva condición subjetiva, un nuevo modo de ser uno mismo y de vivir en sociedad.

Del mismo modo que el principio de igualdad creó no solo una nueva forma de gobernar las sociedades, sino también, como demostró Tocqueville luminosamente, un nuevo estado social, un *homo democraticus* movido por ideas, sentimientos y pasiones específicas, así también el ideal de autenticidad ha dado luz a un nuevo tipo de individualidad, a nuevas formas de pensar, actuar, sentir, vivir, estar en sociedad. Este proceso que se inició hace tiempo ha alcanzado su punto culminante. En este libro he tratado de subrayar los efectos multidimensionales de este principio de sentido, radiografiar su fuerza generadora de un universo social y antropológico nuevo, su poder de cambiar radicalmente la relación de los individuos consigo mismos, con la sexualidad y la familia, con el trabajo y el arte, con la política y la religión.

La exigencia de autenticidad, extendida por toda la sociedad, ha alcanzado incluso la esfera de la vida cotidiana y la del modo de vida material. Se trata de ser uno mismo en el consumo corriente, en la alimentación, los viajes, la movilidad, la manera de vestir, la decoración del hogar, las formas de comunicar y comercializar los bienes mercantiles. Ningún sector escapa ya del fetichismo de lo auténtico: en todas las cosas, incluidas las comerciales, se manifiestan las demandas exponenciales de autenticidad. Lo que se exalta no es solo la relación auténtica con uno mismo y con los otros, sino también los productos «auténticos», los circuitos alimentarios de proximidad, los objetos y destinos auténticos, las marcas «honestas», sinceras y comprometidas. Hemos entrado en el estadio consumista de la autenticidad, punto culminante de su dinámica de expansión social.

Ya no solo valoramos la singularidad de los sujetos, sino también la de los objetos; ya no solo glorificamos la fidelidad al sí subjetivo, sino la fidelidad de las marcas consigo mismas; ya no solo apreciamos las conductas «naturales» de las personas, sino los productos ecológicos respetuosos con el medioambiente. El ideal de autenticidad, que al principio era intrapersonal, ha penetrado en el universo de las «cosas» y de la empresa: queremos sentido en todo, verdad, transparencia, naturalidad, sinceridad, fidelidad a uno mismo. El universo de la hipermodernidad se caracteriza por la extensión de la ética de la autenticidad a la esfera de los bienes mercantiles.

La gran metamorfosis en curso se caracteriza también por el cambio radical que afecta a la manera de pensar y valorar la autenticidad en el momento en el que esta se convierte en un sector económico, una industria, una etiqueta, una moda, un objeto de consumo de masas. Era un fin moral incondicional, un valor ético ajeno a cualquier intención mercantil: actualmente está colocada en un pedestal como medio al servicio del éxito de las empresas, como clave para un liderazgo capaz de movilizar al personal de las empresas y crear niveles de compromiso elevado en los asalariados. Pero también como un nuevo grial de las marcas, herramienta indispensable para hacerse de nuevo con la confianza de los consumidores. En el tiempo de las economías posfordistas, la autenticidad se utiliza como argumento de venta, como «recurso» para el desarrollo de los mercados, del turismo y de las marcas. Cada vez más, se instrumentaliza con el fin de conseguir eficacia económica y de gestión. La fase performativa y utilitarista de la autenticidad ha tomado el relevo de su momento eticoidealista.

Quitarle la magia a la autenticidad

En este nuevo periodo histórico, la autenticidad está revestida con todas las virtudes y se la aplaude como el principio capaz de hacer frente con éxito a los desafíos de un siglo preocupado por su porvenir planetario. La época registra el aumento de una forma de encantamiento mágico que presenta la autenticidad como una especie de fórmula milagrosa capaz de acabar con las plagas que nos atacan. Nuestros ecosistemas están amenazados por un productivismo y un consumismo delirantes: aprendamos a vivir de manera sencilla, natural y frugal. La pandemia de la COVID-19 alcanza a todos los continentes del planeta: es culpa de nuestros modos de producción y consumo no auténticos. Los ciudadanos dan la espalda a las urnas: necesitamos responsables políticos íntegros y sinceros. Las marcas ya no inspiran confianza: el marketing de la transparencia es la solución. Los asalariados están desmotivados: la clave está en el liderazgo auténtico.

¿La cultura de la autenticidad es merecedora de todos estos honores? Evidentemente, no. Sea cual sea su importancia existencial y social, la conversión virtuosa a la vida auténtica está lejos de constituir la palabra mágica capaz de mejorar la suerte de la mayoría, poner remedio a las crisis del medioambiente, la salud, la ciudadanía o la educación. Las llamadas virtuosas a la autenticidad tendrán una eficacia reducidísima para estimular un desarrollo verde, satisfacer las paulatinas aspiraciones de alcanzar el bienestar material, encontrar soluciones efectivas para los problemas de las desigualdades sociales, responder a los desafíos de la salud y la demografía, a las necesidades crecientes de la población mundial. Cuidado con ver en ella la panacea, el instrumento de salvación de nuestra época.

Por mucho que la autenticidad sea un ideal, conviene no magnificarla en cualquier circunstancia, presentándola como una finalidad suprema. Existen otros principios cuyo valor ético y cuya importancia para construir una vida individual y colectiva superan a la autenticidad. Sea cual sea la legitimidad en el registro de la conducta de la vida privada, tenemos que reafirmar que no es el más alto de nuestros valores. Todo lo que es auténtico no es necesariamente bueno, ni todo lo que es inauténtico debe descartarse. Al no ser un ideal supremo ni un remedio milagroso para nuestros males, tenemos que relativizar, quitarle la magia al valor de la autenticidad, afirmando al mismo tiempo su irreductible legitimidad moral.

Primera parte
Ser uno mismo:
las metamorfosis de un ideal

I. LAS TRES EDADES DE LA AUTENTICIDAD

«Sea usted mismo», «emprenda la búsqueda de su yo», «realícese»: pocas son las reglas de vida que, actualmente, parezcan más «evidentes», más deseables que estas que nos invitan a coincidir con nuestro ser verdadero, a desarrollarnos permaneciendo fieles a nuestro yo íntimo. ¿Qué ideal de vida goza de una legitimidad mayor, si no es el de la realización de uno mismo a través del cumplimiento de los deseos más personales? ¿Hay algo más importante que buscar la propia felicidad, según la propia ley, en lugar de conformarse con modelos impuestos desde fuera del yo?

Estar en armonía con uno mismo más allá de las convenciones sociales y de todas las formas de mentira y conformismo: esta exigencia nos remite a lo que se ha acordado denominar la ética de la autenticidad. Adherencia total a la propia existencia, adecuación a la individualidad subjetiva, restitución completa de sí a sí mismo: la ética moderna de la autenticidad alaba un régimen de verdad respecto a la propia subjetivad.

«Conviértete en lo que eres», *be yourself!*: la ética de la autenticidad, ensalzada durante mucho tiempo por minorías de intelectuales y artistas, ha tomado una velocidad superior. Ahora se despliega a gran escala a tal punto que podemos considerarla la ética dominante de la época contemporánea.[1] No hay nada que parezca más legítimo que vivir de acuerdo con nuestro yo singular, reencontrar nuestra verdadera individualidad, dejando de ajustar nuestro ser en función del de los demás. «Ser plenamente uno mismo» se ha convertido en un ideal omnipresente y sin duda «la consigna más consensuada del mundo occidental», como sostiene con toda la razón François Flahault.[2] Afectando a esferas de la vida común cada vez más numerosas, difundiéndose por todo el cuerpo social, la ética de la autenticidad triunfa de principio a fin: vivimos el momento de la consagración social de la ética de autenticidad.

Sin embargo, como señala Charles Larmore, el concepto de autenticidad ya no goza del prestigio teórico que tenía durante la primera mitad del siglo XX y hasta principios de la década de 1960: su lustre se ha apagado. Atacada por su inconsistencia teórica desde los enfoques sociológicos y las distintas críticas de las filosofías del sujeto, la problemática de la autenticidad ya no va viento en popa en la república de las letras. Al no ocupar el primer plano de la escena filosófica, denunciada como «mentira» (René Girard), espejismo, impostura e ilusión por las problemáticas deconstruccionistas «posmodernas» (Foucault, Baudrillard, Deleuze, Derrida), la noción de autenticidad ya no está de moda, su antigua aura filosófica se ha disipado. A pesar de que filósofos como Charles Taylor, Charles Larmore[3] y, más recientemente,

1. Charles Taylor, *Le malaise de la modernité,* trad. fr. de Charlotte Melançon, Éditions du Cerf, 1994. También Luc Ferry, *Homo aestheticus, L'invention du goût à l'âge démocratique,* Grasset, 1990, pp. 341-346.

2. François Flahault, *«Be Yourself!».* *Au-delà de la conception occidentale de l'individu,* Mille et une nuits, 2006. (Hay traducción española: *¿Quién eres tú? Identidad y relación,* trad. de Agustín Temes, Sequitur, Madrid, 2009.)

3. Charles Larmore, *Les pratiques du moi,* PUF, 2004.

24

Claude Romano[1] se han empeñado en rehabilitar este ideal, de nada ha servido: el momento de gloria de la autenticidad ha quedado atrás.

Pero lo que es cierto en el plano filosófico no lo es, ¡y hasta qué punto no lo es!, en el orden existencial, en el que cada cual reivindica cada vez más el derecho a ser plenamente uno mismo siguiendo el camino que le es propio. El hecho está ahí: cuanto menos interesa a los medios intelectuales la problemática de la autenticidad, más ejerce esta un poder de seducción sobre los individuos en lo relativo a la manera de dirigir su vida; cuanto más se desencadenan las críticas teóricas y políticas respecto a ella, más adhesión sin reserva suscita en el orden existencial. Cuanto más se deconstruye el concepto, más consenso encuentra la búsqueda del yo auténtico y más se nos impone con la fuerza de la evidencia: estamos en la etapa en la que el ideal de autodefinición o de autodeterminación de uno mismo ejerce un poder de atracción tan irresistible como universal. El fin del culto intelectual a la autenticidad personal coincide con su consagración «práctica», con la legitimidad absoluta de su principio. Desposeída de su antigua majestad filosófica, se ha apoderado de los corazones y los espíritus, imponiéndose como un ideal de vida incontestable, casi unánime. El derecho de ser uno mismo triunfa como nunca: la ética de la autenticidad ha llegado al cénit de su proyección social.

LAS TRES REVOLUCIONES DE LA ÉTICA DE LA AUTENTICIDAD

Desde la época de la Ilustración, cuando se estableció el ideal moderno de autenticidad individual, el alcance social de dicho ideal se ha ampliado considerablemente. Lo preconiza-

1. Claude Romano, *Être soi-même*, Gallimard, 2019.

ba una élite cultivada, intelectual y artística: ahora es la inmensa mayoría de la población la que adopta este *ethos*. Ya no se la alaba en los círculos de la alta cultura, sino en los medios de comunicación de masas, las redes sociales, la empresa y la nebulosa psicológica. Actualmente, la retórica de la realización personal está omnipresente en las revistas, los discursos psicológicos y pedagógicos, la publicidad e incluso la gestión. Vivimos la época de la penetración del ideal de ser uno mismo en las costumbres y los corazones, lo que da lugar a la apoteosis democrática del *homo authenticus*.

Señalemos que el cambio no reside solo en la propagación social del *be yourself* que tuvo lugar durante la segunda mitad del siglo XX hasta el punto de imponerse como un fenómeno de masas. Simultáneamente, la cultura de la autenticidad ha cambiado de cara, se ha recompuesto, presentándose bajo rasgos radicalmente nuevos. La permanencia a largo plazo del ideal de autenticidad no debe ocultar la mutación que está en curso. Si el principio de base sigue siendo el mismo, las formas sociales que lo encarnan se han transformado con una amplitud tan considerable que podemos diagnosticar la aparición de una nueva etapa en la historia del *ethos* de autenticidad.

El hecho está ahí: la inscripción social del deseo de ser uno mismo ha cambiado de estilo y de sentido. De *Las confesiones* de Rousseau a los programas de telerrealidad, del ser-por-la-muerte heideggeriano al internauta guay, de la crítica sartriana de la mala fe a las técnicas de desarrollo personal, de la vida en los bosques (Thoreau) al turismo responsable, de las utopías de la contracultura al matrimonio gay, del artista bohemio al consumidor *bobo* (el «burgués-bohemio»), el culto de la autenticidad ha mutado. Asistimos a una nueva manera de ser uno mismo: el hombre nuevo de la autenticidad que ve la luz tiene muy poco en común con sus venerables ancestros de la época de la Ilustración ni con las vanguardias de la modernidad.

26

Esta reconfiguración antropológica de *homo authenticus* es objeto del presente ensayo. No me propongo examinar la «esencia» del ser auténtico, su valor y su legitimidad moral, ni siquiera las ilusiones que alberga. La pregunta que lo dirige no es «qué es» la autenticidad personal, sino cuáles son los efectos socioantropológicos del *ethos* del «sé tú mismo». Tampoco pretendo proponer una genealogía o una historia intelectual del ideal de autenticidad: mi objetivo es comprender cómo las sociedades modernas se han adueñado de él, cómo ha penetrado en la vida social y ha transformado los modos de existencia hasta el punto de crear una nueva condición subjetiva. El principio de autodeterminación individual no se ha quedado, en efecto, confinado en el cielo puro de las ideas filosóficas: se ha impuesto a lo largo del tiempo como un operador de transformación radical de la identidad personal, de la relación de uno mismo con los otros y con el todo colectivo. Este libro pretende analizar la invención propiamente revolucionaria de este nuevo cosmos social y subjetivo, este trabajo historicoantropológico del ideal de autenticidad.

Desde esta perspectiva, la ética moderna de la autenticidad se inscribe en una historia hecha de continuidad, pero también de discontinuidades. Una historia que, desde las alturas y a largo plazo, puede establecerse como modelo a partir de la distinción de tres grandes fases.

La primera se extiende desde la segunda mitad del siglo XVIII hasta la década de 1950. Es aquella en la que se forjó una pieza central de la ideología individualista moderna mediante un nuevo ideal de vida que proponía, como deber primero, la sinceridad consigo mismo, el acuerdo de mí conmigo y el rechazo correlativo de los juegos de la apariencia, del conformismo y de la tiranía de la opinión. Corresponde al momento moral y «heroico» de la cultura de la autenticidad.

La segunda fase corre paralela a la revuelta contracultural, al espíritu libertario y antiautoritario típico de las décadas de 1960 y 1970. Convertida en fenómeno generacional y movimiento social, la búsqueda de autenticidad no es ya únicamente una exigencia ética, sino que se convierte en una fuerza social, un vector de movilización colectiva cuyo objetivo es «cambiar la vida» aquí y ahora, transformar de pies a cabeza la organización de la vida colectiva y el modo de existencia individual. La época ve afirmarse, bajo el signo de la «revolución», una autenticidad de tipo utópico, contestatario y antinstitucional.

Desde finales de la década de 1970 se desarrolla el tercer acto de la historia de la autenticidad personal. Coincide con el momento en el que, ya dentro de las costumbres, esta se encuentra universalmente aprobada, al mismo tiempo que se desbloquean las barreras que obstaculizaban el reconocimiento pleno y total del principio de autodeterminación personal. Liberada de la perspectiva revolucionaria, la nueva era de la autenticidad está sin embargo marcada por la radicalización de sus miras y sus efectos, dado que todos los antiguos frenos sociales y simbólicos (las representaciones relativas a la diferencia masculino/femenino, a la edad joven, a las minorías sexuales y de género) han sido descalificados y, por ello, han dejado de oponerse a su dinámica propia. Sin oposición de fondo a sus exigencias, dotada de una legitimidad consensuada, libre de sus antiguas restricciones, la cultura de la autenticidad ha entrado en una nueva etapa de su odisea multisecular: la del derecho a ser uno mismo, sustituyendo el deber moral de ser uno mismo. Después de la autenticidad anticonformista y de la autenticidad libertaria, se afirma la autenticidad normalizada, generalizada, posheroica, vector clave de la antropología del individualismo contemporáneo. Los capítulos que componen este libro se dedican a dibujar su retrato así como sus retos.

EL MUNDO ANTERIOR A LA AUTENTICIDAD

Vivir en concordancia con uno mismo, mostrarse tal como uno es, sin máscaras ni disimulos, seguir el propio camino: una ética así no tiene nada de universal. Lo que nos parece «natural» es en realidad un ideal moral insólito en la historia de las civilizaciones. Tal como han destacado Lionel Trilling y Charles Taylor, se trata de un *ethos* que no se impuso hasta la época de la Ilustración.[1] Si bien la intención de verdad es milenaria —es lo propio de la filosofía desde hace veinticinco siglos—, el ideal de coincidencia con la verdad del ser singular es exclusivamente moderno. El ideal de dirigir la propia vida desde la única obediencia a sí mismo es inseparable de la «revolución democrática», de la aparición de una cultura política y moral que reconoce los principios universales de libertad e igualdad: *homo authenticus* es la progenie de *homo aequalis*.

En el transcurso de decenas de milenios, el ideal de autenticidad permaneció totalmente desconocido en las sociedades denominadas tradicionales, en donde la tradición es norma suprema y fuente de toda legitimidad, fundamento absoluto del orden social y del político. Durante el tiempo en el que las sociedades han funcionado bajo el dominio de la ley de los ancestros y los dioses, se ha impuesto la escrupulosa obediencia a las prescripciones colectivas como principio de actuación para los seres; no la exigencia de ser uno mismo en su singularidad subjetiva. A lo largo de este inmenso periodo, ninguna comunidad humana elogió el principio del acuerdo íntimo de sí consigo mismo.

---

1. Lionel Trilling, *Sincérité et authenticité*, trad. fr. de Myriam Jézéquel, Grasset, 1994; Charles Taylor, *Les sources du moi. La formation de l'identité moderne*, trad. fr. de Charlotte Melançon, Boréal, 1998. (Hay traducción española: *Fuentes del yo: la construcción de la identidad moderna*, trad. de Ana Lizón, Paidós, Barcelona, 2006.)

Únicamente estaban prescritos el respeto a la costumbre, la estricta fidelidad a los usos y las reglas recibidas del pasado, la devota conformidad de los comportamientos individuales con las reglas de la comunidad. La organización del funcionamiento «holístico» excluye el reconocimiento de la autonomía individual y el principio subjetivo y, en consecuencia, la valorización del sentimiento interior y la «sinceridad del corazón». Lo que importa no es lo que uno siente o piensa, sino seguir las normas comunes, hacer las cosas como siempre se han hecho, reconducir a lo idéntico el orden del mundo. Todas las civilizaciones basadas en la subordinación de los seres individuales al conjunto social han obstaculizado la estimación social del régimen de la verdad singular, la individualidad soberana y su interioridad.

Por supuesto, esto no significa que no haya en estas sociedades experiencias propiamente personales: solo que la individualidad subjetiva no se reconoce en ninguna parte como ideal y fuente de lo que resulta legítimo en materia de conducta por seguir. El imperativo de observancia de las normas colectivas se ejerce con tal fuerza que la idea de acuerdo consigo mismo, de sinceridad hacia uno mismo, no tiene ningún sentido. Esta organización radicalmente conservadora y antiindividualista ha prevalecido en las sociedades «salvajes» del Paleolítico y se ha prolongado durante milenios en las marcadas por la revolución neolítica, por la división de lo político y de las clases sociales.

Solo en el ámbito de las sociedades democráticas iniciadas en el camino de la secularización, la destradicionalización y la individualización de la relación con el mundo ha podido nacer y luego desarrollarse la aventura filosófica y existencial de la ética de la autenticidad. Revolución moral que instituye un modo de ser y actuar sin precedente en la historia, el ideal de autenticidad personal puede ser considerado como una de las piezas centrales de la cultura del mundo moderno democrático, del universo que concede a los individuos la libertad de autodefinirse, de gobernarse a sí mismos, de darse sus propias leyes, tanto colectivas como individuales.

Ideal de sabiduría e ideal de autenticidad

Es innegable que algo fundamental cambia con la irrupción de la Grecia antigua, en donde surge un sentido nuevo de la persona individual, de la experiencia de sí, de la dimensión interior de los individuos. Así lo atestigua la aparición de la poesía lírica, así como de ciertas formas de autobiografía y, claro está, de la filosofía como «cultivo de sí», atención continuada a la vida interior, cuestionamiento de uno mismo, búsqueda de la sabiduría, toma de conciencia, transformación y realización de sí. Para vivir libre y en paz con uno mismo, la filosofía invita a los hombres a volverse hacia su yo, examinar su conciencia, preocuparse por su progreso interior, cuidarse.

La vida filosófica propiamente dicha consiste en transformarse a uno mismo rechazando los falsos valores, liberándose de todo lo que nos es ajeno (riquezas, honores, caprichos del deseo y la pasión, convenciones de la vida social y política...) para así alcanzar la independencia, la libertad interior, la tranquilidad de espíritu que son los rasgos distintivos de la sabiduría. Una sabiduría que se alcanza mediante prácticas de vigilancia y atención hacia uno mismo, un trabajo constante sobre sí, ejercicios espirituales repetidos –meditación, lectura, ejercicios intelectuales, estudios de los grandes tratados de los maestros del saber, examen de conciencia, diálogo consigo mismo– que encarnan el precepto socrático: «Conócete a ti mismo».

El advenimiento de la filosofía coincide con el reconocimiento del valor propio del yo, de la individualidad, la vida y la libertad interiores; y su ambición es precisamente el perfeccionamiento espiritual de sí que se realiza por medio del cuidado del alma, la reflexión, el pensamiento puro, el conocimiento y el examen continuado de uno mismo. Sin embargo, esto no autoriza a reconocer en ello, como hace Foucault, unas «artes de la existencia», unas «técnicas de sí» definidas por la simple relación de sí consigo mismo, en otras palabras, una «estética de la existencia».[1] Lo que se pretende en la búsqueda de la sabiduría, en efecto, es el cambio radical de la manera de ver y de ser de los individuos para que estén de acuerdo con el todo cósmico y no con su verdad psicológica personal. La filosofía se afirma como terapia de las pasiones: su único fin es liberar a los hombres del miedo a los dioses y la muerte, alcanzar el dominio total de uno mismo, así como la paz del alma, liberándola de las pasiones y los deseos. Aquello que verdaderamente nos configura a nosotros mismos, el yo liberado de los deseos vanos, de las pasiones y convenciones, no es en absoluto la individualidad singular: el verdadero yo no es otro que la persona moral, su libertad, su autonomía en relación con las pasiones y los deseos. Liberado de lo exterior, es sinónimo de conformidad con la razón universal. El ideal de sabiduría no consiste en alcanzar la verdad del sí personal, ni la concordancia con el yo idiosincrásico, sino en acceder a la universalidad de la Razón, a la consciencia de sí como parte de la Naturaleza. Pierre Hadot lo ha recordado con fuerza: el sabio alcanza un nivel de existencia que, trascendiendo los límites del yo individual, lo abre al infinito cósmico. No se trata de adecuarse a la singularidad del yo, sino de «liberarse de su individualidad para elevarse a la universalidad», «sobrepasar el sí», pensar y actuar en unión con el cosmos.[2]

1. Michel Foucault, *Histoire de la sexualité, III. Le souci de soi*, Gallimard, 1984. (Hay traducción española: *Historia de la sexualidad, III. El cuidado de sí*, trad. de Silvia Varela y Fernando Álvarez-Uría, Siglo XXI, Madrid, 2005.)

2. Sobre estos aspectos, Pierre Hadot, *Études de philosophie ancienne*, Les Belles Lettres, 1998, pp. 249-251, y *Exercices spirituels et philosophie*

Si la sabiduría no consiste en alcanzar la verdad del sí personal, entonces los deseos singulares son los que generan la desgracia de los hombres, las patologías del alma, lo trágico de la vida. El cultivo del alma no consiste en seguir la vía particular propia de cada uno: su objetivo es sobrepasar el sí contingente, armonizarse con un orden impersonal o con la razón común a todos los hombres. Y esto se consigue aceptando de forma voluntaria el destino impuesto por la razón cósmica (estoicismo), o bien buscando únicamente los placeres naturales y necesarios (epicureísmo) que corresponden a las necesidades elementales y las únicas capaces de proporcionar el puro placer de existir.

Sobre el tema de la figura del sabio tal como se desarrolló en el mundo helenístico, Louis Dumont ha propuesto la categoría del «individuo fuera del mundo».[1] Sin duda, sería más exacto, sobre todo por el papel de la amistad entre los epicúreos, de la consciencia cósmica y de los deberes ciudadanos entre los estoicos, hablar, no de un individualismo «fuera de lo mundano», sino de un individualismo no singularista o, mejor aún, antisingularista. Si los Antiguos forjaron un tipo de individualismo, este presentaba rasgos que estaban en las antípodas de lo que constituirá la cultura moderna individualista de la autenticidad personal. Igualmente, si bien los griegos, sobre todo Aristóteles, pudieron reconocer en la sinceridad o la franqueza una virtud de sociabilidad, en ningún lugar presentaron la sinceridad con respecto a sí mismo –la autenticidad existencial– como valor ético.

---

antique, Albin Michel, 2002, pp. 325-331. (Hay traducción española: Ejercicios espirituales y filosofía antigua, trad. de Javier Palacio, Siruela, Madrid, 2006.)

1. Louis Dumont, Essais sur l'individualisme. Une perspective anthropologique sur l'idéologie moderne, Le Seuil, 1983, pp. 36-39. (Hay traducción española: Ensayos sobre el individualismo, trad. de Rafael Tusón, Alianza, Madrid, 1987.)

El paradigma de la autenticidad individual, definida como adecuación a uno mismo, nace en la Europa de la Ilustración. Rousseau es su inspirado profeta. Es el primero que erige la sinceridad hacia sí en ideal moral supremo, en virtud individual, en deber imprescriptible del que ningún ser humano puede zafarse. Apóstol de la transparencia total de sí mismo, detractor de la hipocresía y de las pasiones ficticias de la vida social, da el pistoletazo de salida a la ética moderna de la autenticidad según la cual no hay nada más digno que ser incondicionalmente uno mismo, llevando una existencia conforme con la única verdad interior de sí. Ya no se trata, como con los estoicos, de vivir de acuerdo con el orden cósmico, sino de vivir según la verdad singular del yo, según el «sentimiento interior» y la «voz del corazón». Erigido en nuevo absoluto, el ideal de autenticidad prescribe eludir el reino de la opinión, liberarse del peso de las convenciones y de los demás artificios de la vida en sociedad, dicho de otro modo, ser siempre sincero consigo mismo siguiendo el propio camino: «sé tú mismo», esta es la gran máxima de la ética de la autenticidad.

Revolución de la autenticidad e individualismo singularista

Charles Taylor llamó la atención sobre el lazo que une la ética de la autenticidad con lo que él denomina el «giro expresivo» que vio la luz en el siglo XVIII. En el marco del paradigma expresivista de la vida, cada individuo es diferente, original, singular, y esta originalidad debe determinar la manera en la que hay que vivir. De tal modo que la vida buena para uno no lo es para otro: «Cada persona debe medirse según un patrón diferente, que le pertenece de forma exclusiva».[1] En este sentido, la existencia auténtica no es más que la expresión de la singularidad individual. Cada individuo debe seguir un camino particular, que le es propio, en lugar de adaptarse a un modelo impuesto desde fuera por la tradición, las costumbres y las autoridades institucionales.

El papel principal desempeñado por Rousseau en la revolución de la autenticidad se ha señalado muchas veces con toda la razón. Para el filósofo ginebrino no hay deberes exteriores a uno mismo, no existen valores trascendentales a los que el sujeto deba adaptarse: todo se juega en la inmanencia del individuo singular que busca la pura coincidencia con su ser y, dándose a sí mismo, su línea de conducta. No hay otra verdad moral que la del sí singular: cada uno debe escuchar únicamente a su corazón, su sentimiento interior, su conciencia, declarada instancia suprema, «juez infalible del bien y del mal».

El triunfo de la individualidad singular se prolongó en autores como Herder, Humboldt o Goethe y luego a través del movimiento romántico. Simmel veía ya en la obra de Goethe el advenimiento de una cultura «de la especificidad individual [...] que no se basa en lo que es parecido, sino en lo que es absolutamente propio».[2] En esta línea, Louis Dumont ha propuesto, en contraste con el «individualismo de la igualdad», otro paradigma de individualismo: el «de la especificidad, de la unicidad cualitativa, de la incomparabilidad de cada uno, de la irreemplazabilidad de cada criatura humana».[3] Figura del culto moderno de la individualidad insustituible, el ideal ético de

1. Charles Taylor, *Les sources du moi, op. cit.,* p. 471.
2. Georg Simmel, *Philosophie de la modernité,* t. II, «L'individualisme de Goethe» (1912), trad. fr. de Jean-Louis Vieillard-Barron, Payot, 1990, pp. 300-301.
3. Louis Dumont, *Homo aequalis II. L'idéologie allemande,* Gallimard, 1991, p. 236.

autenticidad implica lo que Dumont denomina el «singularismo», el reconocimiento de la unidad de cada sujeto humano.

Es necesario evitar trazar una línea infranqueable entre estas dos formas de individualismo, ya que pertenecen consustancialmente al mismo mundo moderno democrático. El aspecto que hay que subrayar es que, en efecto, la modernidad democrática y la ambición de autonomía que la habita son las que han hecho posible el reconocimiento social de la personalidad subjetiva, de la singularidad individual. Al poner la libertad y la igualdad de los átomos individuales como verdades primeras y fundamentos del orden colectivo, la edad democrática ha acabado con el principio de subordinación de los seres a las reglas colectivas recibidas desde fuera, ha emancipado al individuo de su sujeción al todo colectivo, ha descalificado las normas holísticas y el valor de las tradiciones que prevalecían hasta entonces. De este modo, ha abierto la vía a la legitimación y la valoración de la individualidad singular, del individuo en toda su particularidad y sea cual sea su grupo social de pertenencia. Bajo los auspicios de la igualdad, el pensamiento de Montaigne, «cada hombre lleva la forma entera de la humana condición», ha adquirido una fuerza y una legitimidad nuevas. Con la igualdad como axioma de base del mundo moderno, cada individuo está dotado, en principio, de un valor igual, puede reivindicar su singularidad y se convierte en digno de interés sea cual sea su origen social. El universo democrático no solo ha instituido la igualdad como derecho de los individuos, sino que, a partir del movimiento romántico, ha cambiado el significado y la mirada sobre la particularidad subjetiva, ha celebrado su valor al consagrar un «individualismo de la singularidad» (Simmel).

En el transcurso del siglo XIX y de la primera mitad del XX, muchos autores europeos (Kierkegaard, Stuart Mill, Nietzsche, Ibsen, Wilde, Heidegger, Sartre) y americanos (los trascendentalistas) se han convertido en los apóstoles de la ética de la autenticidad, apelando a una vida personal libre del conformismo, de la moral tradicional, de los valores heterónomos del pasado. En la filosofía kierkegaardiana, «la subjetividad es la verdad» y «volverse subjetivo es la tarea más importante que cada hombre tiene asignada, así como la más alta recompensa». Nietzsche combate al individuo de rebaño y el conformismo del «último hombre» haciendo honor al lema: «Conviértete en lo que eres». El hombre auténtico es el hombre creador de sí mismo y del mundo, el que rechaza todos los valores tradicionales y no queda doblegado bajo el peso de los ideales ascéticos trascendentes del tras-mundo: «Queremos convertirnos en lo que somos, los hombres nuevos, los incomparables [...] aquellos que se dan sus leyes a sí mismos, los que se crean a sí mismos».[1]

Para Emerson, Thoreau, Melville, Hawthorne, Whitman, el camino de la vida buena y auténtica se confunde con el camino propio de cada uno, el que se adecua a su ser verdadero, único y singular. Para conseguirlo, conviene, según Emerson, deshacerse de las costumbres que nos empujan hacia el conformismo, aprender a pensar y ver el mundo despreciando la opinión pública, seguir su intuición confiando en uno mismo, expresar lo que se piensa personalmente y no lo que piensan los demás: «La imitación es suicidio». Cada uno debe «considerarse maestro», ya que «ninguna ley es, a mi entender, sagrada salvo la de mi naturaleza» y «el único bien es el que se adapta a mi constitución, y el único mal el que es contrario a ella».[2] Ser uno mismo implica obedecer solo a las leyes de la individualidad personal, liberarse del «qué dirán», de los prejuicios, de los credos y catecismos. Todo aquello que remite a

1. F. Nietzsche, *Le gai savoir*, IV, § 335. (Hay traducción española: *La gaya ciencia*, trad. de Charo Greco y Ger Groot, Akal, Madrid, 2019.)
2. R. W. Emerson, *Compter sur soi*, trad. fr. de Stéphane Thomas, Allia, 2018, p. 16. (Hay traducción española: *Confianza en uno mismo*, trad. de Pedro Tena, Gadir, Madrid, 2009.)

una fuente heterónoma queda descalificado; únicamente detenta un valor moral el sujeto autónomo que se dirige a sí mismo con valentía, rechazando cualquier forma de mimetismo y sujeción a una ley recibida de fuera.

Una ética de esencia democrática

«Sigue tu camino», «sé tú mismo», «confía en ti»: la ética de la autenticidad lleva consigo el ideal de emancipación en relación no solo con los dogmas religiosos, sino también con la opinión común. De este modo, coincide con el ideal individualista de una vida moral autónoma dirigida por la única verdad subjetiva de los individuos. Liberar a los hombres del modelaje colectivo, obedecer solo a la ley de la propia conciencia, rechazar a las autoridades y los dogmas heterónomos de la moral: la ética de la autenticidad traduce la exigencia moderna de autonomía individual en el ámbito de la vida moral. A través de la valorización de la soberanía individual que en ella reside, la ética de la autenticidad constituye una de las piezas de la revolución democrática moderna definida por el proyecto de instituir un mundo libre, soberano, que se da a sí mismo las leyes de su propia existencia.

La era democrática moderna se ha construido afirmando el principio de libre disposición de sí, tanto en lo relativo a la esfera pública como a la esfera privada. Del mismo modo que los hombres son colectivamente reconocidos como únicos autores legítimos de sus leyes, así también cada ser debe elegirse, convertirse en maestro de su vida, obedecer solo a su propia ley, depender solo de él mismo en la conducción de su existencia, eludiendo las presiones heterónomas de la vida social y religiosa. Revolución de los derechos del hombre y revolución moral de la autenticidad subjetiva, soberanía del pueblo y plena autoridad de conciencia subjetiva en materia ética constituyen dos caras de la misma invención sociohistórica, la de la modernidad democrática dirigida por el proyecto de autodefinición y plena posesión de sí. Liberada de la trascendencia de la ley, consagrando el ideal de autogobierno de sí, la ética de la autenticidad es de esencia democrática e individualista. Ha contribuido a forjar un tipo nuevo de individualidad, la figura del *homo democraticus* moderno.

La autenticidad como ideal moral

Los alegatos a favor de la ética de la autenticidad devienen más fundamentados y necesarios conforme la modernidad ve desarrollarse las formas gregarias de la vida, y los procesos de mecanización y estandarización que amenazan con disolver la individualidad humana. Al estigmatizar la dictadura de la muchedumbre y la uniformización de los seres, los pensadores de todos los bandos se alarman ante la degradación de lo que constituye la grandeza humana, de su degeneración moral, de la renuncia al ejercicio de la autonomía subjetiva. Bajo el liderazgo del individualismo de singularidad, se ha construido la crítica de la alienación y de la civilización moderna, acusada de ahogar al individuo en la masa, de nivelarlo, de despersonalizarlo, de convertirlo en un extraño para sí mismo. Conocemos la suerte que corrió la temática de la alienación en los escritos de Hegel, Marx, Tocqueville, Lukács, Heidegger y, más tarde, de la Escuela de Frankfurt. Con la fase I nació la crítica de la alienación social, la revuelta «romántica» contra el mundo moderno que tritura la singularidad en la uniformidad, desposeyendo al individuo de su ser personal.

Las democracias liberales se han edificado sobre la base de los derechos del individuo a la libertad. Pero los pensadores contemporáneos de la fase I observan que el movimiento de la sociedad moderna no conduce tanto a la realización de la libertad personal como a su abdicación ante el conformismo y la transformación en rebaño generalizados. Esta constatación pesimista ha alimentado las llamadas éticas a «ser uno mismo». El orden del derecho, constitutivo del liberalismo político, no se basta por sí solo para obstaculizar las fuerzas del modelaje social y permitir así un modo de ser no alienado, auténtico, singular. Para conseguirlo, es necesario promover una ética exigente que incite al individuo a liberarse del yugo impersonal de la opinión y a reencontrar la plena posesión de sí mismo. La conquista del yo auténtico no puede ser el resultado mecánico de la democracia liberal: nada es posible sin una ética individual ambiciosa y regeneradora que exhorte a obedecer únicamente a uno mismo, a «elevar su vida gracias a un esfuerzo consciente» (Thoreau).

Contra la «dictadura» de la opinión común y las fuerzas de despersonalización, se trata de «enderezar de nuevo» al hombre, convocándolo a que solo se base en sí mismo. Los Modernos han escrito odas a la autenticidad individual como exigencia ética dirigida por el deber de guiarse según la propia consciencia y la propia verdad. Virtud maestra, deber hacia uno mismo, la autenticidad subjetiva es lo que confiere dignidad a la existencia del sujeto. Acceder a la propiedad de su existencia misma es el deber más elevado de los deberes hacia sí, la primera de las virtudes individuales, la condición del sentimiento de nuestra dignidad moral: «Si quieres ser un hombre, di lo que piensas hoy con palabras tan duras como balas de cañón».[1]

Se supone que la existencia auténtica abarca la conquista de un modo de ser moralmente superior. El combate para ser uno mismo no se libra con vistas a la felicidad o el placer, sino a título de la verdad, la libertad, la dignidad humana, la elevación moral. Haced «que resuene, no la campana que anuncia la cena, sino un silbido de flauta espartano», desafiad «la mediocridad educada y la satisfacción inmunda de nuestro

---

1. R. W. Emerson, *op. cit.,* p. 25.

tiempo»:[1] lo que importa es adueñarse del ser propio, arrancarse de la existencia ficticia e impersonal, despertar la valentía de ser uno mismo. En la fase I, la autenticidad consiste en elevarse por encima de sí, en apuntar cada vez más alto, liberándose de la mediocridad de la cotidianeidad y de las masas transformadas en rebaños. La vida auténtica es aquella que endereza de nuevo al hombre y lo hace crecer moralmente. Es un «perfeccionismo» moral que lleva la ética de la autenticidad.

Es verdad que un filósofo como Heidegger se resiste enérgicamente a dar un valor moral a las ideas de autenticidad y falsedad. Sin embargo, es muy difícil no percibir una dimensión normativa en el uso que hace de estas categorías, que oscilan constantemente del registro descriptivo u ontológico al registro normativo de la crítica de la existencia cotidiana. Incluso si Heidegger sostiene que las denominaciones utilizadas no expresan ninguna depreciación, ninguna crítica moral, no por ello los conceptos usados para describir el sí inauténtico –«decadencia», «palabrería», «nivelación», «alienación», «caída», «vacuidad y nulidad de la cotidianeidad»– dan a entender otra cosa, a saber: la denuncia de las grandes sociedades urbanas modernas y de los medios de comunicación de masas, que, al difundir una cultura superficial, hacen que el hombre caiga en la uniformización de rebaño y en la pérdida de uno mismo. Bajo el lenguaje neutro de la ontología fundamental se esconde la valorización ética de la vida auténtica. Es una ética o una «cuasiética»[2] que se expresa en las invectivas heideggerianas contra la vida empobrecida, «arruinada», del «se».

1. R. W. Emerson, *op. cit.*, p. 28.
2. Stéphane Haber, «Réification et inauthenticité», *Philosophique*, 9 (2006), pp. 7-38.

La autenticidad heroica

Al ensalzar el ideal de autenticidad, los pensadores modernos se han levantado contra el conformismo, el fariseísmo, el confort de las costumbres: una guerra sin merced contra lo falso existencial con acento épico. Rousseau proclama que ha renunciado a todo para adecuarse a la veracidad de sí mismo: «Le sacrificaba mi seguridad, mis intereses, mi persona con una imparcialidad de la que no conozco ningún otro ejemplo entre los seres humanos».[1] Jean-Jacques se presenta como una especie de mártir de la vida verdadera. Al suscitar calumnia y rechazo social, la búsqueda de la autenticidad, durante la fase I, se manifiesta como una epopeya, no puede alcanzarse si no es al precio de una ascesis difícil y de sacrificios personales: implica valor, audacia y arrojo, la valentía de ser sincero consigo mismo, el coraje de la «desobediencia civil» (Thoreau), de oponerse a las autoridades y a la mayoría.

Para las filosofías de la autenticidad, esta se confunde con una actitud viril de combate, necesaria para escapar de la alienación de la vida «media» y de la mediocridad espiritual de las masas. «Vayamos a la guerra y despertemos a Thor y Odín, valor y firmeza, en nuestros corazones sajones», escribe Emerson.[2] Ser uno mismo exige, tanto en la vida como en el arte y la relación con el saber, una disciplina personal de hierro: «Sed duros», profesa Nietzsche, para quien convertirse en uno mismo implica lanzarse desafíos, «vivir peligrosamente [...] en guerra con los demás y consigo mismo». En Sartre, el hombre auténtico es el que se arranca del confort de la mala fe inventándose a diario con riesgo y angustia. Según Heidegger, el modo

1. J.-J. Rousseau, *Les rêveries du promeneur solitaire*, O. C., I, Bibliothèque de la Pléiade, Gallimard, p. 1.025. (Hay traducción española: *Las ensoñaciones del paseante solitario*, trad. de Mauro Armiño, Alianza, Madrid, 2016.)
2. R. W. Emerson, *Compter sur soi, op. cit.*, p. 45.

de ser auténtico es indisociable de un combate, de algún modo «heroico», que implica la asunción del pesado fardo de la angustia de la muerte, el asumir «la dureza y el peso» de la existencia. El yo verdadero se construye en la lucha contra el «apaciguamiento» y el «contento», contra «la tendencia a la ligereza y la facilidad» característicos del «se».

Identificar un campo de lucha y acción sin fin, vivir auténticamente, es lo mismo que tener el valor de defender sus opiniones, ser uno mismo, ser diferente, actuar según las propias convicciones oponiéndose a la mayoría, a menudo con sufrimiento y con el rechazo de la existencia apacible de la cotidianeidad pequeñoburguesa o religiosa: la autenticidad no se separa de una visión trágica de la existencia. No se valoriza la vida feliz y serena, sino una existencia en tensión permanente: si dicha existencia se relaja para conseguir paz, la autenticidad existencial desaparece de inmediato. Algo «atlético y prometeico»[1] anima la búsqueda del sí auténtico: la fase I coincide con el momento «heroico» de la autenticidad.[2]

Los dos paradigmas de la autenticidad

Charles Taylor defendió la tesis según la cual el individualismo de singularidad era de tipo «expresivista». Señalemos, no obstante, que ha podido ser interpretado, en el transcurso de

---

1. Emmanuel Mounier, *Introduction aux existentialismes*, Gallimard, 1962, p. 50. (Hay traducción española: *Introducción a los existencialismos*, trad. de Daniel D. Montserrat, Guadarrama, Madrid, 1973.)

2. El ideal heroico se afianza hasta en el dandismo, definido por Baudelaire como «el último resplandor de heroísmo en las decadencias», en *Le peintre de la vie moderne*, Gallimard, p. 900. (Hay traducción española: *El pintor de la vida moderna*, trad. de Silvia Acierno y Julio Baquero, Taurus, Barcelona, 2013.)

la primera modernidad, de forma muy diferente. En realidad, los Modernos no inventaron un modelo, sino dos paradigmas del ser uno mismo auténtico.

Según el primer paradigma, ser uno mismo equivale a alcanzar la esencia del yo, coincidir con el propio ser íntimo, ser transparente y adecuado a sí a través de la escucha de la interioridad subjetiva y de un trabajo introspectivo. El movimiento inaugurado por Rousseau y los románticos se prolongó por otras vías, a través del psicoanálisis y actualmente del movimiento del «potencial humano» y del «desarrollo personal»: esta corriente instituye el paradigma de la expresión psicológica de la autenticidad personal.

Sin embargo, surgió una segunda problemática según la cual la existencia auténtica no obedece tanto a una lógica expresiva-psicológica como a una lógica voluntarista, autocreativa, autotransformadora de sí. Para Nietzsche, el hombre auténtico singular, alejado del rebaño, es el individuo creador que se adentra por nuevos caminos, inventa nuevos valores y posibilidades futuras. Lejos de expresar su yo, es un «experimentador»[1] que se hace la guerra a sí mismo, derrumba los valores, forja su conciencia a golpe de martillo. En la filosofía heideggeriana, ser auténtico no es expresar el yo natural, sino decidir en persona el curso de la propia vida, asumir en conciencia, personalmente, el peso de su ser escapando a la uniformización del «se»: no es adecuación al yo, sino «resolución», autoapropiación voluntaria de las propias elecciones, «elección de sí mismo», moldearse activamente a uno mismo. Para Sartre la autenticidad existencial se confunde con el compromiso y la elección de sí. Su modelo es la creación artística: «Lo que es común al arte y la moral es que en ambos casos tenemos

1. F. Nietzsche, *Par-delà le bien et le mal*, § 210. (Hay traducción española: *Más allá del bien y del mal*, trad. de Andrés Sánchez Pascual, Folio, Barcelona, 2003.)

44

creación e invención. No podemos decidir a priori lo que debe hacerse», escribe Sartre en *El existencialismo es un humanismo*. El ser auténtico no es el que alcanza una verdad preexistente, un yo dado de antemano, sino el que se inventa rechazando cualquier conformismo, cualquier moral establecida, asumiendo el hecho de que ninguna esencia determina la existencia.

Ante el paradigma de la expresividad individual se afianza el paradigma de la autoproducción de sí mismo. Para Baudelaire, el sí mismo dandi no intenta expresar fielmente una esencia subjetiva que ya existe, sino automoldearse, transformarse mediante un «incesante trabajo sobre sí mismo» (Sartre), una voluntad impregnada de valor, perseverancia y ascesis estoica. No se trata de ir a descubrir ese uno mismo escondido, sino de inventarse un sí mismo a cambio de una dura disciplina estética dirigida contra la naturaleza «burda, terrenal e inmunda».[1] El combate contra el conformismo no implica aquí la revelación del yo secreto: se afirma en el desafío, la estetización de su persona, la invención de un estilo de vida y de nuevas maneras de ser, «el arte aristocrático de no gustar», la voluntad de «hacer de uno mismo una obra de arte» (Oscar Wilde).

Por supuesto, podemos ver en el dandismo la antítesis absoluta de la cultura de autenticidad, planteada como odio del artificio, culto de la naturaleza y la simplicidad, la verdad subjetiva y la proximidad a uno mismo. Aun así, constituye una figura de la ética de la autenticidad que plantea la realización de sí mismo como meta de la vida. Ya que para el dandismo únicamente el arte permite la realización personal, nada puede igualar el gozo de una vida dedicada a la creación artística: «La vida artística no es más que el florecimiento de uno mismo», escribe Oscar Wilde en *De profundis*. El artificialismo, el antinaturalismo, el esteticismo extremo no tienen nada que ver: el dandismo es inseparable de la cultura de autenticidad,

1. Charles Baudelaire, *Le peintre de la vie moderne, op. cit.*, p. 904.

45

del individualismo de singularidad, del placer de desligarse de lo común a través del espectáculo de las apariencias y la provocación. La «estética de la singularidad y la negación»[1] que es el dandismo materializa una de las maneras de afirmar el sí en oposición a la muchedumbre, de vivir intensa y plenamente el presente a través de la pasión individualista del parecer, la diferencia, la invención de uno mismo.

Invención de uno mismo, decisionismo, voluntarismo, «resolución», esteticismo desmesurado: una etapa suplementaria ha sido cruzada en la conquista del individualismo de singularidad. El ser uno mismo ya no tiene que coincidir con una identidad subjetiva existente, sino autoafirmarse, autoproducirse, sin modelo, sin verdad previa, sin marco referencial preexistente.

Señalemos, sin embargo, que a pesar de todo lo que los separa, estos dos paradigmas, en fase I, comparten un punto común. Siendo su esencia democrática, la ética de la autenticidad no por ello ha dejado de reconducir una visión elitista de la vida «verdadera»: un elitismo de singularidad.[2]

LA AUTENTICIDAD BOHEMIA

El ideal moderno de autenticidad no solo se ha manifestado en los escritos autobiográficos y en los textos filosóficos y teóricos. Se ha encarnado, a partir del siglo XIX y sin gran problematización filosófica, en el *ethos* nuevo de los artistas, en oposición frontal a los valores y modos de vida de la burguesía.

1. Albert Camus, *L'homme révolté*, Gallimard, 1951, p. 72. (Hay traducción española: *El hombre rebelde*, trad. de Josep Escué, Penguin Random House, Barcelona, 2021.)

2. Sobre el elitismo y la singularidad en el mundo del arte moderno véase Nathalie Heinich, *L'élite artiste. Excellence et singularité en régime démocratique*, Gallimard, 2005.

El espíritu bohemio

Con el mundo moderno nació la figura del artista bohemio, uno de cuyos rasgos significativos es el desprecio mostrado hacia el burgués, los signos del éxito material y la respetabilidad social. El rechazo del alma burguesa se afirma en todos los aspectos de la existencia: fantasías vestimentarias (ropas extravagantes, estilo desaliñado), pelo largo, amor libre o venal, rechazo de hacer carrera y de la vida de familia, inclinación por el alcohol y la droga, poco interés por el trabajo regular, ausencia de domicilio fijo, vida nocturna. Se detesta al «tendero», las instituciones y los emblemas de la consagración oficial (Academia, prensa, galardones, condecoraciones).

Indiferente a los honores, deseoso de ofender al burgués, el artista bohemio se burla de los valores establecidos, cultiva la fantasía como arte de vivir, multiplica las provocaciones irónicas e irreverentes, las parodias, farsas y demás camelos. La vida bohemia se reafirma en la hostilidad hacia las convenciones y los valores burgueses, en una marginalidad que puede llegar a la excentricidad. El modo de vida anticonvencional, individualista,[1] hedonista y provocador constituye la autenticidad artística moderna.

Los artistas bohemios se distinguen por la despreocupación y el desinterés por las cosas materiales. La concepción artística del mundo se afirma en la execración de la mezquindad y las falsedades de la vida burguesa, lo comercial y el espíritu de lucro. El mundo del dinero se pone en la picota porque arruina la belleza, el estilo verdadero, la grandeza de la creación: el ideal de autenticidad exige el antiutilitarismo, el antifilisteísmo,

1. Lo que no impidió la aparición de todo un conjunto de colectivos y pequeños grupos más o menos duraderos (Zutistes, Vilains Bonshommes, Hydropathes, Fumistes, Incohérents, Hirsutes, J'menfoutistes...) que compartían el mismo *ethos* de burla, las mismas concepciones críticas de la cultura burguesa.

el antimaterialismo. Es así como en la edad romántica se ha moldeado la imagen del artista desinteresado que, al pretender únicamente la gloria de la posteridad, sacrifica su confort y su vida de familia en el altar del arte puro, soportando con heroísmo el fracaso comercial, la miseria, el anonimato, la ausencia de honores: no hay artista auténtico sin compromiso «sacrificial», sin abnegación «heroica».

Si bien la modernidad democrática forjó la figura crística del «artista maldito» cuyos sufrimientos y pobreza lo acercan al mártir, también vio emerger al mismo tiempo una cultura de artista de tipo hedonista y presentista. Contra la vida agostada del burgués de éxito, se trata de vivir el instante presente, el momento tal como se presenta. Richepin, del grupo de Les Vivants, escribe en su poema «Hermano, hay que vivir»: «En nuestra opinión el vino es bueno y las mujeres están bien hechas [...]. Por lo tanto, hermano, echemos otro trago, comamos, bebamos, follemos, / vivamos, ¡llenos de un hambre de vivir insaciable!». A la moral austera de la previsión y la acumulación de riquezas, los bohemios contraponen la existencia del día a día, el espíritu festivo, los paraísos artificiales, la frecuentación asidua de los cafés, restaurantuchos y tabernas. Ser uno mismo no significa acceder a una vida más elevada, más amplia, más digna, sino vivir intensamente el presente. Solo hay autenticidad personal en el rechazo de las imposiciones sociales, la rutina del trabajo, el molde del éxito, el yugo de la pareja y la familia.

Así es como se ha construido la cultura de la autenticidad, en fase I, tomando caminos heterogéneos. Por un lado, un modo de estar marcado por la seriedad, el voluntarismo ético, la búsqueda de un perfeccionamiento moral. Por el otro, un estilo de vida disoluta y hedonista, la marginalidad, el diletantismo, un anarquismo que se despliega ajeno a toda voluntad de elevación moral. Esta es la figura de la cultura de la autenticidad que se recuperará en una escala diferente en la fase II.

Este no es el lugar, dentro de los límites de este capítulo, para analizar los diferentes factores, sobre todo económicos y sociales, que han hecho posible la sensibilidad bohemia. Señalemos únicamente que esta cultura no puede separarse de la revolución de los valores que acompaña a la modernidad democrática, del reconocimiento social de la autonomía subjetiva, de la puesta en valor del individuo singular, del derecho a ser uno mismo. El anticonformismo, la excentricidad, la marginalidad, el rechazo de una vida estable y regular solo pudieron convertirse en el modo de vida reivindicado por una categoría social sustentándose en la concepción nueva, romántica, del individuo cuya singularidad se valoriza. La celebración moderna de la subjetividad singular y el reconocimiento del derecho a gobernar la propia vida son el fundamento del espíritu bohemio.

El «culto de la sensación multiplicada»

Al oponerse radicalmente al mundo inauténtico de la burguesía, fustigando lo adulterado, las mentiras, la falsedad de la cultura, los artistas bohemios inauguraron un modo de vida basado en la libertad individual, la inmediatez, la espontaneidad, las sensaciones, las experiencias emocionales del yo. Los artistas modernos pusieron en práctica las palabras de Byron, que proclamaba: «La sensación, he aquí el objetivo de la vida». Es en la emoción intensa y la exploración de todas las dimensiones de la experiencia que permiten escapar de la aburrida mediocridad de la cotidianeidad donde se afirma esta versión de la vida auténtica.

El culto de la experiencia adquirió una dimensión nueva a partir del segundo tercio del siglo XIX. Baudelaire expresa su «pasión insaciable por ver y sentir», su amor por la muchedumbre, fuente de goces y experiencias variadas hasta el infinito:

«Glorificar el vagabundeo y lo que podemos denominar el bohemianismo. Culto de la sensación multiplicada» (*Mon cœur mis à nu*). Para combatir la monotonía de la existencia diaria, Baudelaire se entrega a todas las formas de ebriedad –alcohol, drogas, sexo– pese a las amenazas que hacen pesar sobre el control y la «centralización del yo». Un camino prolongado por Rimbaud mediante técnicas alucinatorias evocadas en el famoso «largo, inmenso y razonado desajuste de todos los sentidos» destinado a acceder a lo desconocido, «hacerse vidente», disolver los límites demasiado estrechos de la consciencia subjetiva.[1]

El bohemio puso en práctica una cultura sensorial con el propósito de dilatar las dimensiones de la experiencia, una cultura de la experiencia en la cual la sensación se plantea como una necesidad para la creación artística (Baudelaire), el medio para escapar a la monotonía de los días, en este mundo en el que «la vida verdadera está ausente» (Rimbaud). De modo que los Modernos inventaron, paralelamente al paradigma de la autenticidad-sinceridad hacia sí mismo, la autenticidad-intensidad, que se desplegaba en la destitución de la razón y la voluntad, la experiencia de los sentidos, el estallido de las costumbres perceptivas (alucinación visual, intoxicación).

Por un lado, estas experiencias sensoriales parecen asestar un golpe fatal al ideal de autenticidad, ya que el objetivo que se persigue da la espalda de manera ostensible a la accesión a la plena propiedad de la propia existencia. Sin embargo, por otro lado, la idea de ser uno mismo no cesa en absoluto de estar activa, ya que es el hogar del que emanan estas experiencias. Porque en la época en la que Rimbaud proclama: «Yo es otro», la consciencia empieza a ser interpretada como lo más superficial que existe, la parte gregaria, impersonal, social, en

---

1. Sobre la «vaporización» y los medios de expansión del yo, veáse Jerrold Seigel, *Paris bohème, 1830-1930*, trad. fr. de Odette Guitard, Gallimard, 1991.

tanto que pensamos: «No pertenece esencialmente a la existencia individual del hombre, sino que por el contrario pertenece a la parte de su naturaleza que es común a todo el rebaño».[1] Gracias a ello, al estimular lo que no tiene que ver con el yo consciente, uno se escapa, paradójicamente, de la prisión del «se» de rebaño. Finalmente el sí de la consciencia se subvierte para ser aún más sí mismo, un sí menos impersonal, más rico y más abierto. Los poetas modernos experimentaron métodos extremos haciendo que vacilaran las referencias de lo real, de la percepción y la subjetividad para «llegar a lo desconocido», «hacerse vidente», hacer surgir de sí mismo al *Otro* escondido en mí, abrir el campo perceptivo.

En esta senda, el ser uno mismo no exige la fidelidad al yo, sino la explosión de la jaula subjetiva, la experimentación y la exploración de nuevas experiencias perceptivas que «aumentan más allá de lo debido la personalidad» (Baudelaire). La «preocupación por uno mismo» anda lejos de estar muerta: a través del estallido de los límites del yo consciente y voluntario, se busca una existencia personal «aumentada», liberada de la banalidad de lo cotidiano. Surge una búsqueda nueva de sí mismo que ya no es expresiva sino experimental, aventurera, peligrosa. Tal como escribe Henri Michaux: «¡Pensar! Más bien actuar sobre mi máquina de ser (y de pensar) para encontrarme en situación de poder pensar de otro modo, de tener posibilidades de pensar realmente nuevas» (*Passages*).

LA AUTENTICIDAD LIBERTARIA

Si la fase I de la cultura de la autenticidad se despliega a lo largo de dos siglos, la fase II que empieza con los *sixties* es mucho más corta, ya que termina antes de finales de la década

---

1. F. Nietzsche, *Le gai savoir, op. cit.*, V, § 354.

de 1970. No por ello este nuevo ciclo dejó de ser portador de cambios importantes en el modo en el que se concretizó el ideal de autenticidad. Nuevos actores históricos, nueva problemática de la emancipación, nuevas formas de rechazo: la exigencia de autenticidad ha cambiado de escala, de estatus, de significación social. Un nuevo ciclo surge y en él las reivindicaciones de autenticidad se afirman por vez primera como movimiento social, como fenómeno colectivo cargado del ideal comunitario y utópico, una revuelta total que cuestiona los axiomas constitutivos de nuestra civilización.

La autenticidad antinstitucional

La fase I se construyó siendo conducida por minorías cultivadas, intelectuales y artísticas, en guerra contra los valores heterónomos y el conformismo de la multitud. La segunda fase es asunto de una clase de edad, de una fracción de la juventud estudiantil que rechaza las estructuras institucionales (familia, ejército, capitalismo, organización jerárquica y tecnocrática) y los roles sociales, acusados de alienar al individuo, de desposeerlo de su existencia «verdadera».

Lo que de entrada distingue la fase II de la precedente es su dimensión generacional: los combates para alcanzar una vida auténtica se desarrollan esencialmente en el seno de la juventud, en la franja de edad comprendida entre los dieciocho y los veinticinco años sobre todo y en la mayoría de los países occidentales desarrollados. La exigencia de autenticidad personal sale del círculo elitista de los artistas y de la gente de letras: se convierte en un fenómeno de generación, un movimiento de masas conducido por una juventud rebelde, una ola juvenil internacional que atañe muy particularmente al ámbito estudiantil.

Las nuevas búsquedas de autenticidad no se caracterizan solo por la edad de los actores, sino también por su objetivo global y su dimensión política y utópica. Lo que se pone en la picota es la totalidad de los ámbitos de la vida social, todas las instituciones, en tanto que fuentes de alienación y opresión. Producción, consumo, educación, instituciones políticas y familiares, religiosas y artísticas, militares y psiquiátricas: ninguna esfera escapa de la ola del «Gran Rechazo», del movimiento de contestación generalizada y permanente.

Lo que marca este momento es su espíritu de radicalidad: no se trata de reformar, sino de «cambiar la vida», subvertir de pies a cabeza el sistema establecido, derribar la organización del mundo, los valores, todas las instituciones oficiales. Todo el «sistema» y su axiomática se ve vilipendiado por lo que se acostumbra a denominar, siguiendo el libro de Theodore Roszak, la «contracultura» y, en Francia, la cultura del 68. Entre las palabras maestras de la generación disidente figuran «liberación» y «revolución», aunque esta última no se concibe como un compromiso político con vistas a la toma del poder central, sino como un movimiento cultural creador de nuevos valores y nuevos modos de vida.

Esta revuelta contra la sociedad capitalistaburocrática se caracteriza por estar alimentada principalmente por la crítica de lo inauténtico y la miseria de la vida cotidiana, de la deshumanización del mundo, de la alienación de las existencias, de la pérdida de autonomía de los individuos y del autoritarismo de los poderes jerárquicos. La generación contestataria en Estados Unidos combate, es cierto, las discriminaciones raciales, las pruebas nucleares, la guerra de Vietnam, pero también el «American way of life», el ejército, la escuela, la familia, las normas autoritarias y alienantes (disciplina, jerarquía, meritocracia, puritanismo, dinero, consumo). Los hippies, los freaks, los yippies, los estudiantes en revuelta se sublevan contra un mundo represivo, artificial y deshumanizado que, al ahogar la personalidad de los sujetos, les impide ser lo que son o lo que querrían ser, un mundo que, resumiendo, genera «la pérdida de sí mismo». Las instituciones del orden establecido son puestas radicalmente en la picota en tanto que fuerzas represivas que fabrican un infierno climatizado y vidas de robot, que obligan a los individuos a renunciar a toda una parte de sí mismos. Sometidos a las presiones de la meritocracia capitalista, al bombardeo comercial, a las reglas de la moral puritana, los individuos son prisioneros de roles-yugo que les condenan a una existencia despersonalizada, falsa, inauténtica.

La retórica revolucionaria es omnipresente, pero son sobre todo el ideal de autenticidad y la aspiración a una vida libre y no alienada los que se legitiman y alimentan las críticas y acciones de la contracultura. Entusiasmando a la juventud, el ideal de una existencia autónoma y plena hizo resplandecer la cultura contestataria. Al denunciar la rutina «de casa al trabajo y del trabajo a casa» y todas las normas represivas que aplastan el yo, la contracultura adopta el ideal de las relaciones verdaderas hacia uno mismo y los demás. La utopía contracultural se planteó como la herramienta para la realización de la vida auténtica a escala de la civilización occidental.

Al cuestionar el modelo de la felicidad normalizada, los partidarios de la contracultura celebran la espontaneidad, el deseo, el amor libre, invitan a «cambiar la vida», a una revolución aquí y ahora: *Paradise now*, a través de la transformación de los modos de vida mediante grupos alternativos. El ideal de vida auténtico debe realizarse de inmediato pasando por el cambio radical de las mentalidades sin esperar la gran noche de la toma del poder por un partido revolucionario disciplinado. El objetivo de autenticidad no coincide ya únicamente con una exigencia ética y personal, sino con la ambición global, transpolítica, de abolir el mundo social de la alienación. El enemigo al que hay que vencer ya no es la hipocresía, sino las maneras de trabajar, consumir, educar, amar, en otros palabras, la organización de conjunto de la vida colectiva. Nace un espíritu rebelde de tipo nuevo, ya que la contracultura no separa la acción política de la voluntad de cambiar la vida privada, la relación con el sexo, con los sexos, los niños, las drogas y el consumo. Al alojarse incluso en la vivencia personal, lo político adquiere un sentido global: «todo es política». Al incorporar la dimensión existencial a las acciones colectivas, al reivindicar el derecho a la subjetividad, al introducir lo personal en la esfera de lo político, la contracultura hizo que la ética de la autenticidad accediera a su momento transpolítico.

Entre la fase I y la fase II de la autenticidad, la separación es importante. Aun así la conquista de la autenticidad ha seguido siendo interpretada bajo el signo de la vida heroica. En la fase I, la existencia auténtica, como vimos, no se separa de un modelo épico. Ocurre lo mismo en la fase II, que transmite una imagen hercúlea o prometeica de la autenticidad. El tono del libro de Roszak así lo atestigua al hablar de una «intrusión bárbara» en la sociedad, de una «invasión de centauros evocada en el frontón del templo de Zeus».[1] La contracultura, que supuestamente debía provocar una ruptura radical y constituir la vanguardia al abolir el viejo mundo, luce la aureola de un imaginario heroico. La fase I había celebrado el heroísmo de la ética anticonformista; la fase II ensalza el heroísmo de la revolución cultural haciendo eclosionar un nuevo mundo.

La utopía comunitaria

En oposición radical con el modo de vida capitalista-individualista fuente de una existencia falsa y artificial, los adeptos de los movimientos alternativos exaltaban un modelo de vida comunitaria que tenía que favorecer un modo de vida

1. Theodore Roszak, *Vers une contre-culture*, trad. fr. de Claude Elsen, Stock, 1980, p. 60. (Hay traducción española: *El nacimiento de una contracultura*, trad. de Ángel Abad, Kairós, Barcelona, 2005.)

acogedor, hecho de transparencia y relaciones interpersonales «verdaderas». Grupos urbanos radicales, neotribus rurales, grandes encuentros musicales, festivales, manifestaciones pacifistas, *love-in*: los actores de la contracultura iban en busca de experiencias comunitarias auténticas. La vida auténtica no se construye en la soledad y el diálogo consigo mismo, sino en nuevas formas de «estar juntos», en modos de vida alternativos, experiencias comunitarias que supuestamente permiten relaciones verdaderas y cordiales entre los seres humanos. Se es realmente uno mismo evolucionando en el seno de grupos liberados de los vicios del mundo moderno, de su mecanización, su mercantilización y su individualización. La fase II de la autenticidad se desarrolló bajo el signo de la utopía comunitaria.

El ideal comunitario suscitó en Estados Unidos un intenso entusiasmo generacional, así como la aparición de grupos: se calcula que se crearon aproximadamente tres mil comunidades de entre diez y veinte personas en el momento álgido de la revolución cultural; entre 1965 y 1975, más de un centenar de miles de personas experimentaron alguna forma de vida comunitaria. Siguiendo los pasos de la contracultura americana y del Mayo del 68, Europa también fue testigo del avance de búsquedas comunitarias en la ciudad o en el campo a través de pisos comunitarios u ocupados, comunas agrícolas y comunidades místicas. Las mujeres y los homosexuales también estuvieron presentes en el origen de movimientos colectivos destinados a combatir el puritanismo, pero también a permitir experiencias comunitarias.

Algunas de estas neocomunidades preconizan el «regreso a la naturaleza» rechazando los valores materialistas, técnicos y consumistas. Sus adeptos desean restablecer el contacto con la naturaleza, viven de la agricultura, la ganadería o la artesanía, edifican construcciones a partir de materiales recuperados y reciclados. Predican la vida sencilla, la alimentación macrobiótica, el vegetarianismo, la protección ecológica, la autosuficiencia. En esta corriente neorrousseauniana o neorromántica, la vida auténtica coincide con el rechazo de productos superficiales del universo moderno del progreso: se encarna, como lo decía justamente Edgar Morin, en un neonaturismo, un neoarcaísmo.

Bajo la cultura comunitaria, la autenticidad individual

No nos equivoquemos, el espíritu comunitario no constituye el todo del fenómeno. Existe otra cara que, al contrario, se caracteriza por una «explosión de la subjetividad»[1] como atestigua la avalancha de discursos personales, reivindicaciones libertarias y libidinales, llamadas al goce, eslóganes divertidos o poéticos, carteles irónicos, cómics subversivos, experiencias hedonistas y sensoriales (música, drogas). Multiforme, la afirmación de lo subjetivo se lee en los movimientos que se empeñan en «liberar el deseo», liberar a los individuos de todas las limitaciones represivas y de las cadenas de la alienación social. Sea cual sea el vigor de la retórica revolucionaria, de las acciones y de los movimientos colectivos, el empuje del individualismo subjetivo y de la ética de la autenticidad es el que marca el espíritu del tiempo.

Mientras se combaten los tabúes sexuales y la «inhibición del deseo», se multiplican las llamadas a una sexualidad libre, «sin obstáculos». Las comunidades hippies reconocen la homosexualidad, experimentan y celebran el amor libre, el famoso «*Peace and Love*».[2] En Mayo de 1968, los eslóganes «Plus je

1. Luisa Passerini, «Le mouvement de 1968 comme prise de parole et comme explosion de la subjectivité : le cas de Turin», trad. fr. de Anne-Marie Aymart, *Mouvement social*, n.º 143, 1988.
2. Esta exaltación del *free love* no se inscribe en una lógica de liberti-

fais la révolution, plus j'ai envie de faire l'amour» («Cuanto más hago la revolución, más ganas tengo de hacer el amor») y «Jouissons sans entraves» («Gocemos sin obstáculos») aparecen en las paredes de las universidades. Con *La revolución sexual*, Wilhelm Reich se convierte en un autor guía; los movimientos feministas y homosexuales reivindican públicamente el derecho a todas las sexualidades. Si bien, en la efervescencia de la contestación, la época inventa la politización de lo sexual, no perdamos de vista que la introducción de la temática sexual en la política se nutre de la exigencia de ser uno mismo en la intimidad libidinal. Bajo la dimensión comunitaria, actúa el ideal de autenticidad individual; bajo la pasión de las cuestiones de orden público y la intensa participación en las acciones colectivas, se afirma la reivindicación del derecho a la subjetividad autónoma y plena. Sea cual sea la fuerza del compromiso colectivo que la anima, la contracultura solo pudo surgir llevada por la potencia amplificada de la ideología individualista de la autenticidad, de las expectativas de autonomía individual y de realización de sí mismo que la constituyen.

Con la contracultura se instituyó la vertiente utópica, libertaria, antiautoritaria del ideal individualista de la autenticidad. Este se infiltra en todos los fenómenos colectivos y políticos. Al desafiar la monotonía de lo cotidiano, los eslóganes situacionistas de Mayo exaltan la «vida verdadera» y la plenitud individual: «Changez la vie, donc transformez son mode d'emploi» («Cambiad la vida, por lo tanto transformad sus instrucciones de uso»), «Vivez sans temps morts» («Vivid sin tiempos muertos»). En la ebriedad de la «toma de palabra» (Michel de Certeau) vibra el Mayo del 68: en lugar de los discursos monopolizados por los detentores del poder institucional, se despliegan, en las universidades, los liceos, las fábri-

---

naje, sino en una búsqueda de autenticidad que se opone a la hipocresía de las costumbres burguesas y puritanas.

cas y los hospitales, discusiones, debates y discursos en los que cada uno habla en nombre propio. Para la generación disidente, las comunidades en proceso de ruptura deben regularse por un principio radicalmente individualista: «Fais ce qui'l te plaît» («Haz lo que te plazca»): ningún individuo tiene derecho a ejercer un poder sobre otro individuo, toda forma de autoridad institucional, sea parental, social o política, está prohibida. Las comunas utópicas y alternativas que florecen se autogestionan. El MLF (Mouvement de Libération des Femmes), en la década de 1970, se afirma como un colectivo que debe favorecer la liberación de los discursos subjetivos de las mujeres: pretende ser un lugar de intercambio de experiencias personales. La sed insaciable de liberación que marca la contracultura no puede separarse del ideal de autenticidad personal, de una existencia singular «verdadera» y plena. El empuje social de la ética de la autenticidad, del «cuidado de uno mismo», de la felicidad privada, hizo posible el eslogan: «Le privé est politique» («Lo personal es político»).

Es significativo que, en relación con la contracultura, Charles Reich no celebre la emergencia de un nuevo orden comunitario, sino la irrupción de una nueva forma de conciencia individual, la «Conciencia III», sinónimo de liberación de los papeles impuestos y de desarrollo pleno del potencial de los individuos. Con lo cual todo un sector de la contracultura se deja llevar por valores y aspiraciones de tipo individualista: en ningún caso se trata de reconstituir una predominancia «holística» cualquiera, sino de liberar a los individuos de las convenciones, los tabúes seculares y las autoridades tradicionales, de emancipar a los seres particulares de los yugos de la sociedad capitalista, tecnocrática y puritana. Descolonizar las conciencias, para que cada uno pueda ser sí mismo. La glorificación de la vida comunitaria está al servicio del ideal de autenticidad subjetiva, de la emancipación individual y la plenitud personal: «La Conciencia III parte del yo individual [...]. El mandamiento de la Conciencia III es, por lo tanto: "Sé fiel a ti mismo"».[1]

Incluso el uso de drogas se presenta como uno de los caminos que permiten aumentar la agudeza de las percepciones y la ampliación del campo de la conciencia. La experiencia psicodélica, antídoto de la falsa conciencia, es un «suero de la verdad», una «semilla de revolución» porque nos libera de la influencia de los valores y principios estandarizados del mundo tecnocrático y puritano. «Viaje hacia el interior de uno mismo, hacia un análisis más profundo de sí»,[2] el uso de drogas se legitima mediante la búsqueda de la verdad de la persona. La experiencia psicodélica se confunde con aquello que da acceso a la consciencia verdadera e, incluso, como dice Timothy Leary, a un «éxtasis espiritual» en el que se puede «oír la música del gran canto de Dios».[3] En la fase II, en la prolongación de los objetivos de los «poetas malditos», los «paraísos artificiales» se interpretan como experiencias de enriquecimiento de sí mismo.

1. Charles Reich, *Le regain américain. Une révolution pour le bonheur,* trad. fr. de P. Vielhomme y B. Callais, Robert Laffont, 1971, p. 239. (Hay traducción española: *El reverdecer de América,* trad. de Horacio Laurora, Emecé, Buenos Aires, 1971.)
2. Theodore Roszak, *op. cit,* p. 83.
3. Citado por Roszak, *ibid.,* p. 196.

II. LA AUTENTICIDAD NORMALIZADA

Se abre una nueva página de la historia de la autenticidad. Glorificado en todas partes, aclamado por los medios de comunicación y las instancias institucionales, erigido en lema de masas, el ideal de autenticidad individual goza de un reconocimiento social sin precedente: no hay nada que parezca más legítimo que la voluntad de ser uno mismo en su diferencia personal. Con la nueva fase de modernidad finaliza el momento en el que la autenticidad era sinónimo de anticonformismo «heroico» y rebelión antinstitucional. Nace otra época, marcada por el reinado de la autenticidad normalizada, integrada, institucionalizada: constituye la tercera fase histórica de la cultura individualista de ser uno mismo.

LA CONSUMACIÓN DEL IDEAL DE AUTENTICIDAD

En el transcurso de los dos periodos anteriores, la ética de la autenticidad era reivindicada por un número limitado de intelectuales, artistas y jóvenes actores contestatarios. Esta ya no es la época actual, marcada por la inflación generalizada de las necesidades de ser uno mismo.

Expansión y radicalización del derecho a ser uno mismo

Desde la década de 1970, vivir según el propio modo ya no es un principio que una élite cultural o una clase de edad delimitada pone por las nubes. *Be yourself* se afirma como un derecho individual reivindicado por la mayoría en todas las categorías sociales, entre todas las edades, todos los géneros, al mismo tiempo que alcanza todos los sectores de la existencia e incluso la esfera del consumo cotidiano. Las mujeres, los mayores, los «jóvenes», las minorías sexuales se han apropiado del ideal de autenticidad subjetiva: la hipermodernidad se caracteriza por una formidable expansión social de las necesidades de autenticidad. Queremos practicar nuestra fe, comprometernos, consumir, viajar, vivir nuestros amores y nuestra sexualidad como pensamos que debemos hacerlo: después de dos momentos elitistas, vivimos la época de la proliferación del derecho de vivir según nuestras disposiciones personales, de la generalización social de la exigencia de autenticidad. Nos rige una cultura poselitista de la autenticidad.

A lo largo de la fase I, la cultura de la autenticidad personal estuvo siempre contenida por dispositivos ideológicos y sociales antinómicos que excluían a diferentes categorías de actores –las mujeres, los jóvenes, las minorías sexuales– del derecho de la plena posesión del sí. El principio de autogobierno del sí no llegó a la última consecuencia de su lógica al ser reconocido como legítimo únicamente en la medida en que no cuestionaba los lugares, las representaciones y los papeles tradicionales de los géneros, del niño, de las identidades sexuales, que supuestamente encontraban un fundamento intangible y absoluto en el orden de la naturaleza o de lo divino. En un primer momento, la ética de la autenticidad fue dispuesta por una revolución cultural limitada, inacabada.

En pocas décadas, estas barreras seculares perdieron su antigua legitimidad y, por ello, dejaron de ser eficientes. Estamos en una etapa en la que el derecho de ser uno mismo, al aplicarse sin exclusividad a todas las categorías de la población, ha revolucionado el lugar y las definiciones de lo femenino, la manera de educar a los niños y niñas, la representación y el estatus de las minorías sexuales. Al hacer saltar los mecanismos de bloqueo de la disposición soberana de sí mismo, al reconocer el matrimonio entre homosexuales y hasta el derecho de cambiar de sexo y nombre para que se corresponda con el sexo reivindicado, la fase III se distingue por la radicalización de la cultura de la autenticidad personal.

Sin duda, los adversarios del derecho «hiperbólico» de ser uno mismo no faltan. Así lo atestiguan los encendidos conflictos abiertos por el matrimonio gay, la adopción de niños y niñas por las parejas homosexuales, la legalización del consumo de drogas, la PMA (Procreación Médicamente Asistida) para todos o el uso del velo islámico. De igual modo, la regla de obedecerse solo a sí mismo en los comportamientos relacionados con la vida sexual no se reconoce como legítima en cualquier circunstancia: la pedofilia y el acoso sexual son más que nunca fuente de escándalo y provocan la indignación pública y el endurecimiento del arsenal legislativo.

Sin embargo, estas resistencias no deben esconder el fenómeno de fondo que constituye el salto extraordinario hacia delante del reconocimiento social del principio de libre gobernanza de uno mismo, que ya no tiene que afirmar su derecho ante legitimidades competidoras. A partir de ahora, en nuestras regiones, este reina, imponiéndose como una evidencia indiscutida y exclusiva. Los mismos que rechazan el matrimonio homosexual aprueban el ideal del *be yourself* como principio general que tiene que regular la existencia de los individuos, incluida la de los gays. Solo algunas aplicaciones del derecho de gobernarse libremente son tema de debate y se rechazan porque se consideran peligrosas e incompatibles con el derecho de ser sí mismo de otras personas: llevar la propia existencia de tal manera que expresa tu personalidad solo es legítimo a condición de que no se provoque daño alguno a los demás. Se condenan justo los comportamientos que, sinónimos de violencia, agresión y maltrato, obstaculizan el derecho de ser uno mismo y realizarse plenamente. Con la excepción de las minorías ultraintegristas, nadie cuestiona el principio de soberanía del sí: ha alcanzado la cima de su expansión y reconocimiento social.

Si el uso del velo islámico se estigmatiza es porque se considera como un código que, bajo la presión de la «tiranía» familiar y comunitarista, impide a las mujeres disponer con libertad de sí mismas. Al contrario, las mujeres que llevan el velo proclaman que no se trata de un sometimiento a una imposición tradicionalista, sino de una elección libre y un compromiso personal. De tal forma que incluso aquellos que denuncian las derivas individualistas lo hacen anteponiendo el derecho a ser uno mismo. Ahora, solo los ultratradicionalistas y los fundamentalistas religiosos siguen emitiendo un juicio reprobatorio sobre el derecho a que las personas expresen su individualidad singular y tomen las riendas de su vida personal. No todo el mundo vive, ¡ay, cuantos!, de manera «auténtica»; sin embargo, la aspiración a una vida personal auténtica se ha convertido en algo masivamente legítimo. El derecho subjetivo a la soberanía de sí mismo es un derecho adquirido.

El inconformismo de todos

En la fase I, el ideal de autenticidad se construyó en el combate feroz contra el conformismo social, en el rechazo del control religioso, de los valores y las convenciones sociales, acusadas de aplastar la singularidad individual. La exigencia de ser uno mismo se proclamaba alto y fuerte en oposición frontal a la sociedad establecida y a las costumbres conformistas. La retórica utilizada y la dureza del tono son testimonio de esta cultura que glorificaba la individualidad soberana en guerra contra los corsés de la sociedad, la «mediocridad de nuestra época» (Emerson), el «hombre del rebaño» (Nietzsche), el «declive» del «se» (Heidegger), los «cabrones» y los «cobardes» (Sartre). En el transcurso de la fase II, la contracultura juvenil también se sublevó con fuerza contra las normas, las instituciones «represivas» y alienantes del «sistema». A lo largo de la alta modernidad, el ideal de autenticidad se afirmó en el conflicto abierto con la sociedad y mediante una cultura disidente, rebelde y en oposición.

Ya no estamos ahí. El *homo authenticus* no se afirma a través del antagonismo de principio con las costumbres, los valores dominantes y las instituciones cardinales de la sociedad. Y esto es así porque «ser sí mismo» se ha convertido en la norma, y el inconformismo en un ideal y un modo de ser que se valora. El ideal ya no consiste en respetar las convenciones, en ser «como es debido», «conforme» y «normal», sino en eludir los moldes, expresar la individualidad, ser sí mismo en su diferencia. En California, en algunas pegatinas, se puede leer el lema: «¿Por qué ser normal?». ¿Quién en la actualidad, de una manera u otra, no reivindica ser «diferente»? Periodistas, novelistas, cantantes, diseñadores, arquitectos, artistas, creativos de todo tipo se declaran iconoclastas, subversivos, rebeldes, insumisos, molestos. Ya nadie quiere ser «como todo el mundo», a cada cual le gusta declararse único, distinto, singular: mientras triunfa el derecho a ser uno mismo, el inconformismo se ha convertido en cierta forma en «la cosa del mundo mejor compartida».

En una época en la que las costumbres han integrado sobradamente la cultura de la autenticidad, la originalidad, la disidencia, lo no convencional ha dejado de ser señal de marginalidad social. La cultura de oposición a los valores burgueses y al mundo convencional no ha alcanzado la plenitud: sigue en activo, pero ya no sorprende a la mayoría. Los comportamientos que todavía recientemente escandalizaban o eran censurados (conversión religiosa, divorcio, uniones de hecho, libertad sexual de las mujeres, homosexualidad, transgénero...) ya no provocan la inclusión en el índice excluyente por parte de la mayoría de los individuos. Las conductas atípicas, «fuera de la norma», se mediatizan ampliamente, se valoran socialmente como signos de una subjetividad guay. Vivir en conformidad consigo mismo ha dejado de ser un estilo de existencia en conflicto abierto con las mentalidades y el orden colectivo. Se acabó la época de la división entre ética de la autenticidad y cultura dominante: ser sí mismo ha pasado a formar parte de las costumbres, la autoexistencia se ha convertido en regla, un ideal reconocido por la mayoría, un modo de ser cuya verdad se impone como un derecho «evidente». La fase III es aquella en la que el ideal de autenticidad se interioriza, se asimila, se incorpora a las costumbres: ha alcanzado el panteón de los valores democráticos.

Cuando ya no se trata de cambiar la sociedad, cuando los comportamientos singulares o fuera de la norma son aprobados masivamente por la opinión, cuando las transgresiones se aprueban y dignifican, ¿cómo no ver que el inconformismo ya no tiene casi nada en común con lo que representaba en los ciclos precedentes? ¿La idea de inconformismo sigue siendo adecuada cuando «sigue tu propio camino» es un principio al que muy pocos individuos están dispuestos a renunciar, cuando ya no hay valores sagrados que derribar, ni imposiciones tradicionales que romper? ¿Qué queda del anticonformismo romántico cuando el arte pretendidamente subversivo es valorado y subvencionado por las instituciones oficiales, cuando los medios de comunicación abren sus páginas y sus antenas a los iconoclastas, a todo tipo de transgresores? Cuando ser sí mismo se confunde con el espíritu del tiempo y se afirma sin negación de la axiomática ética de nuestro mundo, sin mayor riesgo de sanciones, sin hallar hostilidad social, nace un inconformismo de tercer tipo. Con su estilo inimitable, Philippe Muray subraya con toda la razón el advenimiento de los «iconoclastas en pantuflas», de los «rebeldes de profesión» y por «comodidad».

Al convertirse en un modelo que da valor y se valora, el anticonformismo ya no remite a una cultura antagónica ni a ninguna contracultura. «Quien quiera ser un hombre debe ser un inconformista», declaraba Emerson, y añadía que «el mundo inflige al inconformista el látigo de su reprobación».[1] Ser sí mismo exigía valentía, firmeza, grandeza de espíritu. Ya no estamos ahí: a medida que el principio de autenticidad se aprueba, el inconformismo se vacía de su sustancia. La actitud rebelde se ha convertido en un modo de vida a la moda, el insumiso en un hípster, la vanguardia transgresiva en tendencia cotizada. El inconformismo ya no es un signo de dignidad moral, sino una actitud a la moda, una forma de estetización del sí, un estilo de ser. Se construye otro mundo que banaliza o despoja de heroísmo la conquista de ser uno mismo: hemos pasado del estadio ético al estadio guay de la autenticidad.

ARTIFICIALIDAD COMERCIAL, AUTENTICIDAD PERSONAL

¿Cómo hemos llegado a este estadio? ¿Cómo los principios «haz lo que te plazca», «vive tu vida», «escúchate solo a ti mismo» han podido alcanzar tal legitimidad moral y social? ¿Gracias a qué alquimia, la ética del sí auténtico, aclamado al inicio por un puñado de intelectuales y artistas, ha podido convertirse en la norma general que regula las existencias individuales en el seno de las sociedades contemporáneas?

A menudo se subraya el papel que ha desempeñado la contracultura libertaria en el advenimiento de nuestro estado

1. R. W. Emerson, *Compter sur soi, op. cit.*, pp. 15 y 21.

social dominado por la escalada individualista, la obsesión por uno mismo, el culto de la felicidad privada. Apelando a una libertad sin freno, luchando por la emancipación de los jóvenes, las mujeres, los homosexuales, arremetiendo contra todos los tabúes, los yugos de las reglas familiares y sexistas que ahogan la vida subjetiva, la contracultura ha erigido el desarrollo pleno personal en valor supremo, ha contribuido al declive de los compromisos colectivos en beneficio de la ética individualista del *be yourself*. Mediante sus promesas de emancipación individual, ha funcionado como el gran instrumento de propagación, a escala macroscópica, del *ethos* de autenticidad y de su ideal de plenitud subjetiva. De tal forma que la fase III aparece, con esta lectura, como la extensión social del *ethos* puesto en órbita por la fase II, la cual a su vez constituye una extensión de la cultura bohemia nacida en la fase I.

Sea cual sea su parte de verdad, este modelo centrado en la cultura no me parece que rinda justicia al papel crucial que han desempeñado las nuevas fuerzas económicas que han cambiado el rostro de las democracias avanzadas, a partir de mediados del siglo XX. La consagración social de la ética de la autenticidad no es tanto el resultado de la onda de choque provocada por la ideología de la contracultura como el de la transformación «materialista» engendrada por el desarrollo de la sociedad de consumo y la comunicación de masas. No son tanto los valores emancipadores aportados por la contracultura de las décadas de 1960-1970 los que deben considerarse como la fuerza principal que ha provocado el reconocimiento unánime del *ethos* del «sé tú mismo», sino las seducciones y modos de vida generados por el mundo materialista de la nueva economía del deseo.

El capitalismo de consumo ha difundido en efecto, en nuestras democracias, a una escala inmensa, una nueva cultura centrada en marcos referenciales del bienestar, el placer y la satisfacción inmediata de los deseos. A través de la promoción de la cultura hedonista de masas, la realización de sí mismo ha podido convertirse en la finalidad central de nuestra época. Al celebrar la felicidad individual, los goces de las novedades y la vida en presente, el capitalismo de consumo ha quebrado la fuerza de las regulaciones tradicionales en beneficio del derecho a la autonomía personal, del derecho a vivir de acuerdo con uno mismo, a decidir libremente la conducta de la propia existencia. La ética de la autenticidad se ha expandido por encima del debilitamiento de la fuerza prescriptiva de las referencias religiosas, moralistas y comunitarias, provocado por la cultura de la satisfacción inmediata. Al minar la fuerza de autoridad de las normas religiosas y el poder de imposición de las normas tradicionales, el capitalismo de consumo ha abierto un bulevar a la primacía del yo, su autonomía y su realización. Apostemos, desde esta perspectiva, que incluso privada del combustible de la cultura del 68, la ética de la realización del yo habría conseguido igualmente *in fine* penetrar y remodelar las costumbres democráticas.

Desde el final de la Segunda Guerra Mundial, son innumerables los teóricos que han puesto en la picota las sirenas del consumo, declarado responsable de la alienación de los individuos a todos los niveles de su existencia. Mutilación de sí mismo, uniformización, despersonalización de los individuos: lo que se dispone, repiten en bucle, no es otra cosa sino el conformismo generalizado, la asfixia de las singularidades individuales, el aplastamiento de la autonomía personal. ¿Es esto así realmente? Tal carga denunciadora cojea al no tener en cuenta el hecho de que el universo comercial, a través de su oferta en cambio perpetuo y sus invitaciones hedonistas cotidianas, ha contribuido de manera decisiva a emancipar a los individuos de marcos colectivos pesados, a sacarlos de las limitaciones tradicionalistas, a liberarlos de las antiguas formas de obligaciones religiosas, familiares, sexuales y políticas. El debilitamiento de la fuerza normativa de las grandes instituciones sociales y la extensión social del ideal de plena posesión de sí son fenómenos solidarios que se alimentan uno al otro. Si bien el capitalismo de consumo crea la dependencia de los bienes comerciales, también se encuentra en el origen de una fuerza vaga de destradicionalización de las maneras de vivir, de individualización de las aspiraciones, de legitimación de la autogobernanza. La dependencia de los bienes de consumo ha funcionado como un potente vector de la autonomía de los individuos, el gran instrumento de la consagración de la libre determinación de sí mismo.

Decir que la economía capitalista es la madre del culto generalizado de la autenticidad resulta un tanto paradójico, puesto que el universo consumista está asociado al reino de lo inauténtico, dominado por las «necesidades falsas», los productos estandarizados, los gadgets, el despilfarro, la obsolescencia programada, el espejismo publicitario, la futilidad de la moda. Forzoso es reconocer sin embargo que el universo de la artificialidad comercial ha sido el motor de la adhesión unánime al ideal de autenticidad. Al liquidar las últimas formas de marco holístico, el capitalismo de consumo constituye la fuerza macroscópica que ha permitido la aprobación masiva de la ideología de la autenticidad. El reino frívolo del espectáculo y la artificialidad consumista está en el origen del estadio consensual de la autorrealización de sí.

Sin duda la oposición radical de la autenticidad a lo inauténtico se fundamenta en el plano moral, pero no en el de la historia cultural y social. En la aventura de la modernidad, el ideal de autenticidad personal es el fruto paradójico de la inautenticidad consumista. El universo hiperconsumista no es la tumba del *homo authenticus*: es el sistema que, a través de los modelos heterónomos de la mercancía, ha creado las condiciones históricas de la generalización social de la preocupación de adecuación de sí a uno mismo. Ardid de la razón, ironía de la historia moderna: es el orden económico denunciado alto y fuerte como fuerza de alienación, máquina de desposesión subjetiva, el que ha sido, a través de la normalización comercial, el vector primordial de la aceptación unánime del principio de libre determinación de sí mismo.

LA AUTENTICIDAD INSTITUCIONALIZADA

Si existe una base que nos permite hablar del reino de la autenticidad integrada, ello también es debido a la multiplicación de instituciones que se empeñan en promocionarla. Los ideales, que en el pasado defendían los novelistas, filósofos o artistas, ahora los defienden los padres, los medios de comunicación, la publicidad, el marketing, los profesionales del cómo sentirse mejor y de la educación, del turismo y el arte. La segunda modernidad se caracteriza por la institucionalización de la ideología de la autenticidad, así como por su instrumentalización a todos los niveles.

La educación guay

En la estela de 1968, el ideal de autenticidad personal se infiltró en la esfera educativa, en los modos de comportarse con los niños y niñas. La época en la que se trataba de imponer reglas estrictas e impersonales, disciplinar al niño, castigar para inculcar lo que hay que hacer, ha quedado atrás. Un nuevo credo se ha colocado sobre un pedestal: respetar la personalidad singular del niño, escuchar sus demandas, responder a sus deseos específicos favoreciendo al máximo su felicidad. A partir de ahí se reconoce el derecho de la afirmación subjetiva del pequeño ser, de sus preferencias y gustos personales. ¿Hay algo más importante para los padres que dedicarse a despertar sus capacidades de independencia y conseguir la plenitud de su

71

individualidad? En nombre de la autonomía y la realización subjetivas, los deseos singulares del niño se toman cada vez más en consideración por parte de los padres. La educación se plantea como objetivo principal permitir al niño «ser él mismo» como ser único, singular, con la finalidad de que sea feliz y autónomo. Deslegitimación del modelo rigorista, personalización del niño y de las vías educativas, prioridad dada a la plenitud subjetiva: el modelo de la educación personalizada constituye uno de los grandes dispositivos de la institucionalización de la autenticidad.

Si la cultura de la autenticidad individual nació oponiéndose a las instituciones y los valores establecidos, actualmente está institucionalizada, ha sido erigida en norma dominante tanto en la esfera familiar como en la escolar. La ética de la autenticidad se levantaba contra las normas sociales: ahora los padres la reivindican como la manera de educar bien a los niños. Ya no se trata de enseñarles la dureza de la vida, de prepararlos para la adversidad, de inculcarles el sentido del deber y la obediencia: hay que hacer todo lo posible para permitirles acceder a una existencia individualizada y hacerlo lo antes posible. El cambio es inmenso: la ética de la autenticidad, línea directriz de la formación de los niños y niñas, se ha convertido en un componente primordial de nuestra cultura educativa.

Así es también en el mundo de la escuela. Desde hace unos cincuenta años, la escuela ideal se concibe como aquella que permite el desarrollo pleno y subjetivo del niño. La pedagogía debe atender su singularidad, adaptarse a la personalidad de cada ser, mostrarse respetuosa ante su individualidad para que pueda convertirse en él mismo, encontrar su camino propio sin frustración ni cortapisas anónimas. Con la legitimación de masas de la individualización de las pedagogías, la escuela ideal se impone como un espacio afectivo en el que cada uno debe poder realizarse, ser sí mismo, ser una persona singular: la

Escuela ha incorporado en sus prácticas educativas la ética de la autenticidad personal.

La cultura psicológica y terapéutica

Durante mucho tiempo las llamadas a la autenticidad fueron discursos minoritarios que se dirigían a un público restringido. Esa época ha terminado, dado que el ser uno mismo es ahora puesto en valor a gran escala en las redes sociales, las revistas y las producciones cinematográficas y televisivas. Por todas partes, los reportajes, las películas, las series ponen en escena la búsqueda de sí mismo, sus dilemas, sus promesas, sus fracasos, sus alegrías. Las confesiones íntimas programadas en horario de máxima audiencia en las pantallas de televisión se han convertido en espectáculos de masas y son incontables los artículos de prensa que prodigan consejos para llevar a buen puerto la propia vida, ser uno mismo en el amor, la pareja, la vida de familia.

Durante la fase I, el ideal de autenticidad del sí mismo era alabado por gente de letras, escritores y filósofos. Hoy se difunde a través de la literatura psicológica, las revistas dedicadas al bienestar superior, los manuales de desarrollo personal que prometen ayudarnos a liberar nuestro verdadero yo, «vivir de manera auténtica», «convertirnos en nosotros mismos». Mientras los libros de los gurús del desarrollo personal constituyen best sellers mundiales, proliferan las guías, los artículos de prensa, los consejos que supuestamente ayudan a realizarnos, a evolucionar hacia la autenticidad del sí. Al mismo tiempo abundan las técnicas, los métodos y las terapias psicológicas (gestalt, hipnosis, renacimiento, sofrología, programación neurolingüística, análisis transaccional...) que persiguen «sentirse a gusto en la propia piel» y «mentalmente bien», vivir cien por cien de forma satisfactoria. A ello se suma el éxito creciente de las sabidurías y espiritualidades orientales (meditación, zen, yoga, budismo...) que pretenden cambiar nuestra interioridad, «convertirnos verdaderamente en nosotros mismos», «volver a lo esencial de nosotros mismos». En la era de la hipermodernidad, ser uno mismo se afirma como un ideal individualista de masas al que se nos exhorta hasta la saciedad desde las instituciones de la nebulosa psicológica y espiritual, los *coaches* y otros expertos de la psicología positiva.

Con el éxito que tiene el «desarrollo personal», la búsqueda de la autenticidad se ha transformado en un fenómeno de moda que alimenta un mercado en fuerte expansión. En el mundo editorial, el volumen de negocios del sector «desarrollo personal» está en auge. Los cursos, las prácticas, los talleres de meditación, de yoga (más de dos millones de personas lo practican en Francia),[1] así como el *coaching* personal y en empresas, están en pleno desarrollo. Algunas empresas emergentes proponen programas individuales a distancia, dirigidos por *coaches* profesionales, con vistas al desarrollo personal de los asalariados y a conseguir el pleno rendimiento en el trabajo. Según la ICE (International Coach Federation), el mercado mundial del *coaching* en empresas alcanzaba en 2015 mil y un millones de euros. En Francia, la Société Française de Coaching evalúa el mercado del *coaching* profesional en ciento cinco millones de euros. La cultura de la autenticidad se ha institucionalizado, se ha convertido en un mercado floreciente, en negocio, en una verdadera «industria de la felicidad».

Para las corrientes del «desarrollo personal», ser auténticamente uno mismo consiste en quererse, deshacerse de las debilidades psicológicas, volver a encontrar la motivación, mejorar las habilidades en el trabajo y en la comunicación interpersonal. Una miríada de métodos psicológicos y terapéuticos

---

1. En Francia, los gastos relacionados con la práctica del yoga representaban, en 2019, un mercado de ciento dieciséis millones de euros.

–se cuentan más de cuatrocientos en el mundo– garantizan «reconectarse con el bienestar de sí mismo», «recuperar una sana confianza en uno mismo»: la autenticidad individual se afirma como la «felicidad de ser plenamente uno mismo». La cultura de la autenticidad, concebida como virtud ética o cívica, viene seguida de una cultura de autorrealización, tanto personal como profesional, que propone métodos para vivir mejor la vida íntima, mejorar las relaciones interpersonales, resolver los problemas familiares o profesionales y aumentar la propia felicidad.

Los Modernos pusieron el acento sobre la prueba insuperable de la soledad del cuestionamiento, de las elecciones individuales y de la relación con la muerte: en este contexto ideológico, la existencia auténtica implicaba una relación solitaria y angustiada de sí consigo mismo, con la idea de que nadie, después de todo, puede ayudarnos. Ahora domina una manera del todo distinta de concebir la conquista de la autenticidad: el sí mismo singular no se afirma en la experiencia del desamparo y el abandono, sino progresivamente en el marco de cursos y relaciones intersubjetivas con ayuda de programas, métodos psicológicos, *coaches* y maestros espirituales. En sus *Cuadernos de guerra*, Sartre escribía: «La autenticidad se obtiene en bloque: se es o no se es auténtico». Nada hay de esto en el seno de la cultura psicológica, en la que la conquista de la autenticidad se desarrolla de modo progresivo, como co-construcción de sí mismo a través de dispositivos psicoterapéuticos definidos por profesionales. Según un modelo heredado de la revolución freudiana, para ser uno mismo no bastan la autoinvestigación y el examen de sí por sí mismo: esto exige un marco relacional profesionalizado que siga unas normas, un tratamiento terapéutico, un método en el seno de un protocolo definido de antemano, un trabajo interminable sobre el inconsciente y las resistencias del sujeto. Gracias a unos métodos y un trabajo psicoterapéuticos puestos en práctica en el marco de sesiones organizadas con regularidad, se consigue que «allí donde estaba Eso, Yo debe advenir». La cultura de la autenticidad se ha normalizado y tecnificado, psicologizado y profesionalizado.

En la fase I, la voluntad de ser uno mismo estaba gobernada por una exigencia de esencia moral (crítica de la mentira y el conformismo, deber de verdad hacia sí mismo, dignidad de la persona, elevación y perfeccionamiento moral). Lo que movía la fase II eran objetivos revolucionarios, políticos o transpolíticos. La fase III se sustenta en una cultura psicológica, espiritual y terapéutica. En este marco nace una manera nueva de ser uno mismo: ya no se trata de rebelarse contra los convencionalismos y el fariseísmo, de vivir al margen de la sociedad, de ir en contra de las normas y la organización de la sociedad, sino de «cambiar los propios deseos en lugar de cambiar el orden del mundo» por la vía de la transformación emocional de uno mismo en el transcurso de un trabajo psicológico debidamente definido.

La cultura de la gestión

Al mismo tiempo, desde la década de 1990, un nuevo tipo de gestión se ha instaurado al incorporar en los dispositivos de la empresa una parte de las críticas culturales dirigidas al capitalismo a partir de finales de los sesenta. En respuesta al auge de las demandas de autonomía y autenticidad, la neogestión se ha empeñado en sustituir la autoridad y el control burocrático por modos de organización «personalizados» que favorezcan, en principio, la implicación personal, el desarrollo pleno de los asalariados, la «realización de sí mismo». Autonomía, iniciativa, compromiso, movilidad, flexibilidad, camaradería, crítica del autoritarismo burocrático, atención a lo vivido, estas temáticas se han convertido en las palabras clave de la literatura de gestión destinadas a responder a las críticas de la mecanización de las actividades productivas y la alienación de las relaciones humanas en el espacio de trabajo.[1] «Sed autónomos», «¡Trabajad como una empresa emergente!», «¡Dedicaos al trabajo!», «¡Realizaos en el proyecto!»: mientras el acento se pone sobre el «saber estar», las empresas organizan talleres de desarrollo personal para que todos y cada uno puedan «dedicarse personalmente», implicarse al cien por cien, realizarse alcanzando sus aspiraciones profundas en el trabajo. La gestión se ha reorganizado integrando en los modos de organización de la empresa aspectos completos de la «crítica romántica de la modernidad» (Michael Löwy), de la «crítica artista del capitalismo» (Boltanski) y el ideal de autenticidad que hay en ella.

De este modo hemos pasado del estadio de oposición al estadio funcional de la autenticidad: su sustancia contestataria se ha convertido en un sistema ideológico que justifica la flexibilidad del mercado de trabajo, al mismo tiempo que en un instrumento para obtener más implicación de los asalariados. Todas ellas son cualidades profesionales requeridas a partir de la empresa posfordista que la conducen a ejercer cada vez más presiones y limitaciones en los empleados. He aquí el ideal de autenticidad puesto en marcha como factor de producción, una herramienta de rendimiento económico al servicio de la empresa. La exigencia interior de realización de sí mismo se ha trasmutado en un sistema de limitaciones exteriores, órdenes institucionales estandarizadas e instrumentalizadas con fines económicos.

Más allá de los empleados, el ideal «sed vosotros mismos» es recordado con regularidad en los seminarios de formación

1. Luc Boltanski y Ève Chiapello, *Le nouvel esprit du capitalisme*, Gallimard, 1999. (Hay traducción española: *El nuevo espíritu del capitalismo*, trad. de Alberto Riesco, Marisa Pérez y Raúl Sánchez, Akal, Madrid, 2019.)

de los gestores y en las publicaciones de consejos para la gestión. Es el momento del «liderazgo auténtico», la promoción de un estilo de gestión «verdadero», personal y singular. El paradigma de la autenticidad personal se presenta como clave del liderazgo y se ha infiltrado hasta en el universo de la dirección de las empresas.[1] La incorporación del ideal del «sé tú mismo» en el universo del liderazgo constituye una nueva ilustración de la fase III, marcada por la normalización y la instrumentalización de la ideología de la autenticidad.

La autenticidad como argumento de marketing

La época en la que el ideal de coincidencia con uno mismo se manifestaba en las obras de la alta cultura es cosa del pasado: ahora dicho ideal se presenta en el universo de la publicidad, el marketing y la moda. En los muros de la ciudad, en las prendas de vestir, las camisetas, las gorras, se exalta el ideal de autenticidad. Calvin Klein firma: «*Be good. Be bad. Be yourself*», Hugo Boss: «No imitéis, innovad», Lacoste: «Conviértete en lo que eres». Hay camisetas que lucen la máxima irónica de Oscar Wilde: «*Be yourself; everyone else is already taken*».

Sin embargo es mucho más allá del mundo de la moda donde la ética de la autenticidad se coloca sobre un pedestal: McDonald's la alaba a través del eslogan: «Venid como estéis». Burger King lanza: «A veces, tenéis que romper las reglas». Lucent Technologies se ha apropiado del «*Born to be wild*». ¿Qué sugiere el eslogan «*Think different*» (Apple) si no es «Sed vosotros mismos, no obedezcáis los convencionalismos, vivid vuestra singularidad»? Nuestra época es la época en la que el ideal de expresión de sí mismo que ha alimentado la rebelión contracultural se encuentra «recuperada» por el orden mercan-

1. Esta cuestión se trata con más detalle en el capítulo XI.

til. Las máximas en honor a la autenticidad del yo ya no son enarboladas por movimientos antinstitucionales, sino por las marcas más conocidas del capitalismo mercantil, transformando el ideal de ser uno mismo en argumento de marketing, en eslogan comercial guay, chic-rebelde.

La institucionalización del régimen de los placeres

De forma aún más amplia, toda la «sociedad de consumo» es la que encarna el proceso de normalización de la ética de la realización subjetiva por medio de sus hechizos para el placer, sus promesas cotidianas de felicidad y mejor-vivir, sus invitaciones permanentes a las distracciones, a las experiencias sensoriales, a los goces de recoger sin esperar. Por todas partes se rinde culto a la experiencia del placer, a la materialización de los deseos inmediatos. ¿A qué se parece el modelo de vida ensalzado por el consumismo si no a una vida sin tiempos muertos, rica de excitaciones, viajes, espectáculos, sensaciones siempre nuevas? Con la época consumista se despliega una cultura del *be yourself* que rima con «vivir más», «sentir más», «no privarse de nada», «disfrutar» a través de los placeres del instante, de las experiencias efímeras, excitantes y sensoriales.

Es la disolución de las metas de emancipación en relación con las antiguas imposiciones morales y religiosas: únicamente funciona un «ideal» de autorrealización hedonista que se identifica con las satisfacciones inmediatas, diversificadas y que «siempre vuelven sobre sí» ofrecidas por los productos de consumo. La era consumista glorifica un ideal de autenticidad convertido en sinónimo de «*be happy*», «dese un capricho», «disfrute de la vida», dando la espalda a las morales ascéticas, acumulando el máximo de placeres. Ser uno mismo ya no significa adecuarse a su «yo profundo», sino vivir de acuerdo con lo que deseamos, con nuestros deseos y gustos más o menos frívolos, fluctuantes y dispersos. Transmitida por el universo comercial, la ética de la autenticidad se confunde con un hedonismo presentista y materialista.

LA AUTENTICIDAD POSHEROICA

En el transcurso de la fase I, la autenticidad personal se afirmó como un ideal inseparable de una alta ambición moral: dignidad personal, deber de verdad hacia uno mismo, rechazo de la hipocresía, compromiso a favor de la libertad. Actualmente esto es distinto: el lazo con la dimensión moral y los principios que trascienden al sí mismo se ha deshecho. Al infiltrarse en las costumbres democráticas, la cultura de la autenticidad ha roto lo esencial de sus relaciones con el ideal moral, ha dejado de estar aguijoneada por la idea de una vida «más elevada», más alta, más noble, moralmente superior: lo prioritario que está en juego no es más que la autorrealización personal. La ruptura que constituye la fase III se basa en que las búsquedas de sí mismo se ejercen no a título moral, sino en nombre de la realización existencial de los individuos. Mientras que la fase I estaba impulsada por un individualismo moral, la fase III lo está por un individualismo psicológico autocentrado, un hiperindividualismo poselitista cuyo objetivo primordial es el bienestar del sí.[1]

Charles Taylor se ha opuesto a esta interpretación, ya que a sus ojos un «ideal moral potente» es indefectiblemente el fundamento de la ética de la autenticidad. Detrás de las manifestaciones egocéntricas o narcisistas del individuo contemporáneo, siempre habría una aspiración moral, una «fuerza moral». A pesar de las formas degradadas y superficiales con las que se

1. Hiperindividualización que, sin embargo, no se reduce al narcisismo, a un puro egocentrismo, tal como veremos en el capítulo IV.

reviste, la cultura de la hiperautenticidad se mueve por un ideal moral elevado que reclama «una existencia más profunda», «una vida más responsable, (potencialmente) más plena».[1]

De la virtud al bienestar subjetivo

En mi opinión esta lectura no se corresponde con el *ethos* de la autenticidad que rige nuestro universo. Hoy, los comportamientos asociados a la búsqueda de autenticidad individual se alimentan no tanto de la fuerza de un ideal moral de verdad y responsabilidad, sino del malestar existencial y el deseo de librarse de él. Sentirse bien, hacer retroceder el malestar subjetivo, buscar aquello que nos ofrece satisfacciones íntimas, estas son las motivaciones centrales que sustentan las búsquedas de sí mismo. La exigencia de autenticidad personal cargada de valor moral ha sido sustituida por una sensibilidad psicológica, terapéutica y hedonista: profesamos un culto a la autenticidad libre de toda idea de deber hacia uno mismo, de toda intención de verdad ontológica y ambición moral. Ya no se trata de acceder a una vida espiritual más alta, más elevada, más amplia, sino solo a una vida que nos gusta, que nos complace, conforme con nuestras aspiraciones subjetivas inmediatas.

Es cierto que el ideal de autenticidad no ha roto cualquier tipo de lazo con el marco referencial del bien y del mal. Obligar a la hija a casarse con un hombre que no desea como esposo se considera una acción contraria a la moral. Impedir a alguien que viva según sus elecciones personales se asimila a una forma de violencia. De tal manera que efectivamente existe un valor moral que permanece unido al ideal de autenticidad. ¿Es esta consideración suficiente para defender la tesis según la cual la cultura de la autenticidad sigue apoyándose en

1. Charles Taylor, *Le malaise de la modernité, op. cit.,* p. 79.

un ideal moral potente? No lo creo, ya que las intenciones de autenticidad se han despojado de cualquier idea de virtud y elevación, de imperativo de perfeccionamiento moral. Únicamente las dirige la finalidad de vivir mejor la propia vida íntima y relacional. Hemos pasado de una cultura del deber hacia uno mismo a la cultura de la felicidad de ser sí mismo.

El acuerdo con uno mismo era un deber absoluto hacia sí mismo exigido en nombre de la idea de dignidad humana. Es difícil no percatarse de la sacudida de fondo que ha sufrido esta manera de pensar la existencia auténtica. En los himnos contemporáneos a la autenticidad, ya no es tanto el ideal de verdad consigo mismo el que predomina, como la prima de felicidad que resulta de ello. La meta que se desea alcanzar no es sino un mejor bienestar subjetivo, la realización del sí mismo personal. Para Heidegger, el modo de ser auténtico implicaba el rechazo del universo confortable del «se» y pasaba por el solipsismo de la angustia ante la propia muerte. Para Sartre, la autenticidad consistía en no descargarse de la propia libertad, en elegirse en la angustia sin refugiarse en la comodidad de las soluciones preconcebidas. En su lugar, los gurús del desarrollo personal y la psicología positiva profesan los medios que supuestamente nos liberan de la angustia, nos hacen alcanzar un estado de equilibrio, paz y acuerdo feliz con nosotros mismos. Mientras que la fase I glorificaba el compromiso «viril» de la elección de sí mismo en la soledad y la angustia existencial, la fase III tiene como objetivo, a través de las técnicas de *self help*, ahuyentar el estrés y la ansiedad, alcanzar el equilibrio y la armonía, el bienestar del cuerpo y el espíritu. Ya no es el ideal de una vida moralmente superior lo que irriga la cultura poselitista de la autenticidad, sino un ideal de mejor bienestar subjetivo.

El ideal moderno de autenticidad se ha afirmado contra el bienestar «burgués», contra el conformismo tranquilizador y miedoso de las masas modernas. Tanto en Nietzsche («¡Sed duros!») como en Heidegger o Sartre, la felicidad nunca se plantea como meta de la vida: la exigencia de conformidad con la verdad existencial es hegemónica, supera la felicidad. Y el ser uno mismo auténtico, indisociable de la angustia, la soledad extrema de la elección de sí mismo, se conquista tras una dura lucha: se fusiona con el rechazo a la existencia tranquila y protegida del «se» formateada por lo social. Este ciclo se ha terminado: lo que se busca son los medios que nos liberan del malestar y la ansiedad. Los Modernos exaltaron la asunción de la angustia, la intranquilidad y la incomodidad de la vida auténtica: por el contrario, celebramos las vías que supuestamente nos aseguran una existencia hedonista, feliz y reconciliada. Valorizamos la autenticidad personal como llave para la felicidad, como camino real para «hacer las paces con nosotros mismos», vivir de manera menos ansiosa, más plena.

Una ética despojada de heroísmo

Por este motivo, a mi entender, un sociólogo como Alain Ehrenberg se equivoca al calificar de «heroísmo generalizado» la cultura contemporánea del rendimiento y la competencia. Aun siendo cierto que los vencedores, empresarios, deportistas, aventureros y otros luchadores ocupan las portadas de los medios de comunicación, este modelo de vida «heroico» funciona más como espectáculo mediático, show, imagen de consumo que como ideal de existencia que hay que seguir para sí mismo. Gusta el espectáculo de los campeones de la excelencia, se les admira: no se quiere vivir como ellos. No es cierto que ser uno mismo se haya convertido en la expresión de la sociedad del rendimiento, de la «versión empresarial y atlética de la vida en sociedad».[1]

1. Alain Ehrenberg, *Le culte de la performance*, Calmann-Lévy, 1991, p. 13.

A menudo, las aspiraciones a la autenticidad se despliegan contra los excesos de la sociedad del rendimiento, contra su ritmo y sus normas estresantes. En la vida amorosa, en la vida familiar, religiosa, política, profesional o cultural, el modelo para ser uno mismo no se encuentra en las figuras del emprendedor o el deportista de alto nivel. La vida auténtica no se confunde con «un estilo de existencia "heroico" construido bajo la perspectiva de la competencia», sino con una vida que responde a nuestras inclinaciones, de acuerdo con lo que realmente nos gusta. La ética de la autenticidad no se alimenta de la pasión de los desafíos y retos, la búsqueda del éxito y del rendimiento, sino del interés por una vida dirigida hacia la calidad de las experiencias del sí.

Lo cierto es que se busca la autenticidad del sí hiperindividualista en contra del ideal heroico. Al convertirse en norma común, el ideal de vida autentica ha cambiado de significado. En la época gloriosa de la autenticidad, esta exigía lucidez intelectual, valentía de libertad, resolución, voluntad de hierro: esta exigencia «viril», dramática y épica, dominada por el desarraigo, el antagonismo, el combate contra las normas de la cotidianeidad, ya no es la nuestra. Las palabras clave ya no son la asunción de la angustia, el voluntarismo, la lucidez ante la muerte, el compromiso valiente, sino la felicidad del vivir mejor y del estar mejor subjetivo. La ambición ya no consiste en estar en paz con uno mismo rompiendo con los automatismos de lo cotidiano, en reencontrar lo propio del sujeto, en hacerlo más grande, libre y digno; lo esencial consiste en encontrar el camino de la salud emocional y la plenitud subjetiva, aprendiendo a «amarse a uno mismo», a coger lo mejor de la vida.

En la fase III, ser sí mismo se confunde con gobernar la propia vida o cambiarla para encontrar los placeres que nos convienen, escuchar nuestros deseos íntimos, sentirse a gusto con el propio cuerpo, vivir intensamente el presente, saborear al máximo los placeres de la existencia. Los ideales épicos, morales y políticos, que enmarcaban la cultura de la autenticidad, se han borrado en beneficio de la autorrealización de uno mismo, de los goces íntimos, de la felicidad privada. De tal manera que, actualmente, la ética de la autenticidad se marida no tanto con una ética del compromiso como con una ética estética de la vida:[1] henos aquí instalados de lleno en la época de la autenticidad posheroica. La felicidad tiene más valor que la virtud: con la cultura psicológica y hedonista, otro hombre de la autenticidad ha nacido.

¿MANDATO SOCIAL O DERECHO SUBJETIVO?

La fase III se distingue en que el derecho a ser uno mismo, que ahora se ha trasladado a las costumbres, se ha convertido en norma social. Un tipo de normativa sin duda distinto del que funcionaba en las sociedades tradicionales o disciplinarias, pero que no por ello es menos real y ha sido denunciado en muchas ocasiones como una forma inédita de control social, limitación colectiva particularmente agotadora ya que ordena de modo permanente al individuo que se realice, se haga cargo de sí mismo, sea el responsable integral de su propia vida.

Explotado por la empresa para conseguir que los asalariados sean más competentes, el ideal de la realización de sí mismo se ha transformado en «pura coacción» institucional que ocasiona sufrimientos psicoafectivos, estrés, agotamiento, fatiga profesional. Incluso más allá del mundo empresarial, los filósofos y sociólogos hacen hincapié en el nuevo mandato de

---

1. Sobre la ética estetizada de masas propia de nuestra época, me permito dirigir al lector a *L'esthétisation du monde. Vivre à l'âge du capitalisme artiste*, coescrito con Jean Serroy, Gallimard, 2013, cap. VI. (Hay traducción española: *La estetización del mundo: vivir en la época del capitalismo artístico*, trad. de Antonio-Prometeo Moya, Anagrama, Barcelona, 2015.)

la autorrealización individual, la «Happycracia»,[1] la tiranía de la felicidad, la obligación social de la plenitud íntima. Aquello que se afirmaba como fin en sí e imperativo moral que surgía del interior del sujeto, se denuncia como técnica de control, dictado, presión, norma obligatoria al servicio del rendimiento económico y de la industria de la felicidad. Bajo el discurso de la soberanía de sí, en realidad un nuevo sistema de coerción nos dirige y oprime, produciendo nuevas formas de frustración y sufrimientos psíquicos.[2]

¿Tiranía o derecho subjetivo?

No se puede cuestionar el hecho de que hoy en día el ideal de autorrealización funciona como una norma que prescribe en distintos ámbitos demostrar iniciativa, ser autónomo, activo en el triunfo personal. Siempre y cuando no se reduzca la cultura hipermoderna de la autenticidad a un puro mandato social que nos condene al consumo de los modelos comerciales, al agotamiento y a la depresión subjetiva.

Antes de ser una imposición institucionalizada dictada por la empresa y el comercio de la felicidad, la autenticidad es un valor, un foco de legitimidad, un *derecho subjetivo* fundamental: el derecho a ser uno mismo y por sí mismo. Cuidado con asimilarlo a una simple imposición externa que nos inflige una

1. Eva Illouz y Edgar Cabanas, *Happycratie. Comment l'industrie du bonheur a pris le contrôle de nos vies*, trad. fr. de Frédéric Joly, Premier Parallèle, 2018. (Hay traducción española: *Happycracia*, trad. de Núria Petit, Paidós, Barcelona, 2019.)

2. Axel Honneth, *La société du mépris*, trad. fr. de Pierre Rusch y Alexandre Dupeyrix, La Découverte, 2006, pp. 305-323. (Hay traducción española: *La sociedad del desprecio*, trad. de Francesc J. Hernàndez y Benno Herzog, Trotta, Madrid, 2011.)

presión psíquica intensa, ya que el derecho a «ser sí mismo» propulsa sin cesar nuevas exigencias de libertades individuales, demandas de respeto y reconocimiento social: desde este punto de vista, hay que reconocer en él la fuente de nuevos derechos, nuevas formas de existencia legítima, nuevas reivindicaciones personales e identitarias. Foco de sentido, principio de derecho, se impone como vector de transformación del derecho positivo, haciendo retroceder diversas formas de estigmatización y discriminación sociales. Si bien la exigencia de autenticidad personal puede funcionar como un tipo nuevo de imposición social, es, más aún, aquello que, en nombre de la libertad de vivir según las inclinaciones y la propia voluntad, permite denunciar las normas existentes «alienantes», cambiar las leyes, crear otras nuevas que instauren nuevos derechos y nuevas libertades para los individuos y las minorías.

Hablar de «dictadura de la felicidad», «mandato aterrador», «sistema de intimidación»[1] no permite hacer justicia al papel de la cultura de la autenticidad tal y como se impone en nuestras sociedades. Ya que esta no es solo la ideología que exige más movilización, flexibilidad e iniciativa por parte de los asalariados. Ni tampoco la que, culpabilizándonos de no ser nunca lo suficientemente felices, nos entrega a los coaches de la psicología positiva, a los gurús del desarrollo personal, a los mercaderes de la felicidad. Es una fuente de derecho subjetivo que, al legitimar sin límite la libre disposición de sí, permite que nos liberemos de las normas despersonalizadoras, que reduzcamos la presión de los grupos e instituciones, y, al hacerlo, conduce a una individualización generalizada, muy potente, del estar en sociedad.[2] Con el derecho a la plena disposición de sí

1. Me parece inapropiado hablar de «dictadura», «coerción», «obligación» a la felicidad cuando las promesas de autorrealización se despliegan según una lógica plural, incitativa y opcional.
2. Marcel Gauchet subraya con fuerza el papel capital del reconoci-

y la correlativa pérdida de autoridad de las normas, el desplome de la fuerza directiva de las instituciones políticas y religiosas, el debilitamiento de las normas comunitarias, el nuevo espíritu de autenticidad constituye uno de los grandes motores de la individualización radical e hipertrófica de las prácticas y creencias, del hacer y el sentir. Actuando como fuerza de liberación en relación con los controles colectivos, hace posibles en un grado nunca visto la denuncia de las discriminaciones hacia las minorías, pero también el auge de la vida opcional, la subjetivación de los comportamientos, la individualización de las existencias.

Por supuesto, el derecho a ser uno mismo es un fenómeno totalmente social. Pero esto no debe ocultar el cambio de modelo de existencia colectiva e individual que engendra, su fuerza transformadora de la relación de los individuos consigo mismos, con los demás y la sociedad. Nada más reduccionista que reducirlo a una explotación económica de las inclinaciones individuales, a una fuerza productiva del capitalismo. Si bien el nuevo hombre de la autenticidad obedece a un código social, no es menos cierto que es también quien da prioridad a escucharse a sí mismo y a sus propias emociones, afirmando su individualidad subjetiva en una sociedad que reconoce y valora la singularidad individual. No se trata de hablar de control, encuadramiento y subordinación a esquemas estereotipados de identidad, sino de una etapa nueva e hiperbólica del proceso de individualización de los seres, lo social y la cultura.

No estamos totalmente instrumentalizados, no somos «víctimas» de la cultura de la autorrealización. Si bien esta nos convierte en «esclavos» de la búsqueda de la felicidad «explotada» por el mundo mercantil, también es vector de singularización

---

miento social y la apropiación subjetiva del «estatus de individuo de derecho» en el advenimiento de la «sociedad de los individuos», *Le nouveau monde*, Gallimard, 2017, pp. 538-560.

en la búsqueda de la felicidad, de hiperindividualización de las existencias, de cambio voluntario en nuestra vida privada, religiosa y a veces profesional para así vivir mejor en conformidad con nuestras aspiraciones subjetivas. Es innegable que existen nuevas exigencias impuestas desde fuera por la empresa, pero, debido al reconocimiento social del *be yourself*, también hay más posibilidades para mucha más gente de seguir caminos singulares, cambiar de ruta, «rehacer la propia vida». En absoluto se trata de un simple giro de un ideal moral en limitaciones y presiones surgidas del imperio económico: jamás el ideal de autenticidad individual ha supuesto, como vamos a ver más adelante, tantos efectos *intencionados* en concordancia con las aspiraciones subjetivas.

Incluso instrumentalizado por el neocapitalismo, el ideal de autenticidad personal sigue siendo el núcleo de sentido y derecho que convierte a los individuos en más actores de su propia existencia, lo que les permite reorganizarla, reorientarla a veces hasta el punto de cambiar radicalmente su curso. Como operador de descontrol colectivo, la normalización contemporánea de la autenticidad no puede asimilarse a una fuerza productiva de la economía posfordista: es una de las piezas que completan la dinámica secular de la cultura individualista de la autodeterminación personal. La era de la autenticidad normalizada e institucionalizada está más marcada por la generalización social del derecho a ser uno mismo y la individualización multiplicada de las formas de vida que por el «mandato» de ser feliz a través del consumo de productos estándar.

III. LA PAREJA, EL SEXO Y EL SÍ

El derecho a ser uno mismo no solo ha ganado en estatus y legitimidad sociales, sino que se ha impuesto como un valor-fuerza generador de una profunda redefinición de la relación de los individuos consigo mismos, con los demás y con las grandes instituciones sociales. Desde el siglo XVIII hasta mediados del XX, el ideal de autenticidad personal se ha afianzado con estrépito en el universo de la alta cultura. Por el contrario, su papel ha quedado limitado en la vida de la mayoría debido a la persistencia de todo un conjunto de valores y normas tradicionales que cortan el camino a la expresión del sí. Este ciclo está cerrado. Desde la década de 1970, el ideal de autenticidad se ha transformado en un potente transformador antropológico, en operador del cambio radical de las maneras de pensar y existir del conjunto de los individuos. Si bien, en el plano individual, el principio de autenticidad puede ser considerado como un ideal expresivo del sí, en el plano social, funciona como un agente productor de una nueva civilización de los individuos a través de exigencias continuamente nuevas de libertades subjetivas, inclusión y reconocimiento social.

Las transformaciones de la relación con la familia, la pareja, el amor, la sexualidad y la identidad de sexo y género testimonian la fuerza operante del principio de autenticidad que se ejerce desde ahora a plena capacidad en todos los ámbitos de la existencia subjetiva. En la época de la segunda modernidad, las búsquedas de autenticidad ya no se ilustran únicamente en obras o gestos simbólicos de personalidades excepcionales sino que se concretizan en la existencia íntima de cada individuo y a lo largo de la vida. Cuando el ideal de autenticidad se despoja de su dimensión heroica, da cuenta de su capacidad como agente productor de renovación de las formas de pensar y vivir de la mayoría. Convertido en una «significación imaginaria central» de nuestra época, el ideal de autenticidad ha provocado una transformación cultural de un alcance considerable, un régimen inédito de la experiencia íntima de sí, un intenso aumento de individualización de la relación con la existencia personal e interpersonal. El principio de autenticidad, idea-fuerza dotada de facultad de acción y motor de transformación de la relación con la subjetividad y la intersubjetividad, nos ha hecho cambiar de mundo.

Como representación activa, el ideal de autenticidad individual ha comportado una inmensa reflexividad de los actores sobre sus reglas de vida, ha hecho posible una nueva condición personal liberada del imperativo de conformarse a un orden recibido, natural o trascendente: ha creado un nuevo ser-en-el-mundo. El *ethos* de autenticidad, un instrumento de autodefinición y autodeterminación individual, ha llevado a su punto culminante la destradicionalización de las identidades, ha remodelado de arriba abajo la manera de ser uno mismo y vivir en sociedad. Al deslegitimar los papeles, lugares e identidades heredados del pasado, ha contribuido a la consumación del estado social democrático como sistema autónomo.

Desde tiempos remotos, la familia funciona como una institución holística en la que la ley del grupo prevalece sobre la libertad y los deseos individuales. Dada la falta de autonomía de los actores privados, en todas partes se imponen imperativamente las reglas comunitarias, el reparto tradicional de los papeles según el sexo, los matrimonios concertados o de interés y, en el Occidente cristiano, el lazo matrimonial indisoluble. Este modelo tradicional es el que ha sido disuelto por el desarrollo social de la cultura de la autenticidad.

Familia desinstitucionalizada, familia deseada

Con el reconocimiento de los principios de autonomía y plenitud personales se ha propagado un nuevo tipo de modelo de familia, una revolución familiar tal como testimonian el descenso de la nupcialidad y del número de hijos, la fuerte progresión de los divorcios, las uniones libres, las familias monoparentales, los nacimientos fuera del matrimonio, los pactos civiles de solidaridad (PACS) y las uniones legales entre personas del mismo sexo. Todos estos aspectos constituyen lo que Louis Roussel[1] ha propuesto denominar la «familia desinstitucionalizada», un modelo que designa el estado de la familia redibujado por la dinámica de la libertad y la realización subjetiva; en otras palabras, por el ideal de autenticidad. Al descalificar las reglas tradicionales y legitimar los deseos de autonomía personal, la ética de la autenticidad ha producido una forma nueva de familia: la familia elegida, individualizada, centrada en las relaciones afectivas y el bienestar psicológico de los cónyuges.

1. Louis Roussel, *La famille incertaine*, Odile Jacob, 1989.

En este marco, han caído en desuso los ataques virulentos que tenían como objeto a la familia, en la fase I, por parte de los aduladores del ideal de autenticidad. La famosa frase de Gide «familias, os odio» ha sido sustituida por una cultura en la que la familia ocupa el primer lugar de los valores: a partir de ahora, para la gran mayoría de las personas, la familia es sinónimo de amor, de compartir, de confianza y se asocia a la felicidad; tener éxito en la vida es, en primer lugar, tener éxito en la vida familiar, ante todo la vida de pareja y las relaciones con los hijos.

Este apego afectivo a la familia puede, sin duda, estar relacionado con el nuevo mundo marcado por la incertidumbre, la inseguridad, la precariedad, ya que el medio familiar funciona como un capullo protector, una burbuja de seguridad y afectividad. Sin embargo, la inseguridad hipermoderna no lo explica todo: en particular, no podemos comprender la fuerza del lazo afectivo con la familia sin relacionarla con la fuerza actuante de la ética de la autenticidad personal. Bajo su égida, la familia «escogida», basada en la libertad de cada uno, ha podido sustituir a la institución autoritaria y dirigista que era en el pasado. Ahora, la familia ya no impone sus dictados, ya no asfixia la libertad de los actores. Y si es muy apreciada por los individuos hipermodernos, no se debe únicamente a que el universo social y económico sea incierto, sino a que se ha transformado en un orden respetuoso de la autonomía individual y de las necesidades afectivas, en un espacio de intimidad emocional en el que los individuos pueden ser más fácilmente sí mismos.

La felicidad en pareja

La cultura de la autenticidad ha puesto patas arriba el modelo tradicional de la familia institucionalizada. Al antiguo modelo uniforme le ha sucedido el de la familia plural que ilustra el auge de las uniones libres, la familia recompuesta, las parejas gays o lesbianas, no cohabitantes. La dinámica contemporánea de hiperindividualización permite a cada uno «vivir como quiere», elegir libremente el marco de su vida íntima. ¿Significa esto la desaparición de toda norma ideal y sobre todo del ideal conyugal? En absoluto: para la mayoría, el ideal sigue siendo vivir en pareja. A pesar del aumento de la individualización de las costumbres, la vida en pareja sigue siendo la referencia central y se sigue considerando más deseable que la vida en solitario. Es evidente que la invasión individualista no ha puesto fin en absoluto al modelo de la vida conyugal.

¿Cómo entender la resistencia de la norma conyugal en una época que sacraliza la autonomía individual? Según François de Singly, la valorización del lazo conyugal se explica por la necesidad de mostrar, en las sociedades individualistas, que no vivimos exclusivamente en función de la lógica del interés personal, que nuestra identidad individual es rica en otros aspectos, en particular en valores afectivos no utilitaristas, en virtudes desinteresadas, en la capacidad de dar gratis tiempo, atención, amor: en resumen, que el dinero no lo es todo, que estamos dotados de «cualidades humanas», de sentimientos, y que no pensamos solo en nosotros mismos. «Vivir en pareja hace visibles en la escena pública las pruebas de la existencia de la razón humanitaria.»[1]

No esconderé mi escepticismo respecto a esta explicación. Ya que si la hipótesis fuera justa, debería conllevar una condena moral de las personas que viven solas. No es así ya que no se estigmatiza a las personas solas, no se las considera más egoístas que las otras: como mucho se las compadece. Si la norma conyugal persiste no es para hacer de contrapeso

1. François de Singly, «L'homme dual. Raison utilitaire, raison humanitaire», *Le Débat*, n.º 6, 1990, p. 44.

al utilitarismo, sino debido al ideal de felicidad privada, que es difícil concebir sin el intercambio intimista y la calidez de los lazos sentimentales. En la era del hiperindividualismo, la felicidad se asocia a la vida en pareja porque esta es una barrera ante la experiencia dolorosa de la soledad, porque permite, al menos idealmente, tener la sensación de contar para alguien en particular, ser importante a sus ojos, y en consecuencia no ser una individualidad sustituible. Si la vida conyugal se considera por lo general como más deseable que el celibato, es porque se la asocia a la posibilidad de poder disfrutar de relaciones sentimentales en un mundo dominado por las relaciones impersonales, gozar de una proximidad comunicacional intensa e íntima con el otro considerada necesaria para la vida feliz.

La pluralización de la vida en pareja

La cultura de la autenticidad no ha destruido el ideal conyugal, pero ha transformado las maneras de vivir en pareja, sobre todo liberando esta forma de unión del modelo de fusión. Cada vez más, se afirma la exigencia de que el hombre y la mujer puedan seguir siendo ellos mismos, que puedan seguir existiendo en cuanto individualidades. La pareja «ideal» es aquella que deja espacio para la libertad individual y las elecciones personales, que se basa en el respeto de la diferencia y la autonomía del otro. Lo importante es que los cónyuges sigan siendo auténticamente ellos mismos, construyendo una relación centrada en el respeto de la autonomía de cada uno. Si no se reconoce mi libertad, mejor separarse: para nuestros contemporáneos, es preferible estar solo que sentirse solo en pareja. Se trata a partir de ahí de compartir una vida común sin que ello atente contra la identidad y la independencia individuales.

Si la vida en pareja sigue siendo un ideal es porque ha dejado de ser sinónimo de abdicación de uno mismo. No existe contradicción alguna entre la consagración de los principios individualistas y la valorización persistente de la vida conyugal, ya que la cultura de la autenticidad ha hecho compatible la norma de la pareja heredada de un pasado remoto con los ideales de autonomía y plenitud de sí. La ética del *be yourself* no hace tabla rasa de todas las estructuras del pasado tradicional, no preconiza el reino del sí abandonado a su propia suerte, sino que reorganiza las instituciones más tradicionales de tal manera que estén en la misma onda del ejercicio de la libre disposición de sí mismo.

En su forma más radical, la exigencia de independencia personal se manifiesta en las parejas con dos domicilios que prefieren vivir «cada uno en su casa», por separado, cada uno en su propio apartamento, compartiendo con el otro solo algunos momentos elegidos conjuntamente. Para seguir siendo independientes y limitar los conflictos presentes o futuros en caso de divorcio, algunas parejas prefieren también tener una gestión separada de sus ingresos: ya hoy en día casi una pareja de cada cinco declara no tener una cuenta común. De forma aún más amplia, vemos retroceder el modelo conyugal que implica compartir todo, hacer todo juntos, en beneficio de una vida en pareja en la que cada uno puede vivir cosas diferentes en el mismo momento, desarrollar proyectos personales, pasar vacaciones en solitario, reunirse por separado con sus propios amigos, dormir en habitaciones separadas: la ética de la autenticidad ha favorecido formas de existencia más individualizadas basadas en el reconocimiento de la autonomía de los cónyuges. Vivir con alguien, pero sin renunciar por ello a ser uno mismo, a la independencia y los propios gustos: el ideal de ser uno mismo ha conllevado la hiperindividualización y la pluralización de la relación conyugal.

Del mismo modo que surgen formas inéditas de vida en pareja, también aparecen nuevas maneras de pensar y vivir la infidelidad. Son incontables los artículos de prensa que plantean estas preguntas: ¿qué es exactamente la infidelidad? ¿Dónde empieza? ¿Cuándo dejamos de ser fieles? Flirtear por internet, practicar el *sexting*, mirar películas porno: ¿es esto ser infiel? ¿Besar a otro(a) es «engañar»? ¿«Acostarse» con otro es también «engañar»? Ya no existen respuestas consensuadas a estas preguntas. Cada cual tiene sus criterios, cada cual su verdad: lo que es aceptable para una pareja no lo es para otra. Ya no hay una infidelidad, sino infidelidades: infidelidad en línea, infidelidad sexual, infidelidad emocional. Es el momento de la individualización de la definición y el significado de los amores extraconyugales.

Desde el momento en que la fidelidad ya no se impone como una obligación absoluta dictada por la religión, la ley o el estado de las costumbres, el sentido dado a la infidelidad depende inevitablemente de una mirada subjetiva. Para algunos, la infidelidad es una traición imperdonable; para otros supone un antojo «normal», un comportamiento comprensible y que, por ello, no implica separación. La relación con la infidelidad se ha convertido en un asunto privado que ya solo depende de los juicios individuales. El culto de la autenticidad no ha banalizado la infidelidad, sino que la ha desinstitucionalizado, subjetivado, la ha convertido en algo íntimo al individualizar su sentido.

Las dos dimensiones de la autenticidad

En un contexto cultural reflexivo y subjetivado, la infidelidad es, para algunos, lo que arruina definitivamente a la pareja; para otros, es el medio para salvarla cuando no funciona bien. Para unos, es una ignominia; para otros, una conducta que se justifica en nombre del derecho a ser uno mismo, a existir de manera libre e independiente liberándose de la tenaza de la pareja de fusión. Estas divergencias son una de las consecuencias de la ética liberal de la autenticidad. Ya que si bien esta exige la transparencia de uno mismo, también exalta la plenitud subjetiva, lo cual no excluye en modo alguno una «doble vida», el disimulo o las formas secretas de la vida amorosa. La cultura de la autenticidad no es unívoca: se desdobla en dos tipos de exigencias contradictorias. Se escinde entre, por un lado, el deber de no esconder nada y ser sincero, y, por el otro, la reivindicación de ser plenamente sí mismo, de no renunciar sobre todo a los aspectos múltiples, desunificados, inestables del yo. Uno de los aspectos de la autenticidad erige la verdad en valor hegemónico; pero otra tiende a desculpabilizar la infidelidad: anima a concederse el derecho a aventuras clandestinas.

Por ello es necesario matizar la idea de «tiranía de la autenticidad». La exigencia intransigente de contarlo todo no es más que una de las caras de la ética de la autenticidad; existe otra mucho más laxa que legitima la mentira en relación con el derecho a ser uno mismo. No existen razones para pensar que una de estas dos dimensiones renuncia a hacer valer su derecho en beneficio de la otra. Es probable que estos dos aspectos sigan ejerciéndose en el futuro.

Mujeres y hombres lo confiesan: «Soy infiel, pero me siento fiel a mí mismo», «Miento al otro, pero por vez primera soy honesto conmigo mismo». Al ser infiel, se deja, sin duda, de ser sincero con el otro, pero es en beneficio de la verdad consigo mismo. La psicoterapeuta Esther Perel sostiene que no nos liamos con otro porque estemos buscando a otra persona o porque seamos desgraciados, sino que a menudo lo hacemos para no extraviarnos en la cotidianeidad monótona de la pareja, para reafirmarnos en nuestro poder de seducción, para vivir más intensamente el presente. En otras palabras, engañar no se vive como un comportamiento inauténtico, sino como el medio de seguir siendo uno mismo escapando a la reclusión de la pareja.[1] Precisamente es esta exigencia de fidelidad consigo mismo lo que ponen de relieve las páginas web extraconyugales con eslóganes como: «A veces permaneciendo fiel es como más se engaña uno a sí mismo...», o bien: «Permanezcan fieles... a sus deseos» (Gleeden).

Poliamor

Los efectos de la cultura de la autenticidad no se detienen ahí. La época ve afirmarse lo que ahora se denomina el «poliamor» o la «polifidelidad», esa forma de amor sin exclusividad ni posesividad, pero también sin mentira, con honestidad y transparencia. Incluso en pareja, los poliamorosos reivindican relaciones múltiples y simultáneas, la posibilidad de mantener relaciones diversas sin tener que mentir y esconderse. El poliamor es una manera de amar a varias personas a la vez que reivindica el respeto entre los compañeros y compañeras, la plena libertad sexual conforme con la autenticidad del deseo. Ya que es imposible que una sola persona pueda colmar nuestros deseos, más vale dejar de lado la norma frustrante de la fidelidad gozando de las alegrías del amor plural, única vía que permite escapar de una vida de mentira y que se corresponde con lo que somos realmente, con nuestros deseos eróticos de descubrimiento, novedad, diversidad. En nombre del ideal de autenticidad se cuestiona el modelo de la pareja exclusivista.

1. Esther Perel, *Je t'aime, je te trompe*, trad. fr. de Valérie Bourgeois, Robert Laffont, 2018. (Hay traducción española: *El dilema de la pareja. Una nueva mirada acerca del amor y las relaciones*, trad. de César Galicia, Diana, Barcelona, 2018.)

Parejas a distancia, cada uno en su casa, actividades en solitario, gestión separada de la economía de la pareja, poliamor: bajo los auspicios del ideal de plenitud de sí y de la autonomía subjetiva, la ética de la autenticidad sigue inventando nuevas maneras de vivir en pareja, da un paso más en la destradicionalización de las formas de la unión amorosa, dando prioridad a las aspiraciones y trayectorias individualizadas.

Permanencia del valor de la fidelidad

De la fase II a la fase III, se constituye un clima cultural muy distinto. La contracultura fustigaba la fidelidad como una norma burguesa represiva, un instrumento de alienación de la existencia. Este *ethos* ya no es el nuestro: ahora es el momento de la rehabilitación de la fidelidad. El final del ciclo del individualismo transgresivo y de la liberalización a diestro y siniestro: justo cuando la vida sexual se emancipa en relación con los ideales morales, la exclusividad sexual en la pareja sigue siendo aprobada. Solo una pequeña minoría considera la infidelidad como una cosa sin importancia. Según una encuesta de la Association pour la recherche sur les systèmes de valeurs (ARVAL), el 84 % de los franceses consideran que la fidelidad es esencial para el éxito de un matrimonio. Hace treinta años, los jóvenes de entre dieciséis y veintiséis años consideraban la fidelidad como algo un poco «anticuado» y solo un 50 % la consideraban importante. Actualmente, son más del 80 % los que piensan que la exclusividad sexual es importante o muy importante para la armonía conyugal. Las parejas que se permiten «oficial» o abiertamente una sexualidad extraconyugal son una ínfima minoría. Aquí vemos de nuevo que la espiral de la individualización de la relación con la sociedad no provoca en absoluto un estado de anomia ni el declive de todos los valores.

100

La paradoja de la situación merece ser subrayada. Las invitaciones hedonistas están ahí continuamente, la pornografía se banaliza, las tentaciones son omnipresentes en las páginas web de citas, los hombres y las mujeres nunca han sido tan libres en su vida sexual. Sin embargo la exclusividad amorosa se impone como una norma casi obligatoria. ¿A qué se debe esta paradoja? ¿Cómo entender que en una cultura hipersexualizada pueda seguir gobernando la relación con la vida amorosa?

La valorización contemporánea de la fidelidad ya no depende como antaño de razones religiosas o de culturas empeñadas en conservar la institución familiar y el orden social. La exigencia contemporánea de fidelidad se afirma sobre una base estrictamente individualista que implica el único lazo interindividual: ya no actúa ningún principio trascendental, colectivo y externo a los individuos. La fidelidad entre cónyuges ya no es un valor sagrado ordenado por el derecho canónico y planteado como una forma de compromiso ante Dios: a partir de ahora la fidelidad en la pareja es un valor en alza y la infidelidad una práctica reprobada, todo ello por razones estrictamente personales, relacionales y afectivas.

Si la infidelidad conyugal sigue siendo objeto de oprobio es porque es sinónimo de mentira, traición, incumplimiento del deber de respeto hacia el otro. Pero es también porque rompe la confianza en el otro y amenaza el equilibrio de la pareja en una época marcada por un sentimiento de inseguridad creciente. El apego a la fidelidad refleja una necesidad de estabilidad y de seguridad afectiva de los individuos cada vez más ansiosos, angustiados, vulnerables al verse solos en un mundo destradicionalizado, incierto e hipermóvil. El hecho de que vivamos en un entorno en el que todo, tanto en la vida privada como en la profesional, se vuelve temporal, flexible, desechable,[1] hace que el espíritu del tiempo valorice la fidelidad

1. Zygmunt Bauman, *L'amour liquide. De la fragilité des liens entre*

101

en la pareja, que representa un valor refugio, una prueba de seguridad afectiva, un capullo protector y tranquilizador. Es la espera de estabilidad, permanencia, solidez en una época de inseguridad ansiógena en la que «todo pasa, todo se rompe, todo cansa» la que explica que se vuelva a apreciar la fidelidad.

Este fenómeno también debe relacionarse con la necesidad de confianza afectiva en un momento en el que todas las grandes instituciones colectivas sufren un inmenso descrédito. La sociedad de desconfianza generalizada conduce a reforzar el sueño de la pareja estable y sólida basada en la confianza recíproca de sus miembros. El individuo «zapping» busca, en la vida privada, una confianza que la sociedad hipermoderna desintegra de continuo. La valorización de la fidelidad expresa el deseo de poder confiar cien por cien en alguien, contar con él en cualquier circunstancia y escapar así del sentimiento de soledad afectiva. Cuanto más se afianza el derecho a ser absolutamente uno mismo, más asciende la aspiración de poder contar con alguien y construir con él un proyecto común sobre bases elegidas con total libertad.

La infidelidad a pesar de todo

Esta consagración de la constancia en el amor debe relativizarse, ya que nada indica, en los hechos, que tenga efectos. Por el contrario: según diversos estudios, la infidelidad de hombres y mujeres va en aumento; la proporción de franceses que reconocen haber sido infieles en el transcurso de su vida ha progresado regularmente a lo largo de los últimos cuarenta años, pasando del 9 % en 1970 al 30 % en 2001 para alcanzar, en

---

les hommes, trad. fr. de Christophe Rosson, Fayard/Pluriel, 2010. (Hay traducción española: *Amor líquido. Sobre la fragilidad de los vínculos humanos*, trad. de Albino Santos Mosquera, Paidós, Barcelona, 2018.)

adelante, el 43 % por ciento (IFOP, 2014). En Francia, más de un hombre de cada dos y casi una mujer de cada tres admiten haber sido infieles.

Por supuesto, la valoración de la que gozan la rectitud y la sinceridad no es en absoluto sinónimo de ejercicio de la virtud para alcanzar la realización de sí, ya que la adhesión por principio al ideal de transparencia está claro que no impide la persecución de aventuras escondidas. Conozco el valor de la fidelidad, pero aún más el derecho a vivir conforme a mis propios deseos. No vivimos en un mundo privado de reglas morales, sino en un mundo en el que se confrontan legitimidades concurrentes y contradictorias. Ser fiel es bueno y justo, salvo que estar de acuerdo consigo mismo también lo es. Sencillamente, es frecuente que en este conflicto axiológico la realización de los propios deseos se imponga a la obediencia rigurosa a los deberes debido al debilitamiento de la fuerza de obligación de los valores, unida al retroceso de la capacidad de las Iglesias para imponer y regular creencias y prácticas, así como al entorno hedonista en el que nos encontramos inmersos. Este es uno de los efectos de la cultura individualista-hedonista: la realización inmediata de los propios deseos se antepone a los principios éticos «difíciles» a los que, por otra parte, nos adherimos. No estamos ante una desaparición de la exigencia moral, sino más bien ante el auge de una «moral sin obligación ni sanción» (Jean-Marie Guyau), sin gran sacrificio, sin «mutilación» de uno mismo: una moral que tiende a perder su fuerza de imposición, su poder de eficiencia, su autoridad superior. La nueva era individualista no conduce a la anomia: mina la autoridad de los deberes en beneficio de los derechos subjetivos. Es así como la época que ensalza el «sé tú mismo» puede favorecer la infidelidad conyugal al tiempo que condena su práctica.

Por mucho que se acepte la fidelidad, en los hechos –señalan varios observadores–, los compromisos afectivos duraderos relacionados con la vida conyugal se disipan propiciando la inestabilidad de los lazos, en un mundo fluido hecho de relaciones y separaciones ultrarrápidas. En el universo del «amor líquido», que inspira inseguridad y ansiedad, los proyectos de larga duración y los compromisos «carecen de sentido», sostiene Zygmunt Bauman. ¿Qué sentido tiene apostar todo a favor del otro cuando las relaciones son cada vez más precarias, cuando cada cual se ve amenazado con ser «desechado» sin escrúpulos? Invertir unos sentimientos fuertes en una relación que en cualquier momento puede romperse constituye una «trampa», un «paso peligroso que hay que atravesar», un «riesgo enorme». Por ello las promesas de compromiso incondicional («hasta que la muerte nos separe») ya no gozan de credibilidad.[1] El compromiso duradero ha cedido el paso al miedo de este: en el universo líquido de la autenticidad hipermoderna, los compromisos duraderos se han convertido, eso nos dicen, en inconsistentes.

Es así como un número creciente de jóvenes viven en pareja, sin casarse, sin promesa de un futuro común, sin compromiso recíproco. Jean-Claude Kaufmann habla, en relación con ellos, de «ligereza conyugal», de una «cohabitación ligera» en la que cada cual vive el presente sin el peso de visiones de futuro, sin sentirse prisionero en un marco institucional: con la ventaja de poder retirarse fácilmente de la relación.[2] Es el momento de las parejas efímeras basadas en compromisos flexibles, sin riesgos, modificables a voluntad. El propio derecho registra esta nueva relación con el compromiso. El Pacto Civil de So-

1. Zygmunt Bauman, *op. cit.*
2. Jean-Claude Kaufmann, *Sociologie du couple*, PUF, 1993, pp. 44-64.

lidaridad (PACS) reconoce en efecto la unión entre dos personas de sexo diferente o del mismo sexo, pero con más flexibilidad que el matrimonio, sobre todo en materia de separación y herencia. Si esta forma de contrato goza de un éxito notable es porque es fácil de romper, al poder ser disuelto unilateralmente con una simple declaración de uno de los dos miembros de la pareja ante el juzgado de lo civil.

En internet, en los foros, en las revistas femeninas, son innumerables los testimonios de mujeres que declaran sufrir con el comportamiento de su compañero, que se niega a comprometerse a largo plazo en su relación de pareja. En el universo de la autenticidad hiperindividualizada se multiplican las «fobias del compromiso», la angustia de los proyectos en pareja, el rechazo a tomar decisiones que impliquen un tiempo prolongado: casarse, tener un hijo, comprar un piso, construir un hogar. La pasión de ser uno mismo y la búsqueda de una existencia auténtica conducen al miedo a ser encarcelado y ahogado, a perder la libertad, al pánico ante la toma de decisiones a largo plazo. Según Bauman, «en los compromisos duraderos, la razón moderna líquida reconoce la opresión; en el compromiso duradero, ve la dependencia que incapacita».[1]

No obstante, los hechos observables están lejos de confirmar de lleno esta teoría. Las parejas son más frágiles, las uniones menos duraderas, las rupturas más frecuentes, las familias recompuestas y las monoparentales aumentan: sin embargo, en Francia, la mayor parte de la población vive en pareja al menos una vez en su vida.[2] Es cierto que la vida en pareja se aplaza,

---

1. Zygmunt Bauman, *op. cit.*, p. 63.
2. Lo que va acompañado de operaciones financieras cuyo fin es el acceso a la propiedad inmobiliaria: casi siete de cada diez propietarios de una vivienda han comprado un bien inmobiliario al emparejar. Entre los menores de treinta años, un 70 % de compradores se hipotecan en pareja y entre los que se encuentran entre los treinta y los treinta y nueve, esta

se desregula, se desestabiliza, pero no se rechaza: el modelo «pareja casada con hijos» sigue siendo la norma. En Francia, dos adultos de cada tres viven en pareja, de los cuales el 43 % están casados. La vida en pareja con hijos implica compromisos a largo plazo: esto hace que no pueda equipararse con el surfeo por internet y la fluidez de navegación por las redes telemáticas. En la hipermodernidad, ser uno mismo no es rechazar las apuestas que implican el largo plazo, es comprometerse sin tener la certeza del futuro.

Las mujeres, ciertamente, tienen su primer hijo más tarde que antaño, pero el deseo de tener hijos en Francia se manifiesta entre el 80 y el 90 % de los que viven en pareja con edades comprendidas entre los veinte y los veinticuatro años. La frecuencia de las parejas que no desean hijos sigue siendo muy rara en Europa, alrededor de un 5 %. La mayoría de ellas desea fundar una familia y solo una minoría permanece sin hijos de forma voluntaria. El deseo de tener hijos, las decisiones de adopción y los nacimientos programados están del todo vigentes: el compromiso a largo plazo que constituye el proyecto de paternidad/maternidad se perpetúa. Sean cuales sean las dudas de las nuevas generaciones ante el compromiso en un mundo presa de la incertidumbre, las parejas jóvenes siguen teniendo masivamente proyectos y una visión a largo plazo para sí mismas y para sus hijos como demuestra la importancia de la apuesta parental en la educación escolar y extraescolar de los hijos. Reuniones con los profesores, apoyo y ayuda para los deberes y las lecciones, cursos particulares, actividades de estímulo, apoyo afectivo a través de proporcionar aliento y demostrar otras formas de interés hacia el niño: el compromiso de padres y madres en el ámbito escolar está

---

proporción sube al 74 %. Según un estudio de IFOP realizado en 2014, la compra de bienes raíces es el acto más atractivo en la vida para más de un tercio de los encuestados.

más en alza que en declive. Es una visión muy reductora pensar que los individuos ya solo viven en un presente hegemónico, cerrado sobre sí mismo: la época que ve generalizarse la ética de la autenticidad no rubrica el final de la cultura del compromiso familiar.

El compromiso como acto expresivo de sí

A pesar del retraso en la edad para contraer matrimonio y de las tasas crecientes de divorcios y separaciones, casarse conserva todo su sentido para un gran número de personas. Se plantea la siguiente pregunta: ¿por qué los hombres y las mujeres siguen casándose e incluso se comprometen cuando ya no existe ninguna presión moral o social que les obligue a ello? ¿Por qué siguen prometiéndose oficialmente «respeto, fidelidad, socorro y asistencia»? En la era de la autenticidad normalizada, contraer matrimonio se ha convertido en una manera de probar públicamente amor y apego para con el otro, mostrar el deseo de una unión que no sea efímera, expresar una voluntad de compromiso duradero y de fidelidad. El compromiso en el matrimonio se ha vuelto un acto individualista y expresivo de sí mismo. Al casarse los cónyuges expresan su deseo de compromiso, la importancia esencial que reviste su relación, su voluntad de construir un futuro común y duradero.

No es cierto que el individuo hipermoderno intente sustraerse a todo compromiso concreto, considerado como «una limitación odiosa». La autenticidad afectiva reclama siempre actos de compromiso: dichos actos de compromiso incluso han alcanzado a nuevas categorías de la población tal como se ve con los gays y lesbianas que se casan, viven en pareja y desean poder adoptar niños o tener acceso a la PMA. Las luchas de personas homosexuales para obtener el derecho al matrimonio no revelan el eclipse del espíritu de compromiso, sino su expansión social.

El no-compromiso no ha sustituido el compromiso conyugal. Como mucho se ha producido un retraso en el tiempo de las formas de compromiso: la gente se casa más tarde que antes y, desde la década de 1970, la edad de la primera maternidad cada vez es mayor. En realidad somos testigos de la hiperindividualización y la pluralización de las formas de compromiso, tal como testimonia la multiplicidad de modelos familiares contemporáneos: familia «clásica», recompuesta, monoparental, heterosexual, homosexual, unión libre, PACS, etc. El compromiso familiar tradicional era de tipo institucional: a partir de ahora se ha desinstitucionalizado y es plural e individualizado, ya que cada uno elige el tipo de implicación que mejor conviene a su subjetividad.

No es la ética del compromiso la que está en crisis, sino el compromiso «para siempre», absoluto, hacia y contra todo. Lo que prevalece ya no es un compromiso ante Dios, ni el compromiso «de una fidelidad observada en virtud de lo absurdo» que funda la persona y de la que hablaba Denis de Rougemont.[1] En la actualidad, los individuos se comprometen mientras se aman, en concordancia con la autenticidad de sus sentimientos. Se sigue apostando por la duración, pero una duración que ya no significa necesariamente «toda la vida». Seguimos reconociendo el valor del compromiso siempre y cuando se adecue con el sí íntimo y no contraríe la plenitud subjetiva.

REHACER LA PROPIA VIDA A CUALQUIER EDAD

El reino del *be yourself* está en la base del despegue de los divorcios, las rupturas y separaciones en la pareja. En una

---

1. Denis de Rougemont, *L'amour et l'Occident*, 1018, 1962, p. 259. (Hay traducción española: *El amor y Occidente*, trad. de Antoni Vicens, Kairós, Barcelona, 2020.)

cultura que exalta la plenitud de sí, un número creciente de personas prefiere la soledad antes que el desacuerdo y la insatisfacción en la relación. La exigencia de sí genera inevitablemente más exigencia hacia el otro, menos resignación ante la aceptación de una relación que no satisface las promesas del amor y la comunicación.

Al multiplicar las rupturas de parejas, la ética de la autenticidad favorece también los deseos de pasar página para rehacer la propia vida, reconstruirla sobre bases nuevas. Lo que resulta un fenómeno notable es que esto se observa ahora en cualquier franja etaria, incluso entre las personas de la tercera edad, para las cuales el divorcio ya no es un tabú. Según el INED (Institut national d'études démographiques), una cuarta parte de las que tienen hoy entre cincuenta y sesenta y cuatro años ya han vivido una separación; entre 2004 y 2014, el número de divorcios de personas sexagenarias en Francia casi se duplicó y, tras una vida en común de unos treinta a treinta y cinco años, los divorcios se multiplicaron por nueve durante los últimos cuarenta años.

Cada vez más las personas de la tercera edad no dudan en iniciar una «segunda vida» contrayendo matrimonio o volviéndose a casar: entre 2006 y 2012, el número de matrimonios de personas de más de sesenta años ha aumentado, según el INSEE, un 21 %. Visitar páginas de citas especializadas, la búsqueda del amor y el matrimonio ya no es privilegio de los jóvenes. Ahora, el 57 % de las personas de setenta años y más consideran que pueden todavía rehacer sus vidas.

Sin duda, la mejora en la salud de la población mayor, el aumento de la esperanza de vida y la duración del tiempo de jubilación tienen relación con este fenómeno. Sin embargo, las fuerzas propiamente culturales (hedonismo cultural, deseo de independencia, cambio del estatus de la mujer, ideal de plenitud personal) han desempeñado un papel no menos decisivo en la transformación de la relación de las personas de la tercera edad con el divorcio, con los nuevos encuentros, con volver a casarse, con el amor y la sexualidad. Ya no se considera la tercera edad como el crepúsculo de la vida, el momento de renuncia de los placeres, sino que se presenta como una etapa de la existencia en la que el campo de los posibles sigue abierto, en el que seguimos proyectándonos en el futuro. El ideal «sed vosotros mismos» es una de las fuentes del nuevo imperativo: «permaneced jóvenes». Dado que valoriza la elección de sí mismo, la movilidad, los goces del presente, el culto de la autorrealización ha transformado la relación con el tiempo, con las edades de la vida, con la vejez. Es una de las fuerzas ideológicas que sustentan el ideal de parecer joven, los deseos de rehacer la propia vida, la obsesión de permanecer joven en cuerpo y espíritu.

El ideal de autenticidad anima a pensar: «solo tenemos una vida», al tiempo que descalifica el espíritu de renuncia de sí mismo. De ahí viene la nueva mirada sobre el amor, el matrimonio y la sexualidad de las personas de la tercera edad, a las que ahora se les reconoce el derecho a vivir historias de amor, a tener una vida sexual al igual que los adultos jóvenes. En una sociedad radicalmente destradicionalizada, individualista y en la que impera el culto de lo joven, ya no existe una edad «decorosa» para contraer matrimonio o volver a casarse, divorciarse, reencontrar las emociones del corazón y los placeres de Eros: amor/sexualidad y vejez han dejado de ser considerados como antitéticos. Cuando triunfa el principio de «sed vosotros mismos», las personas de la tercera edad dejan de reconocerse en las éticas de la renuncia de los placeres y las emociones: lo que les importa por encima de todo a los «viejos jóvenes» es optimizar la calidad del presente y los años que les quedan por vivir. De tal manera que cuanto más se normaliza socialmente el ideal de autenticidad, más se da como una fuerza de cambio y ruptura en las formas de existencia individual.

LA EROTIZACIÓN DE LA AUTENTICIDAD

A partir de la década de 1970, el empuje social de la ética de la autenticidad provocó un proceso de liberalización sexual tan potente como inédito. En nombre del ideal de autorrealización se afirmó con fuerza el derecho a conducir nuestra vida sexual como nos pareciera, y así también el derecho al placer erótico en todas sus formas y para todos. Ser uno mismo ya no significa solo ser dueño de la propia vida, sino alcanzar la plenitud en la vida sexual, vivir una sexualidad recreativa, independiente de la de procreación y libre de cualquier prescripción moral o religiosa. El principio de autenticidad ha ocupado un nuevo ámbito: ahora hace valer sus derechos incluso en la experiencia erótica.

Con el reconocimiento social de la ética de la autenticidad, el sexo-placer ha sustituido al sexo-pecado; ya nada es malo, todo está permitido en materia de goce de los cuerpos en cuanto que este concierne a adultos consentidores. Las conductas sexuales ya no tienen que someterse a reglas «externas» al yo, basta que sean conformes con los deseos de cada uno. Una revolución cultural ha tenido lugar: la autonomía del sexo en relación con la moral cuyo resultado final ha sido la liberalización de las costumbres eróticas de la mayoría. La época asiste al triunfo del derecho a una sexualidad plena, Eros encuentra todo su valor en sí mismo como medio indispensable para el equilibrio y la felicidad individuales. El goce erótico ha pasado de ser instrumento de degradación a norma colectiva y, al mismo tiempo, una de las vías para la realización subjetiva.

A partir del siglo XVIII, el ideal de autenticidad empezó a afirmarse en la esfera amorosa a través de las críticas al matrimonio concertado y correlativamente del derecho al proceso para alcanzar la autonomía personal, del derecho a elegir al propio cónyuge. Durante la nueva fase de modernidad, se atravesó una etapa suplementaria: tras el momento del proceso para

111

alcanzar la autonomía en la elección del cónyuge, vivimos ahora el momento de la erotización de la exigencia de autenticidad.

Las manifestaciones de dicha exigencia son numerosas y particularmente sorprendentes en lo que concierne a los cambios en los comportamientos relativos al «segundo sexo». La virginidad antes del matrimonio ha dejado de ser una virtud moral y ya nadie estigmatiza las relaciones sexuales o las «aventuras» de las mujeres no casadas que se dejan tentar por la aventura de una noche, solo por el placer erótico. Las jóvenes empiezan su vida sexual más o menos a la misma edad que los chicos (en torno a los diecisiete años) y hacer el amor sin amar al compañero elegido ya no es un tabú. Mientras que la duración de las relaciones sexuales y de los preliminares aumenta, las mujeres se muestran más activas y hedonistas. Gracias a la ética de la autenticidad, para la mayoría de las parejas, las prácticas sexuales se han vuelto más sensuales, más lúdicas, más recreativas, más en concordancia con las necesidades de plenitud erótica y con la autenticidad de los deseos íntimos.

Es cierto que los dispositivos telemáticos modifican nuestras maneras de ver y vivir el mundo. Intercambios en línea en las páginas de citas, consumo bulímico de pornografía, falta de compromiso en algunos casos con la pareja real en beneficio de las parejas virtuales y de sus avatares: todos ellos son fenómenos que alimentan la idea según la cual nuestra existencia sería cada vez más abstracta, digitalizada, sin un lazo táctil con los otros, prisionera de un mundo sin sensualidad, descorporizado, en vías de desrealización avanzada. Estos fenómenos son reales: sin embargo, cuidado con reconocer en ellos la verdad última de las nuevas subjetividades. No es cierto que la era telemática tienda a hacer desaparecer las búsquedas carnales: por el contrario, la ética de la autorrealización es una cultura que legitima y favorece la sensualización, la erotización, la hedonización de la existencia. No se trata de un adiós a los goces del cuerpo sexuado: cuanto más dependen nuestras vidas de las redes virtuales, más frecuentemente somos testigos de exigencias crecientes de erotización de la vida sexual.

LOS PEDÓFILOS O LOS NUEVOS MONSTRUOS

Al disociar la vida sexual de la moral tradicional, la ética de la autenticidad ha liberado a Eros de las imposiciones normativas de antaño. No obstante, esta dinámica no ha conducido ni a una permisividad desenfrenada ni a un relativismo moral integral según el cual ya nada es malo, ya nada debe prohibirse y todo vale. El hecho está ahí: la permisividad de la contracultura ha cedido el paso a la punibilidad, y el liberacionismo guay ha desaparecido en beneficio de la hiperdramatización de los riesgos de violencia sexual que amenazan en particular a niños y niñas y a las mujeres. La tolerancia de las costumbres sexuales avanza únicamente de la mano de la «tolerancia cero», el endurecimiento de las legislaciones represivas, las voluntades de sanción y criminalización. Si bien muchos comportamientos relativos a la vida sexual se han liberalizado y desdramatizado, otros, juzgados en el pasado con poca severidad, se han convertido en «monstruosos», objeto de una demonización colectiva y de una estigmatización inapelable. La cultura de la autenticidad ha hecho surgir nuevos objetos de repulsión, así como mayores exigencias en materia de represión de los delitos sexuales. Hemos alcanzado el estadio penal de la autenticidad.

La criminalización de la pedofilia

En el transcurso de la fase II y en la estela del Mayo del 68, la palabra y los cuerpos se liberan en nombre del derecho a la diferencia y a las sexualidades alternativas, entre las cuales la pedofilia encuentra su lugar junto a la homosexualidad, la zoofilia y el incesto. Con respecto a esta época, la fase III, a partir de la década de 1980, constituye una ruptura radical. Ya no se trata de liberar la sexualidad de niños y niñas y de reivindicar una sexualidad libre entre adultos y menores, sino de proteger a estos contra la sexualidad adulta depredadora. Lo que pudo ser alabado como transgresión emancipadora ahora es condenado como ignominia, crimen abyecto, figura del Mal absoluto. El pederasta se ha convertido en un pervertido, un delincuente sexual, el profanador diabólico de lo más «puro», «auténtico» e «inocente» que existe: los niños y las niñas. El colmo del horror se encarna ahora en el crimen perpetrado con ellos. Los discursos con vistas a la legitimación y valorización de las relaciones sexuales con menores han cedido el paso a la criminalización de la pedofilia. Incluso el término «pedofilia» debe ser proscrito y sustituido por el de «pedocriminalidad».

Clasificada como una desviación sexual, la pedofilia se considera un «peligro público», un «problema de salud pública importante», una figura significativa de la peligrosidad criminal. La era del *be yourself* va acompañada del «pánico moral», de una inquietud creciente en relación con las violencias sexuales sobre menores. Un clima de sospecha se ha instalado no solo con respecto a los curas, sino con cualquier educador que se codea con menores. Incluso los padres y las madres no escapan a ello: cualquier adulto se convierte en un pedófilo en potencia. Para luchar contra esta plaga, los Estados, a partir de la década de 1990, se han dotado de legislaciones severas que prevén sanciones cada vez más duras. La cultura hipermoderna de la autenticidad no conduce tanto al laxismo como a una intolerancia creciente respecto a las infracciones sexuales cometidas contra los menores, así como a un fuerte endurecimiento de los dispositivos legislativos relacionados con tocamientos sexuales, con la no denuncia de actos pedófilos,

114

con el «acoso a través de internet», con la pornografía infantil y el «turismo sexual» en el que se ven implicados niños y niñas.

Los proyectos de ley que pretenden ampliar el plazo de prescripción de los crímenes pedófilos, incluso su imprescriptibilidad, se multiplican. Otras leyes tienen como objetivo reducir la reincidencia mediante la encarcelación de por vida en caso de una tercera condena (Estados Unidos). Algunos dispositivos legislativos prevén la prohibición automática de ejercer una profesión en contacto con menores para aquellas personas condenadas por pedofilia. Desde la década de 1990, la ley impone tratamientos psiquiátricos a los pedófilos: es el principio de la «orden de tratamiento». Cada vez más domina la idea de que la justicia es demasiado clemente, que es necesario dotarse de leyes implacables para prevenir y castigar los abusos sexuales a menores.

Este cambio no es solo el resultado de la revelación de los actos de pedofilia que han golpeado a la Iglesia católica: es el eco más profundo de la modificación de la mirada social sobre la infancia puesta en marcha a partir de la década de 1970 la que ha hecho que se dé por vez primera una «sociedad pedocentrada». El menor, idealizado, objeto de todas las atenciones y de un amor desmedido, ocupa en la actualidad un lugar nuevo en la vida de las familias: nuestra época es testigo de la avalancha de la «pasión por el hijo»,[1] ya que su nacimiento, los cuidados que requiere, su educación, ofrecen la ocasión para expresar afectos que a veces tienen un punto de desmesura. Pasión por el hijo que se traduce en una multitud de comportamientos que tienen en común la obsesión parental de la plenitud subjetiva y afectiva de su progenitura.

Al haber transformado de manera radical la representación del menor, la ética de la autenticidad está en la raíz de la demonización de la pedofilia. Bajo su reinado, el maltrato sexual

1. Laurence Gavarini, *La passion de l'enfant*, Hachette, Pluriel, 2004.

115

infantil se convierte en un crimen mayor, ya que no solo impide la felicidad inmediata del menor, sino también su realización ulterior. Si la intolerancia respecto de la pedofilia se ha vuelto total es a causa de una cultura pedocentrada, en la cual domina la idea de que todo se decide en la infancia y que el maltrato sufrido al inicio de la vida dificulta la plena realización futura de los seres.

Aquí vemos los efectos antinómicos de la consagración del ideal de autenticidad. Ya que si bien este conduce a la liberalización de la moral sexual, de las mentalidades y las leyes, también conlleva, por otro de sus aspectos, el reforzamiento del arsenal jurídico, una mayor severidad de la justicia, el endurecimiento de los procedimientos disciplinarios y las medidas coercitivas, el desarrollo de políticas de prevención contra los actos de pedofilia. La cultura de la autenticidad trae dos lógicas contrarias: una reivindicación infinita de derechos subjetivos a la autonomía y, al mismo tiempo, una intensificación de las medidas de protección de las víctimas.

EL TSUNAMI #METOO

Hasta hace poco, la cuestión del acoso sexual no iba mucho más allá del perímetro de las asociaciones y los movimientos feministas militantes. Cambio de época: ahora suscita un inmenso debate público a escala planetaria. A raíz del escándalo Harvey Weinstein, las denuncias de acoso sexual y violencias sexistas han explotado en las redes sociales con los hashtags #MeToo (Yo también) o #BalanceTonPorc (Denuncia a tu cerdo, versión francesa de #MeToo), entre otros. Los actos y las frases que hasta entonces no se consideraban más que hechos penosos, pero inevitables, se han convertido en formas de agresión intolerables, un escándalo, una «plaga» que debe erradicarse con urgencia.

La cultura de la «liberación sexual» ha desaparecido de nuestro paisaje. En su lugar tenemos avalanchas de protestas contra las agresiones sexistas, indignación contra las conductas de los ligones «agresivos», puestas en la picota de los acosadores, catalogados en las redes sociales como «verdugos», «cerdos» y «monstruos». El espíritu guay ha cedido el paso a la intolerancia absoluta hacia las actuaciones machistas: en todas partes se exigen leyes severas y programas de sensibilización para transformar los comportamientos masculinos irrespetuosos con las mujeres. Es el momento de la estigmatización del ligón grosero y de los acosadores, cuyos actos son denunciados como ignominias responsables de traumas graves, estrés y vergüenza para las mujeres víctimas. Hay que constatar que la cultura dominada por el derecho a ser uno mismo provoca de todo menos un estado de permisividad y relativismo completo. Por el contrario, va acompañada de un aumento de demandas de alejamiento y sanciones penales, sed represiva e intolerancia creciente con lo que hasta ahora era juzgado más o menos como «normal» ya que era consustancial a la identidad masculina.

#MeToo y cultura de sí

El fuerte descenso del umbral de tolerancia respecto a las formas inoportunas de acercamiento sexual representa una nueva manifestación del poder de acción del culto de la autenticidad. No hay que buscar en otro lugar, sino en la intensificación social de este ideal, lo que ha provocado el movimiento de revuelta e indignación de las mujeres. La raíz de este fenómeno no está en un inencontrable aumento de las violencias sexuales, sino en el avance de la exigencia de ser plenamente sí mismo. Tampoco las nuevas herramientas telemáticas, sea cual sea su importancia, pueden explicar por sí solas el torrente de protestas femeninas. La toma de palabra de las mujeres es en primer lugar y ante todo el eco de la fuerza contemporánea de la ética de la autenticidad individual. Es ella la que, fundamentalmente, ha hecho que se muevan las líneas, que cambie el nivel de tolerancia ante las conductas machistas, es ella la que ha promovido la tolerancia cero en lugar del sexismo ordinario.

El ideal de ser uno mismo conduce, en efecto, al rechazo de los códigos sociales tradicionales que obstaculizan la libre disposición de sí y la plenitud de las personas. Con el fuerte aumento de la ética de la autenticidad, las formas sociales más tradicionales pierden su antiguo carácter de evidencia y «naturalidad». Lo que antes se consideraba «normal», «natural» o «inevitable» ya no lo es porque violenta el principio de gobierno de sí mismo. El fenómeno #MeToo no es sino una de las consecuencias de la penetración del ideal de autenticidad en las costumbres: a partir del momento en que triunfa la cultura de plena disposición de sí mismo, las invitaciones sexuales no deseadas y la condición de «objeto sexual» sometido al deseo masculino dejan de ser aceptables. Inevitablemente, la ética de la autenticidad empuja a rebelarse contra los comportamientos masculinos tradicionales que, al reducir a las mujeres al estatus de objeto sexual pasivo, atentan contra los principios de autonomía subjetiva y el libre consentimiento. Arrastrada por el empuje de la ética del *be yourself*, la tradición de resignación y silencio ante las insinuaciones agresivas masculinas se ha roto.

Con el reinado de la cultura de la autenticidad, todo aquello que genera malestar, sufrimiento subjetivo, mala imagen de sí mismo, se denuncia sin tregua. El eco inmenso que ha tenido la cuestión del acoso sexual es el efecto de la cultura del sí, de la prioridad que concede a la experiencia subjetiva y a la plenitud individual. Cuando domina la ética de la autorrealización, irresistiblemente aquello que ocasiona un sufrimiento interior, daña la propia estima, destruye la confianza en uno mismo, solo puede transformarse en un objeto ignominioso que debe ser fustigado, corregido y eliminado.

Por eso, no solo se trata de exigir leyes más severas, sino de liberarse personalmente de un sufrimiento padecido, haciéndose reconocer como víctima. En este sentido, la nueva sensibilidad ante el acoso sexual se vincula a la fase III de la autenticidad como cultura psicológica y terapéutica centrada en la realización íntima de las subjetividades. Se desarrolla un nuevo tipo de individualidad que se afirma como sujeto de derecho que lucha por el reconocimiento público de los perjuicios sufridos, que exige reparación simbólica y psicológica de los daños morales y psíquicos padecidos como vía para recobrar la estima de sí.

¿Valentía de la verdad o neoconformismo?

El tsunami #MeToo ha dado lugar a una viva controversia que enfrenta a quienes alaban el fenómeno y sus detractores. Para los primeros, este representa un enorme progreso en la conquista de la libertad de las mujeres, que se movilizan para romper la ley del silencio. «Liberación de la palabra», «inmensa ola de testimonios íntimos», «insurrección verbal», en todo el mundo, la oleada de «relatos de una misma» dolorosos, los testimonios sobre el acoso y las agresiones sexuales sufridos por las mujeres son aplaudidos como la manifestación 2.0 de la valentía de ser una misma. A través de esta «toma de la palabra», de esta oleada de expresiones de subjetividades heridas y humilladas, se ha establecido una nueva era de la «confesión», glorificada como primera manifestación macroscópica y simultánea a la cultura de la autenticidad.

Lo que se aplaude en la liberación de la palabra a través de internet, es el valor de las mujeres que se han arriesgado a decir la verdad, a romper la *omertà*, a ponerse en peligro al

denunciar a hombres influyentes, al dar testimonio públicamente del acoso que han sufrido. Por ello, han podido ser
presentadas como «decidoras de verdad», parresiastas que,
como Diógenes el Cínico, tienen la «valentía de la verdad»
(Foucault). Por su práctica peligrosa de «decirlo todo», de
«decir la verdad sin ocultar nada, sin ocultarla con lo que sea»,[1]
han podido ser identificadas como «hijas de Diógenes».[2]

Sin embargo, el fenómeno ha dado lugar a una interpretación radicalmente adversa. Preocupados por las derivas liberticidas, los excesos vinculados a denuncias nominativas y un clima
de delación y linchamiento mediático, otros análisis han hecho
hincapié en los peligros de un fenómeno que amenaza al Estado
de derecho, elimina todo procedimiento judicial, condena sin
tener necesidad de aportar pruebas, liquida el respeto de la presunción de inocencia en beneficio de la «presunción de culpabilidad» ya que se trata de infracciones sexuales.

Al mismo tiempo, se han expresado dudas sobre una «valentía» que consiste en proclamarse agredidas y humilladas
después de ser objeto de simples miradas y proposiciones sexuales no deseadas. ¿Es realmente «valiente» «denunciar» al
hombre que se excusa tras haber espetado: «Tienes hermosos
pechos, voy a hacerte gozar toda la noche» (reproche que dio
origen a la creación de #BalanceTonPorc)? Sobre todo cuando

1. Michel Foucault, *Le courage de la vérité. Le gouvernement de soi et
des autres, II,* Curso del Collège de France, 1984, Gallimard/Le Seuil, 2009,
p. 11. (Hay traducción española: *El gobierno de sí y de los otros,* trad. de
Horacio Pons, Akal, Madrid, 2011.)

2. Marie-Anne Paveau, «Les filles de Diogène, les porcs et les cou-
teaux», en Samuel Lequette, Delphine Le Vergos (dir.), *Cours, petite fille !
#MeToo #TimesUp #NoShameFist,* Des Femmes, Antoinette Fouque, 209,
pp. 81-90. Si se quiere establecer un vínculo genealógico, es preferible
decir, en este caso, que no son tanto las hijas de Diógenes como las de
Rousseau, ya que la verdad expresada es esencialmente subjetiva, singular,
vivida en primera persona.

algunas de estas acusaciones se demuestra que son verdades a medias, exageraciones, e incluso puras invenciones. De repente, se despliega otra lectura del #MeToo según la cual lo que se afirma no es tanto la valentía de ser libre sino unos «procedimientos inquisitorios», el avance de un nuevo conformismo ideológico, un nuevo lenguaje estereotipado, un feminismo mimético que reitera el dogma según el cual todo hombre es un depredador y toda mujer una víctima. La «aversión de la conformidad» (Emerson) se ha convertido en conformidad victimaria: lejos de ser el signo de la victoria del sí singular, «Me Too» sería la expresión y el instrumento de un catequismo victimario, de un hiperconformismo infantilizante. Lo que triunfa no es el «sé tú misma» y el principio de subjetividad, sino una policía del pensamiento, un nuevo listo-para-pensar, una hipernormalización de la cultura y los espíritus.

Así pues, si bien unos aplauden la liberación de la palabra femenina, otros expresan su inquietud o su exasperación ante un fenómeno que desarrolla una postura perjudicial a la afirmación del sí libre y singular. Estas dos lecturas son manifiestamente antinómicas: a pesar de ello cada una tiene parte de verdad.

Por un lado, las críticas al #MeToo aciertan al denunciar un movimiento que encadena a las mujeres a un estatus de víctimas impotentes, de «pobrecitas» que conviene proteger contra todas las formas de mala conducta masculina, incluidas las más benignas. Al estigmatizar el más mínimo gesto con connotación sexual, la más mínima broma salaz, el más mínimo besito robado como una agresión intolerable, las mujeres se encierran en el papel de presa, en un estatus de eternas víctimas asignadas a un estado de impotencia permanente. Paradójicamente, cuanto más detentan las mujeres el poder de libre disposición de sí mismas, más aumentan las quejas relativas a su estado de víctima, a sus experiencias traumatizantes, a su voluntad de ser reconocidas en la arena pública como personas dolientes y ofendidas. A este nivel, el fenómeno #MeToo es menos revolucionario y emancipador que un fenómeno que reconduce los clichés «eternos», los estereotipos del macho dominante y de la mujer víctima, el imaginario social del «sexo débil», pasivo y frágil.

¿El movimiento es portador de emancipación subjetiva? ¿Actúa en el sentido de la expresión del sí, del ideal de la individualidad soberana y el autogobierno de sí? Las mujeres reivindican con razón el derecho a ser sí mismas, pero este se reduce aquí a denunciar su experiencia personal traumática, declararse la presa de la violencia masculina, llamar a la delación y la represión. En el momento en el que se reconoce el derecho a dirigir la propia vida según un camino propio, las mujeres afirman en masa su condición de víctimas vehiculando el estereotipo de seres sin fuerza, incapaces de defenderse por sí mismas, de responder a los hombres, de colocarlos en su sitio. En lugar de la imagen de una mujer conquistadora, fuerte, que planta cara a los hombres, se difunde la imagen de una feminidad impotente, sin control de su suerte. Una feminidad débil, desarmada, que exige ante todo ser protegida contra todo lo que puede ser ofensivo. De tal forma que, en lugar de ayudar a las mujeres a defenderse por sí mismas *in situ*, de incitarlas a responder directamente a los comportamientos masculinos que las agreden, el nuevo espíritu feminista desarrolla una cultura del resentimiento y la victimización, refuerza el estereotipo de la feminidad débil, vulnerable, sin defensa, cuyo único poder es el de denunciar a posteriori y en las redes la agresividad masculina.

De ahí la idea de que hoy ser uno mismo en femenino deba conquistarse no solo contra la «dictadura» de la opinión pública, sino también contra el dogmatismo del neofeminismo radical y victimario[1] que no ofrece las herramientas adecuadas

1. Bérénice Levet, *Libérons-nous du féminisme!*, Éditons de l'Observatoire, 2018.

para alcanzar el poder de ser una misma y sobre todo desvía los verdaderos caminos que permiten la *self-reliance*, la autonomía de la persona, la aptitud para contar consigo misma, el poder de plantar cara a la adversidad apoyándose en las propias fuerzas. Cuando ser una misma tiende a confundirse con las llamadas a la delación, con la criminalización del deseo masculino y la exigencia de reconocimiento público de los sufrimientos y ofensas sufridas, no se afirma una corriente portadora del ideal del *be yourself,* sino una nueva liturgia feminista, un maniqueísmo productor de mimetismo y conformismo ideológicos, un políticamente correcto que alimenta aún más el odio de los hombres en lugar de construir un sí femenino fuerte, positivo y autónomo.

Pero, por otro lado, el fenómeno no puede ser reducido a una fuerza de reclutamiento ideológico bajo la bandera del neofeminismo radical. No se debe leer el fenómeno bajo la única luz de la retórica ideológica que puede revestirlo. Al dar una fuerte visibilidad social a las violencias sufridas por las mujeres, el fenómeno contribuye a que estas no se sientan culpables por denunciar. Sensibilizar sobre este tema a la opinión pública contribuye también a concienciar a los hombres, a cambiar su manera de ser con las mujeres, a transformar sus palabras, gestos y actitudes: desde este punto de vista, el impacto del #MeToo será sin duda más importante en las conductas de los hombres que en las de las mujeres.[1] Incluso si, en el plano personal e ideológico, #MeToo puede reforzar un espíritu de rebaño, permanece, a pesar de todo,

---

1. Resulta significativo que el movimiento #MeToo no esté acompañado de la reivindicación de las mujeres a ser también emprendedoras, tan activas como los hombres en materia de proposiciones sexuales. Al no llamar a las mujeres a cambiar sus maneras de comportarse en materia de seducción, #MeToo está lejos de ser la nueva gran revolución sexual que supuestamente debe romper los papeles y normas sexuados.

en el plano social y, sin parecerse a la «revolución» que se le atribuye, es un instrumento que hace retroceder los estereotipos y progresar la emancipación femenina. Si bien la ideología de denuncia, victimaria y maniquea que reconduce el imaginario de la «guerra de sexos» es incompatible con el ideal de autenticidad y responsabilidad de una misma, no sucede así con el fenómeno social del #MeToo, que, al dar una legitimidad reforzada a las demandas de las mujeres de no ser agredidas como tales, puede permitirles vivir en un entorno social más susceptible de favorecer una mejor realización de sí mismas.

Castigar y reeducar

Repintada con los colores de la cultura psicológica y terapéutica, la ética de la autenticidad no solo ha favorecido el proceso de victimización de las mujeres, sino que también ha contribuido a desarrollar una sociedad marcada por la fiebre legislativa, la pasión punitiva, la voluntad de definir nuevas prohibiciones y el imperativo de crear nuevas infracciones y nuevos delitos. Es así como con la ley del 3 de agosto de 2018 se creó en Francia una nueva infracción, la «afrenta sexista», con la finalidad de reforzar la lucha contra las violencias sexuales y sexistas. La infracción de afrenta sexista sirve para sancionar el tipo de acoso denominado de calle, que se manifiesta sobre todo a través de silbidos o ruidos obscenos, gestos que imitan o sugieren un acto sexual y comentarios degradantes.

Constituye una afrenta sexista el hecho de imponer a una persona cualquier «frase o comportamiento con connotación sexual o sexista que, o bien atenta a su dignidad debido a su carácter degradante o humillante, o bien crea en su contra una situación intimidatoria, hostil u ofensiva». Se acabó la utopía de la emancipación; ahora es el momento de la obsesión penalista y punitiva, del deseo de legislación y represión penal para obstaculizar lo que provoca incomodidad y malestar en las mujeres. La cultura de la autenticidad personal que celebra la *self-reliance* (Emerson) no cesa, paradójicamente, de apelar a la ley, de exigir más sanciones penales contra los comportamientos masculinos considerados humillantes y agresivos. Cuanto más la individualidad autocentrada reivindica los plenos poderes sobre sí mismo, más se impone el deseo de protección asegurada por la ley y la justicia penal.

Las infracciones de afrenta sexista se castigan con una multa prevista por la ley, pero, por añadidura, sus autores tienen la obligación de realizar a su costa un curso de lucha contra el sexismo y sensibilización a la igualdad entre hombres y mujeres o un taller de trabajo de interés general. En el estadio III de la autenticidad, no se trata solo de cambiarse para estar de acuerdo consigo mismo: se trata de controlar las costumbres, cambiar las mentalidades y los comportamientos, «educar» o «reeducar» al justiciable para que no dañe la existencia auténtica de las mujeres. El objetivo de la ética de la autenticidad era liberarnos del peso de las convenciones, las normas, las presiones sociales, para así llegar a ser uno mismo. Sorprendente giro: a partir de ahora, la ética de la autenticidad es aquella que legitima los nuevos dispositivos de leyes cuya finalidad es imponer un modelo de conducta y nuevas «buenas costumbres». Para que las mujeres puedan ser ellas mismas, es conveniente normalizar los comportamientos masculinos indeseables estableciendo un código penal educativo. Ironía de la ética individualista de la realización de sí mismo: he aquí que funciona como un instrumento de legitimación de la normalización de los comportamientos masculinos inconvenientes e intempestivos.

Las recientes formas de lucha contra la prostitución ilustran de una manera distinta los límites estrictos en los cuales se despliega el derecho al autogobierno de sí. En efecto, varios países han emprendido la vía de la penalización ya no de las prostitutas sino de sus clientes. En Francia, la ley de 2016 ha sustituido el delito de captación de clientes en la vía pública por el de la compra de un acto sexual. A partir de ahora se prohíbe, se castiga con una sanción y en caso de reincidencia la infracción se convierte en un delito sancionable con una multa de 3.750 €. A esta multa se suma una pena consistente en un taller de sensibilización para el contraventor con la finalidad de hacerle reflexionar sobre las consecuencias de sus actos. En los países escandinavos, quienes compran los servicios de un prostituto o una prostituta pueden ser sancionados con una pena de prisión.

El ciclo del éxtasis liberacionista ha quedado atrás: es la época del resurgimiento de una forma de neopuritanismo, una voluntad de moralización y control de la vida sexual de los adultos. Ya no son las llamadas libertarias y el levantamiento de las prohibiciones que pesan sobre la vida privada los que están en el candelero, sino la penalización por recurrir al sexo pagado, así como los dispositivos legislativos que condenan cualquier compra de servicio sexual. Debido a este cambio de paradigma, el cliente de una prostituta entra en la categoría de delincuente, se convierte en un fuera de la ley, en «un violador que prostituye» cómplice del sistema criminal del tráfico de mujeres.

Tras el antimoralismo libertario de la fase II llegan las legislaciones represivas y moralizadoras cuya finalidad es normalizar la sexualidad de los adultos, penalizando y responsabilizando a los compradores de sexo. El derecho a disponer del propio cuerpo retrocede ante una policía de las costumbres que ambiciona reformar los comportamientos sexuales, extirpar los vicios, desanimar y finalmente eliminar la demanda de cualquier forma de prostitución. El derecho a ser uno mismo no ha abierto de par en par las puertas al derecho a la soberanía de sí mismo: en la fase III, el triunfo de la ética de la autenticidad va acompañado del retroceso de las libertades individuales, la extensión de sanciones legales, la represión de actos que antaño la ley autorizaba. En efecto, para estar de acuerdo con la cultura de la autonomía y la realización subjetivas se han establecido medidas de penalización para los compradores de sexo cuyas demandas transforman a las mujeres en «esclavas» modernas. En nombre de la lucha contra la alienación, el ideal de autenticidad, en la primera modernidad, se construyó con la insurrección ante las normas opresivas de lo social: actualmente, en la modernidad tardía, dicho ideal se utiliza para prohibir los servicios sexuales remunerados. Una reinterpretación que lleva a legitimar el control de la demanda y rechazar el estatus de trabajador y trabajadora del sexo.

Gracias a esto, el neoabolicionismo tiene como resultado colocar en segundo plano las quejas y voluntades expresadas a menudo por las propias prostitutas. En nombre del bien de estas se ha instituido el principio de penalización del cliente, cuando esas mismas prostitutas critican vivamente dicha ley que a menudo agrava sus condiciones de vida. Presentada como una herramienta de protección de los trabajadores y trabajadoras del sexo y como único medio eficaz para luchar contra el proxenetismo, esta ley deteriora en realidad su cotidianeidad, hace que disminuyan sus ingresos, degrada sus relaciones con la policía; agrava su vulnerabilidad al exponerlos más que nunca a las violencias verbales y físicas, así como a los riesgos sanitarios (acto sexual sin preservativo impuesto por el cliente).

Como sucede a menudo, la ambición moralizadora es contraproducente debido a los efectos perversos que genera.

No mejoraremos con la ilegalización de la mercantilización del cuerpo sexual:[1] sancionar penalmente la compra de un acto sexual no es la solución. En lugar de empeñarse en conseguir que los ciudadanos sean virtuosos, ¿no sería preferible tomar la vía del reconocimiento del estatus de «trabajador sexual» que garantizaría los derechos sanitarios y sociales de las personas implicadas? En una sociedad democrática liberal, la finalidad de la acción pública no debe ser la moralización de las conductas sexuales de los adultos consentidores, sino la mejora, sin duda muy relativa pero objetiva, de las condiciones de vida de las personas prostituidas.

SEXO Y POLÍTICA: LA TIRANÍA 2.0 DE LA TRANSPARENCIA

Mientras que la vida sexual ha cortado los vínculos con el universo del pecado, asistimos paradójicamente a una intolerancia creciente ante las vilezas eróticas de los hombres políticos. En particular en Estados Unidos, no faltan hombres políticos (Anthony Weiner, Gary Hart, Larry Craig, Eliot Spitzer, Chris Lee) que han tenido que dimitir, interrumpir su carrera, renunciar a sus ambiciones electorales tras algunas revelaciones relativas a su vida privada. El asunto Clinton-Monica Lewinsky supuso un proceso de *impeachment* contra el presidente. Más recientemente, en Francia, Benjamin Griveaux retiró su candidatura al Ayuntamiento de París, tras verse alcanzado por el escándalo relacionado con la difusión de vídeos íntimos que circulaban por las redes sociales y subidos a internet por el artista provocador ruso Piotr Pavlenski. Todo en materia de Eros es más o menos libre, pero la sociedad y los medios se muestran

1. Si tomamos esta vía, ¿dónde hay que detener el proceso de criminalización? ¿Será necesario condenar al comprador de vídeos porno, él también «cómplice» objetivo del sistema «esclavista» del sexo mercantilizado?

128

cada vez menos tolerantes con las extravagancias de los responsables políticos. En principio, el sexo es un asunto privado que no atañe a la sociedad, pero esta, nunca tanto como ahora, vigilia y sanciona a los políticos. No triunfa el laxismo liberal sino una cultura de la vigilancia que hace vacilar el derecho al respeto de la vida privada, una cultura de la transparencia que va acompañada de un nuevo purismo, de una severidad en aumento de la opinión democrática que exige a los políticos verdad, honestidad, coherencia entre las palabras y los comportamientos.

Esta paradoja debe relacionarse con la consagración contemporánea de la cultura de la autenticidad que, por un lado, y junto con su ideal de plenitud individual, legitima el principio liberal de «cada cual con su sexualidad». Pero, por el otro, en nombre del principio de transparencia y sinceridad, favorece un neomoralismo, un nuevo puritanismo, una exigencia de «moralidad» de las élites en un momento en el que las ideologías colectivas ya no movilizan a la mayoría. En este contexto, la hipocresía y la mentira de los políticos se convierten en faltas de gran importancia percibidas como una marca de desprecio, de no respeto hacia los ciudadanos. No es tanto el comportamiento sexual el que suscita reprobación como la falta de honestidad, la contradicción entre los discursos y los comportamientos reales, entre lo dicho oficialmente, por ejemplo sobre la pareja y la familia, y la realidad de prácticas adúlteras. Se pone el grito en el cielo ante los mentirosos que esconden a los electores sus rostros verdaderos e impiden, al hacerlo, el establecimiento de la confianza entre los ciudadanos y los gobernantes. «Denunciar la hipocresía repugnante» de Benjamin Griveaux, que «ha utilizado a su familia para presentarse como icono para todos los padres y maridos de París»: Piotr Pavlenski ha esgrimido el ideal de autenticidad para justificar su gesto.

A partir de ahí, para muchos ciudadanos, las mentiras relativas a la vida privada se han vuelto insoportables y ya no resulta indigno que los medios de comunicación expongan a la luz los secretos de alcoba de los dirigentes. Ya que a menudo los políticos hacen de su vida privada una herramienta de comunicación para construir su imagen, no tienen derecho a indignarse, se dice, si sus mentiras se exhiben en la plaza pública y se ofrecen como pasto a los ciudadanos. Si, en Francia, la clase política condena casi unánimemente la vulneración de la intimidad de la vida privada de los líderes, no ocurre lo mismo con los ciudadanos, que cada vez en mayor medida exigen la verdad sobre la vida privada de sus representantes. La convicción de que el comportamiento de una persona es idéntico en su vida privada y en su vida pública se refuerza. Desde el momento en que se piensa que «un candidato que engaña a su mujer puede engañar a sus electores», se vuelve justo inmiscuirse en la intimidad de los elegidos, revelar su verdadera personalidad, divulgar sus debilidades, sus «vicios», sus calaveradas sexuales.

Durante mucho tiempo, en la mayoría de democracias, la exigencia de autenticidad no se ha aplicado a los responsables públicos: el derecho al secreto de la vida privada se planteaba como un derecho subjetivo fundamental que implicaba el deber de abstención de los unos de inmiscuirse en la cotidianeidad de los otros. Esta época ha quedado atrás. Debido a la personalización de la vida política, del papel preponderante de la imagen de los líderes y de la fuerza de los medios de comunicación, el derecho al respeto de la vida privada de los que deciden en política ha quedado desmontado: lo que domina es el «derecho a saberlo todo» sobre el hombre público. La vulneración de la intimidad y la publicidad de la vida privada de los hombres políticos han dejado de ser ilegítimas. Es así como el culto hipermoderno de la autenticidad ha conquistado un nuevo territorio, poniendo fin al tabú del respeto a la vida privada de los responsables políticos.

Sobre este tema se ha hablado de «americanización» de nuestra sociedad, de la propagación de una ideología puritana importada de Estados Unidos, que coloca sobre un pedestal el ideal de transparencia y el combate a favor de la virtud y contra la hipocresía. Sin embargo, parece que no asistimos a la americanización de la vida política francesa, sino al auge de comportamientos similares impulsados por las mismas fuerzas de la hipermodernidad individualista, política y mediática. Las metamorfosis de la democracia representativa, la personalización del poder y de las elecciones electorales y el papel creciente de las personalidades en detrimento de los programas de los partidos se encuentran en la raíz de la «tiranía» de la transparencia, y no la importación de valores puritanos llegados de fuera. Linchamiento de las élites, lugar central para la noción de confianza, victoria de las emociones y la moral sobre el derecho: no copiamos a Estados Unidos, la democracia no se hunde, sino que estamos ante una nueva sociedad democrática, entregada al espectáculo voyerista y a la exposición pormenorizada de la basura.

IV. LA GALAXIA IDENTITARIA

Mientras se despliega un proceso de individualización extrema de nuestras sociedades, estas son testigos de un fuerte aumento de las reivindicaciones identitarias que se afianzan en el plano cultural y religioso, pero también en el ámbito de las orientaciones sexuales y de género. Reafirmación de las identidades étnicas y religiosas, celebración del color de la piel, exaltación de lo regional, movimientos para la igualdad de derechos y la no discriminación de gays, lesbianas, transgénero, *queers*, bisexuales, asexuales: la lista de las identidades y de sus reivindicaciones particulares sigue ampliándose. La segunda modernidad está marcada por la aparición de la «política de las identidades», la influencia cada vez mayor de la ideología identitarista, la multiplicación de las luchas por el reconocimiento, llevadas a cabo por las minorías etnoculturales y las identidades sexuales y de género. La fase III de la autenticidad coincide con el aumento de la consciencia, la sensibilidad y las reivindicaciones identitarias.

LA EFERVESCENCIA DE LAS IDENTIDADES CULTURALES

El actual fenómeno de «identitarización» se construye movilizando sistemas de referencia comunitarios y celebrando

132

recursos culturales cargados con una fuerte dimensión colectiva e histórica: religión, lengua, raíces, tradiciones, memoria de los grupos, estilos de vida. Es evidente que la dinámica de hiperindividualización no hace que desaparezcan las demandas de enraizamiento en colectivos, no arruina ni los sistemas de referencia comunitarios ni los patrimonios simbólicos.

No hay contradicción, en la segunda modernidad, entre la ética de la autenticidad y la proliferación de reivindicaciones identitaristas ya que estas son inseparables de la supremacía de la cultura de la autorrealización individual. La individualización desbocada de la relación con el mundo y las luchas por la preservación y valorización de las identidades colectivas particulares solo se oponen en apariencia. En efecto, lo que alimenta el compromiso de los grupos minoritarios (los vascos, los quebequeses, los judíos, los gays, los transgénero, etc.) es el rechazo de las discriminaciones hirientes de las que son víctimas, la voluntad de combatir la violencia simbólica de las culturas hegemónicas que engendran humillación y desprecio de sí mismo. Uno de los motores de las reivindicaciones identitarias es la aspiración al reconocimiento, a la dignidad, al respeto de sí, indispensables para la realización de las personas y la estima de uno mismo. El aumento de las demandas identitarias o comunitarias es fruto de la supremacía de la ética individualista de la autenticidad.

La efervescencia de las identidades no significa en absoluto un retroceso del principio de individualidad: por el contrario, se trata de alcanzar, a través de las luchas por el «derecho a la diferencia» y de las «políticas del reconocimiento»,[1] la

1. Charles Taylor, *Multiculturalisme. Différence et démocratie*, trad. fr. de Denis-Armand Canal, Flammarion, 1997. (Hay traducción española: *El multiculturalismo y «la política del reconocimiento»*, trad. de Mónica Utrilla de Neira, Liliana Andrade Llanas y Gerard Vilar Roca, Fondo de Cultura Económica de España, Madrid, 2003.)

133

plena afirmación de sí mismo, que exige la erradicación de las formas de desprecio subjetivo y poca estima de sí que sufren los grupos minoritarios. Las identidades étnicas humilladas no solo buscan obtener una reparación material de los perjuicios sufridos y la obtención de derechos específicos: su finalidad es conseguir, mediante la demanda de reconocimiento de su diferencia, la reparación simbólica de la violencia psíquica e identitaria padecida. Su meta es desarrollar una relación positiva consigo mismo, poder estimarse a sí mismo obteniendo el reconocimiento del valor de su identidad particular.

Las luchas por el reconocimiento de las identidades colectivas particulares no se vinculan con el espíritu premoderno o preindividualista: son movimientos inseparables de los ideales individualistas de realización y «expresión de sí».[1] Por supuesto, todos estos movimientos suenan como llamadas a la justicia y se concretizan en la exigencia de derechos colectivos diferenciados según los grupos culturales. Pero si bien las minorías humilladas reivindican derechos y protecciones sobre una base colectiva, no por ello estas luchas dejan de sustentarse en el nuevo peso de la ética individualista de la autenticidad. Las demandas de reconocimiento solo han podido adquirir este relieve social gracias a la nueva preeminencia del ideal individualista de autorrealización. Ya que el reconocimiento público de la identidad, la estima de sí mismo, el respeto al otro son necesarios para la plenitud subjetiva.

La clave del «giro identitario» (Laurent Bouvet) no se encuentra en un retorno cualquiera de los valores holísticos, sino, paradójicamente, en el triunfo de los valores individualistas de expresión y plenitud de sí. No se da ninguna revitalización de un

1. Will Kymlicka, *Multicultural Citizenship*, Clarendon Press, Oxford, 1995, p. 67. (Hay traducción española: *Ciudadanía multicultural. Una teoría liberal de los derechos de las minorías*, trad. de Carme Castells, Paidós, Barcelona, 1996.)

ethos «colectivista», sino el auge de una especie de «terapia sociopsicológica»[1] destinada a insuflar orgullo y confianza, liberarse de las imágenes que desvalorizan el sí, romper con la vergüenza de uno mismo. «*I'm Black and I'm proud*», «*Proud to be Muslim*», «*Gay Pride*»: la ética de la autenticidad individual alimenta las nuevas reivindicaciones identitarias, las luchas por el reconocimiento de los particularismos étnicos y culturales.

Reivindicación comunitaria, afirmación subjetiva

En las fases anteriores de la ética de la autenticidad, ser sí mismo significaba liberarse de los particularismos y de las afiliaciones comunitarias que supuestamente ponían obstáculos al yo auténtico, a la singularidad personal. Esta época culmina ahora ante nosotros y comporta una manera radicalmente nueva de concebir la identidad subjetiva. A partir de este momento, la identidad colectiva, lejos de ser despersonalizadora, es personalizadora debido a que es reivindicada por el sujeto: la apropiación identitaria se ha convertido en un medio para afirmar el sí auténtico. La autonomía de la persona ya no preceptúa una posición dominante y universalista conquistada contra los particularismos culturales recibidos, sino que pasa por la adhesión individual, íntima y reflexiva a dichos particularismos.[2] Ya no se construye el yo auténtico rechazando la identidad colectiva, sino con la reapropiación subjetiva de nuestros orígenes culturales, de una memoria colectiva. Como la afiliación identitaria ya no se recibe al nacer, pues esta es

1. Arthur Schlesinger, *La désunion de l'Amérique*, trad. fr. de Françoise Burgess, Liana Levi, 1993, p. 64.
2. Sobre este cambio, Marcel Gauchet, *La religion dans la démocratie*, Gallimard, 1998, pp. 89-94. (Hay traducción española: *La religión en la democracia*, trad. de Santiago Rocangliolo, El Cobre Ediciones, Barcelona, 2003.)

objeto de un compromiso elegido y personal, deja de ser antinómica con el yo auténtico. Acto de autodefinición, medio para decir quién somos y hacernos respetar en nuestra diferencia, la reivindicación de una memoria colectiva se ha transformado en un medio para ser sí mismo. Una versión nueva del sí autónomo y auténtico se afirma y ya no se considera bajo el signo de la emancipación de cara a tradiciones heredadas, sino como la reivindicación de un arraigo comunitario.

La reactivación de las identidades religiosas participa plenamente de este movimiento de conquista del ser sí mismo ya que el vínculo elegido con una comunidad creyente funciona como instrumento de afirmación personal. No hay repetición alguna del pasado: las adhesiones religiosas contemporáneas se llevan a cabo en nombre de la libertad individual. Las nuevas formas de religiosidad ya no funcionan bajo la autoridad heterónoma y todopoderosa de la tradición: prevalecen los temas de la autonomía subjetiva, la realización de sí mismo en este mundo y esto según prácticas a la carta regladas en función de la individualidad del fiel. Es la época de la individualización de las adhesiones religiosas, la subjetivación de la relación de los individuos con la tradición a la que se vinculan libremente.

La dinámica de apropiación subjetiva se percibe incluso en las manifestaciones que aparecen como portadoras de conformidad tradicionalista. De este modo, a través del uso del velo islámico, las jóvenes de clase media reivindican su identidad musulmana, pero bajo el signo del derecho individual a ser sí mismas. «El velo no es un acto de pura sumisión, sino de afirmación de sí ultraindividualista [...]. Es un símbolo reivindicado y no impuesto, a la vez rebelde y mimético, como un fenómeno de moda, excéntrico y gregario, una manera íntima y espectacular de apropiarse de su época», declara Hélé Béji.[1]

1. *Le Figaro*, 21 de agosto de 2017.

Además, el respeto a la tradición «púdica» se mezcla hoy con el gusto moderno por la moda y la seducción, el deseo de gustar, de diferenciarse, de ponerse en valor individualmente combinando el código comunitario y la individualización de la apariencia. Ciertas maneras contemporáneas de llevar el hiyab se afirman como «relato de sí» y no como formateado tradicionalista: a partir de ahora la pertenencia particularista tiende a realizarse maridándose con la afirmación individualista de sí.

Incluso llevar el velo integral (el burka) puede constituir, al menos para ciertas musulmanas, un signo de autoafirmación individual, una forma de «hipermodernidad musulmana».[1] Bajo los rasgos de la dominación tradicionalista más absoluta, esta prenda islámica femenina no significa necesariamente sumisión pasiva e irreflexiva a las formas del pasado, sino que puede indicar un compromiso individual y reflexivo: se da como una reapropiación personal y voluntaria de la herencia comunitaria para «encontrarse» a sí misma. En cuanto signo elegido de pertenencia religiosa, como manera de mostrar con orgullo su identidad, llevar el burka representa una forma de apropiación subjetiva de una memoria colectiva y, como tal, una expresión de autenticidad personal.

Hay que añadir que se trata de una autonomía subjetiva de un tipo muy particular, dado que la subjetividad individual se afirma como una subjetividad de conformidad; se trata de una singularidad desindividualizada, una autonomía personal despersonalizada. A través del uso del velo integral se expresa la figura paradójica de un sí singular que se quiere no singular, que renuncia a la individualidad subjetiva, que se empeña en negarse como persona única, diferente, particular. Algunos discursos pueden subrayar el ser sí misma y la dimensión hiperindividualista de este gesto integrista: en realidad se trata

1. Raphaël Liogier utiliza esta expresión en relación con el uso del velo integral, *Le mythe de l'islamisation. Essai sur une obsession collective*, Le Seuil/Points, 2016, pp. 177-184.

de un comportamiento antinómico con el ideal de emancipación del *be yourself.*

No cerremos los ojos ante el hecho de que existen distintas maneras de llevar el velo y de que están lejos de ser todas relatos de sí y una herramienta de afirmación individualista. Para muchas mujeres musulmanas, esta prenda no es una forma de compromiso subjetivo sino un conformismo de grupo, una obligación religiosa, una constricción comunitaria o familiar. Una encuesta realizada por el Institut Montaigne en 2016 revela, es cierto, que las mujeres se muestran algo más favorables que los hombres al atuendo islámico y que el 23 % de las mujeres que llevan velo lo hacen para mostrar que son musulmanas. Sin embargo, el 76 % lo lleva «por obligación religiosa», el 35 % para sentirse seguras, el 6 % porque se ven obligadas a ello. En muchos casos, el velo es cualquier cosa menos una adhesión íntima, un signo de feminismo y autenticidad personal. Es inaceptable pensar de forma uniforme el regreso del velo como un «*coming out*» religioso, una victoria de la ética de la autenticidad, una expresión del aumento de la fuerza de la mujer autónoma y emancipada. Para muchas musulmanas, no es tanto una manifestación de «sufragista del velo»[1] sino una marca contemporánea de conformismo social y religioso, de persistencia de la sumisión al qué dirán, de miedo a sufrir, por parte de los islamistas, insultos, amenazas y presiones en las redes sociales y en el espacio público.

Autenticidad comunitaria contra autenticidad personal

Los filósofos favorables al reconocimiento de la diversidad cultural son los voceros del «derecho a la diferencia» que, según

1. Hélé Béji, *Islam Pride. Derrière le voile*, Gallimard, 2011.

ellos, permite a los miembros de las minorías culturales ser respetados por su identidad particular. Así, los individuos pueden realizarse plenamente, ser ellos mismos no como ciudadanos abstractos, sino como individuos portadores de una cultura singular. Subrayemos, sin embargo, que la diferenciación identitaria puede ir acompañada de efectos de tipo muy distinto, ya que dicha diferenciación constituye un terreno abonado para la encarcelación del sí en su cultura de origen, para el desarrollo de un sentimiento de comunidad liberticida, de guetización y encerramiento identitario.

Al reconocer derechos colectivos particulares, la «política de la diferencia» (Charles Taylor) puede dar a distintos grupos una influencia sobre los individuos que los conforman, exponiéndolos al riesgo de encerrarlos en su particularismo en detrimento de su libertad personal. También los grupos culturales pueden reforzar la opresión que ejercen sobre algunos de sus miembros y relegar a la mujer, en concreto, a un estatus de inferioridad. Conceder, en estas condiciones, ciertos derechos específicos a un grupo para salvaguardar su autenticidad cultural puede hacer que se perpetúe, incluso que se consolide, la situación de dominación de la comunidad sobre el individuo. Tal como señala Dominique Schnapper, «afirmar la existencia de derechos particulares puede suponer encerrar a los individuos en su particularismo, asignarles a un grupo que está en contra de su libertad personal y de su posibilidad de intercambiar con los demás».[1]

No lo dudemos, el reconocimiento público de ciertas identidades etnoculturales con sus prácticas o exigencias particulares (ablación, poligamia, matrimonios concertados, certificados de virginidad, consultas médicas de las mujeres realizadas por personal médico femenino, horarios reservados a las mujeres en

---

1. Dominique Schnapper, «La République face aux communautarismes», *Études*, febrero de 2004, p. 183.

las piscinas, rechazo de la mezcla de hombres y mujeres en el espacio público, en las tiendas, las escuelas y la empresa) tiene el efecto profundamente deletéreo de obstaculizar la expresión de la singularidad personal, de intensificar las discriminaciones sexistas, de legitimar la violencia hacia las mujeres. Es un riesgo inmenso que en nombre del derecho a la autenticidad cultural y la protección de la especificidad cultural de una comunidad se instauren dispositivos integristas y prácticas de terror que limitan los derechos fundamentales de los individuos, dificultan el derecho a la autenticidad del sí singular, a la libertad individual para escapar de las afiliaciones «obligatorias». Si el reconocimiento institucional de ciertos derechos etnoparticularistas es intrínsecamente inaceptable es porque favorecen la propagación del fanatismo y de los estereotipos sexistas, le hacen el juego, en este momento, al islamismo radical, suponen la negación de la individualidad subjetiva, refuerzan los controles extremos de la comunidad y las prácticas fundamentalistas en detrimento del derecho a la afirmación del sí singular.

En estas condiciones, el imperativo para un Estado liberal es proteger a cada individuo contra los riesgos liberticidas de la pertenencia comunitaria cuidando de que el enfoque de cariz identitario de la autenticidad no se vuelva en contra del derecho individualista a la autenticidad subjetiva. La salvaguarda de las identidades no es un ideal absoluto, y «el mayor pecado» (Charles Taylor) contra el ideal de autenticidad no reside, en mi opinión, en las políticas universalistas sino en las ideologías integristas y comunitarias que niegan el principio de soberanía de sí sobre sí mismo. En nombre de la protección de las autenticidades culturales, no se puede aceptar que se violen los derechos fundamentales que garantizan la autonomía de cada ciudadano. Los derechos colectivos cuya finalidad es proteger las identidades no deben permitir a un grupo oprimir o restringir las libertades civiles y políticas de sus miembros.

Sin duda es legítimo hacer valer el derecho a ciertas reivindicaciones identitarias, y ciertos derechos y tratamientos diferenciados son justos, sobre todo en materia de políticas sociales o en materia de políticas culturales. Pero a condición de que dichas políticas no comporten el encierro identitario de los individuos. Se trata en primer lugar, para un Estado liberal, de proteger a cada individuo contra los riesgos de pertenencia a su propia comunidad. El derecho a la autenticidad subjetiva debe prevalecer sobre la autenticidad colectiva y la preservación de la libertad individual debe estar por encima de la preservación de las identidades etnoculturales. El derecho a ser sí mismo como sujeto individual debe suplantar el «derecho a la diferencia cultural» y las exigencias de las políticas multiculturalistas de protección de las identidades culturales.

Identidades minoritarias y cultura victimista

En la nueva galaxia multiculturalista, las corrientes de la «izquierda identitaria»[1] ambicionan reforzar y enriquecer el yo herido de los miembros de las minorías ofendidas y oprimidas, víctimas de la hegemonía blanca y falocrática. Pero, de hecho, no asistimos a un movimiento de emancipación política sino a la victoria de una ideología fuente de cerramiento sobre sí mismo, de una nueva catequesis portadora de oscurantismo, de dogmatismo y de una definición cada vez más estrecha y restrictiva de sí. Bajo la bandera del respeto a la diversidad, de la «decolonización» de la cultura, del antirracismo y antisexismo, surgen lenguajes estereotipados, dogmatismo ideológico y un nuevo tipo de terrorismo cultural.

1. Mark Lilla, *La gauche identitaire. L'Amérique en miettes*, trad. fr. de Emmanuelle Aronson y Philippe Aronson, Stock, 2018. (Hay traducción española: *El regreso liberal. Más allá de la política de la identidad*, trad. de Daniel Gascón, Debate, Barcelona, 2018.)

141

En los campus americanos donde se desencadenan las luchas identitarias destinadas a encontrar un sentido personal y auténtico a la existencia, algunos estudiantes reclaman el derecho a rechazar la lectura de algunos libros que consideran contrarios a sus convicciones religiosas, el estudio de obras no conformes a su identidad con el pretexto de que les pueden hacer sufrir psicológicamente y traumatizar. Otros exigen que sean retirados de los programas autores principales de la cultura occidental. Otros más piden zonas de seguridad, *safe spaces*, espacios seguros (dormitorios, mesas y comedores separados) que permitan estar entre personas que comparten la misma identidad de género, religión o color. Los que cantaban la época heroica de la autenticidad alabaron la valentía de romper con el propio medio social y de inventarse a sí mismo apropiándose de su propia existencia. Ahora, la consagración de la autenticidad es inseparable de demandas cada vez mayores de protección individual para escapar al trance de la crítica de los demás, evitar el sufrimiento de verse expuesto a pensamientos o experiencias diferentes de las que son «espontáneamente» las nuestras. La efervescencia de las identidades es concomitante con una vulnerabilidad creciente de los individuos.

Lejos de aumentar la fuerza de ser uno mismo por sí mismo, el individualismo que anima la política de identidad agudiza la necesidad de ser protegido contra las agresiones externas reforzando la identidad colectiva de origen. Los maestros históricos del ideal de autenticidad erigieron altares a la autonomía individual y al principio de autoconstrucción voluntarista de sí. Actualmente, las identidades minoritarias hacen suyo el papel de víctima subrayando los atropellos de los que dominan, las discriminaciones de las que son víctimas, así como los sufrimientos padecidos y los abusos sufridos. Dinámica victimista adoptada por un cierto feminismo, pero también por las comunidades étnicas y religiosas y por el movimiento decolonial e indigenista, que declara las minorías visibles víctimas de la civilización occidental, de la dominación racial ejercida por la mayoría blanca, del «racismo sistémico» de la sociedad, la República y la policía.

En estos casos, la afirmación de sí pasa por la reivindicación del estatus de víctima: la vergüenza de ser víctima se ha transformado en orgullo identitario, el ideal victimista ha sustituido al ideal de la invención heroica de sí.[1] Las llamadas a la subjetividad integral se sustituyen por la glorificación de las pertenencias de origen y de la circunscripción comunitaria. La ideología de la autenticidad ya no se identifica con los himnos al valor de liberarse de la influencia del juicio de los otros, sino con las exigencias de derechos específicos, medidas de discriminación positiva, reconocimiento público del estatus de víctima, que se acompaña de una retórica de odio al Estado nación, a Occidente, a la dominación blanca. Lo que predomina ya no son las llamadas a la autoconstrucción de un sí singular, sino los himnos al «Nosotros», a las identidades etnicizadas y racializadas, comunitarias y victimistas, así como el odio al otro.

En el marco de la política de las identidades, ya no se habla en nombre propio sino «como» lesbiana afroamericana, soltero hispánico, transgénero, hombre blanco heterosexual, etc. La adecuación y la conformidad consigo mismo consiste en expresarse como yo situacional e individuo perteneciente a una categoría étnica, religiosa o racial. En la fase I, ser uno mismo era hablar en nombre propio, elegirse como persona, asumir su ser singular. Con la corriente identitaria hipermoderna, se trata de identificarse con el grupo de origen, reivindicar la pertenencia a una comunidad, un grupo, un género, una raza o una cultura particular. La vida auténtica ya no es sinónimo de «arrancarse de sí» (Sartre), de responsabilización

1. Tzvetan Todorov, «Du culte de la différence à la sacralisation de la victime», *Esprit*, junio de 1995.

personal y completa en relación con la propia existencia, sino de reivindicación y reapropiación de la identidad comunitaria.

La amenaza racialista

En la estela de los nuevos movimientos comunitarios antirracistas como Black Lives Matter en Estados Unidos y el Parti des Indigènes de la République o el comité Adama Traoré en Francia, asistimos a una depreciación, es decir, a una negación del ideal de autenticidad, bajo la máscara de la lucha contra la dominación y el racismo. No triunfa la conquista afirmativa de sí, sino un movimiento reactivo, negativo, que se alimenta del odio hacia los blancos, del resentimiento y la voluntad de venganza de las minorías que monopolizan el estatus de víctima inocente. Ya no es un enfoque individualista en términos de derechos humanos, sino una visión racialista y etnicista de la historia y la cultura, una interpretación en términos de raza de todas las formas de dominación y opresión, a contracorriente de la concepción universalista de la ciudadanía. Los himnos a la singularidad subjetiva se sustituyen por panegíricos de la raza, de la comunidad etnorracializada. Ya no se preconiza el derecho a ser uno mismo en su diferencia subjetiva, sino la defensa de la identidad racial y la comunidad de pertenencia.

En este movimiento neorracialista, la «blanquitud» se convierte en la raza maldita culpable de todos los males, del imperialismo, el racismo y el colonialismo. El culto de la diferencia individual se sustituye por el maniqueísmo racialista, las cazas de brujas, la oposición a la mezcla racial en las luchas cuya finalidad es combatir el orden social y racial blanco, las llamadas a la censura y al arrepentimiento público, un pensamiento dogmático que postula que el mundo blanco es estructuralmente racista y que todo blanco es un ser culpable

144

y dominador. En lugar de la valorización de las particularidades subjetivas y de la búsqueda individual de la verdad, se impone una ideología racista antiblanco con su letanía de estereotipos, prejuicios, dogmas antihumanistas que legitiman actos de violencia percibidos como «legítima defensa»: un nuevo despotismo comunitarista contrario a la ética de la autenticidad individual.

Nadie puede negar las injusticias, brutalidades y discriminaciones racistas de las que son víctimas las personas de color y las minorías raciales y étnicas. En 2020, la muerte de George Floyd al ser detenido por la policía en Minneapolis, Minnesota, Estados Unidos, provocó una ola de indignación mundial y numerosas manifestaciones por la igualdad de los derechos de los negros y contra la injusticia racial. Manifestaciones justas que retoman las luchas a favor de los derechos civiles y por la libertad e igualdad de acuerdo con los principios universalistas de los derechos humanos. Sin embargo, esta muerte insostenible también permitió a los identitaristas indigenistas difundir su visión racializada de la sociedad, una sociedad incompatible con el modelo universalista de la ciudadanía republicana. Para los activistas indigenistas decoloniales, el individuo no existe independientemente de su pertenencia etnorracial, la identidad racial se impone sobre todas las otras dimensiones de la identidad: al promover una ideología antiblanco, identidades cerradas, separadas y racializadas, se empeñan en encerrar a los individuos en su «raza», en controlarlos para hacerlos estrictos «representantes» comunitarios. Bajo los colores del antirracismo y el ideal de autenticidad, el movimiento identitarista radical ha dado luz a un pensamiento sectario y separatista, «seudoantirracista» (Pierre-André Taguieff) y antihumanista que, al cerrar las «fronteras etnorraciales», no es más que la negación de la ética de la autenticidad individual.

«Apropiación cultural» y terrorismo autenticitario

La ideología victimista y comunitarista, denominada actualmente *«woke»* o *«cancel culture»*, va acompañada de exigencias de censura y autocensura, prácticas dirigidas contra la libertad de expresión y creación en nombre del derecho a no ser ofendido. En Montreal, un espectáculo de cantos de esclavos afroamericanos –*Släv*– puesto en escena por un blanco tuvo que desprogramarse debido a las protestas de militantes identitaristas que vieron en él una «apropiación racista de la cultura negra», ya que la casi totalidad del reparto, así como el intérprete principal, eran blancos: según el artista de hip-hop Lucas Charlie Rose, «los cantos de esclavos no fueron escritos para que personas blancas saquen provecho sin incluir a personas negras». Otras protestas provocaron la anulación de la obra de teatro *Kanata*, que ponía en escena la historia de la relación entre los autóctonos y los colonizadores de Canadá, pero en la que ni los actores ni los autores ni los técnicos eran amerindios. En la Sorbona, militantes del movimiento indigenista impidieron la representación de *Las suplicantes* de Esquilo criticando con dureza una puesta en escena en la que las actrices llevaban una máscara o maquillaje negros: un procedimiento que los activistas comparaban con una forma de *blackface*. Nuestra época es contemporánea del nacimiento de la ideología de la «apropiación cultural» basada en el paradigma de la «autenticidad racializada».

Los blancos no pueden interpretar papeles de negros, un artista blanco no puede representar un espectáculo en el que los amerindios son víctimas de la colonización, una mujer no puede interpretar el papel de un transgénero, un actor profesional no puede representar el papel de un sintecho. En nombre de la autenticidad de la vivencia de las minorías y de la lucha contra la explotación de estas, se denuncia la «apropiación cultural» como «robo» de imágenes e ideas pertenecientes

146

a otra cultura, producción de una falsificación, de una copia indigna, ofensiva y racista, que desnaturaliza las identidades minoritarias. Solo se puede interpretar y expresar lo que es uno mismo, lo que se adecua a nuestra identidad etnocultural: la ideología de la «apropiación cultural» constituye una ilustración ejemplar del integrismo identitarista y del extremismo autentificador.

El dogmatismo identitario ha llevado al rechazo del juego distanciado, a ofensivas contra la cultura de la representación en beneficio de la neolengua «decolonial» e «indigenista», de una policía del arte y una etnización enajenada de la cultura. La combinación de la mística de la autenticidad y la «dictadura de las identidades»[1] ha dado luz a lo artísticamente correcto,[2] a un nuevo orden moral, una nueva ortodoxia traída por un modo de pensamiento maniqueo y comunitarista. Una nueva policía del pensamiento se extiende y desatornilla estatuas, milita para cambiar los nombres de calles relacionados con la trata de negros, censura las imitaciones y préstamos culturales, impide que los blancos hablen en nombre de los no blancos, prohíbe proyectar ciertas películas míticas debido a sus contenidos potencialmente racistas, además de renunciar a la enseñanza de ciertos autores considerados ofensivos para las minorías etnoculturales, sexuales o de género. Incluso lo que se realiza para luchar contra el racismo puede ser denunciado como violencia racista, imagen ofensiva y deshumanizadora: asociaciones negras y amerindias han exigido que desaparezca el fresco antirracista *Vida de George Washington* que adorna el vestíbulo de un establecimiento escolar público en San Francisco. Bajo la bandera del antirracismo y anticolonialismo, los militantes de la diversidad se han convertido en los actores de la *«cancel culture»*, nuevos cancerberos que defienden los dogmas

1. Laurent Dubreuil, *La dictature des identités*, Gallimard, 2019.
2. Isabelle Barbéris, *L'art du politiquement correct*, PUF, 2010.

147

de la circunscripción a la propia comunidad y de la propiedad exclusiva de la identidad, que se empeñan en reescribir la Historia propagando una especie de guerra cultural centrada en las apuestas identitarias.

Extraño destino de la cultura de la autenticidad: nacida con la lucha de la subjetividad singular contra el conformismo social, el ideal de autenticidad sirve ahora para promover la *doxa* diferencialista, el retorno del paradigma de la raza, el encerramiento del sí en el «gueto» identitario, la predominancia de la identidad de grupo en las definiciones de sí mismo. Lo hemos señalado ya aquí varias veces: por uno de sus aspectos, el ideal de ser uno mismo constituye una fuerza mayor al servicio de la emancipación, la autonomía, la singularización de las existencias y las obras. Pero, por otro, cómo no constatar que, actualmente, la liturgia autenticitaria de las identidades se parece a un tribunal de la Inquisición, un nuevo *prêt-à-penser* sectario y propagandista, un neomacartismo que ataca el principio de libertad de expresión, reactiva la idea de «raza», alimenta los odios interétnicos, hace retroceder el sentimiento de pertenencia a la comunidad nacional. Lo que resuena ya no son las llamadas a la autonomía subjetiva, sino la expresión de sentimientos victimistas y los discursos que exacerban el resentimiento de ciertas minorías visibles contra la dominación de los blancos. Deriva peligrosa: aquí la afirmación de sí ya no pasa por la reivindicación de la soberanía individual, sino por el dogmatismo comunitarista, el cierre identitario, la etnización del arte, la cuestión social y la autenticidad.

ORGULLO GAY

Durante la primera modernidad, el principio de libre disposición de sí se detenía en las fronteras de la diferencia de sexos, pero también de las minorías sexuales y de género. Esa época se ha terminado. Por supuesto, las discriminaciones basadas en la orientación sexual perduran, las resistencias a los avances legales relativos a las personas LGTB siguen siendo fuertes, las violencias verbales y físicas que sufren siguen marcando su cotidianeidad. Actualmente todavía vemos en Estados Unidos, así como en varios países europeos, ciertos grupos evangélicos y católicos cuya misión es «curar» a los homosexuales, eliminar este «pecado» mediante «terapias de conversión», *homoterapias*, «caminos de curación», «seminarios de restauración». Aun así las minorías sexuales, en nuestros países, no sufren ya el ostracismo del que fueron víctimas en el pasado.

Desde hace más de cuarenta años, la homosexualidad ya no se considera una enfermedad mental y un número creciente de personas opina que «los homosexuales son gente como los demás». Al recomendar recurrir a la psiquiatría para los niños con tendencias homosexuales, el papa Francisco provocó, en 2018, una avalancha de protestas de indignados. Las opiniones que afirman que la homosexualidad es una «enfermedad» o un «vicio» se hacen cada vez más insoportables. La misma idea de «desviación» es rechazada por la mayoría. Ya no se considera «monstruoso» o «pervertido» tener parejas eróticas del mismo sexo que uno mismo, los gays desfilan en la calle, tienen sus barrios, sus bares, su prensa, una multitud de páginas web, responsables políticos reivindican oficialmente su diferencia y el matrimonio homosexual está legalizado en muchos países.

En Francia, la comunidad LGTB está representada en el comité de dirección de IBM; grandes grupos empresariales (L'Oréal, Vivendi, BNP, AXA...) forman a los gestores en la transidentidad y trabajan en el desarrollo de prácticas de inclusión para las personas LGTB en el trabajo. Es el momento de las políticas de inclusión respetuosas con la individualidad singular e incluso con la transformación transexual. Bajo el reinado del *be yourself* se reconoce el derecho de todos a vivir la relación con el sexo y el género según las inclinaciones personales.

En todas partes las sociedades liberales de la nueva modernidad tienden a reconocer los mismos derechos para todas las personas, sean heterosexuales u homosexuales, en materia de matrimonio y acceso a la paternidad. Mientras el matrimonio homosexual y la adopción por parte de parejas homosexuales se legalizan en muchos países, las opiniones públicas se muestran cada vez más dispuestas a dar paso a la procreación médicamente asistida (PMA) para todas las mujeres: seis de cada diez franceses desean que las parejas de mujeres homosexuales tengan acceso a ella. Después de que varios países europeos la autorizaran, a partir de 2019 Francia también autoriza el acceso a la PMA a las mujeres solas y a las parejas de mujeres. La gestación subrogada está autorizada para las parejas gays en el Reino Unido, Rumanía, Canadá y en varios estados de Estados Unidos. Uno de cada dos franceses declara estar «totalmente» de acuerdo o se muestra «más bien favorable» a que se amplíen los derechos a la gestación subrogada para las parejas de hombres homosexuales. El reconocimiento de estos nuevos derechos suscita, es cierto, fuertes oposiciones y divide profundamente nuestras sociedades. No obstante, el derecho a ser uno mismo se ha vuelto hasta tal punto legítimo que consigue hacer retroceder, en amplios sectores de la sociedad, las oposiciones tradicionales a todo lo que contraviene las leyes naturales de la identidad sexual, el matrimonio y la paternidad y maternidad.

Sin duda, el fenómeno es inseparable del principio democrático de la igualdad de derechos. Sin embargo, no solo está en juego dicho principio. Resulta imposible comprender la institucionalización progresiva de las parejas de un mismo sexo sin la consagración de la ética de la autenticidad. Dado que ser uno mismo goza de una legitimidad social casi unánime, el matrimonio gay y lesbiano se ha hecho posible y un porcentaje creciente de la población apoya la extensión del derecho a la PMA a las parejas de mujeres homosexuales. Como la adecuación a uno mismo se impone como un valor incontestable, cada vez resulta más difícil impedir a los individuos, sea cual sea su orientación sexual, formar parejas «oficiales» como «todo el mundo» y oponerse a su deseo de ser padres y madres. ¿Cómo apartar a una categoría de ciudadanos del derecho a casarse, ser padre o madre, cuando el derecho a la plenitud de sí goza de una legitimidad absoluta? ¿Cómo rechazar estos derechos sin los cuales las personas implicadas no pueden «ser ellas mismas» y realizarse plenamente? Por mucho que se invoque el argumento naturalista del matrimonio, la procreación, la paternidad y la maternidad, su legitimidad se erosiona inexorablemente inmersa en la cultura individualista de disposición soberana de sí. El triunfo del ideal de autenticidad personal, su normalización social, ha provocado la extensión de las reivindicaciones igualitarias, ha minado la diferencia de tratamiento entre las parejas heterosexuales y las homosexuales, y ha puesto en marcha el proceso de reconocimiento de los derechos al matrimonio y a la paternidad y maternidad de las minorías sexuales.

De la subversión a la integración

Durante la fase II, la dinámica de reconocimiento de las sexualidades minoritarias empezó a surgir, impulsada por los movimientos de liberación homosexual: el movimiento de liberación gay estadounidense nace en 1969, el Front homosexuel d'action révolutionnaire (FHAR) se funda en París en 1971, Gouines rouges ('Bolleras rojas') el mismo año y Gazolines (travestis y transexuales) en 1972. Estos movimientos ambicionan unir las luchas de los oprimidos, asociar compromiso revolucionario y emancipación homosexual, combate político y liberación sexual, militantismo y seducción. El objetivo perseguido es transformar radicalmente la existencia cotidiana para que cada cual pueda apropiarse de su vida, escapar de las «viles mutilaciones» provocadas por el orden moral puritano y su «normalidad sexual fascista».

El FHAR aparece como «el hijo del Mayo del 68» del que toma prestada la retórica revolucionaria, izquierdista y libertaria. Los textos, eslóganes y panfletos juegan con la provocación («Proletarios de todos los países, acariciaos», «Sodoma y Gomorra, la lucha continúa») y reivindican el orgullo gay. A través de acciones deliberadamente provocadoras (comandos de sabotaje de emisiones de radio, desfiles de militantes travestis maquillados excesivamente), los militantes homosexuales inauguraron nuevas formas de lucha centradas en la visibilidad y la politización del sexo. A diferencia de un movimiento anterior como el de Arcadie, el objetivo ya no es integrar a los gays en la sociedad existente, convertir la homosexualidad en digna y respetable, sino desafiar a la sociedad burguesa mediante acciones espectaculares y «escandalosas», destruir el orden familiar y los fundamentos de la sociedad patriarcal, cambiar y reinventar la vida.

Un abismo nos separa de aquella época. El final de la utopía revolucionaria, el retroceso del marxismo, la irrupción del sida trajeron nuevas formas de movilización y nuevas reivindicaciones por parte del movimiento LGTB. A diferencia de los militantes radicales de la década de 1970, que «deseaban la destrucción de este mundo», las asociaciones LGTB emprenden procesos reformistas y pragmáticos para mejorar los problemas de su vida cotidiana. Las reivindicaciones jurídicas por la igualdad de derechos suceden a la perspectiva revolucionaria. Se pasa de la contestación radical de las normas dominantes a la reivindicación de derechos y reformas compatibles con dichas normas. Si los grupos militantes soñaban con hacer la Revolución, los de las décadas de 1990 y siguientes tienden a la inclusión de las homosexualidades en el todo colectivo.

Es sobre todo en el nivel de las reivindicaciones relativas a la familia donde se manifiestan las nuevas estrategias de las minorías sexuales. La legalización del matrimonio para las personas del mismo sexo, el derecho a la adopción y a la PMA para todas las parejas se han convertido en los grandes objetivos de los movimientos homosexuales. Un cambio de dirección que ilustra un proceso de asimilación o integración de las homosexualidades. Mientras que la pareja se injuriaba y denunciaba como una forma de dominación heterosexual, a partir de entonces se convierte en objeto de una demanda de reconocimiento social y jurídico para los individuos del mismo sexo. El rechazo del orden «burgués» del matrimonio ha cedido paso al derecho al «matrimonio para todos» y a la paternidad y maternidad homosexuales. Se acabó el horror de la familia: es el momento del compromiso gay en la pareja y la vida de familia, de la aceptación del modelo tradicional, de «la reproducción de los modelos de relaciones interpersonales socialmente hegemónicos»: fidelidad, un mismo techo, obligación alimentaria, deber de ayuda. Estamos en un momento en el que las parejas del mismo sexo se adhieren a las reglas, los valores y los dispositivos legislativos –incluido el divorcio– que se aplican a las parejas heterosexuales.

Salir del armario

Las luchas de las minorías sexuales prosiguen, pero su sentido ha cambiado: se han normalizado, por no decir «banalizado». Las inspiraciones revolucionarias han sido sustituidas por el «salir del armario». Ya no se trata de subvertir el orden patriarcal y capitalista, sino de mostrar públicamente la orientación sexual, hacer que se reconozca la propia diferencia en la sociedad tal como es. Ya no se ambiciona inventar un mundo nuevo, sino quitarse la máscara ante los demás, ser fiel a su «verdad» personal, liberarse de un secreto duro de llevar para «ser uno mismo», vivir más plenamente, de una manera más «honesta y auténtica». Al poner fin al estrés del disimulo de sí mismo y a la agonía de la «doble vida», el salir del armario aparece como la vía que permite construir una identidad «sana y positiva», reducir el aislamiento, ganarse la estima de sí mismo y el apoyo de todo un conjunto de personas.

Salir del armario se vincula a veces con la «política de lo sexual», pero es ante todo la cultura psicológica típica de la fase III la que sustenta este gesto. Nueva expresión del ideal individualista de autenticidad, salir del armario atiende al deseo de ser uno mismo, de vivir su vida tal como se es siendo reconocido por los demás. La imagen positiva de la que goza y su amplia cobertura mediática testimonian el avance del proceso de integración social de la homosexualidad hecho posible por la fuerza multiplicada del ideal de autorrealización individual.

EL RECONOCIMIENTO SOCIAL
DE LAS PERSONAS TRANSGÉNERO

En las últimas décadas, la visibilidad social de las transidentidades se ha acentuado con fuerza. Se multiplican los grupos y las asociaciones cuya misión es sensibilizar a la colectividad y los poderes públicos ante los problemas propios de esta comunidad, informar y acompañar a sus miembros antes, durante y después de la transición, promover la igualdad de derechos y la autodeterminación, sobre todo en lo relacionado con las distintas posibilidades de recorridos médicos. Desde finales de la década de 1990, varias asociaciones organizan «la marcha de las personas Trans & Intersexes y de aquellas y aquellos que las apoyan»: el «Orgullo Trans» se muestra en las calles.

Sin duda, la inmensa mayoría de las personas trans sigue sufriendo actos tránsfobos. En las redes sociales, son numero-

154

sos los testimonios que denuncian las discriminaciones, los gestos fuera de lugar, los insultos, las agresiones físicas y simbólicas de las que son víctimas estas personas cotidianamente, en el trabajo, la calle y a veces en su propia familia. El hecho trans está lejos de ser aceptado unánimemente. Pero estas formas de transfobia no deben esconder la tendencia contraria. Arrinconadas durante mucho tiempo en el mundo del espectáculo y de los cabarets nocturnos, algunas figuras transidentitarias aparecen cada vez más en los periódicos, las películas, las series, los clips, el universo de la moda e incluso en el del deporte. Invitadas a expresarse en los platós de televisión, desfilan por las pasarelas de la moda, se convierten en celebridades mediáticas, en personajes de las revistas del corazón o en iconos adulados por los adolescentes (Bilal Hassani). Grandes marcas las ponen bajo los focos y construyen campañas de marketing dirigidas a ellas. Algunas empresas adoptan políticas de no discriminación que incluyen la «identidad de género y su expresión». Cantantes *queer* pueden representar oficialmente a sus países en Eurovisión: la drag queen barbuda Conchita Wurst fue recibida en Viena como una diva y toda la clase política austriaca alabó su victoria en Eurovisión. Funciona una dinámica de reconocimiento social que atañe a las identidades de género atípicas.

La manera de designarlas también ha cambiado. Para liberar el género de un vocabulario patológico, ha nacido una nueva terminología: se habla de «varianza de género» en lugar de «trastorno de género» y la expresión «no congruencia de género» ha sustituido al término «transexualidad». Los insultos y demás violencias simbólicas son menos significativos de la época que el reconocimiento creciente del derecho de las personas transgénero a autodefinirse, cambiar su nombre y la mención de su sexo en sus documentos de identidad. Más de un francés de cada tres piensa que el Estado debería reconocer un género «otro», «neutro», «intersexual», ni hombre ni mujer.

Alemania,[1] India, Australia reconocen oficialmente el estatus de «tercer sexo» con el derecho de que no figure en el documento de identidad ni el estatus de hombre ni el de mujer: el *ethos* hiperindividualista del rechazo de las etiquetas normativas ha adquirido derecho de ciudadanía.

Este reconocimiento social de la transidentidad constituye una nueva ilustración de la era de la autenticidad integrada. A partir de ahora, incluso las figuras más aparentemente transgresivas[2] tienden a ser aceptadas por la opinión pública. Con la consagración social del principio «sé tú mismo», las actitudes de oposición a la autodeterminación de sí pierden terreno en beneficio del reconocimiento del derecho subjetivo a autodefinirse en libertad, a vivir de acuerdo con la identidad en la que uno siente que puede realizarse plenamente, incluso fuera de la dicotomía natural masculino/femenino.

El derecho a la autodeterminación del género

Al dejar de considerar la transidentidad como una patología o un trastorno de la identidad sexual, nacen nuevas legislaciones que reconocen el derecho a la libre autodeterminación del género como derecho fundamental de las personas. Hemos pasado de un régimen de prohibición bajo el imperio de la indisponibilidad absoluta del estado de las personas, a un régimen liberalindividualista que instituye el derecho a una cirugía o a un tratamiento hormonal de reasignación sexual y a la rectificación del sexo en los registros del estado civil. Nuestra época ha

1. En 2018, el Bundestag adoptó un proyecto de ley que reconocía, por vez primera en Europa, la existencia de un «tercer sexo» en los certificados de nacimiento.

2. «No tengo la sensación de transgredir nada o de desafiar un tabú, lo hago realmente para complacerme», declara Bilal Hassani.

156

promovido un nuevo derecho subjetivo: el derecho a la identificación subjetiva de género, a la libertad de género, expresión radical de la lógica individualista, los sujetos han conquistado incluso el derecho a autodefinirse como hombre, como mujer, como transgénero, transidentitario, indeterminado, intergénero o intersexuado.

Se ha vuelto legítimo rehusar el sexo biológico: ahora es el individuo el que es reconocido como amo y poseedor de su identificación de género solo en función de su experiencia íntima de sí. Con la segunda modernidad, la identidad de género tiende a no ser pensada ya como un estado impuesto por la naturaleza biológica, sino como una cualidad disponible de manera plena y completa por el sujeto. Si el trabajo de la igualdad democrática disuelve el orden de la diferencia sustancial entre los sexos en beneficio de su similitud de esencia,[1] por su parte, la cultura de la autenticidad, en su fase más avanzada, mina el determinismo naturalista según el cual la constitución biológica sería lo que fundamenta el género.

En todas partes, las asociaciones militan a favor de la despatologización de las personas trans, para que no se trate desde la psiquiatría el recorrido del cambio de sexo y género. En Francia, donde el procedimiento para pedir la modificación de la mención del sexo en el estado civil sigue estando sometido al control de un magistrado que es el que toma *in fine* la decisión de determinar la identidad de género del solicitante, el proceso de desjudicialización sigue siendo parcial. Sin embargo, otros países como Argentina han procedido a una desjudicialización total de la modificación del sexo en el estado civil: esta ya solo exige una simple declaración ante un oficial del estado civil. Bajo el imperio de la cultura de la autenticidad, el cambio de estado civil se ha convertido en un

1. Marcel Gauchet, «Tocqueville, l'Amérique et nous», en *La condition politique*, Gallimard, 2005, pp. 346-367.

derecho subjetivo absoluto vinculado a la autodeterminación soberana del individuo.

Hasta hace poco, los individuos transgénero que pedían un cambio de estado civil tenían que aportar la prueba de un síndrome de «disforia de género» o de una operación de reatribución de sexo. Ya no es así. En el nuevo marco jurídico, las personas trans pueden solicitar el cambio de sexo y de nombre en el estado civil sin tener que aportar la prueba «irreversible y médica de una transformación física», sin ninguna obligación de diagnóstico médico o de cirugía de «reasignación sexual». No solo ya no se exige ninguna operación quirúrgica, sino que tampoco es obligatorio un certificado psiquiátrico o cualquier otra prueba de tratamiento médico. El único principio que fundamenta el reconocimiento jurídico de la identidad de género es la autodeterminación de la persona. La radicalización de la cultura de la autenticidad ha comportado la desmedicalización, la despsiquiatrización de los procedimientos que permiten la obtención de un cambio de estado civil.

El reconocimiento del derecho a la libre autodeterminación del género constituye una última consecuencia de la cultura de la igualdad moderna, que trabaja para poner fin a todas las formas de discriminaciones sociales, incluidas las relativas a las personas trans. Sin embargo, sucede igual que con las personas homosexuales: la ideología igualitaria no constituye el único motor de cambio, ya que solo ha podido llegar hasta sus últimas consecuencias basándose en la legitimidad de la que goza la ética de la realización subjetiva.

En efecto, para poner remedio a la situación de desasosiego, a veces incluso de desesperación, de estos sujetos se han impuesto las transformaciones del derecho, en particular aquellas cuya finalidad es hacer que evolucionen las condiciones para obtener la modificación del estado civil. Debido a la discordancia existente entre su apariencia física y sus documentos de identidad, las personas trans son con frecuencia objeto de insultos y víctimas de acoso, y, al mismo tiempo, se ven expuestas al riesgo de discriminaciones en materia de contratación, trabajo y alojamiento. Con las nuevas leyes, se trata de conseguir que estas personas puedan «ser ellas mismas», vivir en armonía con su identidad psicológica, escapar a la desgracia de ser víctimas de estigmatizaciones y discriminaciones y acceder a un bienestar general, personal, interpersonal y social.

La finalidad es la obtención de un bienestar duradero de los sujetos en su identificación de género, la optimización de su calidad de vida y su plenitud personal. En nombre del respeto a la vida privada, pero también al ideal de realización de sí, se han promulgado las leyes contemporáneas que facilitan los cambios de identidad de las personas transgénero. En la raíz de la liberalización de las legislaciones se encuentra la consagración del *be yourself*, de la ética de la autorrealización subjetiva.

Generación «genderqueer»

La fase III no solo es testigo de un proceso de desnaturalización y despatologización de las identidades de género, sino que también lo es de la emergencia de nuevas formas de identificación de género que cuestionan su dimensión binaria, el marco normativo de la oposición hombre/mujer, homo/heterosexual. En el estadio hiperindividualista de la autenticidad, se afirman el movimiento *queer* de deconstrucción del género, las formas inéditas de subjetividad de género que rechazan la prisión identitaria, y los dictados de etiquetas dicotómicas y normativas. Identidad «genderqueer», «no binaria», «no gender», «agénero», «pangénero», «poligénero», «genderfluid»: el vocabulario de la transidentidad se ha ampliado mucho, englobando a aquellas personas a las que la oposición «binaria» no permite ser fieles al sentimiento íntimo de su relación con los conceptos de lo masculino y lo femenino, y que se sienten ambas cosas a la vez o a veces una y otras la otra, o bien por completo extrañas a dichas categorías y «sin género». Extensión impresionante del ámbito de la identidad: la comunidad LGTB se ha convertido en LGTBQIAP+.

La única explicación del origen del fenómeno *queer* está en la consagración del *be yourself.* La potente ola de legitimación de la ética de la autenticidad ha permitido la emergencia del movimiento *queer,* del repudio de los dos géneros admitidos comúnmente, de los rechazos del encerramiento de sí mismo en una jaula de un género fijo que violenta la singularidad subjetiva. Atrapada en una lógica hiperbólica, la cultura de la autenticidad ha hecho posible la deconstrucción radical de la bicategorización de las identidades de género y correlativamente la legitimidad de las identidades fluidas, en movimiento, revocables, sin ninguna fijeza por naturaleza. Llevado a su punto más extremo, el ideal de autenticidad ha hecho saltar todos los límites, incluso los naturales, al derecho a la autodefinición personal. Una forma inédita de identidad subjetiva sale a la luz: emancipada de cualquier definición fija de uno mismo en términos de masculinidad o feminidad, se caracteriza ya solo por sentimientos de sí portadores de una identidad de género efímera, nómada y reversible.

LA BOMBA TRANS: VERDAD Y APARIENCIA DE SÍ

En relación con la cuestión de la autenticidad existencial, el fenómeno trans reviste una importancia de gran calibre ya que conduce al cuestionamiento total del esquema tradicional a través del cual se piensa por lo general el ser sí mismo. Y es que para ser plenamente él mismo, el sujeto trans –«hombre hacia mujer» o «mujer hacia hombre»– debe negar su «esencia» natural o biológica. Para acceder a la autenticidad de sí mismo, necesita –retomando la fórmula sartriana desviada de su sentido existencialista– «ser lo que no es y no ser lo que es». En este caso límite, la autenticidad no consiste en estar conforme con que el individuo se sitúa fuera de las convenciones, sino que exige la adopción de la apariencia, del modo de vida, de los signos artificiales y codificados propios del sexo que no es el suyo al nacer.

Según un modelo de pensamiento que se remonta a Rousseau, el sujeto auténtico es aquel que rehúsa las mentiras de la apariencia, la falsedad de las máscaras. El ser sí mismo existe solo en el combate contra las apariencias y los artificios de la vida social. El fenómeno de la transexualidad conduce a replantear esta problemática. Para los sujetos trans, en efecto, la cuestión de la apariencia es todo menos una dimensión alienante, negadora de la verdad de sí mismo. Constituye una preocupación existencial y obsesionante que moviliza todo su ser, orienta su conducta, concretiza su identidad marcada por el género. ¿Cómo ser sí mismo sin ser percibido por fuera cómo uno se siente por dentro?

Por este motivo las personas transgénero se empeñan con tanta pasión en remodelar su cuerpo, adquirir la morfología del otro sexo, enarbolar en público los signos físicos y convencionales característicos de la identidad de género reivindicada. Ser sí mismo ya no pasa por liberarse de la tiranía del juicio de los demás, sino por la reconciliación de la apariencia física y la interioridad psicológica, por un remodelado corporal artificial que permita vivir de acuerdo con la identidad de género sentida. Ya no se trata de oponerse a los códigos, sino de respetar, a través del «*passing*», las normas de género para así evitar ser detectado como trans en el espacio público, conseguir ser percibido con la identidad de género con la que la persona se identifica. Para ser auténticamente sí misma –tener confianza en sí misma, sentirse segura– la persona trans debe parecer lo que no es biológicamente, debe pasar como miembro de un grupo al que no estaba asignado al nacer. Pasar por una mujer o un hombre «como las o los demás», infiltrarse en el molde de las normas de género, es más un poder liberador de sí mismo[1] que un signo no auténtico de desingularización subjetiva.

Operaciones quirúrgicas, tratamientos hormonales, ropa, maquillaje, depilación, forma de moverse, postura, peinado: son todas ellas «técnicas del cuerpo» que, para las personas trans, no están vinculadas con una teatralidad mentirosa porque permiten al sí ser de acuerdo con la identidad de género vivida, aparecer ante sí y ante los demás tal como se viven interiormente. A través de todas estas técnicas de diseño de la apariencia, las personas trans pueden producir las condiciones necesarias para la afirmación de su identidad de género. Para estas subjetividades disidentes, utilizar los artificios es vital: constituye la vía necesaria para llevar una vida «verdadera», conseguir la transición de sexo, poseer las características que dan la apariencia del sexo biológico al que se sienten pertenecer psíquicamente.

En relación con esto, el hecho trans funciona como una bomba que hace saltar por los aires el pensamiento tradicional de la autenticidad al oponerla «ontológicamente» a la apariencia. La transidentidad es un hecho polémico que exige un cambio de paradigma, una nueva manera radical de pensar la verdad de uno mismo. Y justo porque los juegos de la apariencia son necesarios para la persona trans para volverse sí misma, la formación de una identidad de género diferente del género asignado al nacer exige un inmenso esfuerzo en el ámbito estético. El teatro de las apariencias ya no supone la alienación de sí,

1. Karine Espineira, «Les corps trans: disciplinés, militants, esthétiques, subversifs», *Revue des sciences sociales*, 59, 2018. En línea: http:// journals.openedition.org/revss/701; DOI: https://doi.org/10.4000/revss.701

sino un medio para ser sí mismo, una vía necesaria para hacer que se reconozca la identidad de género tal como se siente subjetivamente, con independencia de su constitución biológica. El «enigma trans» es un verdadero tsunami que nos confronta con una forma de experiencia en la cual el cuerpo natural aparece como mentira y el cuerpo «artificial» como el lugar de la autenticidad subjetiva.

La operación quirúrgica de reasignación sexual no basta para definir el cuerpo y la subjetividad trans ya que ni todas las personas transexuales la practican ni siquiera la desean. Lo que en cualquier caso sí es necesario son las tecnologías estéticas gracias a las cuales el sujeto puede autodefinirse y alcanzar su ser propio. Lejos de ser una práctica alienante o una falsificación de sí, esta «estilización» del cuerpo es consustancial con la conquista del ser uno mismo verdadero. Para la persona trans no existe ninguna autenticidad subjetiva sin un trabajo sobre la apariencia del cuerpo, sin estetización de sí misma. La apariencia, indispensable para la formación de la identidad de género transexual, no se opone a la existencia auténtica, sino que es su condición. Lo artificial no es más que el vehículo de la veracidad consigo misma.

Según Simmel los adornos personales sirven para expresar las identidades sociales, halagar el narcisismo de los individuos, «hacer que llame la atención quien los lleva»: «El adorno aumenta o amplía el efecto de la personalidad, en la medida en que actúa como una proyección de esta[...]. Las proyecciones del adorno, la atención sensual que suscita confieren a la personalidad tal extensión, incluso tal ampliación de su esfera, que *es* más cuando está adornada».[1] La apariencia en las personas trans no funciona exactamente así. Para ellas no está

1. Georg Simmel, «Psychologie de la parure» (1908), en *La parure et autres essais*, trad. fr. de Michel Collomb, Philippe Marty y Florence Vinas, Éditions de la Maison des sciences de l'homme, 1998, pp. 80-81.

tanto al servicio de la ampliación del amor propio y del poder sobre los demás como de la afirmación de la verdad interior o psicológica del sujeto. La puesta en escena de sí no es falsedad, mentira y disimulo, sino que es la operación de verdad, vehículo de la autenticidad subjetiva. Debemos tomar nota: el trabajo estético sobre sí no es sistemáticamente antitético de la autenticidad personal. A partir de ahora esta no implica la negación del artificio, sino su individualización y subjetivación.

V. SOBREEXPOSICIÓN DE SÍ
Y EXPRESIÓN CREATIVA

Si hay que hablar de autenticidad institucionalizada es también porque la expresión de sí se vincula a partir de ahora con un nuevo régimen: el del espectáculo mediático y el narcisismo de masas. La ultramodernidad ha transformado la autenticidad personal en diversión televisiva para el gran público con la finalidad de hacer crecer el índice de audiencia de las cadenas. En paralelo, los libros autobiográficos figuran entre los más demandados por los lectores, que están cada vez más ávidos de relatos que den a conocer la intimidad de los famosos. Se ha pasado de una «religión» laica del régimen de la verdad personal al reino del entretenimiento y el consumo de masas de la sinceridad: el *homo consumericus* se ha convertido en consumidor del *homo authenticus*.

Al mismo tiempo, la revolución digital ha hecho posible una increíble avalancha de prácticas de exposición de sí en las redes. *Be yourself* cada vez se aproxima más a *express yourself*: la cultura de la autenticidad ha entrado en la era del cibernarcisismo de masas. Un narcisismo exhibicionista que cohabita, paradójicamente, con una multiplicación de formas de expresión creativa que no están dirigidas hacia el otro sino más bien hacia sí. Más que nunca el *homo authenticus* sueña con el *homo artisticus*.

Desde el siglo XVIII, la cultura de la autenticidad se ha construido exaltando el ideal de verdad ante uno mismo y los demás: la «escritura del yo» ofrece de ello una ilustración perfecta. Con las *Confesiones*, Rousseau abre el camino a una nueva manera de hablar de sí, de contarse, de decirse hasta los detalles más íntimos de la vida. Una tarea tan peligrosa que Rousseau no duda en declarar que nadie antes que él la ha acometido. La frase famosa que abre la obra no presenta ambigüedad alguna al respecto: «Inicio una empresa de la que no existe ejemplo anterior y cuya ejecución no contará con ningún imitador. Quiero mostrar a mis semejantes a un hombre en toda la verdad de la naturaleza; y este hombre seré yo». Por primera vez, un hombre ordinario, sin calidad, se toma la libertad de escribir un libro en el que se revelan sus secretos, los detalles más íntimos de su vida, sus sentimientos, sus faltas grandes y pequeñas. La ambición proclamada consiste en inaugurar una manera nueva de describirse sin hipocresía y sin esconder nada a los lectores, mostrar a un hombre en su totalidad tal como es, sin máscaras, «absolutamente verdadero». Al celebrar la expresión sincera de la subjetividad, Rousseau crea un nuevo género literario –el relato autobiográfico– cuyo modelo[1] fija y cuyo atractivo no se verá desmentido más adelante.

El ideal moderno de autenticidad ha generado el gusto y la práctica de la revelación de lo íntimo, de los discursos sobre sí, de los autorretratos, diarios personales, relatos de vida, autobiografías, fundados sobre un «pacto moral de sinceridad» (Philippe Lejeune) por el cual el autor promete al lector, de

---

1. Si las *Confesiones* de Rousseau constituyen el acto fundador de la autobiografía moderna, esta descripción de sí no es una invención sin precedente: las *Confesiones* de san Agustín y los *Ensayos* de Montaigne constituyen signos precursores.

forma implícita o no, que lo que va a leer es cierto, que no se le miente. Todo el género autobiográfico se basa en los valores de honestidad, sinceridad, autenticidad y transparencia consigo y con los demás: no existe autobiografía sin un «contrato» de sinceridad hacia sí y hacia el lector. El *homo biograficus* constituye una de las figuras de la cultura de la autenticidad.

Desde el gesto inaugural de Rousseau, el deseo de describirse, de decir la verdad sobre sí se ha extendido ampliamente, ha «explosionado» en la sociedad. Ahora las escrituras del yo se han extendido mucho más allá de los límites del mundo de los novelistas: ya no hay famosos (estrellas de cine, deportistas, políticos, empresarios) que no se sientan obligados a escribir y publicar el relato de su vida, que no se dediquen al ejercicio «egográfico». Sabemos también que, desde la década de 1970, los talleres de escritura en los que la motivación principal de los actores es a menudo la «escritura de lo íntimo» se han multiplicado. Relatos personales que son más escritos para sí que para ser leídos por otras personas. Estas creaciones de tipo autobiográfico no tienen la finalidad de ser publicadas por una editorial, sino de hacer balance de sí, no olvidar hechos y recuerdos importantes, enfrentarse a dificultades existenciales. No se trata de hacerse con un nombre y volverse famoso, sino de alcanzarse a través de la escritura, verse mejor, ser sí mismo en una actividad elegida con total libertad y fuente de placeres íntimos.

Nuestra época ve cómo aumenta de modo considerable la proporción de personas que sueñan con poder escribir. Según una encuesta de OpinionWay de 2009, uno de cada tres franceses ya ha escrito o pensado en escribir un libro, y aproximadamente cuatrocientas mil personas ya han enviado un texto a alguna editorial. La escritura de una novela, de un ensayo, de poesía, pero sobre todo de la propia vida y recuerdos: nueve de cada diez textos pertenecerían a la categoría de relatos con carácter autobiográfico. Y para el 40 % de aquellos que declaran querer escribir, la motivación principal es: «Mantener viva la memoria/la historia de mi familia» y el «deseo de contar mi historia, mi experiencia». Vivimos la época de la democratización del individualismo expresivo, sobre todo a través de los relatos de sí.

LA AUTENTICIDAD ESPECTÁCULO

La exposición de sí se manifiesta mucho más allá de la autobiografía literaria. Se afirma en los espacios más heterogéneos: tanto en el ámbito de la creación plástica como en los programas de televisión para el gran público.

El arte, lo íntimo, lo extremo

Numerosos artistas contemporáneos hacen de su vida personal el material mismo de su obra, mezclando, como en la autoficción, el arte y la vida secreta, la ficción y la realidad, la autenticidad subjetiva y la exposición intimista. Un arte que habla de uno mismo, se pone a la escucha de sí, expone el sí en sus aspectos más íntimos. Artistas como Nan Goldin, Sophie Calle, Christian Boltanski, Annette Messager, Tracey Emin, Saverio Lucariello o Cindy Sherman son ejemplos representativos de esta corriente que ha sido denominada justamente el «arte de lo íntimo» y que se alimenta de la mitología de la veracidad y la autenticidad. Se trata, en efecto, a través de fotografías, vídeos, acciones y performances, de crear «obras relato» que, al escapar de los códigos sociales y la alienación de los cuerpos formateados por la «sociedad del espectáculo», permiten expresar una autenticidad subjetiva perdida.[1] Y lo

1. Dominique Baqué, *Pour un nouvel art politique. De l'art contemporain au documentaire*, Flammarion/Champs, 2006.

168

hacen transcribiendo instantes efímeros más o menos intensos de su vida personal, ofreciendo la iconografía de acontecimientos subjetivos más o menos íntimos: su desnudez, sus recuerdos, sus encuentros, sus obsesiones, sus «pequeños secretos», episodios de su vida amorosa y sexual, el marco más ordinario de su vida cotidiana. Con la consagración de la cultura de la autenticidad, la pasión autobiográfica ha invadido la escena artística contemporánea bajo los rasgos de un «realismo expresivo».

Hay un tropismo de la exposición subjetiva que se orienta con frecuencia hacia la figuración de lo banal, lo familiar, lo irrisorio, lo infraordinario a contracorriente de los sueños ficticios, las imágenes enfáticas, el oropel de los clichés comerciales y publicitarios. En su búsqueda de lo verdadero, lo real y la autenticidad, el movimiento contemporáneo de desublimación y desacralización del arte desemboca en la producción de imágenes triviales, cotidianas, sin esplendor, antiespectaculares. Pero, al mismo tiempo, esta dinámica puede conducir a una avalancha subjetivista que reconstituye un neoespectáculo. Tracey Emin se impuso en la escena artística internacional con su instalación *My Bed* colocando en escena una cama deshecha, con las sábanas arrugadas, toallitas, bragas y preservativos usados. La retórica de lo verdadero desemboca en la estética de la provocación, lo chocante y lo lúgubre. La intimidad auténtica, autobiográfica, aparece bajo el signo del exhibicionismo narcisista, la transgresión chocante, el espectáculo *trash*. La autenticidad biográfica ya no está en contra de lo espectacular y de la teatralidad sensacionalista, sino que es uno de sus motores.

Por lo demás, desde la década de 1960, con el *body art*, el cuerpo íntimo del artista se ha convertido en lugar de experimentaciones extremas, en la materia principal del gesto estético a través de puestas en escena a menudo espectaculares, que chocan con las costumbres, y realizadas ante espectadores o para ellos. Günter Brus orina y defeca en público; bebe su orina y se cubre de excrementos; Hermann Nitsch lleva a cabo rituales paganos de sangre; Gina Pane se produce cortes en cada una de las partes de su cuerpo; Orlan se somete a operaciones quirúrgicas para transformar su cuerpo. La cultura de la autenticidad ha llevado a rechazar la distinción entre arte y vida, a promover espectáculos superlativos que, al transgredir los tabúes, al desplazar cada vez más lejos las fronteras, empujan las performances a su paroxismo, ofrecen sensaciones cada vez más fuertes, vértigo y estupefacción, con la finalidad de sentir la intensidad del momento y huir de la prisión de la vida y de la «pintura retiniana» (Duchamp). Para todo un segmento del arte contemporáneo, la expresión de sí ya no exige un proceso de representación simbólica: se muestra como *event*, acción, performance, experiencia corporal, a menudo a través de un exceso espectacular que perturba de manera radical las representaciones corporales establecidas.

La autenticidad como espectáculo de masas

Con el medio televisivo, el devenir espectáculo de la autenticidad subjetiva se manifiesta a una escala totalmente distinta. Los «relatos de sí» gozan en efecto de un éxito que sobrepasa todo lo que podíamos imaginar: han accedido al rango de espectáculo para el gran público, a través de nuevos programas de televisión –televerdad, reality shows, talk shows, telerrealidad– centrados en los testimonios de «personas verdaderas» invitadas a hablar de su vida privada, sus fantasmas, sus represiones. Ha nacido una «televisión de la intimidad» en la que individuos anónimos confiesan sus problemas psicológicos, revelan su yo, cuentan su vida con todo lujo de detalle. Cuando ser uno mismo se erige en meta existencial primaria y consensuada, ya no es necesario ser un héroe, una diva o un

170

personaje excepcional para provocar el interés del público. Lo que se busca y se aprecia por encima de todo es la sinceridad del individuo ordinario, sus prestaciones «naturales» y espontáneas. Los telespectadores ya no consumen únicamente ficción, sino confesiones personales, sinceridad y veracidad íntima: se han convertido en consumidores de autenticidad, que aparece como uno de los espectáculos más preciados del panorama mediático.

Una etapa suplementaria en la espectacularización de la autenticidad ha sido franqueada con los juegos de telerrealidad. Ya no se trata solo de presentar testimonios simbólicos o «confesiones» íntimas, sino de construir una «ficción real interactiva», un espectáculo de la realidad, el espectáculo auténtico de episodios de la vida de personas «reales» –y no de actores–, a las que se coloca en situaciones que supuestamente reproducen las condiciones de la vida ordinaria. Todo está hecho para crear un clima de autenticidad: empezando por *Loft Story* (la versión francesa de *Gran Hermano*), un programa de televisión en el que once personas solteras aisladas del mundo deben vivir, durante diez semanas, en un loft mientras las graban las veinticuatro horas del día. Además, son «personas de verdad» filmadas cuyas interacciones reales, cuyos gestos más ordinarios, emociones y comportamientos cotidianos son vistos por los espectadores. En los juegos de la telerrealidad, los participantes viven una vida virtual real, lloran, se «dejan», discuten, hacen balance de sus miedos y sus celos *in situ*. La atracción que suscita la telerrealidad está vinculada al hecho de que pone en escena al individuo ordinario que presuntamente es sí mimo en el marco de un juego de rol en el que se implica de lleno. Nuestra época asiste al triunfo de un nuevo tipo de juego: jugar a ser sí mismo, ser sí mismo interpretando el papel de ser uno mismo en unos dispositivos concebidos por los productores de programas televisivos.

En el momento de la institucionalización de la autenticidad, esta ya no encuentra su modelo en el intimismo secreto de los diarios íntimos. Donde había un trabajo fruto de una acción estrictamente personal, ahora tenemos emisiones programadas construidas por los profesionales de los medios. En un régimen de autenticidad normalizada, es lo mismo el intimismo que la revuelta de las vanguardias artísticas: al igual que las instituciones oficiales del arte se empeñan en abrir las puertas a la subversión en el espacio del museo, también los programadores de los medios de comunicación piden relatos de sí de «personas de verdad».

Al mismo tiempo, la autenticidad aparece como una manera nueva de ponerse en escena, mostrarse, hacer público el sí. Señalemos que respecto a esto, todo no es absolutamente nuevo. Rousseau se entregó a una crítica moral sin concesiones a la apariencia, las máscaras y la concepción teatral de la existencia. Sin embargo, intenta convencer de su absoluta sinceridad de una manera provocadora y muy teatral (rechazo de la oferta de una pensión por parte del rey, vestir el «traje de armenio», escándalo de la ruptura con los filósofos). Podemos considerar, en relación con esto, al filósofo ginebrino como el primero en hacer la puesta en escena de su propia autenticidad personal, el inventor de una nueva forma de teatralidad de sí. Inaugura, al hacerlo, una postura que tendrá un largo recorrido: la de ofrecer su autenticidad como espectáculo, instaurando dicha autenticidad como ámbito de competición simbólica, como campo de lucha por el prestigio y la gloria.[1] Con Rousseau empieza el tiempo de la publicidad de sí mediante la proclamación de su absoluta autenticidad.

1. Barbara Carnevali, *Romantisme et reconnaissance. Figures de la conscience chez Rousseau*, col. «Bibliothèque des Lumières», trad. fr. de Philippe Audegean, Droz, 2012.

La autenticidad programada y exhibida

No obstante un universo separa los shows televisivos de la autenticidad de las formas primeras del relato de sí. Rousseau se dirigía a un público cultivado y limitado, excluyendo a los «hombres vulgares», aquellos que llenan los salones parisinos y van en busca de la apariencia social: «Solo sucesivamente y siempre para pocos lectores, desarrollé mis ideas. [...] Y nunca quise hablar con los demás».[1] Por el contrario, los shows contemporáneos están destinados a un público inmenso: lo que se pretende es alcanzar grandes índices de audiencia, el éxito entre un máximo de gente, entre mayorías silenciosas.

El autor de las *Confesiones* reivindicaba con orgullo el altruismo absoluto de su trabajo, la «pureza de intención»[2] que le da vida, la ausencia de toda búsqueda de una ventaja personal. Nos encontramos en las antípodas de este enfoque, las emisiones de telerrealidad se programan para captar recursos publicitarios. La autenticidad ya no se considera una virtud ética, un fin en sí al servicio del bien común sino que se ha transformado en entretenimiento mercantilizado.

La manera en la que se expresa la autenticidad personal también ha cambiado. En lugar de un trabajo minucioso de introspección, tenemos retratos individuales que se resumen en algunos burdos trazos psicológicos «evidentes», con prefe-

1. Rousseau, prefacio de una segunda Carta a Bordes, Bibliothèque de la Pléiade, t. III, Gallimard, p. 106.
2. «Si mis escritos me inspiran algún orgullo, es debido a la pureza de intención que los dicta, es debido a un altruismo del que pocos autores me han dado ejemplo y que muy pocos querrán imitar. Nunca una visión particular manchó el deseo de ser útil a los demás, deseo que puso la pluma en mi mano, y casi siempre he escrito en contra de mi propio interés» (*Lettre à M. d'Alembert* en *Du Contrat social et autres textes*, Classiques Garnier, 1962, pp. 229-230). (Hay traducción española: *Carta a d'Alembert*, trad. de Quintín Calle, Tecnos, Madrid, 2009.)

rencia por los sensacionalistas: no se analizan las personalidades sino que se «resumen», esquematizadas, presentadas mediante «proyecciones entrecortadas», secuencias cortas y simplificadas. Lo que cuenta es que la autenticidad pueda verse directamente a través de la expresión manifiesta de las emociones de los participantes. Cada vez más, se trata de poner de relieve las actitudes que dejan filtrarse el sentimiento interior y los signos ostensibles de las experiencias emocionales. La cámara realiza planos cortos sobre los gestos, las miradas y la mímica, los lloros y las risas, los signos que expresan directamente los sentimientos subjetivos. La autenticidad tiene que mostrarse: hemos pasado de la autenticidad voluntarista a la autenticidad corporal y emocional.

Todos esos zooms están destinados a mostrar que los individuos en escena no hacen trampa, son verdaderos y naturales. La autenticidad ya no solo apela a la conformidad de lo que se dice con la vida interior de los sujetos: se muestra en la espontaneidad y la visibilidad de las emociones, la exhibición de los afectos sentidos. El registro emocional se ha convertido en la prueba misma de la sinceridad de los participantes, el elemento que lo demuestra porque los sentimientos solo pueden ser considerados verdaderos. Lo que se armoniza no es la «era de lo falso» y el declive de la cultura de la autenticidad, sino el reinado exhibicionista, banalizado, sin esfuerzo, de la cultura de sí.

Colocado bajo la mirada del «Juez supremo», el preámbulo de las *Confesiones* de Rousseau está impregnado de solemnidad oratoria, su finalidad es defender al autor ante los que le acusan, justificar sus actos y sus elecciones, probar su sinceridad absoluta: por si fuera poco, la empresa quiere ser útil al conocimiento del género humano. Por lo general, los textos autobiográficos se ponían metas «nobles» y cargadas de sentido: explorar los recovecos del alma; conservar la memoria del pasado y los acontecimientos importantes de la vida; llegar a ser mejor moralmente. Nada parecido con los shows de la pequeña pantalla dominados por la banalidad de las actividades, la simpleza, la vacuidad y la futilidad de las conversaciones. El espectáculo pactado de lo ordinario ha sustituido la valorización de la singularidad, de la diferencia de la lucha contra la cotidianeidad «alienante».

Sin finalidad cultural ni sentido superior, la telerrealidad pone en escena la autenticidad de los participantes con el único fin de aumentar la audiencia. Para los participantes solo hay una experiencia puntual y artificial que permite eventualmente ganar el famoso cuarto de hora de celebridad y para los espectadores un espectáculo que distrae «por nada», solo por el placer de tener el sentimiento engañoso de ser testigo de una verdad sin retoque ni artificio. Con la telerrealidad se afirma la autenticidad-para-el-ocio, carente de toda dimensión ética, de toda ambición cultural, atrapada en la era de la insignificancia hecha espectáculo.

La autenticidad ficticia

El discurso promocional de la telerrealidad pone en primer plano lo verdadero, la *real life*, su dimensión auténtica debido a que los participantes son «reales» y no actores interpretando un papel en una ficción. Pero ¿de qué verdad se trata cuando todos estos programas son objeto de montaje y se basan en escenarios impuestos, situaciones particularmente irreales y artificiales (cinco chicas y seis chicos encerrados en un loft, filmados las veinticuatro horas del día)? Lo que revela la telerrealidad es más un hiperespectáculo puesto en escena que una secuencia auténtica. Al mismo tiempo, no faltan los protagonistas taimados y calculadores que, mediante la simulación de la espontaneidad con fines de valorización subjetiva, instrumentalizan su participación.

La época que exalta el ideal de autenticidad es también la que dirige críticas violentas al tratamiento televisivo, transformando este valor en su contrario. Si la autenticidad individual se confunde con la valentía de la libertad, la verdad y la honestidad, la que pone en escena la telerrealidad se convierte en sinónimo de mentira, trampa, artificialidad, tontería, insignificancia, alienación y manipulación de masas.[1] En nombre de la autenticidad «verdadera» se han desencadenado las denuncias de la autenticidad de pacotilla, controlada y bajo vigilancia, las de *Loft Story* en particular, programa al que se acusa de representar una amenaza para la libertad y la cultura verdadera. Mientras se celebra la autenticidad subjetiva, se alzan las protestas contra sus sucedáneos, el embrutecimiento del público y su manipulación mediante las «falsas promesas de autenticidad». Un público que, sin embargo, no es incauto sistemáticamente: sabe mostrarse crítico con estas emisiones, y hace de la autenticidad un tema de conversación entre amigos o en el círculo familiar.

LA SOBREEXPOSICIÓN DE SÍ EN EL ESPEJO DE INTERNET

Cabe observar que hoy en día no es tanto la escritura autobiográfica la que ilustra el auge de la cultura de la expresión como la presentación de sí en internet. La revolución digital ha originado un auge vertiginoso de las prácticas de la exposición de sí y lo ha hecho en todas las categorías de la población: desde hace un tiempo cualquiera, en todos los ámbitos, hombre o mujer, joven o anciano, habla de sí, presenta sus fotos, comenta un suceso o un problema social, habla de sus penas, sus preocupaciones y sus pasiones, revela continuamente sus gus-

1. Gabriel Segré, «Loft Story et la fin d'un monde», *Ethnologie française*, 2009, vol. 39, 3.

176

tos personales en materia de música, moda, arte, turismo. Es el momento de la democratización de las prácticas de exposición de sí (expresiones escritas e imágenes), convertidas en un modo de comunicación cotidiana y banalizada, y para algunos un medio que permite generar ingresos: las *cam girls* y sobre todo los «influencers», que dan su opinión sobre ropa y cosméticos, mezclan confesiones personales y recomendaciones de artículos comerciales en las redes. Se acabó el antagonismo entre la cultura de la autenticidad y las normas reinantes: la presentación digital de sí consagra el reinado de la autenticidad normalizada.

El retrato de sí era un fenómeno que solo atañía a una minoría de individuos. Actualmente es un fenómeno de sociedad de una amplitud excepcional, portador de una nueva normalidad social transgeneracional. Aquello que, en nombre del ideal de autenticidad, se situaba fuera de modas y usos se ha convertido en ritual de masas hecho de nuevos códigos, nuevas «reglas», nuevos modelos: selfies, likes, fotos disparatadas, posts distraídos. En las redes sociales, ningún tono solemne o académico, pomposo y rimbombante: prevalece la expresión de los sentimientos y las emociones a través de los emojis «graciosos», un modo conversacional de estilo directo, divertido, no afectado. En la era de la ciberautenticidad se es más uno mismo cuanto más se expresa la sensibilidad y los gustos de manera guay, simpática e irónica.

El egocasting en la red

En el momento de las redes sociales, nuevas motivaciones están en la base del proceso de exposición de sí. Las razones que impulsaban a llevar un diario íntimo eran clásicamente de tres tipos. Conocerse mejor; recordar, conservar los pensamientos y los acontecimientos importantes de la propia vida; perfeccionarse moralmente y controlar el sí. El espíritu socrático («conócete a ti mismo»), memorial y moral ya no es el que gobierna la revelación de sí en internet. La presentación digital de sí ya no se hace con el diálogo interior sino bajo la mirada de los demás y para captarla. El eje en torno al cual tiene lugar se ha desplazado de la relación de sí consigo mismo hacia la relación de sí con los demás. Lo que prevalece ya no es el diálogo secreto consigo mismo, sino el show de sí, el espectáculo público de la personalidad subjetiva. A diferencia del diario íntimo, la presentación de sí cada vez se parece más a una operación de seducción, a una puesta en escena para dar valor a la propia persona, un egocasting con el fin de conseguir una mayor visibilidad de sí: ya no se trata tanto de ser verdadero sino de mostrarse bajo una apariencia atractiva para atraer la atención sobre sí. En muchos aspectos, el retrato de sí se decanta por un exhibicionismo narcisista.

Ya no es un proceso autorreflexivo, analítico y laberíntico para el conocimiento de sí y la preservación del propio pasado, sino la exposición inmediata, en tiempo real, de las propias experiencias, por muy insignificantes que sean, de los gustos del momento, sin otra finalidad que la de «gustar y emocionar» a los demás. En la época del selfie, de las webcams, de Instagram, Facebook y Snapchat, la expresión de sí se manifiesta en prácticas que son más «ilustrativas-descriptivas» que introspectivas, y en Instagram más fotográficas que discursivas: pocas palabras, pocos «análisis», únicamente fotos que cuentan aquello que atrae mi atención en un momento dado, lo que hago, lo que veo, lo que me gusta, el lugar que estoy visitando. En la era de lo digital, las «escrituras» de sí se hacen sobre todo a través de la imagen (fotos, selfies, emoticones) y no con palabras. Prevalecen las imágenes, efecto directo de la fuerza de la cultura de la satisfacción inmediata traída por la economía consumista.

Ya no consiste en una práctica reflexiva destinada a explorar los enigmas de la condición subjetiva, sino en presentar lo que me gusta y lo que hago por medio de imágenes sobre casi cualquier cosa, sin jerarquía ni centro, sin una importancia real, solo para interesar o distraer a los miembros de la propia red. En las fases anteriores, la cultura de la autenticidad ponía el punto de mira en la verdad esencial del sí a través de un relato de lo «profundo»: ahora se sitúa del lado de la imagen, del *live*, de la instantaneidad, de lo pasajero y divertido. «La identidad narrativa» (Ricoeur) y su «puesta en intriga» se han desvinculado de la preocupación por sí, por la propia alma, y se han pasado a favor de una puesta en visibilidad puramente presentista y a veces sin ningún relato; de una puesta en exposición espectacular, a menudo con el fin de ser lúdica y narcisista.

La avalancha de la exposición de sí en los medios sociales ha sido analizada como una de las figuras de la «sociedad de la transparencia» impúdica, devoradora y sin secreto.[1] En realidad, la red en ningún modo pone fin a la vida privada y a sus secretos. La nueva generación, denominada «transparente», está muy lejos de «contarlo todo, mostrarlo todo». Los internautas hacen todo lo posible para evitar mostrarse bajo una luz negativa, expresar su enfado, su tristeza, sus defectos y deficiencias. No se trata de un autorretrato sin sombras, honesto y fiel, sino de un egocasting, una vitrina superlativa del Yo, el «perfil optimizado» de un «hiperEgo» puesto en escena, «retocado», dirigido por el deseo narcisista de ver aumentar la lista de amigos, ser valorado por los demás, ser admirado y «popular» en la propia red digital. En la web 2.0 se despliega una nueva versión de la sociedad del espectáculo que invita a la exposición selectiva y aduladora de sí, y no una sociedad de la transparencia.

1. Byung-Chul Han, *La société de transparence*, trad. fr. de Olivier Mannoni, PUF, 2017. (Hay traducción española: *La sociedad de la transparencia*, trad. de Raúl Gabás, Herder, Barcelona, 2018.)

También se han interpretado estas nuevas formas de exhibición de sí como comportamientos antinómicos con la cultura de la autenticidad. Sin embargo es esta (la plenitud subjetiva) la que alimenta el marketing de sí mismo. Si, en la biosfera y las redes sociales, la puesta en visibilidad de sí es moneda corriente, lo es para obtener la atención y el reconocimiento de los demás, aumentar la estima de sí, gozar del placer narcisista de los momentos de «pequeña celebridad», conseguir una seguridad necesaria para la realización de sí. Estas prácticas no se despliegan para mostrar un estatus social, sino para hacerse reconocer en tanto que individualidad única, identidad subjetiva diferente. Cada cual intenta ser un sí singular, salir del anonimato expresando sus estados afectivos, sus gustos íntimos y sus capacidades creativas.

La presentación de sí en la red progresa a una velocidad fulgurante. Cada día son más numerosos los individuos que suben contenidos a internet, dibujan una imagen favorable de sí mismos, para obtener comentarios positivos, aprobaciones y valorizaciones que halagan el narcisismo. Cosechar likes es gratificante: significa que existo para los demás, que se interesan por mí. En algunos internautas se observa una verdadera obsesión por la visibilidad y la popularidad, por aumentar el número de followers, por conseguir una amplia audiencia. De tal manera que en el nuevo modelo expresivo, la exposición de sí ya no significa liberarse de la mirada y los juicios del otro impulsado por una voluntad interior, «intro-determinada» (David Riesman), valiente y heroica, sino querer captar la estima de los demás, conseguir una validación de sí, el reconocimiento a través del otro del ego preocupado por sí mismo. Paradójicamente, en la cultura hiperindividualista los posts no se multiplican con vistas a la intensificación del sentimiento de sí por sí mismo, sino con vistas a la consideración de los demás. En el momento de la cibermodernidad, la exigencia de ser un individuo soberano, que recibe su ley únicamente de sí, va acompañada, en realidad, de una dependencia extrema en relación con la mirada del otro.

La autenticidad en régimen hiperbólico

El ciberespacio no solo ha permitido la aparición de una nueva manera de hablar de sí: ha derrumbado las barreras culturales que frenaban su dinámica. Con las webcams íntimas instaladas en el hogar, que difunden continuamente y en tiempo real las imágenes en internet, ya no se trata solo de «decirlo todo», sino de «verlo todo», «mostrarlo todo», hasta lo más banal de la vida cotidiana, ya sea en la cocina, el cuarto de baño o el dormitorio. Incluso los «secretos» del cuerpo erótico y de las prácticas de la vida sexual. Con la banalización y la proliferación de la intimidad digital, asistimos a la explosión de los límites tradicionales que construían, en las fases anteriores, una esfera íntima protegida de las miradas externas. En la fase I, la exigencia de autenticidad personal estaba limitada, contenida por los diques del pudor y la moral sexual. Este modelo es agua pasada; los principios que controlaban las presentaciones de sí han volado en mil pedazos. El derecho a ser uno mismo liberado de los viejos candados llega hasta el límite de su lógica: todo debe poder mostrarse y ofrecerse a las miradas de los internautas, todos los territorios antaño «protegidos» caen uno tras otro. Vivimos el momento de la «explosión de la intimidad». Dirigida por una lógica hiperbólica, la cultura de la autenticidad se ha convertido en la de la hiperautenticidad.

A partir de la década de 1990, aparecieron, en Estados Unidos y Canadá, los primeros sitios web que alojaban diarios íntimos, así como páginas personales, blogs gestionados en plataforma o fuera de plataforma. Luego se desarrollaron los sitios de internet personales cuya principal actividad era la difusión de imágenes de una cámara instalada en su home o

181

página de inicio y accesibles para cualquier persona equipada con un ordenador conectado a internet. Gracias a una webcam, el sujeto puede ser visto en su espacio, en su vida cotidiana ordinaria e incluso durante sus actividades eróticas. La era de la web instantánea ha hecho surgir las plataformas de webcam erótica, el sexo en *live*, las webcams porno, el ciberonanismo, los sex shows de aficionados que, al divulgar la vida privada más íntima de los individuos, ilustran el proceso de radicalización de la exposición de sí. Se terminó el espacio panóptico centralizado: irrumpe la puesta en visibilidad de sí que, aunque autocontrolada, no deja de situarse «fuera de los límites». Nace una cultura de la autenticidad descontrolada, impúdica y exhibicionista, alejada de la exigencia de decencia y comedimiento que solía acompañar los relatos de sí.

Está claro que estas transformaciones tienen que vincularse con el auge de las nuevas tecnologías, que han hecho cambiar radicalmente las nuevas prácticas «confesionales» del régimen de la puesta en escena de sí y de la inmediatez espectacular. Todos ellos cambios innegables pero que no pueden ser interpretados como el efecto «mecánico» de la revolución de internet. Solo han podido salir a la luz en el marco de la cultura expresiva de la autenticidad que, desde hace más de dos siglos, valora la singularidad subjetiva. La combinación de las nuevas tecnologías con la lógica del individualismo singularizado ha hecho posible la sobreexposición del sí digital, la sustitución del régimen de la autenticidad contenida por el de la autenticidad desenfrenada.

La máscara al servicio de la afirmación de sí

Ya se sabe que en la red son muchas las personas que se presentan bajo un seudónimo, que cambian de identidad y sexo, de edad y condición, que ponen en escena perfiles falsos.

Máscaras virtuales, avatares, falsos yo, el imperio del *fake* no deja de extenderse: según la revista *Business Insider*, Facebook tenía, en 2017, en torno a sesenta millones de cuentas falsas. Es evidente que las identidades falsas no son un invento de la época, pero internet ha permitido que el *fake self* se convierta en un fenómeno de masas.

Sin embargo, en varios casos, este travestismo no traduce tanto un deseo de disimulación, sino el deseo de ser auténticamente uno mismo, ser libre, hablar del tema que cada cual elige, expresar una opinión personal, protegiéndose de ciertas consecuencias negativas, sobre todo en el lugar de trabajo. Al firmar con un seudónimo, puedo ser mi yo auténtico, decir realmente lo que pienso, ser esa persona que en general no me permito ser, ser la persona que me gustaría ser. El recurso de un seudónimo en los blogs en general no está vinculado con «lo falso, la mentira, lo ficticio, la experimentación de ser otro, el juego de convertirse en lo que no se es»,[1] sino con la voluntad de ser uno mismo en su diferencia subjetiva y en sus formas creativas o expresivas. Como escribe Oscar Wilde: «Cuando el hombre habla en su nombre es cuando menos es sí mismo. Dadle una máscara y os dirá la verdad». En internet, la máscara no es sistemáticamente aquello que niega la autenticidad de sí, sino aquello que la puede hacer posible en modo virtual.

Vigilancia y gobernanza algorítmica

En la fase I, las escrituras de sí respondían a una preocupación ética de transparencia, de pura verdad de sí. Este estadio ha quedado atrás: en el contexto digital, funcionan como una de las piezas de la economización del mundo. Desde hace

1. Annabelle Klein (dir.), *Objectif Blogs! Explorations dynamiques de la blogosphère*, L'Harmattan, 2007, p. 213.

un tiempo, los posts, las fotos, los «me gusta» se equiparan con un «trabajo» –el trabajo invisible y gratuito del *digital labor* de los usuarios– ya que contribuyen a crear valor para las empresas de la red que captan, recolectan y mercantilizan estas masas de datos personales producidas durante las interacciones en las redes. Cambio radical de mundo: ser uno mismo, expresar las propias preferencias y emociones funciona como un contenido que puede monetarizarse y ser fuente de beneficio para las plataformas. El estadio ético viene sucedido por el estadio comercial de la exposición de sí, figura de la autenticidad normalizada y dispositivo del capitalismo digital.

Además, a través de las operaciones de recolección y tratamiento de datos personales recogidos a partir de las navegaciones de todos y cada uno en internet, las exposiciones de sí hacen posibles una «gobernabilidad algorítmica»,[1] así como una dinámica de vigilancia inédita realizadas con nuestro consentimiento. Ya no estamos ante un Gran Hermano policial y centralizado, sino ante una vigilancia de tercer tipo, desmaterializada y desverticalizada, que se produce a partir de las prácticas expresivas, lúdicas y hedonistas de cada uno, vinculadas a las compras, los viajes, los gustos musicales y otras preferencias.

Con el big data y los sistemas computacionales, la noción de vigilancia reviste un nuevo significado. A la vigilancia a la antigua, policial, física, de seguridad, en relación con sujetos «peligrosos», se suma ahora una neovigilancia con finalidad comercial a través del data marketing y la gobernanza algorítmica. La nueva dominación estadística no obliga, no somete mediante órdenes despóticas, sino que pone todo su empeño, gracias a los algoritmos de recomendación puestos en marcha por las grandes plataformas de venta de la web, en seducir a los consumidores presentándoles de manera automatizada lo

1. Antoinette Rouvroy y Thomas Berns, «Le nouveau pouvoir statistique», *Multitudes* I, n.º 40, 2010.

que mejor se corresponde con las expectativas idiosincrásicas de cada cual.

Multitud de analistas sostienen que el efecto de los sistemas de recomendación es el de ahogar la libertad, disminuir la singularidad individual, suscitar conformidad, homogeneizando las elecciones de consumo, ya que los robots inteligentes recomiendan los artículos que poseen las mejores evaluaciones y que se parecen a lo que ya ha sido bien evaluado por el usuario individual. De ahí la reducción de las sorpresas y de lo inesperado, el encerramiento de cada usuario en una burbuja, un universo que ya conoce y aprecia. En la fase III, el régimen de la soberanía de sí cohabita con la adaptación individual a las señales enviadas por el mercado y la concentración de las compras culturales en un número reducido de bienes sobre los cuales otras personas ya han expresado sus preferencias. Cuanto más se consolida el régimen de la soberanía de sí, más se refuerza el poder prescriptivo de la vigilancia de datos y de sus profecías autorrealizadoras.

Esta tendencia existe sin lugar a dudas. La consagración del individualismo singularista no impide en absoluto la fuerte concentración de las ventas en un número reducido de bienes culturales, el auge de los mercados *winner takes all* en los que una minoría de títulos genera la aplastante mayoría de ventas. Y las tecnologías de recomendación, tal como son utilizadas por las multinacionales de la web, acentúan aún más el «efecto superstar» y la uniformización de los gustos.

Sin embargo, no es seguro que los prescriptores automáticos reduzcan a todos los niveles la diversidad consumista. Incluso siguiendo las recomendaciones recibidas, el componente variedad en la diversidad del consumo puede, a pesar de todo, aumentar, ya que el individuo descubre lugares, libros, músicas que por sí solo no hubiera pensado. Y de aquí en adelante se proponen enfoques que aportan novedad y diversidad en las listas de recomendaciones que contienen artículos diversos aunque siempre en el marco de los gustos particulares del consumidor, de las plataformas y de las aplicaciones que permiten descubrir recursos digitales culturales de creadores independientes. Empezamos a entender que es importante crear algoritmos que no produzcan efectos de sobreconcentración, de tener en cuenta el hecho de que la diversidad y la novedad pueden ser factores que aporten un valor añadido a las recomendaciones.[1]

Por supuesto, las tecnologías de recomendación aumentan el poder de influencia de la oferta comercial y son capaces de reforzar la concentración y la uniformización de las compras individuales («siempre más de lo mismo» de lo que nos gusta). Sin embargo, estos procesos no golpean frontalmente la cultura de la autenticidad dado que ser uno mismo no exige determinarse fuera de toda influencia, sino estar de acuerdo consigo mismo. La gobernanza algorítmica reduce la gobernanza de sí, puesto que la elección del consumidor ya no es del todo autónoma, pero aumenta su satisfacción porque la oferta responde mejor a sus preferencias singulares. Cuanto más guiadas por los algoritmos informáticos estén las elecciones, menos impersonal y estandarizado será el consumo; cuanto menos activo es el consumidor, más personalizada está la oferta. Mientras que se reduce la autodeterminación individual, progresa paradójicamente un consumismo singularizado. Con los sistemas de recomendación, se puede estar de acuerdo consigo mismo, sin hacer el esfuerzo de intentarlo: constituyen, en este aspecto, un instrumento nuevo de la autenticidad institucionalizada.

1. Pierre-René Lherisson, *Système de recommandation équitable d'œuvres numériques. En quête de diversité. Informatique et langage*, Université de Lyon, 2018.

LA EXPLOSIÓN DE LOS ARTISTAS «AFICIONADOS»

La expansión social de los deseos de expresión de sí se manifiesta mucho más allá del ámbito de la escritura de sí en las redes de internet. Así lo ilustra el avance espectacular de las prácticas artísticas a nivel aficionado: «The Pro-Am Revolution». Nuestra época no solo se caracteriza por un fuerte aumento de profesionales vinculados con el arte y las industrias culturales, también se caracteriza por la democratización de las prácticas artísticas a nivel aficionado. Por mucho que el capitalismo consumista desarrolle la «pasividad espectacular», se observa al mismo tiempo el boom de las formas de expresión de sí en las actividades artísticas; cada vez hay más individuos que desean ejercer una actividad de este tipo aparte de su trabajo profesional.

Si en la era industrial el ocio desempeñaba un papel secundario en las definiciones de sí, no es así hoy, en el momento en el que, ante la pregunta «¿Entre los siguientes temas, cuáles son los tres que mejor se corresponden con usted, que permiten decir quién es usted?», aproximadamente un 30 % de los franceses responde «Una pasión o una actividad de ocio», es cierto que lejos del 86 % que elige la familia, pero a un nivel bastante próximo a los que eligen la profesión o los estudios (40 %) y los amigos (37 %).[1] Para un número creciente de nuestros contemporáneos, el sí más auténtico se afirma en el ámbito cultural. Para estas categorías de individuos, ser uno mismo significa en primer lugar expresar su personalidad singular a través de un hobby-pasión, hacer lo que se ama intensamente aplicándose, sobre todo, en las actividades creativas y artísticas.

Desde la década de 1970, la práctica como afición de la danza, de un instrumento o del teatro se ha triplicado. Los

1. Olivier Donnat, «Les passions culturelles, entre engagement total et jardin secret», *Réseaux*, 2009/I, n.º 153.

participantes en las corales se multiplican y el 18 % de los franceses de más de quince años practican música como afición. En lo relativo a la pintura, la proporción de aficionados en Francia ha pasado del 3 al 10 % entre 1981 y 1997. Casi la mitad de la población estadounidense ha seguido cursos de música, un tercio de ella fuera del colegio, y un cuarto ha seguido cursos de pintura, artesanía o escritura. En todas las metrópolis florecen los talleres creativos para adultos, los cursos y las prácticas de artes plásticas. En 1996, el 47 % de los franceses de más de quince años declaraban haber practicado música, teatro, danza, artes plásticas o una actividad de escritura durante su tiempo de ocio. Ahora, tres de cada diez franceses tienen una actividad artística, cuando en la década de 1970 era solo un 1,5 %. De esta manera, cada vez más, el *be yourself* se declina en un *express yourself*.[1]

El individualismo hipermoderno no solo significa pasión de los goces consumistas, sino también democratización de la pasión de crear imágenes, expresarse a través de la escritura, la música, el canto, la danza o el teatro. Si la ética de la plenitud de sí favorece el auge del consumismo, también es un vector que intensifica la exigencia de la realización de sí a través de la expresión creativa. La fase III de la autenticidad es contemporánea del aumento social de las aspiraciones y deseos artísticos, de los compromisos en actividades culturales: *homo consumericus* y *homo artisticus* progresan a la par.

Ser uno mismo y serlo a través del arte no es una aspiración nueva. La ideología del arte por el arte, nacida a finales del siglo XVIII, se prolongó con el romanticismo y luego con las vanguardias del siglo XX. Sin embargo durante estos casi dos siglos, este modelo solo atañía a las élites artísticas. Ya no es así: cabe observar que un número cada vez mayor de individuos

1. Laurence Allard y Frédéric Vandenberghe, «Express yourself! Les pages perso», *Réseaux*, 2003/I, n.º 117.

desean expresar su personalidad a través de una trayectoria artística, sinónimo para ellos de vida personal plena. En el momento del *be yourself*, los individuos buscan en las actividades creativas un camino para ser «más» ellos mismos, llevar a cabo algo que les apasiona, que les otorga valor ante sí mismos y los demás. Música, danza, fotografía, vídeo, canto se viven como medios creativos que permiten escapar de un consumismo «atrofiante», ser un Sí único, acceder a una vida personal más rica, más auténtica, por ser singular y dar respuesta a deseos idiosincráticos.

Se ha vinculado, y con razón, la era de los aficionados al internet de masas con la web 2.0 y las tecnologías electrónicas y digitales, dado que la democratización de los equipos *high tech* ha ofrecido una herramienta inédita y más «fácil» a las pasiones-hobbies de expresión de sí. Gracias a estas tecnologías, cada cual puede, mucho más fácilmente que en el pasado, hacer fotos, realizar películas de vídeo, componer música electrónica y difundir en redes sociales sus autoproducciones. Además, gracias a estas nuevas herramientas, los aficionados pueden adquirir destrezas que los aproximan a los profesionales. La revolución del «profesional aficionado» es la que le permite, debido a sus competencias, sus producciones y sus herramientas digitales rivalizar con el profesional.[1]

Ahora bien, por muy importante que sea, el factor tecnológico no lo explica todo. La revolución digital no es la base de la multiplicación de los talleres de escritura y de las redacciones de manuscritos, de las corales y los cursos de pintura. Hay que insistir en este punto ya que el boom de las aspiraciones a la creatividad cultural es inseparable de otra democratización: la de la ética de la autenticidad. La consagración del *be yourself* ha propulsado a gran escala los deseos de expresarse, crear y realizar actividades vividas como personalmente

1. Patrice Flichy, *Le sacre de l'amateur*, Le Seuil, 2010.

enriquecedoras. Para todo un conjunto de individuos, las vías materialistas de la felicidad exaltadas por el capitalismo de consumo no bastan: portador de pasividad, insatisfacciones y decepciones varias, el consumo desenfrenado se muestra incapaz de satisfacer los deseos de plenitud de estas categorías de individuos. Sin dar la espalda a los placeres ofrecidos por la sociedad de consumo, van en busca de otra felicidad. Por eso crece la ocupación en prácticas artísticas que permiten ser uno mismo de manera creativa, rica y personal. De ellas se esperan satisfacciones existenciales e identitarias profundas que el consumismo no permite obtener.

De ahí los efectos paradójicos de la ética de la autenticidad en vigor durante la segunda modernidad. Por un lado, esta funciona como un poderoso vector de estímulo del deseo de consumir: al poner por las nubes la plenitud de sí, los goces y la vida en presente, ha soltado los frenos culturales ante los actos de compra. Pero, por el otro lado, conduce a sentir con cada vez más intensidad las insuficiencias, los límites y los callejones sin salida del consumismo en lo relativo a la exigencia existencial de acceder a un modo de ser uno mismo más auténtico. Invita a buscar el sí y la «verdadera» vida en otro lugar que no sea la pasividad consumista: sobre todo con formas de experiencia creativas y singulares. Si la ética de la autenticidad está al servicio de la comercialización de las experiencias vividas, también es un foco de sentido que genera distanciamiento en relación con la hegemonía de las necesidades «formateadas» traídas por el sistema del consumo caótico.

VI. LOS ROPAJES NUEVOS DEL COMPROMISO

Mientras que el principio «sé tú mismo» goza de una legitimidad sin igual, la opinión dominante es que los individuos
son, en realidad, cada vez menos seres auténticos animados
por objetivos puros y desinteresados. Según una visión muy
extendida, en la era del individualismo desaforado, el compromiso generoso a favor de las causas más elevadas no deja de
retroceder bajo la influencia creciente de pasiones egoístas y
narcisistas. Hay un desentendimiento subjetivo de los asuntos
públicos, un eclipse de los comportamientos desinteresados.
Y así, la era hipermoderna se vería arrastrada por una ley fatal,
la del descenso tendencial de la «tasa de autenticidad» en las
maneras de ser y hacer de los individuos.

La idea no es nueva. Los mayores espíritus del siglo XIX
defendieron la tesis según la cual el mundo democrático-indi-
vidualista-capitalista provocaba irresistiblemente la disolución
de las virtudes «puras», la degradación de todo aquello que
contribuye a la nobleza y grandeza del hombre. Tocqueville
dice estar asustado ante el espectáculo del universo democrático en el que «los hombres son todos muy pequeños y muy
parecidos», y en el que cada cual, mirándose el ombligo, actúa
movilizado por «pequeñas pasiones» y «se agota en pequeños
movimientos solitarios y estériles». Según el famoso análisis de

Marx, la burguesía ha ahogado las virtudes venerables «en las aguas heladas del cálculo egoísta». Para Tönnies, todo lo que, en la *comunidad*, era afectivo, sentimental y verdadero, ha dejado paso, con la *sociedad*, a las relaciones artificiales, convencionales y calculadoras. Nietzsche traza el retrato del «último hombre», dominado por la mediocridad, obsesionado por su seguridad y la búsqueda de una pequeña felicidad cómoda. Más tarde, Ortega y Gasset evocará al «hombre-masa», incapaz de exigencia, de sobrepasarse; aquel que se siente satisfecho con ser lo que es en una inmanencia perpetua.

En la prolongación de estos análisis, nuestra época se presenta con frecuencia como la tumba de la existencia auténtica y del espíritu de altruismo que exige. ¿De qué autenticidad hablamos cuando triunfan el utilitarismo y el narcisismo de masas? ¿De qué autenticidad hablamos cuando la casi totalidad de nuestras experiencias vividas dependen del universo programado del consumo comercial? ¿De qué autenticidad hablamos en el momento de lo virtual, de los «seudónimos», de los «vínculos débiles» y artificiales en vigor en las redes sociales? Desde este punto de vista, la nueva modernidad no haría más que precipitar la liquidación de los modos de compromiso «virtuoso» en beneficio de la apatía ciudadana, del encerramiento en sí y de los goces consumistas formateados. Diagnóstico sombrío: en este mundo vacío de sentido, el *homo authenticus* es una especie en vías de extinción.

En estas radiografías, no debe rechazarse todo, ni mucho menos. Aunque la tesis general sobre la que se sustentan va en la dirección equivocada. Sencillamente no es cierto que desaparezcan las búsquedas de sentido, los compromisos apasionados y las formas de implicación de sí: la época que ultima la dinámica individualista no coincide con la victoria única de los valores materiales y del «último hombre» injuriado por Nietzsche. Si, en uno de sus aspectos, la cultura de la autenticidad favorece las satisfacciones consumistas, existe otro aspecto que empuja a los individuos a involucrarse en los asuntos relativos al bien público, a tomar los caminos de la espiritualidad o la creación individual. La cultura individualista de la autenticidad no pone fin a los modos de involucrarse del sí en las esferas públicas, religiosas, productivas o artísticas, sino que transforma sus modalidades.

Cuando el derecho a ser uno mismo está consagrado, las formas de compromiso sincero no decaen, sino que incluso tienden a ser proporcionalmente más numerosas que antes, aun siendo menos rigoristas y más puntuales, más intermitentes y más inestables. Mientras retrocede con fuerza el modo de compromiso «religioso» prescrito por el ideal de autenticidad durante casi dos siglos, otras formas de implicación ven la luz, formas que ya no están dirigidas por el espíritu de sacrificio, sino por el *ethos* presentista de la plena realización subjetiva.

EL COMPROMISO CIUDADANO

Desde la década de 1980, la potente ola de individualización ha sido analizada en repetidas ocasiones como una fuerza social portadora de apatía, encerramiento en sí y falta de implicación ciudadana. Hay un descenso de la tasa de participación en las elecciones, una hemorragia en los efectivos de adhesiones a los sindicatos y los partidos políticos, el voto intermitente, el desinterés por la cosa pública: no faltan señales que indican la aparición de una ciudadanía débil y átona, de una cultura en la que los ciudadanos encuentran más sentido e interés en las actividades privadas que en las cuestiones cargadas de sentido colectivo. Menos del 10 % de los franceses declaran que las opiniones políticas constituyen lo que mejor los define, muy por detrás de la familia, el trabajo y las activi-

193

dades culturales.[1] El diagnóstico es severo: la consagración social de la ética de la autenticidad vería extenderse una ciudadanía a media asta, mínima, no comprometida.

Esta lectura ha sido cuestionada. Observaciones más agudas muestran que el diagnóstico de democracias impolíticas, «sin ciudadanía», es incorrecto. En contraposición a una opinión muy extendida, el hiperindividualismo no implica necesariamente la autoabsorción en la vida íntima del sí y el desinterés por el bien común. La nueva cultura del individuo no se confunde con el encerramiento sobre sí y la desaparición de las acciones al servicio de los demás y del bien público. No es cierto que la era del *be yourself* marque el fin de las acciones y pasiones por la cosa pública: como dice justamente Jacques Ion: «El compromiso por la causa pública no ha muerto, incluso nunca como ahora ha sido tan compartido».[2]

La democracia de elección está en crisis, los ciudadanos desconfían cada vez más de los partidos políticos y los sindicatos, la juventud muestra una indiferencia creciente hacia el juego electoral. Sin embargo, los ciudadanos no dejan de sentirse concernidos por los valores democráticos, así como por la organización de la sociedad. Son testimonio relevante de ello los hackers que militan a favor de la transparencia absoluta, los que lanzan mensajes de alerta y que no dudan en asumir grandes riesgos publicando documentos secretos. Casi dos tercios de las personas entre dieciocho y treinta años se declaran dispuestos a manifestarse en la calle para defender sus ideas. Si bien los jóvenes se reconocen cada vez menos en los partidos políticos y rechazan las formas clásicas del compromiso político, es mayor el número de ellos que desean ser útiles a los

1. Olivier Donnat, «Les passions culturelles, entre engagement total et jardin secret», *op. cit.*

2. Jacques Ion, *S'engager dans une société d'individus*, Armand Colin, 2012, p. 5.

demás, implicarse en el ámbito asociativo y defender las causas que les atañen: medioambiente, clima, racismo, violencia policial. En todas partes se forman, fuera de las organizaciones tradicionales, asociaciones de barrio, agrupaciones más o menos efímeras, colectivos de ciudadanos que se implican en actividades de participación en la vida pública. Sin duda nunca antes la capacidad de los ciudadanos para movilizarse, resistir y hacer oír sus voces había sido tan fuerte.

Es cierto que, en medio siglo, el número de huelgas, en Francia, casi se ha dividido por diez. Pero al mismo tiempo, ha surgido todo un conjunto de movimientos colectivos que defienden causas con objetivos muy diversos cada vez más alejados del mundo empresarial y laboral: movilizaciones contra el matrimonio homosexual, contra la PMA, contra los organismos genéticamente modificados (OGM), el gas de esquisto, la construcción de aeropuertos o presas, la injusticia fiscal y el abandono de los territorios periféricos por parte del poder público (chalecos amarillos), o bien acciones a favor del derecho a la vivienda, de los derechos de los inmigrantes, de los homosexuales. El *ethos* de la autenticidad no ha acarreado la disolución de las formas de participación en las acciones públicas.

Asistimos además, aunque sea de manera muy minoritaria, al aumento de los compromisos radicales que preconizan el recurso a acciones directas, ilegales o violentas para desestabilizar el orden de la República, destruir el capitalismo, poner fin a toda forma de explotación de los animales: yihadistas, militantes de extrema derecha (milicias armadas, supremacistas blancos, neonazis, identitarios, skinheads), de extrema izquierda (zadistas, autónomos, bloques negros), radicales animalistas antiespecistas. Las formas radicales de compromiso solo conciernen a una minoría de jóvenes. Sin embargo, varios miles de ellos en Europa han aceptado arriesgar su vida yendo a combatir a Siria, para engrosar las filas del Estado Islámico. En 2016, había, en Francia, quince mil personas fichadas S (Seguridad del Estado), vigiladas por representar una amenaza terrorista. Está claro que el compromiso individual en la acción política no se ha evaporado: para sectores muy minoritarios de la juventud, dicho compromiso se materializa en modos de acción violenta que exigen un alto grado de involucración subjetiva.

Nada parecido para la mayoría de los individuos cuyas formas de participación en la vida pública pasan cada vez más por la vía de los medios digitales, los debates y las discusiones en línea. Los ciudadanos, a través de la web, se informan y defienden sus opiniones, comparten comentarios o vídeos sobre temas de actualidad, participan en diálogos en línea. De hecho, participan con más regularidad que antes en los debates públicos: según los datos de las mayores plataformas, entre cuatro y seis millones de franceses habrían firmado, en 2013, alguna petición en línea, una cuarta parte de los internautas ya han firmado alguna petición a través de alguna plataforma de internet, el 17 % han transmitido a su entorno informaciones políticas; el 41 % de las personas entre dieciocho y cuarenta años ya han firmado alguna petición en línea o defendido una causa a través de internet (barómetro DJEPVA 2017).

Las voluntades de compromiso a favor de grandes causas, la cuestión climática sobre todo, atañen a amplias franjas de la población y se expresan hasta en los gestos más pequeños de la vida cotidiana. Estamos en el momento en que incluso el *homo consumericus* declara querer cambiar sus maneras de comprar, alimentarse, viajar y vestirse con el fin de hacer un gesto a favor del planeta: en el momento del consumo responsable y solidario, el compromiso se ha convertido en una práctica cotidiana de masas.

En paralelo, somos testigos de un importante desarrollo del sector asociativo. Desde mediados de la década de 1970, el número de nuevas asociaciones sufre un crecimiento acelerado: de veinte mil en 1975, ha llegado a más de setenta mil entre 2015 y 2019. Francia contaba con un millón cuatrocientas mil asociaciones activas en 2019 que gozaban de la colaboración de trece millones de voluntarios, es decir el 24 % de la población de las personas con más de quince años. Alrededor de veinte millones de franceses, es decir el 38 % de la población, «dedican tiempo gratuitamente a los demás o para contribuir a alguna causa», sea en el seno de una asociación, de otro tipo de organización (ayuntamiento, escuela, iglesia, partido político, sindicato...), o, de manera informal, en su barrio o su pueblo. Y el 40 % de los voluntarios están activos en varias asociaciones, es decir más del 9 % de los franceses. Si el voluntariado asociativo vive un cierto retroceso entre los mayores de sesenta y cinco años, en cambio, tiende a aumentar entre las mujeres y los jóvenes de menos de treinta y cinco años. De modo que el compromiso ciudadano está más presente en el mundo actual que en el de antaño. La paradoja salta a la vista: mientras que se consagra la ética individualista del *be yourself*, nunca antes un porcentaje tan elevado de la población se ha involucrado tanto, de manera desinteresada, pensando en los demás y en el bien público.

El compromiso «light»

Si la época asiste a una «explosión asociativa», cabe observar, sin embargo, que los modos de compromiso que sustentan el fenómeno han cambiado de modo profundo. Esporádicos, intermitentes, los compromisos no se inscriben tanto en participaciones a largo plazo, de tal manera que las asociaciones conocen una rotación más importante y tienen una vida más corta. Los voluntarios son más numerosos, pero más volátiles, menos asiduos, y dedican menos tiempo a su compromiso que en el pasado. Únicamente el 45 % de los voluntarios son «constantes». Si el 24 % de los franceses dedican tiempo a una asociación, solo el 11 % lo hace cada semana. Los demás declaran haber servido a la asociación u otro organismo únicamente en ciertos momentos o con ocasión de algún acontecimiento: entre estos voluntarios ocasionales alrededor de un 20 % reconoce haber contribuido activamente o trabajando un único día en los últimos doce meses. La duración media anual de las participaciones ocasionales es de dieciocho horas y para la mitad de estas, el tiempo dedicado no pasa de las ocho. De modo que la gran mayoría de las contribuciones voluntarias las llevan a cabo una minoría de participantes.[1] Es el momento de la autenticidad intermitente en modo *light*.

No ha desaparecido el deseo de implicarse en el servicio a los demás y al interés general, pero ha surgido un compromiso de un género nuevo, que cada vez más se vive como una vía portadora de valorización personal y enriquecimiento de sí, en absoluto de tipo pecuniario, sino de naturaleza emocional, psicológica y relacional. Los que se comprometen como voluntarios en las asociaciones lo hacen, por supuesto, en nombre de valores morales, altruistas y filantrópicos, pero también por motivos individualistas: el placer de crear vínculos con los demás, dar sentido a su cotidianeidad, reforzar la estima personal, y enriquecer su CV y la gama de sus experiencias. Somos testigos de la conjugación nueva del espíritu altruista con las pasiones individualistas por la autorrealización: «Hacer voluntariado es bueno para los otros, pero también para uno mismo» (France Alzheimer).

Si la cultura individualista del *be yourself* no ha ahogado los compromisos altruistas es porque estos ofrecen satisfaccio-

1. Lionel Prouteau, «Bénévolat et bénévoles en France en 2017. État des lieux et tendances», informe de investigación, Centre de recherche sur les associations-CSA, 2018.

nes existenciales imposibles de encontrar en los goces consumistas, en concreto la felicidad de sentirse útil para los demás y la sociedad. Estas son las formas de alegría que buscan los voluntarios. En este sentido, la práctica del compromiso no ha desaparecido, aunque sí lo ha hecho la cultura que llamaba a superarse en nombre de valores superiores. «No me realizo como persona hasta el día en que me entrego a los valores que hacen que me supere», escribía Emmanuel Mounier. Para los pensadores existencialistas, de Sartre a Mounier, la persona no se vuelve plenamente auténtica si no se compromete en nombre de principios de justicia, verdad, libertad, responsabilidad, dignidad y emancipación de las personas: el compromiso es el pilar fundamental de la existencia auténtica, inseparable del valor y con una fuerte implicación subjetiva. No hay compromiso auténtico sin voluntarismo, sin rechazo del diletantismo, sin inscripción en la duración, sin sacrificio de la tranquilidad burguesa y la superficialidad del *carpe diem*. Vivimos en otro planeta. El compromiso a favor del otro ha pasado de una cultura de la obligación moral en nombre de los valores universales a una cultura de la realización de sí. El motor de las participaciones contemporáneas en las acciones por el bien de los demás ya no es la ética del deber, sino la ética de la autenticidad (la plenitud de sí).

Compromiso y autonomía personal

En la fase I, el modelo ideal del compromiso significaba entrega sin fisuras a una causa política, obediencia absoluta a los dictámenes de los dirigentes en los ámbitos de lo verdadero, lo justo y lo bello. Este es el compromiso total que se valora: la figura del militante comunista entregado en cuerpo y alma a su partido y que renuncia a la afirmación de sus preferencias subjetivas es el ejemplo, sin duda, más perfecto. Dado que descansa en la abnegación, la entrega de sí y la renuncia a la singularidad personal, el compromiso político auténtico se realiza en un modo absoluto, vocacional, «religioso».

Este modelo de involucración en cuerpo y alma para servir a una causa ha perdido su antigua grandeza. Se terminó la cultura de la obediencia incondicional a la línea del partido, la cultura de la abdicación a la autonomía de sí, de la abnegación en nombre de causas superiores a los derechos subjetivos. Este modelo de militancia ortodoxa no ha resistido la potente ola de individualización que se abalanza sobre nuestras sociedades desde la década de 1970. La cultura de la entrega completa que deja en segundo plano la individualidad de las personas se ha terminado: pierden su poder atractivo las organizaciones y las formas de compromiso que, borrando el sí en beneficio del colectivo, llaman al sacrificio de los juicios personales y de la vida privada en aras del interés superior del partido o de un ideal histórico. El militantismo «sacerdotal» ha sido sustituido por un militantismo individualizado, emocional y postsacrificial.

Lo que se impone es un compromiso ciudadano compatible con la individualidad del sí: el compromiso neomilitante se ha reestructurado incorporando los valores de la cultura de la autenticidad subjetiva. Incluso en el ámbito de las movilizaciones colectivas, los individuos quieren ahora ser ellos mismos como sujetos singulares. Sin duda los nuevos modos de compromiso público no son todos parecidos; sin embargo, tienen en común el hecho de llevar la marca de la cultura emocional, no sacrificial,[1] de la autenticidad hipermoderna.

---

1. Con la notable excepción, es cierto, de los jóvenes yihadistas y los que lanzan mensajes de alerta aplaudidos por la prensa y las redes sociales como héroes que, para denunciar lo que les parece injusto, se arriesgan a sacrificar su carrera y su vida privada.

En una tesitura en la que la persona ya no quiere dedicar su vida íntegramente a la política, el compromiso a largo plazo de las viejas generaciones ha cedido el paso a un compromiso «Post-it» móvil, rescindible en todo momento, «distanciado»,[1] en otras palabras, nómada, pasajero, marcado por el rechazo de cualquier forma de enrolamiento político e ideológico. Los jóvenes militantes se involucran en colectivos de corta duración y cuyas acciones focalizadas ofrecen un sentimiento de utilidad inmediata. Mientras que el militante «clásico» se ponía al servicio de ideologías que implicaban la gran Historia y un futuro lejano, el de ahora va en busca de resultados limitados, concretos y en presente. El primero luchaba en nombre de la Historia; el segundo privilegia la obtención rápida de resultados parciales en torno a objetivos también parciales y a través de micromovilizaciones intermitentes. La cultura hiperindividualista y emocional de la autenticidad ha favorecido un nuevo modo de compromiso, pragmático, acotado en el tiempo, «presentista», liberado del peso de cualquier dimensión «religiosa».[2] Mientras que no se cree ya en los futuros radiantes prometidos por las «religiones seculares», se desarrollan acciones motivadas por el deseo de percibir los resultados de la acción, palpar los frutos de los esfuerzos realizados: se trata de actuar sobre las realidades presentes para obtener avances «tangibles», de luchar por un mejor-vivir concreto, observable aquí y ahora.

1. Jacques Ion (dir.), *L'engagement au pluriel*, Publication de l'université de Saint-Étienne, 2001.
2. La idea del paso de un militantismo «total» a un militantismo «distanciado» exige algún matiz en vista de las distintas formas de compromiso extremo, del que da testimonio en concreto la juventud radicalizada que toma la vía del terrorismo yihadista. Cabe observar que la cultura de la autenticidad que privilegia los valores individualistas ante los colectivos no pone fin al deseo de convertirse en combatiente dispuesto a morir como un mártir.

En los periodos anteriores, el compromiso militante se adecuaba a un molde burocrático, vertical y jerárquico. Por el contrario, ahora los movimientos sociales que surgen –los indignados, Nuit debout, Occupy Wall Street, los chalecos amarillos, Extinction Rebellion– no dependen de partidos o sindicatos: funcionan de forma horizontal e igualitaria, antijerárquica y reticular, sin un liderazgo real. Al rechazar colocarse bajo una dirección central, estos colectivos informales privilegian la ocupación de los espacios públicos, el uso de las redes sociales, las discusiones colectivas, las decisiones desde la base y tomadas en asamblea, y los espacios de expresión libre que permiten dar la palabra a todos y reactualizar el proyecto de democracia directa. En estos espacios de democracia de base, todas las palabras tienen el mismo valor, todo el mundo habla en nombre propio. La lógica directiva y piramidal ha sido sustituida por tipos de compromiso centrados en redes de intercambio y repartición.

Se ha subrayado, no sin motivo, la «afinidad estructural» entre la estructura rizomática de internet y las formas descentralizadas de las movilizaciones colectivas.[1] Con la salvedad de que, sin embargo, las formas organizativas en las que se afirman estas acciones no son el efecto directo del big bang digital. Como tampoco son consecuencia mecánica del deterioro de las condiciones de existencia de las clases medias y populares. En realidad, no pueden separarse de la consagración de la ética de la autenticidad personal, que conduce a los individuos a estar atentos para que su individualidad sea plenamente respetada, a rechazar el sacrificio de su libertad e identidad personal.

1. Fabien Granjon: «Mouvement anti-mondialisation et dispositifs de communication sur réseaux», coloquio *Globalisme et pluralisme*, Bogues, 2001, Presses de l'université de Laval, 2003, t. 4.

No son solo los partidos políticos, los sindicatos y los movimientos colectivos los que registran la onda de choque de la revolución de la autenticidad subjetiva: el ámbito religioso registra el mismo fenómeno. Llevado a su punto culminante, el proceso de individualización ha provocado una inmensa remodelación del panorama religioso que ilustran, desde la década de 1970, la oleada de descreimiento y no pertenencia, el declive de las vocaciones, el abandono de los curas, la caída de la práctica regular y el aumento de las «religiones a la carta».

Religiosidades a la carta y búsquedas espirituales

Con el auge de la ética de la autenticidad personal, la tendencia de peso es hacia el debilitamiento de la capacidad reguladora de las instituciones religiosas, hacia la individualización del acto de creer y actuar, hacia la autoespiritualidad. La fase III de la cultura de la autenticidad ve extenderse el «bricolaje» personal, la propensión a la autonomía de los creyentes con respecto a las autoridades institucionalizadas. Es la época del triunfo del individualismo liberal, del derecho de cada uno a dirigir su vida espiritual según sus propios puntos de vista: el *homo religiosus* se ha unido al *homo authenticus*.

Cada vez más, se manifiestan la desconfianza hacia las grandes instituciones religiosas, el rechazo de un intermediario entre sí y lo divino y, correlativamente, la subjetivización de las creencias, un acercamiento personal y directo a lo sagrado, una búsqueda individual de la verdad y el sentido. El nuevo panorama religioso está marcado por la desinstitucionalización del sentimiento religioso, las «búsquedas espirituales» dirigidas por la preocupación de la experiencia personal de la transcendencia

203

que se llevan a cabo en los talleres, sesiones y formaciones bajo demanda, grupos de oración, retiros con acompañamiento individual espiritual. La consagración del ideal de autenticidad ha supuesto el auge de los comportamientos espirituales subjetivizados.

No se trata ya de una religiosidad recibida del exterior, rutinaria y tradicionalista, sino de una construcción individual, una adhesión y un compromiso personal, una autodefinición religiosa, una relación con lo sagrado que valora la experiencia subjetiva y auténtica. Lo importante ya no es adoptar las verdades dispensadas por las autoridades religiosas, sino sentir la verdad espiritual, experimentarla en su ser más profundo. En la fase III, la espiritualidad religiosa se piensa y se vive como una construcción propia de cada uno, un comportamiento libre, un recorrido subjetivo que responde a una llamada interior. El valor que domina la vida de los nuevos «buscadores religiosos» ya no es la conformidad creyente, la verdad recibida a través de una enseñanza dogmática, sino la autenticidad personal de la experiencia espiritual.

Primacía de la experiencia subjetiva

Al mismo tiempo, la nueva era de la autenticidad es contemporánea de la afectivización y la emocionalización de la relación con lo sagrado. El éxito mundial de las corrientes pentecostales, evangélicas y carismáticas ilustra este auge de las comunidades religiosas emocionales. El pentecostalismo se caracteriza por la efervescencia de sus cultos, la exuberancia en la expresión de las devociones, el privilegio acordado a la experiencia religiosa emocional, una espiritualidad «intuitiva» que instaura una comunicación directa con un Dios que responde «de inmediato» a las plegarias de los fieles. Cristianismo de la emoción y la conversación, el pentecostalismo se basa en la prioridad de la experiencia sobre la doctrina, el sentir afectivo como criterio de validación de las creencias. No son los discursos doctrinales y las construcciones teológicas las que prevalecen, sino la experiencia subjetiva y la expresión emocional que se manifiestan en los movimientos corporales, la intensidad de los cantos, el torrente de palabras extáticas (glosolalia), las lágrimas, los gritos y a veces los trances de los fieles. Todos ellos aspectos que, libres en principio de cualquier mediación institucional y marcados por una implicación «caliente» del creyente en su relación personal con el Creador, se viven como un acceso directo a lo sagrado, como una relación auténtica con un Dios próximo. El ideal de autenticidad y su rechazo de lo impersonal han llevado a la difusión de las corrientes religiosas que valoran la intensidad de la emoción, la expresión demostrativa de los sentimientos, la afectivización de las creencias.

Sucede lo mismo con los movimientos sincréticos de la «nebulosa mística-esotérica»,[1] que, al reactivar diversas tradiciones religiosas externas a Occidente (hinduismo, budismo, chamanismo), colocan ellas también el acento en la subjetividad, las emociones, los afectos, la transformación de la interioridad subjetiva. Estos grupos y redes de orientaciones psicorreligiosas, psicoesotéricas y psicocorporales (yoga espiritual, meditación, terapia transpersonal...) se caracterizan por la primacía dada a lo relativo a la experiencia: no se trata de creer y adherirse a una verdad existente fuera de sí, sino a experimentar su propia verdad. Para el seguidor de la mística esotérica, ninguna autoridad puede imponer un dogma, ni cualquier ortodoxia: la experiencia personal íntima se afirma como el criterio de validez del acto de creer y hacer, cada cual

1. Françoise Champion, «La nébuleuse mystique-ésotérique», en Françoise Champion y Danièle Hervieu-Léger, *De l'émotion en religion. Renouveau et traditions*, Centurion, 1990.

debe encontrar su camino, realizar su propia experiencia, descubrir «su ser esencial».

El objetivo que se persigue es la transformación del sí interior, concebido como medio para acceder aquí y ahora a lo divino y a la felicidad, un bienestar hecho de acuerdo consigo mismo, con sentimientos de plenitud y de presencia ante los otros, de compasión, calma, armonía y salud, vitalidad y belleza. Todos estos grupos de fronteras borrosas componen una religiosidad centrada en el individuo y su autoperfeccionamiento intramundano: los adeptos no buscan la salvación en el más allá, sino la armonía y la paz interior, la alegría de existir, la realización completa de sí, una vida individual más plena y auténtica. Subjetivización de las creencias y las prácticas, construcción personal sin referencia comunitaria, búsqueda de la felicidad aquí en la tierra: los comportamientos religiosos centrados en las emociones, el ser interior y su transformación se han alineado con los principios de la ética individualista de la autenticidad.

Subjetividades inciertas e implicaciones espirituales

Mientras que las Iglesias, en Europa, se vacían de fieles, avanzan las creencias borrosas e inciertas que se enuncian en modo relativista y probabilista. Actualmente, la mayoría de personas no consideran la existencia de Dios como cierta o algo del todo excluible, sino como probable: el posibilismo se impone a la certeza. Con la consagración social del derecho a la plena posesión de sí, se despliegan el régimen de las convicciones religiosas débiles y una cultura subjetiva de la incertidumbre del «quizá». De este modo cuanto más se apropian los individuos del derecho a conducir su propio recorrido religioso, más indecisos se muestran en relación con las grandes preguntas metafísicas. La ética de la autenticidad se ha construido con el fin de sustituir el reino de la convicción personal, firme y sólida, por el reino impersonal del conformismo y la opinión. Ironía de la historia: ahora triunfa la experiencia subjetiva de la desposesión de las grandes verdades metafísicas.

El tiempo de las conversiones religiosas

Este fenómeno cohabita sin embargo con nuevas modalidades de implicación espiritual, formas intensas de compromiso de los creyentes. En la acción política esto queda ilustrado con La Manif pour tous,[1] la lucha contra la IVG (interrupción voluntaria del embarazo) y la PMA, y en un plano más directamente espiritual, con los talleres y sesiones de renovación desde las fuentes, los movimientos integristas, los encuentros de jóvenes católicos con ocasión de los viajes del papa, los grupos carismáticos y las nuevas sectas, pero también con el notable auge de las conversiones.

Mientras avanzan las creencias flotantes y el «bricolaje» religioso personalizado, se observa paradójicamente un alza muy significativa de las conversiones religiosas. En todos los lugares del globo, las corrientes evangélicas protestantes y neopentecostales consiguen nuevos adeptos. En lo relativo a las Iglesias cristianas, de cualquier tipo de tendencia, el número de conversiones en Francia está entre cuatro mil y siete mil al año. Según el Ministerio de Interior, cada año en Francia, se producen en torno a cuatro mil conversiones al islam y cien mil personas ya habrían abrazado esta religión. Casi tres americanos de cada diez han abandonado la religión en la que fueron educados para unirse a otro grupo religioso o para no adherirse a ninguno. Pero si se incluyen las transferencias de

1. Principal colectivo de asociaciones que organizó las mayores manifestaciones en oposición al matrimonio homosexual en Francia. *(N. de la T.)*

pertenencia en el seno de la gran familia protestante, entonces el 44 % de los americanos ha cambiado de pertenencia a lo largo de su vida (informe del Pew Forum on Religion & Public Life, 2008).

Mientras que las conversiones, a lo largo de los dos primeros tercios del siglo XX, fueron raras, ahora asistimos a un fuerte aumento de las mismas. Incluso sin contar con cálculos realmente precisos del fenómeno, el número de personas que se pasan de una religión a otra o bien que redescubren su religión de origen no deja de aumentar y atañe tanto al islam como al catolicismo, el protestantismo, el judaísmo, el budismo o los «nuevos movimientos religiosos». El fuerte aumento de conversiones aparece como una de las grandes manifestaciones del auge de la cultura hiperindividualista del *be yourself*.

Si el recrudecimiento de las conversiones está vinculado con la mundialización y pluralización de las identidades religiosas, lo está aún más con el debilitamiento del poder regulador de las grandes instituciones religiosas y correlativamente con la subjetivización de las creencias y prácticas religiosas. En las sociedades hipermodernas, en las que lo religioso ha perdido su antigua evidencia social, la conversión ya no es el resultado de conquistas militares, de la colonización, del proselitismo de los misioneros, sino de una elección voluntaria e individual, de un movimiento de adhesión centrado en la convicción personal: el individuo autónomo, desinstitucionalizado, en busca de una verdad que valga para «él mismo», es el actor principal de dicho movimiento de adhesión. Si el acto de conversión concretiza el ideal de autenticidad personal ello es debido al hecho de que sustituye una identidad «dada por sentado», heredada, encontrada ahí al nacer, por una identidad religiosa elegida y construida por el sí.

Más que cualquier otro, el converso aparece como el creyente auténtico por excelencia, ya que es el que decide por sí mismo su pertenencia religiosa, el que abraza su fe en función de un compromiso estrictamente personal: «El converso manifiesta y lleva a cabo el postulado fundamental de la modernidad religiosa según el cual una identidad religiosa "auténtica" solo puede ser una identidad elegida».[1] De manera que la época contemporánea de la autenticidad produce unas veces compromiso distanciado y creencias inciertas, y otras compromisos espirituales intensos, siempre y cuando dichos compromisos sean el resultado de una convicción individual libre de toda obligación institucional.

Muchas conversiones religiosas tienen en común el estar motivadas por una voluntad de ruptura con la vida presente, considerada insatisfactoria, mediocre, vacía de sentido, incapaz de aportar dignidad y orgullo de sí mismo. Los conversos esperan que la conversión cambie su vida aportándoles seguridad emocional, sentido, intensidad espiritual y comunitaria. La conversión, vivida como una regeneración, da la sensación de una realización de sí: los nuevos conversos son *born again*, renacidos. La conversión, en particular para los jóvenes convertidos al islam radical, va acompañada a menudo de una reconstrucción completa de sí que permite salir del desorden interior, del mundo de la delincuencia, la droga y la marginalización social, y encontrar así dignidad moral y estima de sí mismo. La conversión, vivida como un segundo nacimiento y una vía de plenitud personal, permite cambiar de vida de modo radical, reconstruirse, afirmarse como sujeto de la propia existencia. Al favorecer los movimientos de conversión, la cultura de la autenticidad normalizada revela ser paradójicamente una fuerza disruptiva que está en el origen de los cambios existenciales radicales, las rupturas completas en las conductas y los modos de vida de los individuos.

---

1. Danièle Hervieu-Léger, *Le pèlerin et le converti. La religion en mouvement*, Flammarion, 1999, p. 129.

Las conversiones que aparecen en la primera página de los medios de comunicación, las relativas al islam salafista y terrorista, se asocian con la violencia fundamentalista y la ortodoxia doctrinaria. Pero existen otras que toman un camino diametralmente opuesto. Es el caso en particular de los individuos que adoptan el budismo zen o tibetano, que ha pasado a ser la cuarta «religión» de Francia, aun siendo una religión sin Dios ni dogma. Para la mayoría de adeptos, allegados y simpatizantes, lo que seduce en el budismo son sus valores de compasión, no violencia y tolerancia, su carácter no dogmático, que permite que cada uno siga su propio camino, tome lo que le guste y practique como le parezca una enseñanza que valora el trabajo con el cuerpo, que permite liberarse de ciertas dolencias, vivir con más atención interior, calma y serenidad. Respecto a esto, el éxito del budismo, sea cual sea su arraigo en una tradición milenaria, constituye una nueva ilustración de la consagración de la cultura de la autenticidad personal: autodirección de sí, plenitud subjetiva.

La autenticidad inestable

En cualquier caso, la conversión traduce una forma intensa de compromiso religioso. Sin embargo, lo sorprendente es que no consigue escapar del mundo de lo efímero, de la fluidez y la fragilidad de los compromisos. Se constata en los adeptos franceses al budismo tibetano una adhesión comunitaria muy floja y a la vez una rotación importante: según el Institut Karma Ling, únicamente el 10 % de los practicantes son fidelizados más de cinco años y el 3 % más de diez años.[1] Se trata de un fenómeno de movilidad que, además, se observa mucho más allá del caso budista: todas las religiones se

1. Frédéric Lenoir, *Le bouddhisme en France*, Fayard, 1999.

ven afectadas. Las mismas fuerzas que conducen al bricolaje personal de las creencias trabajan para reforzar los movimientos de desafección y abandono de la pertenencia. La época, dominada por el sincretismo y el relativismo, la desinstitucionalización, la subjetivización y la emocionalización de las creencias, ve desarrollarse, lógicamente, los compromisos precarios, las adhesiones y pertenencias sin fidelidad a largo plazo, los cambios frecuentes de identidad religiosa. En la fase III, las conversiones y las adhesiones no son ni muy sólidas, ni muy duraderas. Nuestra época es la época de la autenticidad inestable.

Así pues prevalece una autenticidad del instante. Ha nacido un nuevo régimen del ser sí mismo que conjuga exigencia de autenticidad de sí con fluidez de las afiliaciones, compromiso revisable, inestabilidad y fragilidad de las pertenencias: al retomar la fórmula chocante de Jean-Paul Willaime, los individuos religiosos de la fase III se han convertido en «[personas] un poco sin domicilio fijo de la creencia».[1] En el pasado, el sí auténtico era sinónimo de solidez subjetiva; sin embargo, ahora, se asocia a la inestabilidad, a lo temporal, a la movilidad.

Existen distintos tipos de conversión. Algunas expresan una protesta contra el caos y el vacío de nuestra sociedad: se alimentan de una aspiración utópica a otro mundo y se concretizan en comunidades creyentes que imponen un modo de vida que supone una ruptura completa con las reglas y normas de cualquier colectivo (la Soka Gakkaï, el judaísmo ultraortodoxo, el islamismo fundamentalista y yihadista). Por el contrario, otras, sin duda las más numerosas, no tienen como objetivo el cambio social, sino únicamente la transformación

1. Jean-Paul Willaime, «De l'inscription territoriale du religieux à sa prise en charge individuelle et subjective: les mutations du religieux chrétien en Occident», *Archives de sciences sociales des religions*, n.º 107, 1999, pp. 139-145.

espiritual de sí. Son conversiones motivadas por la búsqueda de una salvación personal.[1] Aligerada de cualquier utopía política y búsqueda alternativa contracultural, y basada en la problemática del cuidado de uno mismo, esta segunda categoría de conversiones, a diferencia de la primera, participa de lleno en la era de la autenticidad integrada.

EL COMPROMISO PROFESIONAL

Desde el siglo XIX, el mundo de la producción industrial y la empresa se ha puesto una y otra vez en la picota debido a sus efectos devastadores en la vida de los obreros. ¿Cómo ser una individualidad plena y entera cuando la producción es anónima, está estandarizada al extremo y privada de cualquier iniciativa, y cuando solo cuenta la reducción del tiempo necesario para la realización de las tareas? Con la era industrial, el aburrimiento y la repetición sustituyen el orgullo de la obra bella y el gusto por el trabajo bien hecho: el trabajo se presenta como el ámbito por excelencia de la alienación moderna, de la vida despersonalizada o no auténtica.

«Bullshit jobs» y reconversión

Seguimos ahí, no importan las transformaciones impulsadas por el modo de producción posfordista y las nuevas tecnologías de la información y la comunicación. Según una encuesta de Gallup realizada en 2013, solo el 13 % de los empleados de todo el mundo se toma a pecho su trabajo. Solo un trabajador de cada ocho se involucra psicológica-

1. Sobre la dimensión utópica de la conversión véase Danièle Hervieu-Léger, *Le pèlerin et le converti, op cit.*, pp. 140-147.

mente en su trabajo. Aburrimiento, ausencia de iniciativa, frustración, desgaste, falta de reconocimiento, acoso moral, todos ellos son sufrimientos que se vinculan con la experiencia del trabajo.

Después del «trabajo fragmentado»[1] generado por la cadena de montaje en la fábrica, ahora el desmenuzamiento de las tareas en la oficina y su falta de sentido se convierten en sinónimos de alienación del trabajo. El antropólogo David Graeber ha dado recientemente un nombre sugerente a esta patología: los «*bullshit jobs*», los «trabajos de mierda», absurdos, sin sentido. La multiplicación de reuniones que no sirven para nada y los empleos inútiles que carecen de cualquier valor positivo han provocado un sentimiento de malestar profundo, de aburrimiento y vacuidad entre los trabajadores de cuello blanco diplomados y supercualificados.[2] El agotamiento profesional causado por el aburrimiento no es un fenómeno minoritario; las encuestas revelan que hasta un 40 % de los trabajadores europeos consideran que no existen buenos motivos que justifiquen su empleo. Los avances tecnológicos no han conducido a una reducción drástica del tiempo de trabajo; han provocado la degradación del sentido del trabajo, la proliferación de los empleos sentidos como inútiles.

En este clima de insatisfacción radical, cada vez más asalariados sueñan con reconvertirse, cambiar de profesión, empezar de cero. Encuesta tras encuesta, el fenómeno se confirma: un número creciente de franceses declaran querer «cambiar de vida». Varios estudios auscultan la ola creciente de directivos

1. El «trabajo fragmentado» se refiere al concepto acuñado por Georges Friedmann y que dio título a uno de sus libros, *Le travail en miettes* (Gallimard, 1956). *(N. de la T.)*

2. David Graeber, *Bullshit jobs*, trad. fr. de Élise Roy, Les liens qui libèrent, 2018. (Hay traducción española: *Trabajos de mierda. Una teoría*, trad. de Iván Barbeitos, Ariel, Barcelona, 2018.)

que abandonan su trabajo al considerarlo inútil, incluso nefasto para la colectividad, en beneficio de una profesión más creativa y cargada de sentido: un modo de actuar voluntario que no puede separarse del nuevo imperio de la ética de la autenticidad. No solo porque el trabajo es penoso psíquicamente se multiplican los deseos de cambiar de oficio, sino también porque autorrealizarse se ha convertido en una aspiración legítima en todos los ámbitos de la vida. Los efectos del ideal de autenticidad se manifiestan a partir de ahora incluso en la relación con la vida profesional.

Esta reorientación se concretiza para algunos en el aprendizaje de un oficio manual, para otros en retomar los estudios. Existen numerosos artículos y reportajes de prensa que radiografían la actuación de aquellos que dan el paso, cambian de oficio, vuelven a partir de cero para dar de nuevo sentido a su actividad profesional. Según un sondeo realizado en 2014 por la Association pour la formation professionnelle des adultes (AFPA), el 42 % de los menores de treinta años contemplaban cambiar de orientación en los tres próximos años contra el 32 % para el conjunto de los activos. En 2015, más de un asalariado de cada dos pensaba en un nuevo proyecto profesional. También los más mayores temen cada vez menos cambiar de camino para encontrar un sector de actividad en expansión. Incluso los jubilados que contemplan la posibilidad de construir nuevos proyectos de vida representan, en Francia, aproximadamente un 14 % de los efectivos de la formación continuada universitaria.

Hasta hace poco, raros eran aquellos que se planteaban cambiar de trabajo, ya que este comportamiento se juzgaba de manera negativa porque se asociaba a una inestabilidad psicológica. Este mundo ha quedado atrás. Lo que era excepcional ya no lo es y consideramos positivamente el deseo de cambio, visto como una señal de valentía, flexibilidad y adaptabilidad. Giro de ochenta grados en la apreciación resultado de la influencia de la ética de la autenticidad: bajo su reino la exigencia de tener una vida profesional que tenga sentido y permita la realización de sí ha adquirido una irresistible legitimidad moral y social.

Sin duda el deseo de reconversión puede vincularse a la multiplicación de caminos «sin salida» o en declive, a recorridos de inserción cada vez más difíciles, niveles de salarios poco satisfactorios, una ausencia de oportunidades para evolucionar en el seno de la empresa. En este caso, el cambio de orientación se sufre más que se elige. Sin embargo, existen otras motivaciones entre las cuales figura el deseo posmaterialista de encontrar de nuevo sentido y placer en la actividad laboral, buscar un nuevo reto, tener un contenido de trabajo satisfactorio, realizar un antiguo sueño. Todas ellas motivaciones que se vinculan con una búsqueda de calidad de vida en el trabajo, con la expresión y realización de sí. Se desea cambiar de trabajo para vivir de manera auténtica, conforme con los gustos y deseos propios, con su «ser verdadero».

Modernidad líquida y autenticidad disruptiva

Voluntad de «cambiar de vida» que, además, no atañe únicamente al ámbito de la actividad profesional. El fenómeno, lo hemos visto aquí antes, se manifiesta tanto en la vida de las parejas (divorcios y nuevos matrimonios a cualquier edad) como en la esfera religiosa (las conversiones) y en la relación con el género (las transidentidades). Cuando se desvanecen los sueños de Revolución y del Hombre nuevo, se despliegan como nunca los deseos de cambiar la vida personal.

Esto invita a volver a tratar la denominación de «modernidad líquida» hecha célebre por Zygmunt Bauman y que sirve para calificar nuestra época dominada por la movilidad de los individuos, la fluidez de las identidades, el cambio acelerado de los recorridos y caminos personales. Innegablemente, los cambios observables en el trabajo, las familias, la política, el amor, el sexo, la religión pueden fundar la idea de sociedad «líquida», en movimiento perpetuo, en la que cada cual se encuentra a merced de sí mismo. Pero al mismo tiempo, esta metáfora no da cuenta de esta dimensión capital de la modernidad radicalizada que consiste en favorecer las rupturas, cambios de opinión, reajustes, giros de ciento ochenta grados. «Cambiar de vida», «rehacer la vida», no es «líquido», porque se trata de cambios que van acompañados de desarraigo, corte, cambio de dirección, cambio radical en un tiempo relativamente corto.

En nuestro mundo no todo es líquido, ni mucho menos, ya que jamás los individuos han alimentado tantos proyectos que suponen una ruptura con su presente. Si la hipermodernidad es fluida, también tiene voluntad de discontinuidad, está hecha de disrupción y reorganización personal de la relación con el mundo. La modernidad ha hecho nacer la era de las grandes rupturas políticas, económicas y artísticas. La hipermodernidad, en nombre de la autenticidad individual, hace que eclosione la época de las rupturas existenciales y espirituales y de las mutaciones en el ámbito de la vida personal.

Creación de empresa y búsqueda de sentido

El vínculo que existe entre cultura de la autenticidad y compromiso profesional se concretiza igualmente en la nueva relación con el emprendimiento. Estamos en una época de ebullición de proyectos de emprendimiento:[1] mientras que

1. En 2017, en el conjunto de la economía empresarial fuera del sector agrícola, se crearon 591.000 empresas. Sin duda el fuerte aumento de las creaciones se debe sobre todo a la dinámica de las microempresas.

más de la mitad de los jóvenes entre dieciocho y veinticuatro años declaran tener «ganas de emprender», los creadores de empresas individuales son cada vez más jóvenes (el 37 % tienen menos de treinta años) y esta tendencia atañe a un número creciente de mujeres (el 40 %). Por supuesto, la creación de una empresa no necesariamente se basa en una pasión «auténtica» y no siempre exige un alto nivel de compromiso. Pero son cada vez más numerosos aquellos que se convierten en emprendedores para llevar a la práctica una idea que les interesa, realizar su pasión de emprender, aportar algo útil a la vida colectiva dando rienda suelta a su creatividad.

Para varios jóvenes creadores de empresas emergentes, el objetivo no es «hacerse millonario», sino involucrarse en una aventura basada en la pasión de la innovación y el reto, aunque también lo hacen por el deseo de construir un mundo mejor, contribuir al bien público, mejorar la vida de las personas, inventar un mundo más respetuoso con el medioambiente y más atento a las necesidades «verdaderas» de la sociedad. El entusiasmo por el emprendimiento no responde solo al deseo de ganar dinero: lo que cuenta para estos jóvenes actores es también defender una cierta cantidad de valores, estar al servicio de la sociedad, dar sentido a su vida, reconciliando los riesgos y la responsabilidad social, la autorrealización y el valor positivo para la colectividad. A través de la empresa, se trata de realizarse plenamente contribuyendo al bienestar social, convertirse en el emprendedor de su existencia creando una estructura que contribuya al mejor-vivir de todos: el emprendimiento se piensa como un horizonte de plenitud subjetivo.

A través de la búsqueda de sentido y realización de sí, intenta abrirse camino en una relación auténtica con la vida profesional. La empresa ya no se presenta como una estructu-

---

Sin embargo, el número de creaciones de empresas clásicas (349.000) alcanza el nivel más alto nunca antes calculado por el INSEE.

ra anónima que arruina la singularidad personal: ahora, una de las formas de la vida auténtica es «montar un negocio propio», lanzarse a la aventura empresarial. Ser uno mismo ya no es «salir» del universo económico, sino dedicarse a conjugarlo con aquello que contribuye al bien común y permite vivir en función de un compromiso personal. La ética del *be yourself* ha transformado, al menos para algunos, la relación con la empresa: esta debe ser una «aventura» singular que ofrezca plenitud, una realidad de organización dotada de sentido conforme con los valores éticos a los que el individuo se siente vinculado.

La implicación de sí en la actividad profesional

La involucración en los proyectos profesionales va mucho más allá del círculo de los creadores de empresas emergentes. Son muchos los oficios que suscitan mucha pasión a pesar de no estar muy valorados socialmente. A menudo, los agricultores se involucran con pasión y convicción en la agricultura biológica, vivida como una manera de respetar el medioambiente, preservar la biodiversidad, dar sentido y valor de nuevo a la agricultura y la alimentación. En los oficios de artesanía, en la enseñanza, en las profesiones de la salud, entre los investigadores y los actores de las industrias culturales y creativas, por ejemplo, el amor por el oficio no se ha esfumado. El ideal de autenticidad no ha puesto fin estructuralmente, para nada, a la involucración de sí y a la implicación subjetiva en la actividad de trabajo. No es la cultura de sí la que puede reducir la motivación y el compromiso de los asalariados, sino la organización de la empresa y las condiciones de trabajo.

Lo que retrocede es el oficio concebido como un sacerdocio, una actividad por la cual hay que sacrificarlo todo. Algunos epitafios del siglo XIX señalaban: «El trabajo fue su vida».

Ahora, aunque varios oficios siguen siendo vocacionales, ya no son sacerdocios que exigen la entrega absoluta de uno mismo y el sacrificio de la vida privada. Con la nueva cultura de la autenticidad, se afirma la exigencia de proteger la esfera privada ante las demandas cada vez mayores de la empresa en materia de involucración de sí. La mentalidad que domina es la de «No todo en la vida es trabajo» y la voluntad de equilibrar vida profesional y vida personal (familia, ocio). El celo para comprometerse en proyectos profesionales, el interés o la pasión por el trabajo no han muerto: sencillamente, fluctúan según los oficios ejercidos, los momentos de la vida y los proyectos individuales de existencia. No se puede ver en la falta de implicación individual el proceso que regula la relación de todos con el trabajo.

Si bien una parte importante de los asalariados considera el trabajo como una actividad obligatoria para ganarse el pan, una actividad monótona hacia la que siente poco apego, otra, por el contrario, encuentran en él un estimulante, una meta, un gran interés. La diversificación social de la identificación con el trabajo no es tan solo el resultado de los nuevos modos de producción y organización empresarial, sino que es el resultado también de la imposición social de la ética de la autenticidad que, al exaltar los goces de la vida privada, favorece modelos de vida más individualizados, arbitrajes personales entre el polo íntimo y el polo profesional de la existencia.

De ahí la diferenciación de los grados de implicación de sí en la vida profesional. Distanciamiento para unos, sobreimplicación emocional para otros: la época de la autenticidad hipermoderna va acompañada de pluralización y subjetivización de las maneras de relacionarse con el trabajo. Del mismo modo que se profundizan las desigualdades económicas, también se marcan las desigualdades personales en materia de implicación profesional. En la sociedad hiperindividualista, no triunfa la desafección por la vida profesional, sino la heterogeneidad creciente de las formas de compromiso con respecto al trabajo, así como la inestabilidad de las involucraciones personales.

EL COMPROMISO ARTÍSTICO

A partir de finales del siglo XVIII, se forja la figura del artista libre de toda limitación, implicado apasionadamente en una actividad considerada como un fin en sí mismo y que traduce su interioridad, su personalidad singular. Ser artista, para los Modernos, ya no es ejecutar una obra según reglas estéticas reconocidas, reproducir modelos, imitar a los maestros, sino ser creativo y original expresando su «yo» singular y único. No existe obra de arte digna de este nombre sin la expresión sincera y original de la individualidad subjetiva del creador: del artista se espera que cree obras que sean fruto exclusivamente de su propio acervo, de su yo singular. Así es como, por primera vez, el artista se ve definido por una cualidad existencial, su autenticidad personal, dicho de otro modo, la autoexpresión de sí, la fidelidad a su singularidad subjetiva, a su propia «necesidad interior»[1] (Kandinsky).

Por ello, con los Modernos, lo que define al «verdadero» artista no es tanto la obra y sus propiedades «objetivas» como la disposición interior subjetiva. Expresión de la originalidad del yo, la creación no debe ejecutarse en función de criterios exteriores al sí personal (reproducción de cánones, reglas académicas, moda del momento, trabajo de encargo, éxito comercial), sino en función de una implicación sincera y honesta, de la exigencia interior del sujeto. Ya que debe encontrar su fuente

1. Roland Mortier, *L'originalité. Une nouvelle catégorie esthétique au siècle des Lumières*, Droz, 1982; Jean-Marie Schaeffer, «Originalité et expression de soi», *Communications*, 64, 1997.

única en la singularidad subjetiva, la actividad artística exige indiferencia hacia el dinero, ausencia de motivación comercial, desinterés sin medias tintas, un compromiso visceral, incondicional, que puede llegar hasta el sacrificio de la vida material y familiar. En el «régimen de singularidad» (Nathalie Heinich) la implicación existencial total del artista se presenta como la condición necesaria de una auténtica obra artística. Involucrado en una actividad singular que permite ser plenamente uno mismo, despreciando el éxito comercial, el artista moderno se presenta como una figura ejemplar de la cultura expresiva de la autenticidad personal.

Del artista maldito al artista estrella

Mientras que el arte moderno exige la autenticidad del creador, el arte contemporáneo no cesa de lanzarle desafíos jugando con las fronteras del propio arte. Desde la década de 1960, los artistas se han empeñado en deconstruir el imperativo de autenticidad. Para ello, algunos han realizado obras anónimas, reproducido imágenes ya existentes, firmado objetos de los que no son autores (Duchamp, Klein, Lavier), eliminado la gestualidad personal, mecanizado el arte, borrado cualquier toque personal o expresivo o implementado dispositivos anónimos e impersonales (arte minimalista): «Quisiera ser una máquina», declaraba Warhol. Otros artistas le han dado la vuelta al criterio de desinterés por el dinero y la indiferencia hacia el éxito mundano. Otros se las han ingeniado para transgredir la «seriedad» exigida por el ideal de autenticidad, montado farsas, proponiendo obras estrafalarias, paródicas, de colegial.[1] Modos de hacer deconstructivos que exponen a los

1. Estas distintas operaciones son expuestas con detalle por Nathalie Heinich en *Le triple jeu de l'art contemporain*, Minuit, 1998, pp. 123-145.

artistas contemporáneos a las críticas que los señalan como bromistas, payasos, bufones, seudoartistas, porque no son serios, ni sinceros, no «poseen arte».

Warhol es el primero que echó por tierra el modelo del artista maldito, pobre y desconocido. Al declarar: «Soy un artista comercial», al mostrar su gusto por la celebridad, al presentarse como una estrella en las fronteras del arte, la moda y la publicidad, Warhol ha deconstruido la imagen romántica del artista marginal. Obsesionado por el éxito y el dinero, proclamándose cínicamente *business artist*, Warhol ha roto el mito del artista «suicidado por la sociedad» (Artaud).

Este modelo que rompe con la bohemia ha tenido éxito: actualmente, los artistas contemporáneos más conocidos reivindican el éxito comercial y no temen exhibir su éxito económico. Clasificado en el top de las cincuenta mayores fortunas de Inglaterra, Damien Hirst gestiona él mismo su mercado vendiendo directamente sus obras en las subastas sin pasar por las galerías. Las fortunas de Jeff Koons, Anish Kapoor y Murakami se calculan respectivamente en cuatrocientos, ciento setenta y cinco y cien millones de dólares. Las obras de varias decenas de artistas alcanzan precios récord, vendidas a varias decenas de millones de euros. Koons es propietario de una colección de obras maestras, Hirst posee unas dos mil obras de arte. Los artistas ya no son personas marginadas, sino que se han metamorfoseado en estrellas y emprendedores. Murakami dirige una fábrica, bautizada con el nombre de Kaikai Kiki, que emplea a un centenar de personas, y Hirst emplea a más de cien asalariados. Fotografiados junto a los grandes de este mundo, entrevistados en todos los medios de comunicación, famosos en todo el planeta, los artistas se han convertido en grandes estrellas, figuras de la jet set. La ética sacrificial que se adhería al artista se ha desvanecido en beneficio de una cultura de la celebridad, la publicidad y el *star system*. Se acabó la bohemia: los vínculos que unían al artista, la renuncia a los prestigios del mundo y la autenticidad de su compromiso se han deshecho.

La época que oponía radicalmente al artista con el mundo del dinero ha quedado atrás. Hoy, lo que se valora es la lista de los «artistas vivos más caros del mundo»; lo que nos tiene en ascuas son los precios asombrosos que alcanzan las obras. Desde 1970, la revista económica alemana *Capital* publica, una vez al año, el «Kunst Kompass», una lista que mide la notoriedad de los artistas contemporáneos y el valor económico de sus obras. Cada vez surgen más palmareses de «los mejores artistas del mundo» (Power 100, ArtFacts): el reconocimiento social de los artistas está, en gran medida, en la cota que alcanzan sus obras en el mercado del arte. Vivimos en otro planeta: en la actualidad la excelencia artística ya no es independiente del precio de las obras y de la consagración a través del mercado.

En este cosmos hipermercantil, son muchos los artistas que trabajan para las marcas; además, algunos de ellos se han constituido también en marcas. Vuitton se dirigió a Jeff Koons, Stephen Sprouse y Murakami; Longchamp a Tracey Emin; Gucci a Trevor Andrew; Lacoste a Keith Haring. El trabajo artístico ha dejado de pensarse como algo incompatible con la actividad comercial de las marcas. Desde ahora, para muchos artistas, coleccionistas y comisarios de exposiciones, el dinero ya no se presenta como una fuerza corruptora y negadora del arte «auténtico».

El cambio en la definición del artista y la transgresión de las exigencias de la autenticidad han provocado, ya lo dijimos, un rechazo importante del arte contemporáneo en la opinión pública. Son muchas las críticas que denuncia un arte que ha perdido la sinceridad y se ha vuelto exhibicionista, vulgar y cínico: un arte para nuevos ricos que vende insignificancia, impostura, pura fachada, un arte que ya no posee nada auténtico al depender del mundo del dinero y el marketing. De ahí el lamento mil veces repetido: los artistas auténticos son una especie en vías de desaparición. El mercado ha acabado con ellos.

El arte moderno ambicionaba escapar del conformismo académico a través de una actividad creativa desinteresada, «verdadera», auténtica. En lugar de ello dominan obras que se adaptan cada vez más a los gustos de las élites económicas y responden a lo que las instituciones oficiales esperan: sitio para las subversiones subvencionadas, a los sobreprecios gratuitos, a las seudoprovocaciones mil veces repetidas, a la insignificancia de los minimalismos, a las instalaciones y performances vacías sobre la nada o la casi nada. Ahora la imagen del artista se asocia cada vez más a la picardía, el histrionismo, la superficialidad y el marketing generalizado. A pesar de no estar justificado hablar de agonía de la «verdadera» creación, asistimos, como mínimo, a un cambio del imaginario y de la realidad de la vida de artista. La imagen social del artista como figura paradigmática de la actividad desinteresada, la existencia sincera y auténtica se ha esfumado, ha sido engullida por las aguas del mercado y el *star system*.

Los artistas pluriactivos

¿Acaso el arte en el mundo de la hipermodernidad ya no es más que una manera de «engañar a los tontos», una impostura cínica destinada a obtener fama y ventajas materiales? ¿Asistimos a la disolución de los modos de compromiso auténtico en el arte?

Como sabemos, las profesiones artísticas son poco compatibles con una remuneración estable y suficiente para vivir: muy pocos artistas pintores, sobre todo, consiguen vivir exclusivamente de su arte y la mayoría debe recurrir a trabajos denominados «alimentarios», ejercer un doble oficio, solicitar ayudas sociales o familiares. A esto se suma el hecho de que esta actividad expone al riesgo frecuente del no reconocimiento social de su identidad. Sin embargo, los oficios de arte representan un polo de atracción en aumento. En ningún sitio, la precariedad, las escasas remuneraciones y los riesgos importantes de fracaso han conllevado un retroceso de las implicaciones pasionales en este sector. Por el contrario, asistimos a una notable expansión social de los deseos de implicación subjetiva en las profesiones artísticas.

De hecho, la consagración de la autenticidad provoca una demanda creciente de ser uno mismo a través de realizaciones personales portadoras de singularidad. Para un número creciente de individuos, tener un oficio bien remunerado, consumir, gozar de las actividades de ocio ya no basta: lo importante es poder expresarse de manera creativa. Precisamente, la implicación en una trayectoria artística es lo que permite escapar del trabajo rutinario, expresarse, crear, realizar obras singulares y personales a menudo imposibles en el universo de la empresa. Si los oficios artísticos atraen a un número creciente de personas, ello es debido a sus promesas de autonomía, plenitud y expresión de sí. La actividad artística se valora ante todo como aquello que permite expresar la singularidad personal: en este sentido el reino del *be yourself* se halla en la raíz de la expansión social de los deseos de implicación artística.

Los cambios ocurridos en esta esfera no impiden que los principios de altruismo e involucración pasional sigan siendo asociados al *ethos* de las profesiones artísticas. Según Gisèle Sapiro, la involucración subjetiva en el oficio artístico es tal que no puede separarse de una «forma de ascesis», de «la idea de misión, de servicio a la colectividad, de entrega de sí y de altruismo»: los oficios artísticos requieren «una implicación total en la actividad, considerada como un fin en sí, sin búsqueda de beneficio temporal».[1] El neoindividualismo no ha

1. Gisèle Sapiro, «La vocation artistique entre don et don de soi», *Actes de la recherche en sciences sociales*, 2007/3 (n.º 168).

225

disuelto la implicación vocacional o pasional en el arte, indisociable de una especie de llamada subjetiva, de «necesidad interior», de altruismo que se afirma en un trabajo realizado «sin calcular».

Sin embargo, siento escepticismo cuando se habla de una «entrega de sí mismo que roza, en algunos casos, el sacrificio».[1] Si bien es cierto que perdura un tipo de implicación de sí que se expresa en el registro vocacional, señalemos que esta se ha separado de la ética sacrificial que estaba en vigor en la concepción romántica del artista. Hoy en día, ya no se trata de sacrificar la propia vida en nombre de la grandeza «ontológica» del arte: se trata de realizarse, de ser cien por cien uno mismo en una actividad creativa, libre y autónoma. La «religión del arte» se ha apagado: ya no se ve en el arte aquello que expresa las verdades últimas inaccesibles a la razón filosófica o científica, lo que revela el Absoluto, el Ser, lo Invisible, «las verdades más fundamentales del Espíritu» (Hegel). Ya no se trata de realizar la esencia del arte, sino de realizarse uno mismo a través de actividades ricas y expresivas, de realizaciones singulares y personales.

A partir de ahora, la implicación de los artistas se desarrolla en la relación de sí consigo mismo. Si los artistas muestran un compromiso elevado en su arte, no es en nombre del absoluto o de un valor mayor que el del individuo (el Arte), sino para ser plenamente ellos mismos. La mayoría de los que empiezan una carrera de actor, cantante, bailarín o fotógrafo no ambiciona realizar la esencia del arte, sino realizarse ellos mismo y vivir apasionadamente. La ética absoluta de la «entrega de sí» ya no es la que fundamenta las formas contemporáneas de la implicación de sí en la actividad artística. Se ha impues-

---

1. Sophie Le Coq «S'investir dans les trajectoires artistiques: l'expression d'engagements différenciés», *Marges*, n.º 9, pp. 126-140.

to un nuevo régimen: uno se «entrega» a sí,[1] en lugar de entregarse a la realización del Arte.

Este cambio no significa la desaparición de la reivindicación vocacional y del compromiso apasionado. Son pocos los artistas que consideran su actividad como un «trabajo cualquiera»: siguen invocando la vocación para justificar su implicación, pero, al mismo tiempo, esta no corresponde ya a la del artista bohemio dedicado en «cuerpo y alma» a su arte y que acepta llevar una existencia miserable y marginal. Esta figura absolutista del artista ha sido suplantada por la del «artista plural» que, para vivir, ejerce otra actividad además de su arte. Por ejemplo, un director de teatro trabaja también como administrador de la sala en la que actúa su compañía; una bailarina ejerce, «aparte de» su actividad de artista, el oficio de camarera o recepcionista; un músico trabaja a la vez como músico y como ingeniero de sonido; músicos clásicos aceptan tocar música «comercial» para ganarse la vida. Y muchos artistas plásticos son profesores de arte. La multiplicación de actividades se ha convertido en la norma: marca una mutación en el estatus y en la identidad del artista y, a la vez, expresa la nueva cultura de la autenticidad.

Para muchos artistas contemporáneos, la pluriactividad es vivida como una necesidad material: se padece más que se elige. Pero puede también ser una elección valorada y que da valor, convirtiéndose en un elemento constitutivo de la identidad del artista, sobre todo en aquellos que reivindican un arte «útil», portador de sentido social y político. De este modo, surgen «artistas intervinientes» que, mediante sus acciones de sensibilización en el ámbito escolar, hospitalario, carcelario o urbano, se toman en serio el desarrollo de prácticas artísticas, el favorecer el vínculo social y el ayudar a categorías de la po-

---

1. Lo que no impide formas de implicación artística cuyo objetivo es «despertar las conciencias» y que son creadoras de obras al servicio de distintas causas sociales o políticas.

blación en situaciones difíciles. Estas prácticas artísticas que son educativas, pedagógicas y participativas pueden responder a veces a una necesidad de reconocimiento, a una búsqueda de sentido, de acciones que tienen una utilidad pública: en este caso se reivindican y son constitutivas de la identidad del artista. La cultura de la autenticidad y la nueva forma de identidad artística ya no son incompatibles con la multiplicación de actividades.

Lo que se disuelve no es la reivindicación de la autenticidad artística, sino la concepción sacrificial de esta. Es el momento de la alianza entre la actividad auténtica y la toma en consideración de las realidades económicas y sociales. La búsqueda de la autenticidad no se concretiza ya en el rechazo de la condición salarial, de las imposiciones y normas sociales: se conjuga con la diversificación de las actividades, la «polivalencia», la «poliactividad» y la «pluriactividad»[1]. El primer estadio de la era de la autenticidad dio luz a un modo de vida artístico que rompía frontalmente con el mundo ordinario y el universo burgués. Ya no queda nada parecido: el estilo de existencia «heroico», sin concesión de ningún tipo, que desafía abiertamente las reglas de la vida ordinaria, se ha borrado a favor de un nuevo *ethos* que ya no rechaza los papeles de asalariado o de emprendedor y reconoce el imperativo de ganarse la vida en el marco de las instituciones económicas. La cultura transgresiva, anómica y radical de la autenticidad artística ha sido sustituida por la de la autenticidad integrada, postsacrificial, realista, marcada por el compromiso con las obligaciones del trabajo profesional. No se desdibuja la implicación auténtica, sino el estatus y la identidad del artista «romántico» contemporáneo del momento heroico de la autenticidad. Un fin de

1. Marie-Christine Bureau, Marc Perrenoud y Roberta Shapiro (eds.), *L'artiste pluriel. Démultiplier l'activité pour vivre de son art,* Le regard sociologique, Presses universitaires du Septentrion, 2009.

la mística del arte que debe vincularse con el auge del mundo consumista y la cultura del bienestar material, que no deja de repetirse continuamente.

Sin embargo, otra lógica también trabaja para disolver completamente el registro vocacional. ¿Qué es lo que empuja a tantos jóvenes a querer convertirse en actores o cantantes en el mundo del show business? La mayoría de los candidatos que concursan en los programas de telerrealidad musical sueñan ante todo con darse a conocer y acceder al rango de estrella de la canción. El compromiso subjetivo en la actividad artística no está relacionado con el registro vocacional. Lo que prima no es la gloria inmortal ganada a través de las obras, sino el deseo de celebridad mediática.[1] Desde ahora «querer ser artista» ya no es necesariamente la expresión de una «vocación». El capitalismo artístico y el hiperindividualismo han hecho cambiar el orden de las prioridades: el amor por la fama ha conseguido suplantar el amor por el arte.

1. En 2007, para el 51 % de los jóvenes americanos la fama era uno de sus primeros objetivos, Guillaume Erner, *La souveraineté du people*, Gallimard, 2016, p. 19.

Segunda parte
Extensión de los territorios de la autenticidad

VII. EL ESTADIO CONSUMISTA DE LA AUTENTICIDAD

A partir del Siglo de las Luces, en el Occidente moderno, el ideal de autenticidad se afianzó en la esfera de la moral individual (inquietud de adecuación a sí mismo, rechazo de las falsas apariencias y del conformismo social), así como en la de la moral política (espíritu altruista, sacrificio de los intereses privados a favor del bien colectivo y del interés general). Durante el siglo XIX y hasta mediados del XX, el ideal de autenticidad amplió su perímetro penetrando en ámbitos tan diversos como los del arte, la novela, el patrimonio, la arquitectura, el diseño, el derecho (derechos de autor), el psicoanálisis. Tal como señala Nathalie Heinich, la modernidad es indisociable del aumento de la fuerza del valor de autenticidad, de su extensión a esferas cada vez más variadas de la vida cultural e individual.[1]

La nueva fase de modernidad dominada por la escalada del capitalismo de consumo prosigue con esta dinámica expansiva y la ultima a través de una inflación de las demandas y ofertas de autenticidad en todos los ámbitos de la vida ordinaria. Con la aparición del cosmos del hiperconsumo, aquello

---

1. Nathalie Heinich, «Authenticité et modernité», *Noesis*, 22-23, 2014.

que concernía a territorios limitados se dilata «hasta el infinito» en todos los intersticios de la vida cotidiana. La espiral desenfrenada de la mercantilización de las necesidades es testigo, en efecto, de una expansión considerable de los territorios de la autenticidad, de su emancipación frente a su espacio de asignación tradicional. Es la época de la proliferación de las búsquedas consumistas de autenticidad y de una oferta comercial que pone cada vez más de relieve lo natural, las «raíces», la transparencia y la ética. Productos alimentarios, utensilios utilitarios, prendas de vestir, tiendas, decoración, turismo: son innumerables las mercancías que se venden bajo la bandera de la autenticidad, convertida ella misma en bien de consumo corriente. Al penetrar en el universo comercial, al infiltrarse en el mundo del consumo, la cultura de la autenticidad ha salido de los límites inaugurales de la relación con el sí y las obras de arte, se ha dilatado y multiplicado hasta tal punto que se impone la idea de un nuevo ciclo histórico de dicha cultura: el estadio consumista ha tomado el relevo del momento ético y del momento transpolítico de la autenticidad.

En este nuevo ciclo, la autenticidad ya no es solo una virtud moral o un ideal cultural que se afirma en oposición radical a la banalidad cotidiana y comercial: se impone como una exigencia que recae en los objetos y las maneras de consumir. Históricamente, las aspiraciones a la existencia auténtica se han expresado en un primer momento *fuera* de la esfera económica (fase I), luego, en un segundo momento, *contra* dicha esfera (fase II): ahora se afirman *hacia* los objetos de consumo, los productos, las modas y las marcas. En la fase III se despliega la exigencia de un modo de consumo «verdadero» y auténtico. Ya no es en el combate contra el conformismo o en la voluntad revolucionaria de abolición del capitalismo (fase II) donde se afirma la inquietud de autenticidad, sino en la espera de bienes denominados auténticos en los mercados de bienes corrientes. A partir de ahora, se trata de encontrar sentido y autenticidad,

234

no en el rechazo del modo de ser de la vida cotidiana, sino en las prácticas y los lugares del consumo comercial. Las aspiraciones a la autenticidad se afirman en la cotidianeidad y ya no contra ella. Demanda obsesiva de signos auténticos, oferta pletórica de productos «auténticos»: se ha instaurado un nuevo «régimen de autenticidad»[1] que no es otro sino su fase comercial y consumista.

Las manifestaciones de este nuevo régimen son innumerables y atañen a sectores extremadamente variados: alimentación, patrimonio, turismo, tiendas, lujo, moda, belleza, decoración, marcas, comunicación. No existe ya sector alguno que escape del canto de las sirenas de la autenticidad. Cada vez más se celebran los marcos referenciales de la naturaleza y del antiguo terruño y la tradición, así como los valores de honestidad, sinceridad, compromiso: el imaginario de la autenticidad se ha infiltrado en el universo infinito de los bienes de consumo. La hipermodernidad es portadora de una exigencia ampliada de autenticidad, de una generalización de su universo que engloba lo que antes le era ajeno.

La dominación del capitalismo hipercomercial ha provocado un nuevo tipo de fetichismo: el de la autenticidad de los productos, las prácticas y las marcas. No solo queremos ser auténticos en las elecciones fundamentales de la existencia personal, sino también en comer, habitar, viajar, visitar y vestirnos de manera «verdadera». Si la sociedad de consumo contemporánea de los Treinta Gloriosos (1945-1975) estaba dominada por el culto del confort y la modernización de los enseres de los hogares, la época del hiperconsumo está marcada por el aumento de las búsquedas multiformes de la autenticidad, por la multiplicación de los puntos de aplicación de este ideal.

1. Tomo esta denominación del título del libro de Lucie K. Morisset, *Des régimes d'authenticité. Essai sur la mémoire patrimoniale*, Presses de l'Université du Québec et Presses universitaires de Rennes, 2009.

No separemos el culto coetáneo de los productos auténticos del culto de la autenticidad personal. El mercado solo ha podido integrar este ideal debido a la cultura de la mismidad que exalta la autenticidad del sujeto, su singularidad, su realización plena. Si el mercado de la autenticidad triunfa, ello es debido a que se presenta como uno de los caminos que permiten ser uno mismo. La consagración de los productos auténticos (productos bio y de granja, artesanía, vintage, patrimonio, lugares naturales) no es únicamente el signo del éxito de estrategias de marketing: es una manifestación inédita de la cultura de la autenticidad subjetiva. Estamos al acecho de productos auténticos porque se nos presentan como una vía que permite la afirmación de nuestra individualidad subjetiva, una manera de ser nosotros mismos. El culto de los productos auténticos y el culto del sí singular forman un sistema: son dos piezas solidarias que traducen la ultimación de la cultura de la autenticidad.

EL MODO DE CONSUMO POSCONFORMISTA

Nada más banal que equiparar la «sociedad de consumo» con un sistema productor de mimetismos de masas, de despersonalización sistemática de los seres. Por mucho que celebremos el *be yourself*, en realidad vivimos, dicen, en una sociedad que, a través del poder seductor de la oferta comercial y el marketing, no cesa de uniformizar a los individuos. Al someterlos a un condicionamiento omnipresente, el capitalismo fabrica consumidores estandarizados, desingularizados, perfectamente borreguiles: en el cosmos heterónomo de las mercancías, la existencia del consumidor está programada y formateada de principio a fin. De ahí un conformismo sistemático en el que cada cual hace «lo que hace todo el mundo», compra los mismos productos y las mismas marcas mundializadas, se adecua a las normas de la moda y de los ocios comerciales. Desde esta óptica, hablar de autenticidad en relación con el *homo consumericus* es solo un eslogan de marketing vacío de sentido: lo que se produce son masas sincronizadas de consumidores, serializados e hiperconformistas. Al fabricar en gran cantidad comportamientos miméticos, la civilización consumista es destructora de las singularidades subjetivas: al hacerlo, no es otra cosa que el estadio supremo del «se» uniforme, de la expropiación de sí, de la falsedad programada.

El consumo para sí

No lo esconderé: considero este esquema interpretativo un perfecto lugar común. Su ceguera es debida al hecho de que oculta el fenómeno crucial que constituye, en nuestras sociedades, la dinámica de individualización de las prácticas de consumo. Hay que observar que con el reino de la hiperelección inherente al capitalismo posfordista, la lógica conformista del consumo ha retrocedido mucho a medida que los objetos faro del confort y del bienestar comercial han ido entrando en la vida cotidiana de todos. La época en la que se compraba la nevera, la televisión, el coche, por «obligación» social, para demostrar un rango social, ha quedado atrás. Actualmente, cuando se compra un producto no es para «adecuarse», sino por los servicios que nos ofrece y los distintos placeres que esperamos obtener de él. La conjugación de la oferta en abismo de productos y hedonismo de masas ha provocado la explosión de los antiguos imperativos y modelos de clase, así como la desregulación social de las conductas y aspiraciones individuales. En este nuevo contexto, la mayoría de los actos de consumo ya no obedece a una lógica estatutaria o al principio de la rivalidad mimética, sino a objetivos de satis-

facciones privadas y hedonistas: el consumo hiperindividualista, emocional o experiencial ha desbancado al consumo
conformista.

La nueva modernidad, liberada del peso de las convenciones y los *ethos* de clase, ha abierto la vía a un modo de consumo desregulado, individualizado, autocentrado, en otras
palabras, «para sí mismo». Esto concierne a todos los ámbitos
en mayor o menor medida: comemos, decoramos el piso, nos
vestimos, viajamos, y lo hacemos no para ser como los demás,
sino, más bien, intentando coincidir con lo que nos conviene.
Nuestras compras no están dirigidas por el deseo de «ser como
los demás», de calcar exactamente cómo son los otros, sino por
el deseo de ser fieles a nuestras propias aspiraciones. Lo que
busca el neoconsumidor es vibrar, sentir, olvidar las angustias
del presente: lo esencial de la experiencia de consumo tiene
lugar en el espacio íntimo de la relación de sí consigo mismo.[1]
Esto no significa que la inquietud ante la opinión del Otro
haya desaparecido: es evidente que perdura, pero ha dejado de
provocar la hegemonía del deseo de conformidad en detrimento de la autonomía individual. En un momento en el que la
relación de sí consigo mismo se ha vuelto predominante, se
consume primero para sí, por el propio placer, por las propias
pasiones, incluso si la atención al juicio del otro no ha desaparecido en modo alguno.

El conformismo no se ha esfumado milagrosamente y no
faltan las manifestaciones que ilustran la obsesión por el *must
have*, el gusto por el *bling bling*, por el *show off*. Esto no impide que avancen las compras marcadas por los gustos y preferencias personales, por el predominio de la relación íntima

1. Resumo aquí la interpretación que propuse en *Le bonheur paradoxal.
Essai sur la société d'hyperconsommation*, Gallimard, 2006. (Hay traducción
española: *La felicidad paradójica. Ensayo sobre la sociedad de hiperconsumo*,
trad. de Antonio-Prometeo Moya, Anagrama, Barcelona, 2007.)

consigo mismo. Si los comportamientos conformistas perduran, otros se expanden marcados con el sello de la autenticidad personal. Ya que ¿qué es un consumo hecho íntimo si no, precisamente, un modo de consumo auténtico? Tal como señala Charles Larmore, el modo de ser auténtico no exige pensamientos y comportamientos por completo singulares y originales, no requiere que estemos liberados de toda determinación social. Una situación así, además, es del todo irrealizable, ya que el yo «verdadero» lleva siempre, de modo inevitable, las huellas de lo social. No obstante, esto no imposibilita una relación auténtica consigo mismo, si definimos la autenticidad como el «estado mental» en el que estamos frente a los modelos, la manera con la que hacemos nuestro un modelo heterónomo, el modo con el que podemos apropiarnos personalmente de lo que es externo a nosotros mismos. Somos nosotros mismos cuando, en lugar de alinearnos con un modelo para obtener la aquiescencia de los otros, nos hacemos uno con lo que recibimos de fuera, cuando lo tomamos por nuestra cuenta, «para nosotros mismos» y no para conseguir la aprobación de los demás.[1]

UNA AUTENTICIDAD PARADÓJICA

Si el universo hiperindividualista del consumo va acompañado de comportamientos menos obsesionados por el juicio de los demás, esto no significa en modo alguno que se despliegue íntegramente bajo el signo de la autenticidad. Ni mucho menos.

Existe un conjunto de actos de consumo que están muy alejados del *ethos* de la autenticidad: dichos actos se presentan como costumbres o formas de obligación y no como la expre-

1. Charles Larmore, *Les pratiques du moi, op. cit.,* pp. 187-196.

sión de inclinaciones personales. No podemos considerar que sea auténtico aquel consumidor que enciende «maquinalmente» la televisión y mira un programa sin un interés real. Hacer la compra, comprar productos para el día a día, es vivido como una tarea limitante o un «suplicio» por la mayoría de los consumidores. Los consumos médicos no tienen nada que ver con la autenticidad del sí, ya que implican en esencia un «consumidor sin poder». En este caso, el universo de consumo está dirigido más por una lógica de la necesidad que por una lógica de la autenticidad.

El conformismo y el deseo de reconocimiento no están muertos ni por asomo. El conformismo en el ámbito de la moda en particular está presente entre los adolescentes a través de su relación obsesiva con las marcas. En Instagram, los Rich Kids suben las fotografías de sus yates, sus coches deportivos, de las marcas de lujo que exhiben con insolencia. Compramos ropa a la moda y de marca, soñamos con las marcas que triunfan: el culto de la autenticidad cohabita con el consumidor *hype*.

Si el consumo proporciona satisfacciones, también genera formas de adicción (al tabaco, al smartphone, a la televisión, a los videojuegos, a las marcas), un sentimiento de culpabilidad entre aquellos que se acusan por no conseguir resistir a sus impulsos de compra, de comer demasiado o demasiado mal, de perder el tiempo delante de programas televisivos, de comprar productos «inútiles» o demasiado caros. En estos casos, se trata de consumos cuyo objetivo no es ser verdadero consigo mismo, sino vaciar la mente o bien compensar las decepciones, las desgracias de la vida privada y profesional. La finalidad de las compras desenfrenadas no es ser nosotros mismos, sino encontrar un consuelo, «subirnos la moral», olvidar fugazmente aquello que nos preocupa. Como tal, el consumo no funciona como una actividad auténtica, sino como un paliativo para nuestros deseos insatisfechos, para los déficits del sí.

En todas partes donde actúa, el mercado muestra cada día su poder creciente, y ello con efectos profundamente paradójicos. Por un lado, provoca a lo grande la dependencia de los individuos de la oferta comercial, ya que la mayoría de nuestras experiencias vividas implican una relación monetizada. Mientras que se afianza el principio de libre determinación de sí, el mercado cada vez más dicta su ley y nos hace dependientes de un orden heterónomo. ¿Qué sucede con la autenticidad subjetiva cuando no existe momento alguno que no esté colonizado por la lógica comercial?

Sin embargo, por otro lado, el capitalismo de hiperconsumo ha liberado a las personas de la cultura conformista en beneficio de actos de consumo más individualizados que dejan espacio al sí subjetivo. Las normas hedonistas y psicológicas, la oferta multiplicada y el relajamiento de los controles colectivos han hecho posible compras más personalizadas, liberadas de las tradiciones y normas de clase. Así es cómo la dominación global del consumo sobre los modos de vida aumenta a pesar de que, en lo particular, cada cual puede ser más auténtico en sus elecciones puntuales de comprador. La influencia general del consumismo sobre los deseos individuales se amplifica cuantas menos reglas dirigistas impone. Si los individuos son más libres en su existencia privada, simultáneamente se encuentran más bajo la dominación del orden económico global. Heteronomía del mercado y libre disposición de sí avanzan al unísono. La sociedad de consumo permite una mayor autenticidad del consumidor al mismo tiempo que la esfera comercial se impone como un orden tentacular que cada vez pesa más en las vidas individuales. Cuanto menos estamos bajo el control de las tradiciones y juicios del otro, más sometidos estamos al orden de las cosas comerciales en lo relativo a la satisfacción de nuestros deseos.

La vida «verdadera» está ausente

Hay que subrayar que la cultura posconformista no significa en modo alguno posconsumista. A medida que se intensifica la exigencia de autenticidad personal, cada vez más momentos de la vida se ven colonizados por la lógica del mercado y ello intensifica el apetito de goces materialistas. De tal manera que el mantenimiento o la progresión del poder adquisitivo constituye una preocupación principal entre nuestros contemporáneos. Para la mayoría, la disminución del poder adquisitivo suscita enfado y ansiedad, se presenta como una forma de agresión que obstaculiza la plenitud de sí. Los individuos que han crecido en el universo consumista, pero que no pueden acceder a él plenamente, viven esta situación con un sentimiento de fracaso personal, frustración, desprestigio y herida subjetiva. La civilización del bienestar de masas ha hecho desaparecer la miseria absoluta, pero aumenta el resentimiento de vivir una «subexistencia» entre aquellos que no participan en la «fiesta» consumista que en principio debía ser para todos.

El capitalismo de consumo constituye la gran fuerza que ha logrado promover el ideal de autonomía y autorrealización de sí como finalidad central de nuestra época. Pero un universo puede separar el ideal de la realidad del mundo vivido. Para los menos afortunados, no prevalece el sentimiento de posesión de sí, sino su retroceso. ¿Cómo pertenecerse cuando las necesidades explosionan, el poder adquisitivo se estanca y los gastos obligatorios o irreducibles aumentan? ¿Cómo ser cien por cien uno mismo cuando te ves obligado a reducir de manera drástica el presupuesto de la calefacción, cuando tienes que ahorrar en todo, cuando no tienes los medios para irte de vacaciones, cuando no puedes llegar a fin de mes? A partir del momento en que debemos privarnos de todo, «ya no vivimos», ya no somos plenamente nosotros mismos: la vida «verdadera» se hace «imposible». El capitalismo ha conseguido difundir hasta tal punto el modelo de vida consumista que la vida «verdadera» y la intensidad de ser ya no se conciben sin las satisfacciones proporcionadas por la sociedad comercial. Sentimiento de carencia perpetua, frustración material, insatisfacción crónica: a medida que el orden comercial impone su ley sobre las experiencias vividas, las frustraciones de las poblaciones más amenazadas aumentan y obstaculizan el sentimiento de posesión de sí.

Además, el sentimiento de desposesión de sí va más allá de las categorías sociales con «pocos recursos». En todas partes la cultura de la libre disposición de sí va acompañada de desregulación de sí, consumos patológicos y compulsivos, adicciones de todo tipo. Mientras que se consagra el principio de pleno poder sobre la dirección de la propia vida, las manifestaciones de dependencia e impotencia subjetivas para autodirigirse se desarrollan a gran velocidad. De forma más global, mientras que valoramos el principio *be yourself*, en todas partes aumentan las depresiones, el estrés, las ansiedades, la soledad, la sensación de vacío: casi uno de cada cuatro franceses en activo ya ha pensado en poner fin a sus días.

La cultura que ensalza la plenitud de sí no consigue crear la sensación de que progresamos en lo relativo al acceso a la «vida verdadera». En todas partes aumenta la distancia entre las aspiraciones a la realización de sí y una realidad a menudo insatisfactoria, estresante e hiriente. Un fenómeno que no es fruto de la influencia de la ideología del desarrollo personal y de sus «mandatos» perpetuos a la felicidad, sino mucho más profundamente de la civilización democrática hiperindividualista que ha difundido, en el conjunto social, el «mal del infinito» (Durkheim), la sed insaciable por lo que no se posee, mientras que se han roto las regulaciones colectivas tradicionales y la seguridad identitaria que estas proporcionaban.

En el seno de la cultura contemporánea de la autenticidad, la alimentación ocupa un lugar a la vez nuevo y central. Un fenómeno radicalmente inédito: la búsqueda de autenticidad ha tomado el universo de la producción, del consumo y la distribución alimentaria. Desde el siglo XVIII, lo auténtico se refiere a lo original, lo sano, lo natural, a la pureza y la simplicidad. Son justo estas cualidades las que ahora se vinculan con los alimentos bio, los productos locales, la venta de productos alimentarios de circuito corto (comprados directamente en la granja, en los mercados de productores o campesinos, los mercados de productores locales) y de proximidad (cuando la distancia entre el lugar de producción y el de comercialización es inferior a ciento cincuenta kilómetros): todos ellos son fenómenos que constituyen nuevos continentes y nuevos mascarones de proa de la cultura de la autenticidad. Ahora es el momento en el que la búsqueda de autenticidad se une a la exigencia de la calidad alimentaria, la comida «sana y natural», nuevos modos de consumo y compras más respetuosos con los ecosistemas y que permiten mantener una agricultura campesina de proximidad a escala humana.

Lo bio y lo local

Los productos fruto de la agricultura biológica conocen en estos últimos años un éxito creciente, hasta tal punto que tienden a convertirse en un tipo de alimentos de consumo corriente: casi tres cuartas partes de los franceses declaran que los consumen al menos una vez al mes[1] y cada vez hay más

1. A pesar de este fuerte avance, los alimentos bio solo constituyen, por ahora, un 5 % del total de las compras alimentarias.

consumidores dispuestos a pagar más por estos productos. Mientras que en las ciudades florecen los restaurantes cien por cien con productos naturales sin aditivos ni colorantes, nuestra época está marcada por la multiplicación de tiendas especializadas, la generalización de la oferta bio en grandes y medianas superficies y el auge de productos «verdes» vendidos bajo la marca de un distribuidor.[1] La predilección por los productos bio va más allá del círculo restringido de los militantes ecologistas y los *bobos* (burgueses-bohemios): se despliega a gran escala. La era hipermoderna es testigo de la democratización de los productos bio, figura paradigmática de la alimentación «verdadera», natural, por estar exentos de tratamientos químicos artificiales.

El culto de la alimentación natural concierne al conjunto del sector agroalimentario, tanto a la agricultura como al tipo de ganadería. Cada día más, se denuncia la ganadería intensiva industrial, sus condiciones bárbaras contrarias al bienestar animal y la calidad de los productos. Surgen campañas y peticiones exigiendo un etiquetaje claro y obligatorio que indique las condiciones de producción, el modo de cría de los animales para todos los productos cárnicos y lácticos. Ahora, las demandas de alimentos auténticos o naturales se multiplican al cruzarse con las que exigen el bienestar animal.

Lo auténtico no es únicamente lo natural. Es también lo local, lo regional, lo tradicional, lo que constituye una alternativa a los alimentos industriales. Nuestra época asiste al éxito de los productos regionales de fabricación artesanal, de

1. Ahora, la mitad de las compras de alimentos bio se llevan a cabo en los súpers e hipermercados. Dado que en las grandes superficies este tipo de productos a menudo se presentan envueltos y que raramente proceden de productores locales, su carácter «auténtico» es cuestionado debido al consumo excesivo de plástico que los acompaña y al coste ecológico que supone su transporte.

los productos locales, de los sellos oficiales de origen y calidad (DOC, IGP y otras DOP). Se califican como auténticos los productos «típicos», inscritos en una tradición ancestral vinculada a un origen geográfico. Los consumidores cada vez se muestran más atraídos por los productos locales, los productos de la granja, los «*made in* la región», eligen las denominaciones «artesanal», «local», «montaña». La alimentación auténtica hace referencia a la naturaleza, pero también al terruño, a lo local, a las tradiciones artesanales. Lo auténtico es lo que representa una alternativa a los alimentos industriales.

En la década de 1930, en Francia, los productos denominados «del terruño» empezaron a ser objeto de una patrimonialización que se materializó en operaciones de etiquetaje y certificación con una fuerte dimensión procesal que garantizaba al consumidor su autenticidad, una elaboración respetuosa con una tradición secular propia de un lugar geográfico determinado. Esta dinámica ha ido progresando: hoy en día, los certificados de autenticidad no se limitan ya, como al principio, a los vinos y alcoholes: se extienden al conjunto de las producciones agrícolas. Nuestra época es contemporánea de la proliferación de las denominaciones de origen, las indicaciones de procedencia, así como de una fuerte demanda de certificación de autenticidad por parte de los consumidores, que quieren estar seguros de la calidad y el origen geográfico de los productos alimentarios.

En la senda de lo que ahora se denomina el «locavorismo»,[1] los consumidores confían cada vez más en los productos alimentarios de circuito corto, es decir, productos distribuidos y consumidos en un radio geográfico limitado. De ahí el éxito de las «marcas granja», las «tiendas de campo», las cooperativas

1. El neologismo «locavore» fue elegido palabra del año en 2007 por el New Oxford American Dictionary y apareció en los diccionarios franceses en 2010.

de productores, las ventas directas desde la granja o en los mercados. En 2008, los productos locales formaban parte de los segmentos agroalimentarios con un crecimiento más rápido en el mercado americano. En respuesta a la valorización de los circuitos cortos, en Francia se han multiplicado las Amap, Associations pour le mantien de l'agriculture paysanne (Asociaciones para el mantenimiento de la agricultura campesina), que en 2019 eran aproximadamente tres mil. Actualmente la autenticidad de un producto alimentario se asocia con la proximidad entre productor y consumidor, con las cosechas locales, la alimentación de temporada y el mínimo de intermediarios.

El nuevo *ethos* de autenticidad está vinculado igualmente con todos los ecogestos que permiten luchar contra el despilfarro del sobreconsumo y proteger el medioambiente. Tirar menos cocinando frutas y verduras demasiado maduras, comprar los productos a granel para reducir el volumen de residuos de envoltorios, selección y compostaje de los desperdicios orgánicos, aceptar los cortes imperfectos, así como los productos menos «calibrados», menos «bonitos». Los gestos ecociudadanos se valoran en nombre del respeto al medioambiente e idealmente a los desperdicios cero, cero despilfarro alimentario. Ahora, la lucha contra lo no auténtico implica adoptar comportamientos ecorresponsables, liberados de la dependencia a las normas estandarizadas del hiperconsumo ciego.

Lo bio, el mercado y la artificialidad

Así pues nace un nuevo paradigma de la autenticidad. La ecología política radical se ha construido en torno a la crítica de las necesidades industrializadas, «falsas» y alienadas, así como en la celebración de la austeridad voluntaria, la autolimitación de las necesidades. Ya no es este *ethos* el que modela la fase III. Si los neoconsumidores piden productos auténticos, dichos productos no están en absoluto fuera del sistema comercial. Tienen que ser ecológicos y no dañar la salud humana, el bienestar animal, ni los ecosistemas: no por ello dejan de ser bienes comerciales, ni las marcas dejan de intervenir en mercados competenciales, con estrategias de marketing, objetivos de desarrollo comercial y creación de márgenes. La pasión por lo auténtico ya no se afirma en la negación del orden económico reinante, sino en su seno a través de la exigencia de productos de calidad respetuosos con la ecosfera.

También vemos desarrollarse la nueva alianza entre la agricultura bio y las tecnologías con buen rendimiento. Toda una determinada producción bio se realiza gracias a invernaderos con calefacción, alimentados con energías renovables. Mañana, los invernaderos incorporarán cada vez más alta tecnología para consumir menos agua, menos energía, menos espacio. Los invernaderos del futuro estarán acondicionados, conectados y robotizados; ya ahora Asia (Japón, Corea del Sur, China...) se lanza de forma espectacular a los invernaderos verticales de la agricultura urbana. Se multiplican los proyectos cuyo objetivo es producir en la ciudad frutas y verduras bio en invernaderos verticales con iluminación artificial. Cuanto más valoramos los alimentos naturales, más aumentan las instalaciones hipertecnológicas para producirlos: lo auténtico ya no es antinómico del artificio, ha entrado en la era de la producción tecnocientífica «limpia».

Inseguridad y salud

Las tres justificaciones que se esgrimen con más frecuencia en relación con este tipo de consumo son que los productos bio y locales son más sanos, tienen un sabor «verdadero» y respetan el medioambiente. Domina la idea de que lo que es natural es mejor para la salud; los productos naturales son más sanos porque son puros, auténticos, próximos a su forma original. Una proporción creciente de la población tiene fe en la bondad de la naturaleza y piensa que los productos químicos utilizados por la industria alimentaria son tóxicos, nocivos para la salud, precisamente porque son químicos, no naturales.

Por este motivo la mayoría de los consumidores están convencidos de que nuestra alimentación es menos sana que en el pasado: cuanta más artificialidad industrial hay, más declina la autenticidad y domina el sentimiento de que los peligros sanitarios aumentan; sin embargo, esto ocurre precisamente cuando hay una seguridad alimentaria como nunca antes. Contra la «desnaturalización» de los alimentos industriales, lo natural se presenta como lo «original», la esfera por excelencia de lo auténtico cuya virtud inestimable es permitirnos conservar nuestro «capital de salud». Lo no auténtico se identifica con la agricultura industrial que, al no ser natural, constituye un peligro para la salud. Por el contrario, lo auténtico es lo natural, el elemento salvador que da seguridad, que nos prepara para afrontar las enfermedades y preserva nuestra salud.

La salud es el principal motor del consumo de productos auténticos: la mayoría de los consumidores que compran productos respetuosos con el medioambiente lo hacen ante todo porque dichos productos no tienen un impacto negativo en la salud. La atracción de lo «natural» es inseparable del aumento de los miedos vinculados a alimentos producidos por la industria y fuertemente acentuados por los escándalos alimentarios que han ido surgiendo en los últimos veinte años. Según un estudio de TNS Sofres «FOOD 360», en 2016, casi un 80 % de los franceses se declaraban preocupados por los efectos de la alimentación en su salud. Los miedos alimentarios acompañan al hombre desde hace miles de años. Pero ahora ya no se trata de la hambruna, sino del miedo a intoxicaciones atribuibles a la agroindustria, el temor a los OGM y los alimentos tratados químicamente y ultratransformados. La pasión por los productos naturales y de granja radica en una cultura marcada por el aumento de la sensación de riesgo, la desconfianza hacia las sustancias químicas utilizadas por la agricultura industrializada.

La centralidad de la cuestión de la inseguridad y la salud en la alimentación contemporánea conduce a reconsiderar la teoría, propuesta por Boltanski, de la nueva exigencia de autenticidad en nuestras sociedades. Según el sociólogo de la «crítica artística» del capitalismo, la demanda de autenticidad debe vincularse con la estandarización moderna de la vida, con la producción y el consumo de masas que uniformizan la vida, los deseos y los seres. El modo de producción industrial de bienes con el que los individuos pierden toda singularidad y diferencia ha provocado una intensa demanda de diferenciación y productos singulares, es decir, auténticos.[1] Así pues, en el inicio del despegue de los deseos de autenticidad, está el ideal de singularidad individual característico de la «crítica artística». El libro de Boltanski tuvo el mérito de hacer hincapié en la importancia de la cuestión de la autenticidad en el capitalismo posfordista, pero la interpretación global propuesta resulta unidimensional al no mencionar la cuestión de la nueva centralidad de la relación con la salud, del miedo a los riesgos sanitarios.

En el ámbito de la alimentación, no está en juego el «déficit de diferencias» de los productos, las funciones, los usos y las personas, sino el déficit de seguridad de los productos. La aspiración a la alimentación bio y de proximidad no está vinculada a la reivindicación artística de la autenticidad, sino que radica en el rechazo de la pérdida de diferencia entre los seres, no se nutre de la crítica de la uniformización de las personas, sino que se despliega bajo la presión de la conciencia de «ries-

---

1. Luc Boltanski y Ève Chiapello, *Le nouvel esprit du capitalisme, op. cit.*, pp. 529-546.

gos invisibles» (Ulrich Beck), del sentimiento de inseguridad amplificado por varios escándalos alimentarios, del miedo a los productos químicos utilizados y considerados peligrosos para la salud. Los consumidores de productos naturales y locales consideran que estos son una manera de garantizar su seguridad sanitaria: lo que buscan son alimentos sin riesgo, una alimentación sana y protectora, fuente de seguridad. Los deseos de autenticidad del individuo de buen comer hipermoderno se afirman contra la sociedad de riesgo y no contra la sociedad estandarizada.

Una búsqueda de seguridad cuyo beneficio para los individuos no es solo sanitario, sino también subjetivo. En el momento en el que los individuos tienen la sensación de tener cada vez menos poder sobre las cosas y los acontecimientos, tomar de nuevo las riendas del problema de la inseguridad alimentaria, ejercer un control sobre las compras, da la satisfacción de controlar personalmente la propia alimentación y, así, dominar mejor el cuerpo, ser actor del propio consumo y de la propia vida. La opción de lo natural y lo local puede interpretarse como una herramienta para que los consumidores retomen el poder, un «acto de autorregulación» que refuerza la sensación de poder sobre el propio modo de existencia.[1] La búsqueda de autenticidad funciona, en este plano, como un medio de empoderamiento del consumidor.

Consumir mejor: el ideal de calidad de vida

Si los productos auténticos van viento en popa no es únicamente por una cuestión de calidad y «mantenimiento sanitario». A través de los circuitos cortos de distribución de los

1. Betsy Donald y Alison Blay-Palmer, «Manger biologique à l'ère de l'insécurité», *Lien social et Politiques* (57), 2007.

productos alimentarios, los consumidores también van en busca de productos que se distinguen por su cualidad de frescura y sabor. Al permitir reducir el tiempo de transporte y el número de intermediarios, al hacer posible ofrecer productos de estación, los circuitos cortos son garantía de frescura y de sabores sabrosos: su calidad organoléptica es incomparable con la que encontramos en las grandes superficies. La ventaja de las frutas y verduras disponibles en circuito corto reside en que se recogen maduras y se cultivan sin pesticidas, han madurado al aire libre y no en invernadero. De ahí unos aromas y sabores que no tienen parangón con los de los productos de la industria agroalimentaria que han viajado cientos o miles de kilómetros en camiones y contenedores refrigerados.

En este sentido, la valorización del consumo local de circuito corto no puede separarse de la nueva cultura de autenticidad reconfigurada por el hedonismo consumista. El otorgar un lugar preferente a lo auténtico responde a los deseos de los consumidores de probar sabores óptimos, reencontrar cualidades gustativas superiores y, a veces, perdidas, poder apreciar el sabor «real» y auténtico de los alimentos, cosa que no permiten los productos de sabor «falsificado» ofrecidos por las redes de gran distribución. Como reacción a la ausencia de sabor de los alimentos producidos de manera intensiva, los consumidores valoran la calidad y los alimentos que les proporcionan placer, aprecian poder comer productos cultivados como antaño, redescubrir variedades antiguas o específicas de la región. Placeres que a veces tienen ese aspecto lúdico que proporcionan los sistemas de cesta «sorpresa» o insólita.[1] Por ello el entusiasmo creciente ante la oferta «locavorista» se presenta como una de las expresiones del consumidor hipermoderno «estetizado», de su exigencia de placeres alimentarios

1. Véase, Aurélie Merle y Mathilde Piotrowski, «Consommer des produits alimentaires locaux: comment et pourquoi?», 2011, hal-00607840.

cualitativos, de novedades, sorpresa, emociones y experiencias sensoriales.

A través del éxito del «consumo local» se expresan además las ganas crecientes de contactos humanos «auténticos», imposibles de encontrar en el entorno formateado, liofilizado, impersonal, de las grandes superficies. Es el placer de los intercambios no estandarizados con los agricultores locales, del aspecto «humano» y variopinto del ambiente de los mercados al aire libre. El reino contemporáneo de la cultura de la autenticidad hace que aumente el deseo de contactos directos con los pequeños productores, de intercambios «simpáticos», cordiales, informales o poco formalizados, ajenos al universo programado y artificial de la gran distribución. Si el ideal de autenticidad conduce a privilegiar la relación de sí consigo mismo, también tiende a hacer apreciar los intercambios interpersonales menos institucionalizados, más personalizados, más «verdaderos».

Con la búsqueda de la salud, el placer de las cualidades gustativas, la felicidad de los intercambios personalizados los nuevos adeptos del «consumir mejor», del «consumir de otra manera» echan por tierra el reino de lo cuantitativo y el productivismo. En este momento los consumidores ya no buscan solo acceder al confort material moderno, sino que buscan una alimentación sana y respetuosa con el medioambiente, un bienestar cargado de valores sensoriales y emocionales. La alimentación industrial calibrada se rechaza en nombre de una alimentación de calidad: la fase III de la autenticidad es portadora de la promoción del paradigma de la calidad de vida.

Un ideal de calidad de vida que ahora se afirma, más allá de la alimentación, en todos los sectores: el hábitat, la ciudad, los transportes, los ritmos de vida (elogio de la lentitud, *slow food, slow city, slow tourism*), la relación con el cuerpo (yoga, talasoterapia, spas y saunas), el medioambiente, el aire y los paisajes. Se construye una nueva era del bienestar marcada por la demanda de un vivir mejor multiforme, ecológico y urbano, de consumo y sensitivo, sanitario y estético. Aparecen nuevas expectativas y prácticas que rechazan el frenesí consumista y cuya referencia son los valores ecológicos, pero también y sobre todo la ética individualista de la autenticidad (realización de sí). Las palabras clave de la época ya no son revolución ni anticonsumo (fase II), sino autenticidad y calidad de vida incluso en el propio ámbito del consumo.

El *ethos* de autenticidad ya no se basa en una voluntad de subversión del sistema, sino en el deseo de ser plenamente sí mismo a través de un modo de vida más sano, más equilibrado, menos precipitado: la calidad en lugar de la cantidad, lo mejor en lugar de más. Si bien la valorización del ideal de calidad de vida no puede desvincularse del auge del capitalismo de consumo, también es indisociable del auge del ideal de autenticidad como ideal que celebra la plenitud subjetiva, el bienestar global de las individualidades.

EL CONSUMO COMPROMETIDO

El entusiasmo por lo bio y lo local se fundamenta también en otras motivaciones, principalmente motivos éticos y ecológicos. Consumir alimentos bio y locales puede ser vivido como un acto de ciudadanía, un gesto ético, un compromiso que contribuye a preservar el medioambiente, pero que a la vez expresa el rechazo ante el sufrimiento de los animales y la solidaridad con los pequeños campesinos para que puedan vivir de su trabajo. Elegir productos bio y locales se equipara a una forma de «comer de manera responsable», de expresar unos valores y una elección social. Al comprometerse con los pequeños productores, al combatir la dominación de la gran distribución, los consumidores sienten la satisfacción de hacer un gesto solidario para reforzar la economía local, el mantenimiento del empleo en la zona, la protección del medioambiente y el bienestar animal. La elección de productos ecológicos y locales traduce la voluntad de ser un consumidor ciudadano, un «consumiactor» cuyos actos expresan la totalidad de la persona, sus valores y convicciones, mucho más allá de la función utilitaria del consumo. Estos actores intentan que no se les encierre en el papel «funcional» de consumidor, ya que ven en su elección una manera de dar sentido al consumo, una forma autónoma de ser uno mismo, de definirse por sí mismo y sus convicciones, y no en función de los mandatos del mercado y de criterios externos a sí.

El consumidor ciudadano

El consumo ciudadano va mucho más allá de los límites del ámbito de la alimentación. Ahora, los consumidores firman peticiones, eligen comprar o boicotear una marca basándose en su toma de posición, algunos se niegan a ser clientes de las grandes superficies o de Amazon. Son muchas las asociaciones, las páginas web y grupos de Facebook cuyo objetivo es sensibilizar en temas de ecología, «reaprender a comprar solo lo esencial», apoyar el «do it yourself», el comercio local, a los pequeños productores y los pequeños autónomos. Surgen iniciativas que, a través de jornadas de acción («Buy Nothing Day», «Green Day», «Día mundial sin móvil», «Febrero sin supermercado»), hacen un llamamiento para salir de la lógica de «todo es de usar y tirar», para sensibilizar ante los daños del sobreconsumo, para promover un modelo de consumo duradero y responsable.

También se observa el auge de los productos con el sello de «comercio justo» que aseguran una remuneración más equitativa a los productores, sean de países en desarrollo o del propio país. Una gran mayoría de consumidores franceses declaran estar de acuerdo con pagar más por los productos del comercio justo que por los productos tradicionales, sobre todo si se fabrican en Francia. Privilegian las marcas que «tienen en cuenta el medioambiente», «respetan ciertos valores sociales», «salvaguardan el empleo en Francia»: afirman estar dispuestos a recomendar una marca que apoye activamente una buena causa. Se eligen las marcas que tienen un impacto positivo tanto en la sociedad como en los ecosistemas: el compromiso social y medioambiental de las empresas se ha convertido en uno de los factores que determinan las preferencias y decisiones de compra de los consumidores.

Mil gestos materializan el *ethos* del consumo responsable y ciudadano: alimentos bio y locales, no derrochar, reparar en lugar de tirar, alquilar en vez de comprar, limitar el consumo de carne, reducir el consumo de electricidad, seleccionar los desechos, privilegiar los transportes colectivos y compartir coche, viajar en tren en lugar de en avión, ir a la compra a pie o en bicicleta. La fase hipermoderna de la autenticidad es contemporánea de la aparición de lo que se denomina el consumo responsable y ciudadano, un consumo que se presenta como un ámbito que exige un compromiso de sí portador de valor y sentido.

No nos equivoquemos: para la mayoría no se trata de dar la espalda al mundo del consumo material, sino de comprar productos «limpios», saludables y buenos para el medioambiente. No se trata de renunciar a los placeres del consumo comercial, sino de consumir sano y «verde», contaminar menos, derrochar menos, elegir las compras en función de su impacto en el medioambiente: la vida auténtica ya no es sinónimo de anticonsumismo sistemático, sino de consumo responsable y ciudadano. Tampoco se trata de vivir a contracorriente de la sociedad, casi en autarquía y en el rechazo integral del mundo comercial, sino de integrar la dimensión ética y ecológica en el ámbito de las compras.

Los adeptos de los productos ecológicos, del comercio justo, de los productos del lugar no son mayoritariamente desconsumidores utópicos que huyen del mundo y rechazan los intercambios comerciales. Esto es tan cierto que gastan más que la media de los consumidores en un gran número de productos de referencia. En nombre de la autenticidad, el turista verde realiza numerosos gastos: navegación en gabarra, rutas de senderismo y trekking organizadas, viajes al otro extremo del mundo para descubrir paisajes «vírgenes». El consumo ecociudadano y su inquietud por la autenticidad ya no son antinómicos con el universo comercial. En la fase II, la búsqueda de la autenticidad se afirmaba en el rechazo de la sociedad de consumo; ahora se materializa en el seno de esta a través de comportamientos preocupados por el sentido, las etiquetas ecológicas, la transparencia y los productos justos. Vemos una vez más que, en la fase III, la ética de la autenticidad no es una ética de la oposición, sino que se integra en el orden comercial.

Consumo responsable y autenticidad personal

Es innegable que nuestra época ve progresar, sobre todo entre los jóvenes, un espíritu nuevo de consumo marcado por la exigencia de dar sentido a los actos de compra. Para el consumidor comprometido, comprar un producto es mucho más que un comportamiento cuyo único fin es la búsqueda de un goce privado; se trata de adoptar y defender un conjunto de valores, afirmar una visión del mundo, contribuir a mejorar el presente y preparar un futuro mejor. Ahora que la «crisis ecológica» levanta temores y preocupaciones de cara al futuro del planeta, el acto de consumir se convierte, para un número creciente de personas, en una forma de compromiso ético y político, un medio para afirmar valores y rechazar otros, una manera de actuar por el bien común. Cuando las grandes ideologías políticas no movilizan ya las pasiones y cuando las instituciones religiosas dejan de ser las instancias que proporcionan el sentido de la vida, el consumo pasa a ser un ámbito que va acompañado de búsqueda de sentido y que apela al compromiso de sí. Si uno de los aspectos de la cultura del *be yourself* favorece un consumo desaforado y autocentrado, otro lleva a comprar de forma responsable, a implicarse en el consumo en función del propio sistema de valores, a considerar la actividad de la compra como un comportamiento ciudadano, una forma de participación en la vida social y política.

Filósofos y sociólogos han cuestionado esta lectura, ya que para ellos la compra de alimentos bio y locales no son una forma de consumo responsable, sino una forma de consumo competencial que sirva para desmarcarse, distinguirse de las masas, conseguir prestigio social rechazando la sociedad de consumo borreguil. Comprar alimentos bio es, para ellos, en esencia una manera de parecer alternativo y rebelde, moralmente superior, diferente a los demás. Por lo tanto no sería un consumo ciudadano, sino una nueva forma de consumo estatutario, un consumo guay, a la moda, que gusta a los *bobos* (burgueses-bohemios), preocupados por distinguirse de las masas haciendo gala de su anticonformismo.[1] Esta interpretación bajo la autoridad del paradigma de la distinción es un ejemplo perfecto de reduccionismo sociológico: al no reconocer la fuerza de los ideales y el papel de los valores en la identificación de sí, no puede hacer justicia al fenómeno del consumo comprometido.

El enfoque, que reduce el compromiso responsable en el consumo a una búsqueda de distinción estatutaria y honorífi-

---

1. Joseph Heath y Andrew Potter, *Révolte consommée. Le mythe de la contre-culture*, trad. fr. de Élise de Bellefeuille y Michel Saint-Germain, Naïve, 2005, pp. 366, 405-406. (Hay traducción española: *Rebelarse vende. El negocio de la contracultura*, trad. de Gabriela Bustelo, Taurus, Barcelona, 2005.)

ca, se queda corto. Ya que la aparición de estos comportamientos es debida al sentimiento de sí y no al juicio de los demás. No estamos ante una búsqueda de beneficio social (prestigio del reconocimiento), sino ante un medio para afirmar valores éticos y medioambientales y, por lo tanto, para autodefinirse a través de elecciones autónomas expresando lo que somos. Al realizar elecciones ecorresponsables, al rechazar las presiones y el modelo del hiperconsumo, el consumidor comprometido expresa una identidad personal autónoma y elegida de acuerdo con sus propias convicciones. No se quiere parecer guay, sino ser un consumidor libre, consciente, activo, que se gobierna a sí mismo en función de su visión del mundo.

Lo que se consigue con ello no es la imagen social, sino la estima de sí, la satisfacción de ser un sí autónomo, no manipulado, que se construye en el rechazo de los cantos de sirena consumistas. Si es innegable que el consumo responsable se legitima en nombre de valores superiores a sí (solidaridad, protección del planeta), también es innegable que es una de las figuras contemporáneas de la ética de la autenticidad personal, un camino que permite sentirse satisfecho de sí, una manera de aumentar el bienestar existencial y la estima de uno mismo. No es el ir «a la caza de lo guay», sino que es la búsqueda de empoderamiento y autoafirmación subjetiva aquello que dirige la cultura individualista del consumo comprometido.

Consumidor ciudadano, comprador utilitarista

Los que comentan las encuestas lo repiten en bucle: los consumidores están a la espera de un suplemento de autenticidad, de sentido y sinceridad por parte de las marcas. Esto se repite incansablemente: los compradores se han vuelto en extremo exigentes en materia de honestidad y ética de la oferta comercial.

Sin embargo, hay que reconocer que del dicho al hecho hay un trecho. Y es que varios ejemplos recientes muestran que la importancia dada a la autenticidad es menor en relación con la que se afirma en las encuestas de opinión. Recordemos el escándalo Volkswagen: un fabricante que dotó a sus vehículos con un programa que permitía falsear las mediciones, hacer trampas a gran escala en las pruebas medioambientales. No obstante, los resultados comerciales de la marca solo se vieron relativamente afectados por ello: es cierto que en Estados Unidos las ventas descendieron un 13,6 %, pero a nivel mundial el descenso fue solo de un 0,9 %. A pesar del Dieselgate, los consumidores han seguido confiando en el fabricante.

Tras conocerse la noticia sobre el trabajo infantil, Nike sufrió un boicot: desde entonces la marca goza de una salud insolente. A pesar del escándalo de la recogida de datos personales por parte de Cambridge Analytica, Facebook, tachada de «gánster digital» por los diputados británicos, ha seguido viendo cómo se multiplica la cantidad de usuarios: el número de cuentas en Facebook ha aumentado un 8 % cada trimestre. El torrente de críticas que se abatió sobre la red social no le impidió reclutar a setenta millones más de usuarios mensuales durante los tres primeros meses de 2018. Se celebra a bombo y platillo el gusto por los productos auténticos, pero nunca como ahora se compran tantas falsificaciones. Los productos justos y solidarios gozan de una excelente imagen ética: según una encuesta de BVA publicada en 2013, el 78 % de los franceses «formulan apreciaciones positivas sobre el comercio justo». Sin embargo constituye un mercado limitado. Se aprecian los productos justos, pero solo se compran con moderación.[1]

1. De media, un francés gasta diez euros al año en el comercio justo, muy por detrás de los suizos (sesenta euros), los ingleses y los suecos (treinta y un euros).

Esto no quiere decir que la demanda de transparencia y autenticidad sea ilusoria: simplemente su fuerza de dirección de los comportamientos es menor de la que sugieren las encuestas. Los consumidores eligen la autenticidad, pero, en la práctica, se da prioridad a los precios: si hay pocas personas que compran productos «justos», es debido a los precios altos, pero también a que todo un conjunto de consumidores no se siente concernido por la cuestión de la equidad. No debemos creer que el neoconsumidor se ha convertido en un caballero de la virtud: ante todo, lo que le importa es su placer, su interés, su salud. Las motivaciones éticas desempeñan un papel creciente, pero en muchos casos no son dominantes. La retórica de la autenticidad es la que reina con todo su poderío, no el comprador ético.

Es cierto que nuestra época asiste al auge de nuevas voluntades de consumo más «virtuosas»: ecoconsumo, ecomovilidad, alimentación bio, y también reparación de objetos, bienes y servicios compartidos, prácticas de alquiler entre particulares, compras de objetos usados: lo que ahora se denomina economía colaborativa, la *sharing economy*. Es innegable que un cierto número de consumidores se ve seducido por estas nuevas formas de consumo que, con su apariencia alternativa, da la sensación de un modo de vida más auténtico, menos normalizado, más amigable, liberado de la «dictadura» de los circuitos comerciales oficiales. Sin embargo, para la mayoría de los usuarios lo que prima son las motivaciones utilitaristas: pagar menos por un servicio, obtener un precio mejor, dar con una ganga, optimizar los gastos y el poder de compra. Es un error analizar el consumo colaborativo como un rechazo de la cultura del hiperconsumo.

Lo que se busca es, ante todo, la posibilidad de poder seguir consumiendo cuando los precios en los mercados «clásicos» son muy elevados para el presupuesto del que se dispone. Se trata de gastar menos para consumir más, seguir gozando de experiencias emocionales variadas y recreativas (viajes, juegos, prendas de vestir, electrodomésticos...) gracias a «chollos» o a un complemento de ingresos facilitados a través de las plataformas colaborativas (reventa de bienes, oferta de alojamiento en la propia casa, movilidad compartida, compra de productos de ocasión). El objetivo que se persigue es conseguir evitar verse obligado a privarse de lo que es «importante» para cada uno de nosotros y esto se intenta a través de servicios menos costosos, adoptando prácticas más económicas, menos convencionales (compartir el coche, hacer compras directas entre particulares). Por lo tanto nada de desconsumo ni desafección de la lógica consumista, sino seguir con el hiperconsumo por otros medios.

¿HACIA UNA CIVILIZACIÓN FRUGAL?

Además, las probabilidades de que se eclipse en un futuro próximo la seducción consumista son escasas. No perdamos de vista que la sed de goces materiales no es una moda pasajera ni el simple resultado de operaciones de marketing: es un fenómeno consustancial a las sociedades modernas, abiertas y destradicionalizadas. En realidad, el apetito consumista hunde sus raíces en fenómenos de fondo como la destradicionalización de las sociedades, el Estado social democrático y las economías basadas en la innovación perpetua. Todas ellas, lógicas estructurales que moldean culturas marcadas por el amor al cambio, el «mal del infinito» (Durkheim), la pasión por la novedad y por el bienestar material. Emancipados del peso de las tradiciones, los individuos quieren «complacerse» y «sueñan con lo imposible», están siempre sedientos de cosas y goces nuevos. Dado que la pasión neofílica tiene su raíz en el Estado social democrático-individualista, es poco probable que las llamadas a una auténtica frugalidad tengan el poder de destruir la influencia que ejerce el culto de los goces consumistas. Nos equivocamos si anunciamos, en vista de movimientos reales pero circunscritos, la aparición de una cultura frugal, posconsumista o de desconsumo. Estamos muy lejos de ella.

Frugalidad feliz, consumo colaborativo, ecoconsumo: por muy reales que sean, estos fenómenos en modo alguno han conseguido destruir la pasión por las compras de los consumidores. En treinta años, las compras de bienes manufacturados efectuadas por los franceses se han duplicado, los electrodomésticos se han multiplicado casi por seis en dieciocho años. Las ventas de coches nuevos, periódicos o muebles pueden descender, pero no expresan en absoluto una inversión de tendencia global ya que estos descensos esconden «efectos de sustitución»: la caída de las ventas de periódicos en papel han beneficiado la compra de ordenadores y tabletas. El retroceso del consumo de carne se compensa con el de leche, queso o huevos. Ya no se cree ciegamente en el desarrollo duradero, pero compramos prendas de vestir dos veces más que hace veinte años y las conservamos durante un tiempo dos veces menor. En la ciudad se utiliza más la bicicleta y, para las distancias cortas, el *flight shaming* («la vergüenza de coger el avión») se ha convertido en tendencia: esto no impide que, según la IATA (Asociación internacional de transporte aéreo), el número de pasajeros aéreos en el mundo debería duplicarse de aquí a 2037 para alcanzar los ocho mil doscientos millones.

Deseamos un desarrollo económico sostenible, pero el consumo de energía de lo digital aumenta un 9 % al año; creamos neologismos que expresan la «vergüenza de comprar» (*köpskam*, en sueco), pero las ventas en internet aumentan cada año, al igual que el consumo de cosméticos, series de televisión, conciertos, videojuegos, parques de ocio. La entrega de comida a domicilio, así como las modalidades de restauración rápida, son mercados que siguen creciendo. Nunca ha habido tanto consumo de restaurantes, ocio, moda, música, películas, festivales, cuidados corporales y estéticos. En las encuestas, ya pueden los consumidores occidentales declarar que desean consumir «menos» y «de otra manera»: en realidad, la sed de consumir productos y servicios en absoluto está en retroceso. A menos que ocurra una catástrofe planetaria, el reino de la autenticidad frugal no es algo inmediato.

Esto no significa que lo que viene será parecido al mundo de hoy. Todo indica lo contrario: es probable que en cierto sentido, mañana, todos seamos ecoconsumidores y habremos asumido el imperativo de luchar contra la contaminación y reducir la huella de carbono de nuestros modos de vida. Debido al calentamiento climático, a las nuevas legislaciones medioambientales, al desarrollo de las energías renovables, el imperativo ecológico va a remodelar de manera irresistible la oferta comercial, los modos de vida y las maneras de consumir. Sea de hecho, sea por compromiso ciudadano, el consumo será cada vez más «verde». Sencillamente, la mutación que está en curso no seguirá el modelo de la austeridad voluntaria. Lo que se vislumbra no es el *ethos* de una autenticidad marcada por la simplicidad, sino la persecución de las pasiones consumistas unida a la preocupación ecológica, el auge de un nuevo tipo de hiperconsumidor que combina la aspiración incesante de poseer las novedades y la preocupación por la protección del medioambiente.

VIII. MODA Y BELLEZA

Es tal el auge de la cultura de la autenticidad que se manifiesta hasta en las esferas más refractarias ante este ideal, la moda en primer lugar ya que es el ámbito por excelencia de la apariencia, el mimetismo y la frivolidad. En el estadio consumista de la autenticidad, incluso el continente moda registra la onda de choque del ideal de la adecuación a sí.

LA MODA INCLUSIVA

De la misma manera que nuestra época asiste a la aparición del consumo ciudadano, también las marcas de moda empiezan a tomar el camino señalado por el ideal de autenticidad.

Marcas y creadores se empeñan actualmente en liberar la moda de los estereotipos y dictados de la belleza acusados de destruir la confianza de las mujeres en sí mismas. La tendencia consiste ahora en celebrar todas las morfologías, todas las tallas, todas las edades, todos los colores de piel. El momento actual está marcado por la irrupción de la «moda inclusiva», del movimiento denominado «body positive» que reivindica no excluir a nadie poniendo en valor todos los tipos de cuerpo, incluso aquellos que, hasta ahora, no tenían acceso a la gloria

265

de las pasarelas. Lo que se llama moda inclusiva representa una nueva manifestación del auge de la ética de la autenticidad, que afirma que cada persona debe poder, en nombre de alcanzar su plenitud, expresar su individualidad singular.

Este movimiento se ilustra a través de las colecciones de *prêt-à-porter* que van dirigidas a todos los cuerpos, ofrecen prendas adaptadas a todas las siluetas, lanzan las «tallas grandes» que corresponden a todas las morfologías, pero que también adoptan políticas de comunicación inclusiva al hacer desfilar en las pasarelas a maniquíes de todas las edades, morfología y color de piel. Marcas de *prêt-à-porter* en línea (Asos, Missguided, Target, Boohoo) recurren a maniquíes de morfologías variadas y ya no retocan las fotografías donde aparecen las imperfecciones del cuerpo, estrías, celulitis y otras cicatrices. Otras contratan a musas con las axilas sin depilar (Nike). Incluso el gigante de la lencería Victoria's Secret, acusado de promover una imagen hipersexualizada de la mujer, ha reclutado por vez primera a una maniquí «talla grande» y a otra transgénero.

Ahí está el mundo de la moda dispuesto a luchar contra la belleza estandarizada, irreal y «de photoshop», que defiende la diversidad y la autenticidad, que celebra la imagen sincera de los cuerpos en lugar de una estética de papel satinado. Se acabaron los himnos a la perfección y los estándares inalcanzables, es el momento de subrayar la heterogeneidad y la singularidad de los cuerpos: un nuevo soplo de libertad para la moda femenina dedicada al «body positive, la autenticidad y la confianza en el propio sex appeal en todas sus formas» (Calvin Klein).

Dado que su objetivo es poner fin a la visión excluyente de la belleza, rendir homenaje a todas las formas de feminidad, la moda inclusiva es de esencia democrática. Llevada por el imaginario de la igualdad, expresa el rechazo de toda discriminación étnica, de toda «élite» estética, de toda jerarquía corporal. La cultura democrática de la igualdad persigue inexorablemente su trabajo de erradicación de las figuras de la disimilitud humana a favor de una estética sin jerarquías en la que todas las características corporales tienen derecho al reconocimiento de todas las bellezas, de todas las morfologías, de todas las edades.

En un momento en el que el principio «sé tú mismo» se ha vuelto consensual, la moda se empeña en romper los estándares de la belleza que impiden a las mujeres aceptarse y dirigir una mirada positiva sobre sus formas. En la fase III, ser uno mismo es sinónimo de sentirse a gusto con el propio cuerpo: esto implica dejar de compararse con modelos «imposibles» que te hacen sentir inferior, dejar de ser esclava de normas inalcanzables creadoras de «complejos» y desvalorización subjetiva. Para que las mujeres puedan desembarazarse de la imagen negativa de sí mismas y considerar su cuerpo con benevolencia, la moda pone en escena cuerpos diversos y exhibe la singularidad de nuevos iconos: mujeres mayores, con arrugas, *oversize*, pequeñas, trans, no binarias, discapacitadas, de color, con alopecia o vitíligo. Si la deconstrucción de las imágenes superlativas de la belleza femenina y la valorización correlativa de la belleza singular están en marcha es porque este proceso se presenta como la vía que permite a las mujeres reencontrar una mejor estima de sí mismas, reconciliarse con sus cuerpos, aceptarse y gustarse tal como son.

Una vez más, se pone en evidencia la fuerza actuante de la ética de la autorrealización personal. Bajo su égida, las marcas trabajan para acabar con el terrorismo de los códigos estéticos, con todas las discriminaciones y exclusiones que los habitan; ella es la que ha hecho posible el movimiento contemporáneo de reconocimiento de la diversidad en el campo de la moda, de descalificación de los estereotipos y de los dictados de la belleza.

Al traducir el ideal de ser una misma, los desfiles inclusivos ponen en valor a mujeres que ya no se adecuan al mismo estándar estético y étnico. Sin embargo, este avance concreto del derecho a ser uno mismo no significa en absoluto que la moda se haya convertido en todas partes a la cultura de la autenticidad. Ejemplo de ello son las puestas en escena hiperespectaculares de ciertos desfiles que se asemejan a decorados de cine o teatro, pero también los atuendos *hype* creativos, festivos y exuberantes. La ética de la autenticidad trabaja para poner fin a las discriminaciones estéticas, pero lo hace a través de juegos teatrales y artificiosos. Nuestra época registra el oxímoron de la alianza entre autenticidad y frivolidad, entre singularidad subjetiva y teatralidad espectacular.

MODA, INFLUENCIA Y SUBJETIVIDAD

Dado que para estar a la moda resulta imperativo seguir la tendencia del momento impuesta desde fuera del sí, la moda parece ser radicalmente antinómica con la autenticidad personal. Ni espontaneidad libre, ni coincidencia con la verdad de sí, ni preocupación por ser uno con nuestro ser más íntimo, el estar a la moda se modela sobre otro, se mira con los ojos de los demás, sigue la práctica de los demás.

Este conformismo de la moda no se ha esfumado: se perpetúa, en particular entre los adolescentes adictos a las marcas y tendencias que triunfan entre los individuos de su edad, al igual que en las prácticas del cuerpo (regímenes, ejercicios de fitness, productos para el cuidado corporal, cirugía estética) cuyo objetivo es aproximarse a las imágenes superlativas, publicitarias de la belleza.

La moda y el teatro de sí

No obstante se han producido transformaciones institucionales y culturales que han creado, por vez primera, las condiciones de una relación más individualizada e íntima con la moda. Se ha puesto en pie un nuevo sistema de la moda cuyas características inéditas son la multiplicación de estilos, la desunificación de tendencias, la proliferación de los modelos.[1] Este cambio estructural ha producido una individualización de la relación con la moda que permite a cada cual liberarse del dictado de los modelos impuestos y así poder componer su apariencia, cambiarla a placer, ponerse en valor en función de los propios gustos, estado de ánimo y ganas.

Ya no se elige un modelo porque «está de moda», sino porque nos gusta, está en «nuestra onda», corresponde a una estética o un posicionamiento cultural que «se nos asemeja». Se despliega una relación nueva con las prendas de vestir que antepone la adecuación al sí personal a la mirada del otro y a la estricta conformidad con la última moda. Bajo este punto de vista, la moda registra la revolución de la autenticidad: el fin del despotismo de las tendencias ha abierto una posibilidad mayor de ser uno mismo en la relación con el vestir, sin que esto implique ni mucho menos un «estar fuera de las normas», una excentricidad o una originalidad radical. La subjetivización de la relación con el vestir marca la irrupción y el trabajo del ideal de autenticidad individual en el ámbito de la moda.

Además, una generación nueva se complace cultivando una práctica carente de estética que consiste en llevar prendas amplias y cómodas, que dan a la apariencia un look común y corriente, una especie de «inocencia perdida», una sencillez sin afectación. En este caso, uno ya no se viste para aparentar o

---

1. Por tomar un único ejemplo de *fast fashion*, extremo en verdad, la marca Boohoo propone cien nuevos modelos cada día. En este caso, se pasa de un sistema dirigido por la oferta a un sistema dominado por la demanda, ya que la marca produce solo unos cientos de ejemplares de cada modelo y únicamente renueva las existencias en caso de éxito. Inversión de la lógica: aquí son los consumidores los que dictan la moda.

seducir, sino para sentirse bien con su look. Una de las tendencias de la moda contemporánea consiste en parecer que solo se obedece a sí mismo sin preocuparse por la moda.

Personalización y simulación

El deseo de afirmar la propia singularidad a través del vestir no es nada nuevo: esta tendencia se puede observar, de hecho, desde el nacimiento de la moda en Occidente a finales de la Edad Media. Sin embargo, este proceso de personalización posee la característica de unirse ahora al universo de las prendas de gran difusión: es la época de la industrialización de la personalización. Al tener en cuenta la necesidad de ser uno mismo, de llevar una prenda única, el mundo industrial ofrece hoy por hoy a los consumidores la posibilidad de personalizar diversos artículos a partir de elementos estandarizados: camisetas, sudaderas, calcetines, deportivas son ahora «customizables».

Son muchas las marcas industriales que proponen ahora un «a la medida» de masas, múltiples variantes y opciones de color o diseño, para responder a los deseos de individualización de los usuarios. Zara, gigante de la *fast fashion*, ha comercializado un bolso customizable con iniciales y un color específico: pronto, será posible hacer que se borden a la demanda motivos y palabras en los vaqueros, las faldas y las chaquetas de denim de la marca. Estamos en el momento de la fabricación en masa de productos individualizados, de la *mass customization* que, gracias a las nuevas herramientas industriales, expresa el auge social del reino consensual de la ética del sí subjetivo.

La cultura del *be yourself* ve también florecer los programas de televisión dedicados a la costura en plan aficionado, los talleres y cursos de costura, los clubs para hacer punto, las plataformas de trabajos manuales, los tutoriales y patrones que

270

se pueden descargar y permiten hacerse prendas según el propio gusto, customizar los trajes, reciclar prendas antiguas transformándolas en piezas únicas. El «do it yourself» se ha vuelto tendencia, ya que una nueva generación revaloriza el hecho a mano para sí y por sí, y le gusta subir sus realizaciones personales a Instagram y demás redes sociales. Coser, tricotar, hacer ganchillo, remendar ya no son actividades tradicionales limitantes, sino que se perciben como formas de ocio hedonista y creativo cuyo objetivo es intercambiar con los demás, romper con el hiperconsumo, escapar de la gran distribución y de los productos fabricados en cadena, ser uno mismo en el hacer manual y expresivo.

La necesidad de cultivar la propia singularidad ha producido la tendencia a dar a las prendas de vestir un efecto artesanal, un aspecto de hecho a mano, que confiere autenticidad. De ahí la moda de los parches autoadhesivos o cosidos, de las prendas con las costuras a la vista que, al dar un estilo singular a la ropa, permite escapar del anonimato de la moda industrializada. Los parches autoadhesivos ya no son solo para niños y la costura de escudos ha dejado de ser una práctica anticuada: estas actividades de «do it yourself» se han convertido en uno de los medios utilizados para customizar la ropa, hacer que los vaqueros, las cazadoras y las mochilas sean «únicos», personales, guay. Una de las maneras de ser uno mismo consiste en personalizar la moda industrial «sin alma», adornar nuestras prendas de vestir con escudos elegidos, motivos originales y vistosos.

Igualmente, la moda de los vaqueros agujereados y con cortes también está vinculada con la cultura hipermoderna de la autenticidad subjetiva, que ensalza la desformalización, la espontaneidad, el estilo desenfadado, la singularidad. He aquí una moda que hace todo lo posible para lucir hasta el exceso una imagen de autenticidad, a través del teatro de la ropa de apariencia singular, «verdadera», tener una historia atípica, imprevisible y atormentada. Los vaqueros lacerados, desgarrados o ensuciados con barro falso, ofrecen el mérito, para todo un conjunto de jóvenes, de presentar un aspecto rock, transgresivo, *trash*, no acartonado, no alineado y, por todo ello, singular. El éxito de los vaqueros agujereados hace eco del ideal de ser uno mismo ya que permiten exhibir un look «salvaje», no conformista, emancipado de los códigos vestimentarios uniformes y «distinguidos», demasiado refinados y demasiado «limpios».

Cierto que son vaqueros agujereados, descoloridos y gastados, pero todo ello conseguido artificialmente en la fábrica: la moda juega con lo verdadero-falso envejecido, con lo verdadero-falso *destroy*. No se trata de ofrecer la pátina del tiempo real, sino de imitar las heridas naturales del curso de la vida mediante procedimientos industriales. El desgaste y las alteraciones intentan dar al denim la autenticidad de la vida, pero no por ello el proceso deja de ser perfectamente artificial: la estética de la autenticidad no es más que un efecto de simulación. De modo que la fase III de la autenticidad no va acompañada por la valorización de lo verdadero y del rechazo de todas las formas de falsedad, sino por el gusto por el simulacro de lo verdadero y el espectáculo ostentoso de lo verdadero-falso o de lo falso-verdadero: seudodesgaste, falso viejo, falso sucio, verdadero-falso hecho trizas, falso descolorido. También falsa transgresión ya que este look no es más que un conformismo *hype* y sin riesgo, un signo de moda moderna equiparada a veces a un artículo de lujo. Si nuestra cultura es fuente de deseos de memoria, de artesanía, de productos antiguos portadores del valor de autenticidad, también es fuente de una demanda de simulacros de autenticidad, de falsa antimoda, falsa impertinencia, falsa revuelta, falso antiguo, falsa magulladura.

Un reino de lo falso que testimonia también, en otro plano, la formidable expansión de las compras de imitaciones de marca, favorecidas paradójicamente por la cultura de la subjetividad hiperindividualista. Y esto es debido a que dicha subjetividad, al erigir el sí en instancia de referencia principal, suelta los frenos éticos y culturales ante la compra deliberada de lo falso, eliminando la culpa del hecho de comprar productos ilícitos, disuelve la vergüenza aristocrática de apropiarse de los productos o símbolos a un coste mínimo, legitima el derecho a disponer libremente de sí, a complacerse de inmediato, a gozar de los signos del lujo y la calidad en todos los medios sociales y sean cuales sean los ingresos de los que se dispone. La ética de la autenticidad ha contribuido a la caída de las culturas de clase, a liberar las prácticas de consumo de sus antiguas divisiones sociales, a promover un consumidor utilitarista, oportunista, a veces cínico, sensible a los precios de ganga de las imitaciones y al carácter lúdico de la compra de productos falsos.[1] ¿Por qué privarse del placer de lucir el logo, aunque sea falso, de las marcas más prestigiosas dado que el ideal principal es la plenitud individual? ¿Por qué no hacer trampas o engañar si la imagen de sí sale mejorada? «¿Qué importa el frasco si se consigue la ebriedad?», ¿qué importa lo falso si puede ofrecer un beneficio subjetivo?

En la era del hiperindividualismo, lo importante, para muchos consumidores, no es tanto la autenticidad objetiva de las marcas como la imagen, la apariencia de la realidad de la marca, la optimización de sus goces, el juego de lo verdadero y lo falso, el placer lúdico que ofrece la simulación. Las odas contemporáneas a la autenticidad no deben esconder la tendencia adversa que se manifiesta en las compras deliberadas de productos de imitación, en la reducción del fetichismo del original, de la relativización de la superioridad de lo verdadero ante lo falso. Si la época hipermoderna de la autenticidad

1. André Le Roux, Marinette Thébault y François Bobrie, «Les consommateurs de contrefaçon: le prix n'est pas la seule motivation», *Recherches en sciences de gestion*, 2015, n.º 107.

intensifica las demandas de lo verdadero, de raíces, de sinceridad, también contribuye a eliminar la culpa de lo falso y a su multiplicación.

El momento de los influencers

La individualización en el vestir va acompañada de una distanciación creciente de los discursos de marca, de los medios de comunicación habituales, de los intermediarios, de las estrellas y musas de la moda. La época asiste a la afirmación del papel de los influencers y de las recomendaciones de los «pares» en la red. El fenómeno de los influencers constituye una nueva ilustración de la preeminencia de la cultura de la autenticidad dado que se supone que estos son sinceros al dar su opinión personal, singular, no dirigida por un cálculo de marketing, sobre las prendas de vestir o los perfumes. En el estadio III, la desconfianza ante la comunicación institucional ha conllevado el declive de la publicidad tradicional y el aumento del poder de los influencers y de las opiniones online de los propios consumidores (los «nanoinfluencers»). Ahora el poder de influir se atribuye cada vez más a aquellos que se posicionan como no profesionales, juegan la carta de la proximidad y la autenticidad, proponen un nuevo enfoque más espontáneo, alejado del de las agencias de comunicación.

Sin embargo, los patinazos vinculados a los viajes esponsorizados, las colaboraciones remuneradas con marcas, la multiplicación de los «fake influencers» que compran falsos likes y falsos seguidores para ampliar su comunidad, hacerla parecer mayor o más comprometida de lo que es realmente ha producido un amplio debate sobre la credibilidad de los influencers: ¿auténticos o charlatanes?, ¿sinceros o interesados, verdaderos seguidores o comunidad ficticia? Además planean serias dudas sobre la realidad de las comunidades reunidas por los «macroinfluencers». En este contexto, para distintas marcas, ya no es el número de seguidores lo que constituye el primer criterio de selección de un influencer, sino la calidad de los contenidos comunicados, la coherencia y la creatividad de los posts. Los que deciden el marketing de influencia hacen hincapié en la exigencia de su autenticidad.

El éxito de los influencers puede parecer contradictorio con la exigencia de autenticidad y autodeterminación subjetiva. Al contrario: la entidad que ejerce una influencia no es una instancia dirigista, jerárquica y estelar, sino individualidades que elegimos, que cambiamos a placer y que se nos parecen. Ya nada se impone estructuralmente: solo permanece una adhesión libre, individual, a propuestas en las que nos reconocemos. No nos equivoquemos: los cientos de miles de seguidores de los macroinfluencers no significan en absoluto la vuelta a un sistema que dicta los comportamientos de moda a individuos desubjetivizados. De hecho, cuanto más «gordo» es un influencer, menos impacto real tiene sobre sus seguidores.

LA MODA VINTAGE

Otras tendencias de moda van al compás de la supremacía del ideal de autenticidad personal. Empezando por lo que se denomina el vintage, cuyo éxito es incontestable. En las grandes áreas urbanas, se multiplican las tiendas de ropa de segunda mano en las que tenemos la esperanza de descubrir «tesoros», piezas de «colección», prendas y accesorios de marca creados entre las décadas de 1920 y 1980 e incluso de 1990. Cambio de época: vemos a las estrellas, los famosos, los influencers exhibir un retro guay, *old fashion*. Vestirse con prendas de ocasión ya no es «tabú» en la moda: se ha vuelto *hype*. En la era del hiperindividualismo, «lo pasado de moda es moderno».

El aquí y ahora ya no dominan: el correr detrás de lo nuevo cohabita con correr detrás de la autenticidad a través de la recuperación de estilos del pasado

Si triunfa el vintage es porque se presenta como una no moda que permite actuar de acuerdo con los propios gustos sin tener que obedecer la última tendencia. Debido a que no existe un dictado del vintage, cada cual puede inventarse su apariencia, crear un estilo personal, ser uno mismo y al mismo tiempo moderno. Al desprenderse del look emblemático total de la época del estilo ejecutivo, y mezclar «libremente» las épocas, productos actuales y piezas del pasado, el vintage permite hacer gala de una singularidad «creativa», de una diferencia individual, de una imagen de un sí verdadero, no estandarizado, no conformista.

La distancia con el pasado salta a la vista. Todo el sistema tradicional de la moda se basaba en la oposición binaria «estar a la moda/estar pasado de moda», en el imperativo neofílico de lo siempre nuevo, de estar a la vanguardia, adoptar la última tendencia descalificando de inmediato la de ayer. El culto de lo nuevo consustancial a la moda implicaba un límite estricto para la autonomía individual, la obediencia al gusto del momento se erigía en obligación categórica. Los actores de la moda disponían, es cierto, de cierta holgura para elegir adornos o colores, pero esta autonomía era muy reducida porque obligatoriamente tenía que amoldarse a la última novedad.

Hoy en día ya no es así. La ética de la autenticidad ha conseguido descalificar incluso la obligación secular de seguir las novedades de temporada. Todo tiene que poder ser elegido a placer, los modelos de hoy o los de ayer o anteayer: el sistema estructural «estar a la moda/estar pasado de moda» se encuentra, por vez primera, desregulado en beneficio de la autonomía del individuo, de su «derecho» a elegir su apariencia sin preocuparse por la tendencia del momento, sobre todo mezclando estilos y épocas. El encaprichamiento por lo vintage es inseparable de la prima de autonomía y singularidad que aporta al liberar a los actores del dictado de la exclusividad del presente. Al liquidar un último «tabú» la moda se adecua a la oleada individualista característica del nuevo mundo al llevar a su apogeo el derecho a ser uno mismo: el auge del vintage es fruto de la consagración sociohistórica del *be yourself*.

Esta moda vintage, más allá de la esfera vestimentaria, se manifiesta también en el ámbito de la decoración de interiores. Cada vez más, gusta mezclar estilos y épocas, conjugar piezas de diseño con elementos de segunda mano o recuperados en un desván, combinar mobiliario contemporáneo y diseños de antaño, elementos actuales y objetos recuperados. Las tiendas, las páginas de revistas, las páginas de Pinterest, los blogs dedicados a la decoración retro florecen: en el mundo de la decoración, como en el del vestir, lo vintage va viento en popa.

No es la pasión por el pasado como tal lo que alimenta la tendencia a la decoración vintage, sino el ideal de la singularidad subjetiva. Lo vintage seduce porque, al recurrir a la mezcla de estilos, permite una decoración personal, libera la originalidad individual, posibilita la personalización del propio hogar, la creación de un interior «que se nos parece». La decoración retro es una ilustración suplementaria de la fuerza de la cultura de la autenticidad individual que se infiltra hasta en el ámbito de la decoración de la casa. Redecorando los interiores, este estilo permite darles un alma a través de objetos con historia o que han sido reeditados. En la estela del hiperindividualismo consumista y posconformista, lo vintage se ha convertido en «tendencia», figura de lo «joven» y lo «nuevo». Era necesario imperativamente algo nuevo: ahora, el *hype* está en lo retro, en la estetización de lo vintage, en la resurrección y la customización de los modelos del pasado. Las modas de antaño se despreciaban al considerarse pasadas de moda: ahora están a la última, reformuladas, y los consumidores las buscan con pasión para encontrar en ellas diferencia, originalidad y ambientes singularizados y personalizados: hemos alcanzado el estadio moda de la autenticidad.

LA MODA MINIMALISTA

Con lo que se denomina «minimalismo», se impone desde la década de 1990 otra tendencia emblemática del auge del ideal de autenticidad en el universo de la moda.

Lanzado en la década de 1920 con la revolución Chanel,[1] el estilo minimalista es adoptado ahora por muchos diseñadores de moda que triunfan entre las mujeres. Con su estilo depurado, sin florituras, el minimalismo se construye en el rechazo de los excesos de la apariencia, así como en una búsqueda de autenticidad, verdad y simplicidad. Con piezas sobrias, a veces austeras, este estilo se afirma contra lo «falso» y el glamur llamativo. Mediante sus cortes modestos y sin ostentación, sus prendas monocromas basadas en el principio moderno del «menos es más», el minimalismo pretende ser un estilo «verdadero», «auténtico» por «básico» y «atemporal», sin excentricidades de la apariencia, de la pompa y de la teatralidad engañosa.

Al cultivar la simplicidad funcional y la elegancia depurada, el minimalismo se afirma en el rechazo de la mujer objeto, el rechazo de una imagen femenina dependiente del deseo de gustar al hombre. Nada queda del sex appeal de una feminidad llamativa que hace fantasear a los hombres; en su lugar, prendas «abstractas» sin elementos superfluos ni vistosos, que crean un encanto discreto que gusta a las mujeres que no desean ser vistas y juzgadas como seductoras sexis. En este sentido, la moda minimalista no busca seducir al hombre, sino a la propia

1. «La simplicidad es la clave de toda elegancia verdadera», decía Chanel.

mujer que elige este estilo de vestir. Un ropa para la mujer y no para captar el deseo del otro género, una ropa para sentirse de acuerdo con toda su persona: la ropa minimalista está habitada por un ideal de autenticidad personal, se lleva por el deseo de ser una misma para sí misma.

LO AUTÉNTICO ES EL NUEVO «ESTAR A LA MODA»

El espíritu vintage se ha infiltrado incluso en el universo de los bares, restaurantes y cafés, que intentan recrear por completo los interiores de los años pasados, reconstituir espacios y ambientes antiguos «más verdaderos que el original», «100 % auténticos». Como reacción ante la uniformización de los modos de vida, en los barrios gentrificados aparecen bares como copias certificadas, «bares de carretera sin camioneros» que parodian el folclore de los «buenos viejos tiempos», rinden homenaje a las recetas de la abuela y sirven la comida en mesas de formica y manteles de vichy en un decorado de muebles vintage. En este verdadero-falso, todo es verdadero y todo es falso a la vez, más verdadero que verdadero. En este estadio, el culto de la autenticidad conduce paradójicamente a su contrario: lo «falso absoluto»,[1] el simulacro hiperreal, el *fake* moderno.[2]

Estos pastiches del pasado han sido analizados como una adaptación a los gustos de los millennials que, al rechazar el universo sin alma de los centros comerciales, las cadenas de comida rápida, las urbanizaciones del extrarradio, los parques Disney y los Starbucks Cafés, aspiran a una vuelta a lo natural, a lo antiguo, a lo verdadero. La sensación de vivir en un mundo

1. Umberto Eco, *La guerre du faux*, trad. fr. de Myriam Tanant, Livre de poche, 1991, p. 22.
2. Sobre este tema, véanse los análisis sugerentes de Jean-Laurent Cassely, *No Fake. Contre-histoire de notre quête d'authenticité*, Arkhê, 2019.

completamente artificial, ficticio y climatizado habría provocado una demanda nostálgica de verdad y autenticidad. En respuesta a esta demanda de atmósfera auténtica se multiplican los ambientes retro, las recomposiciones pastiche de lo antiguo, la estética vintage, convertidos en el universo de lo «hiperverdadero».[1]

Sin embargo, no estoy seguro de que la búsqueda obsesiva de lo «verdadero» se encuentre en el inicio del fenómeno. De lo que huyen los neoconsumidores no es tanto de lo ficticio como de la impersonalidad monótona de los espacios comerciales normalizados, estandarizados por la imagen de marca, liofilizados. Lo que buscan son estilos distintos, emociones y sensaciones generadas por lugares singulares y decoraciones atípicas. Lo que seduce en estos bares *hype*, como en los pueblos típicos visitados por los turistas, no es la verdad, sino la imagen de antigüedad, la singularidad, la originalidad. A través de reconstituciones estéticas del pasado, se valora la experiencia de la diferencia, lo curioso, lo pintoresco, lo sorprendente y las emociones multisensoriales que provocan. El consumidor hipermoderno no sufre «neurosis de lo verdadero»: es ante todo un «coleccionista de experiencias» al acecho de un cambio de ambiente, de momentos recreativos, de placeres que le permitan salir de la rutina y de la sensación de lo mismo. Si la estética vintage está de moda es porque ofrece, por su singularidad y diferencia, emociones, placeres sensoriales, una experiencia lúdica e irónica. No se trata de obsesión por lo verdadero, sino únicamente de pasión por la experiencia y la espera de placeres fruto de un consumo singularizado o no estandarizado.

Hay motivos de sobra para poner en duda que el gusto por lo vintage gentrificado se base en el rechazo melancólico de lo que la hipermodernidad ha destruido. Las jóvenes generaciones no sienten nostalgia del ayer sino que están al acecho de ambientes y experiencias siempre nuevas: comer bien en un

1. Jean-Laurent Cassely, *ibid.*

restaurante famoso ya no es lo más, se quiere «vivir una experiencia sensorial única». La moda de lo vintage no fue engendrada por la nostalgia de un pasado presentado como más verdadero y deseable que el momento presente: es el efecto de la cultura hedonista lúdica consumista, la resultante del espíritu de *fun morality* ávida de encontrar nuevos caminos de diversión, sobre todo desdibujando la distinción de lo verdadero y lo falso, reconstituyendo falsos más verdaderos que lo verdadero, divirtiéndose con reminiscencias, ilusiones, falsas apariencias y lo verdadero-falso.

Lo que atrae en el consumo retro no es tanto el placer nostálgico como los placeres vehiculados por la singularidad estética de los lugares y el placer lúdico de jugar con los signos del pasado, resucitarlo artificialmente, copiarlo, replicarlo, jugar el juego de la *mimicry*[1] y del «como si». En estos ambientes vintage, se aprecia el lado «simpático, divertido, guay»: no la concretización de la obsesión por lo verdadero, sino una ilustración de la cultura hedonista lúdica que se ha impuesto en la relación con la propia verdad.

BELLEZA PLURAL Y BELLEZA VOLUNTARISTA

Subjetivización de la relación con la moda: ¿significa esto el final de su «dictadura» secular? Estamos muy lejos de ello. Cuanto más se debilitan los dictados del vestir, al mismo tiempo, más se intensifica la fuerza de las normas del cuerpo delgado y joven; cuanto más la autonomía individual dirige las maneras de vestirse, más funciona la delgadez como una norma única y «despótica», exigiendo un trabajo permanente de

1. Roger Caillois, *Les jeux et les hommes*, Idées/Gallimard, 1977, pp. 60-67. (Hay traducción española: *Los juegos y los hombres*, trad. de. Jorge Ferreiro, FCE, México, 1994.)

corrección de sí mismo. La tiranía de las apariencias solo ha cambiado de territorio: antes concernía al vestir, ahora se despliega en el ámbito de la apariencia corporal. La obsesión por la conformidad vestimentaria se ha debilitado, ahora se amplifica la obsesión por el cuerpo a través del culto antiedad, antipeso, antiarrugas: la dictadura de la belleza ha tomado el relevo de la moda vestimentaria. Por un lado, nuestra cultura ensalza el principio de libre determinación de sí; por el otro, la relación con el cuerpo se encuentra más que nunca bajo el yugo de mandatos normalizadores contrarios al culto de la diversidad y la singularidad individual.

Contra la «dictadura» de la belleza

Debido a esta contradicción, se multiplican las protestas contra los dictados del cuerpo perfecto, delgado y joven, que niegan la singularidad de cada mujer. Las revistas femeninas presentan en portada a maniquíes de la talla 48 y publican artículos «Especial rellenitas». Ya lo vimos antes, los creadores de moda sacan en sus desfiles a maniquíes de formas generosas. A partir de 2010, la revista alemana *Brigitte* se comprometió a publicar únicamente imágenes de mujeres «reales». La marca Dove se ha distinguido por sus campañas publicitarias sin fotografías retocadas que muestran la «belleza verdadera», la belleza «auténtica» de mujeres «normales» con formas más o menos carnosas, para así desafiar el despotismo de la delgadez. LVMH (Dior) y Kering (Gucci) han adoptado una normativa común destinada a prohibir las maniquíes demasiado delgadas y menores de dieciséis años. Y desde 2017, en Francia, todas las fotografías para uso comercial deben obligatoriamente ir acompañadas de la mención «fotografía retocada».

Cultura expresiva vs. cultura performativa

Señalemos que, a pesar de las múltiples acusaciones lanzadas contra la tiranía de la delgadez, estas solo consiguen puntualmente romper su influencia. En las redes sociales, las mujeres gordas son objeto de mofa y a veces de insultos. Dos años después de su decisión de boicot a las mujeres de proporciones perfectas, la revista *Brigitte* dio marcha atrás debido al descenso espectacular de sus ventas. Las encuestas revelan que entre las mujeres con un IMC normal, casi dos tercios desearían pesar menos de lo que pesan. Más de una de cada dos mujeres con una IMC normal ya ha seguido alguna dieta alimentaria. Ocho de cada diez estadounidenses y una de cada dos francesas han empezado al menos una vez un dieta. Casi el 30 % de las mujeres han seguido cinco dietas en su vida y el 9 % ya han hecho más de diez. Las más jóvenes no se encuentran muy alejadas de esta tendencia: casi el 50 % de las jóvenes entre ocho y veinticuatro años ya han estado a dieta,[1] seis de cada diez estudiantes estadounidenses siguen alguna. Por mucho que la belleza plural sea tendencia, nunca como ahora se han hecho tantos esfuerzos, se ha dedicado tanto tiempo y gastado tanto dinero en mantenerse esbelta. Hay que señalar que no es el ideal de autenticidad individual el que gobierna la relación con el cuerpo, sino el mandado normativo de la delgadez.

¿Se trata de un arcaísmo, una cultura autoritaria y normativa en vías de desaparición? No hay nada que permita hacer esta afirmación. Porque ante los elogios de la belleza plural se erige una cultura demiúrgica de performance técnica que glorifica la optimización del capital-cuerpo, el combate voluntario contra el peso y las arrugas. A través del rechazo moderno

---

1. Estelle Masson, «Le mincir, le grossir, le rester mince», en Annie Hubert (dir.), *Corps de femmes sous influence. Questionner les normes*, Les Cahiers de l'OCHA, 2004.

del destino corporal, de la descalificación del dejar hacer y del dejar pasar asimilados a una falta de voluntad, se persigue la influencia de la razón prometeica constitutiva de la modernidad. Lejos de ser un simple capricho fabricado artificialmente por los profesionales del marketing, nuestro activismo estético no es más que una de las formas del individualismo moderno que reconduce el ideal de dominio ilimitado del mundo y del poder absoluto sobre el sí.[1]

De esta manera, en el ámbito de la belleza, se oponen frontalmente dos figuras del individualismo: una preconiza, en nombre de la autenticidad, el reconocimiento de todas las morfologías corporales; la otra, por el contrario, la corrección continua de lo que somos. Por este motivo el auge de la cultura de la autenticidad solo ha conseguido de forma marginal, por ahora en cualquier caso, romper la supremacía de los códigos estéticos de la juventud y la delgadez, que concretizan el espíritu de dominación técnica de la modernidad. Estos dos sistemas compiten entre sí, pero están dotados cada uno de legitimidad. No está dicho que la cultura de la singularidad subjetiva no pueda conseguir vencer a la de la cultura de la performatividad técnica, también consustancial con la era moderna individualista. Las acciones de la moda inclusiva dirigidas al reconocimiento de una belleza diversificada, liberada de los límites de los códigos, permitirán sin duda que se multipliquen imágenes menos irreales, menos estereotipadas, más «auténticas». Pero es dudoso que puedan llegar a crear una cultura relativista en la que se valoren en pie de igualdad todos los cuerpos, todas las bellezas, todas las corpulencias.

---

1. Gilles Lipovetsky, *La troisième femme. Permanence et révolution du féminin*, 2.ª parte, Gallimard, 1997. (Hay traducción española: *La tercera mujer. Permanencia y revolución de lo femenino*, trad. de Rosa Calderaro Alapont, Anagrama, Barcelona, 2006.)

Mientras que la cultura de la autenticidad rinde culto a la individualidad subjetiva, al ser contra el parecer, nuestra época registra paradójicamente un boom considerable de la cirugía estética –cuatrocientas mil actuaciones realizadas cada año en Francia–, de las intervenciones que, mediante prótesis, crean artificialidad y a veces una apariencia siliconada.

Mientras que la cultura de la autenticidad es de carácter singular, los adeptos de la cirugía estética recurren a ella para acercarse a un ideal estético estandarizado y formateado. Si el *homo authenticus* se define por la autonomía subjetiva y el rechazo a regular sus conductas según las de los demás, ciertos adeptos de la cirugía estética dan la espalda ostensiblemente a dicho ideal, movidos por un deseo de conformidad con las imágenes ideales mediatizadas, de adecuación a los cánones estéticos estereotipados. Puede que el resultado de ello sean rostros despersonalizados, «clonados», vacíos de expresión, seres que se vuelven irreconocibles, espectrales, a fuerza de intervenciones excesivas. Todas ellas derivas que pueden hacer de la cirugía estética una práctica antinómica con el ideal de unicidad individual.

No obstante, no se puede entender el éxito contemporáneo de la cirugía estética sin vincularla a la consagración de la cultura de la autenticidad. La lógica hiperbólica del *be yourself* ha permitido liberar de toda culpa a las intervenciones plásticas, considerar el propio cuerpo como una materia primera para remodelar, transformar, diseñar solo según la propia voluntad. Con la ética hipermoderna de la autenticidad, se afirma el derecho a la libre disposición del propio cuerpo, el derecho propio a eliminar o corregir las propias imperfecciones físicas, redibujar los rasgos y los contornos del rostro a voluntad y a cualquier edad: el cuerpo «como yo lo quiero» ha sustituido al cuerpo recibido. Derecho a cincelar artificialmente el cuerpo, que sin

285

embargo debe seguir pareciendo natural, no retocado. La ética de la autenticidad legitima el intervencionismo artificial al servicio de la imagen de autenticidad natural.

El auge del derecho a ser uno mismo ha provocado la individualización extrema de la relación con el cuerpo, ha hecho de este una propiedad absoluta del sujeto que puede moldearlo soberanamente. A disposición de uno mismo, el cuerpo es a partir de ahora aquello que pide ser retomado en mano de modo perpetuo en una carrera interminable hacia la estetización de sí para gustar a los demás, pero también para gustarse a sí mismo. La era hipermoderna de la autenticidad es aquella en la que la relación con el cuerpo se ve atrapada en una dinámica hiperbólica de escultura de sí, en la que el principio de seducción reina sin límite, en la que se afirma el derecho a construir según la propia voluntad «un cuerpo para sí».[1]

El entusiasmo por la cirugía estética se explica a menudo como fruto de la profusión de imágenes de estrellas y top models, de la civilización de los medios de comunicación y la apariencia que generan una sobrevaloración de la apariencia física y la uniformización de los criterios estéticos, al exacerbar los deseos de parecerse a los iconos mediáticos retocados con Photoshop. Sin embargo, la imposición de las imágenes publicitarias no basta, por sí sola, para comprender el proceso de democratización de la cirugía estética.

Todas las demandas en este ámbito no son necesariamente «extremas» ni están dictadas por la voluntad frenética de conformación con los estereotipos de la belleza. En cierto número de casos, la finalidad no es alcanzar una perfección estética, sino reparar algún defecto «objetivo», corregir «taras» morfológicas que impiden llevar una vida «normal» y poder, así, pasar desapercibido. Para estas personas, la decisión de cambiar su apariencia obedece al deseo de vivir mejor con su

1. Christian Bromberger *et al.*, *Un corps pour soi*, PUF, 2005.

cuerpo, y no a querer parecerse a algún icono: la «cirugía para un mejor estar» prevalece sobre la «cirugía para un mejor parecer» alimentada por la obsesión estética.[1] Una «cirugía para un mejor estar» que puede definirse como aquella que se hace para sí, para gustarse y no para seducir al otro, en esa obsesión con la mirada del otro.

Incluso las peticiones de lifting no expresan siempre el rechazo irreal de envejecer o el deseo de parecer mucho más joven de lo que se es: pueden responder a la voluntad de rectificar una apariencia que ya no corresponde con el estado de ánimo, con la imagen mental que uno tiene de sí mismo: aquí se trata de la conformidad con el sentimiento interior de sí, no con el deseo de conformidad con una imagen ideal estandarizada.[2] Sentirse de acuerdo consigo mismo, reconquistar su propia identidad, aceptarse mejor, alcanzar una mayor confianza en sí deshaciéndose de una imagen física que impide aceptarse: en este caso, la cirugía estética se coloca más próxima a la preocupación de un mejor estar psicológico, del aumento de la sensación de sí, que del lado de una práctica narcisista cuya finalidad es puramente estética.

Si el culto del cuerpo, el individualismo performativo y la fuerza normativa de las imágenes mediáticas sustentan sin duda el boom actual de la cirugía estética, hay que tener en cuenta otros factores, sobre todo el auge de la ética de la autenticidad y de su ideal de autorrealización personal. Hay intervenciones quirúrgicas que, en efecto, no están vinculadas a un frenesí normativo: son medios para eliminar un sufrimiento psíquico, una angustia emocional, un malestar interior. Son una de las

1. Anastasia Meidani, «Différence "honteuse" et chirurgie esthétique: entre l'autonomie subjective des sujets et l'efficacité du contexte normatif», *Déviance et Société*, 2005/2 (vol. 29).

2. Jean-Claude Hagège, *Séduire! Chimères et réalités de la chirurgie esthétique*, Albin Michel, 1993, pp. 90-99.

vías para volver a sentir confianza en uno mismo, el placer de abrirse a los demás, de poder involucrarse en interacciones sociales que hasta entonces se vivían como difíciles.

La relectura del significado de la cirugía estética conduce a replantear el modelo de pensamiento clásico que contrapone de manera «ontológica» el artefacto y lo auténtico, el parecer y lo verdadero, lo superficial y lo profundo. La realidad no siempre es tan antinómica ya que la reconfiguración artificial del cuerpo o del rostro puede estar al servicio de la coincidencia de sí consigo mismo, de la reapropiación del propio cuerpo que se vuelve, después de la modificación quirúrgica, más «verdadero», más conforme consigo mismo que el cuerpo en su estado natural. La intervención quirúrgica sobre la apariencia ayuda al sujeto a sentirse en paz con su físico, a identificarse con la imagen que tiene de sí mismo, a afirmarse individualmente e incluso a construir una nueva vida, una vida sentida como más «verdadera» que la anterior.

La autenticidad subjetiva ya no se afirma en el rechazo del parecer y del «se», sino en la transformación voluntaria de la apariencia física haciendo referencia a un modelo cultural reconocido. El deseo de remodelación del cuerpo puede, sin duda, tomar una forma narcisista y alienante, pero también expresar una búsqueda personal de armonía psicosomática. Vector de adecuación a sí, de afirmación y plenitud de sí, lo «falso» no debe ser considerado sistemáticamente como un artificio fútil y superfluo, negador de la autenticidad personal: en algunos casos, lo artificial es el vector a través del cual el sujeto consigue sentirse más sí mismo.

IX. VIAJAR DE MODO AUTÉNTICO

Mientras que la filosofía contemporánea se dedica a deconstruir las ilusiones de la autenticidad, este concepto se ha convertido en una noción clave de la antropología y la sociología del turismo. El éxito del concepto resultará sorprendente dado que nuestra época asiste al desarrollo del turismo de masas, al marketing de los viajes, a la «disneylandización» de la cultura. Sin embargo, por muy reales que sean, estos fenómenos no agotan la realidad contemporánea del turismo, dado que este registra, desde hace varias décadas, un aumento remarcable de las demandas que se despliegan bajo el estandarte de la autenticidad.

Los turistas, en número creciente, expresan el deseo de gozar de la autenticidad del patrimonio natural, así como del patrimonio cultural, material e inmaterial. Desean conocer y encontrarse con las poblaciones locales, buscan dar sentido a sus vacaciones y están al acecho de viajes «verdaderos» que se desmarcan de los circuitos estereotipados. Más que nunca, las personas en vacaciones quieren viajar «de otra manera», descubrir destinos singulares fuera de los circuitos guiados y, si es posible, sin la presencia de otros turistas. Por mucho que se extienda la disneylandizacion del mundo, no hay nada que hacer: el *homo turisticus*, habitado por el deseo de experiencias «verdaderas», individualizadas, no formateadas, sueña con parecerse al *homo authenticus*.

En respuesta a estas expectativas, los operadores privados y públicos de turismo rivalizan en imaginación para ensalzar la autenticidad de su oferta, exaltar la calidad del patrimonio arquitectónico, la belleza de los paisajes no desfigurados por la modernidad y la industria del viaje: «la isla griega de Anafi ha sabido conservar toda su autenticidad, preservada del turismo de masas», «visite la Birmania auténtica fuera de las rutas frecuentadas». Folletos, guías de viaje y desplegables turísticos proponen «viajes únicos al encuentro de la autenticidad», experiencias excepcionales, contactos «verdaderos» tanto con la naturaleza como con las poblaciones autóctonas. La autenticidad, término recurrente en la retórica de los profesionales del turismo, funciona como un argumento publicitario de primer orden.

TURISMO DE NATURALEZA Y ECOTURISMO

Para satisfacer esta necesidad de autenticidad, los profesionales del turismo no paran de promover las «vacaciones de naturaleza», las bellezas del patrimonio rural y natural, los placeres del descubrimiento de la biodiversidad, el encuentro con un medio natural puro y preservado. Son innumerables las ofertas de contacto (excursiones, senderismo, trekking, alojamientos atípicos en el medio natural) con una naturaleza exenta de huellas humanas, fuente de sensaciones y experiencias únicas. Se celebran como «auténticos» los espacios naturales intactos o no «contaminados», los lugares en los que la acción humana es discreta o casi nula.

La sensibilidad ecológica ha reforzado el entusiasmo del público por los destinos que ofrecen una imagen de la naturaleza virgen e intacta. La publicidad turística propone descubrir lugares inalterados y alejados, experiencias de inmersión en grandes espacios salvajes, destinos «extremos»: desiertos, regiones polares,[1] selvas amazónicas, alta montaña. El gusto nostálgico por lo puro, lo «verdadero», ha llevado a valorar los espacios naturales protegidos de los grandes itinerarios del turismo. Los espacios naturales, percibidos durante mucho tiempo como infiernos, se han convertido en paraísos «mágicos», lugares sinónimos de autenticidad al estar protegidos de las devastaciones del mundo industrializado y de los modos de vida urbanos.

Este tipo de turismo se nutre del sentimiento de nostalgia de lo «verdadero», se despliega sustentado por la búsqueda de una naturaleza auténtica, verdadera y virgen, no invadida por las hordas de turistas: una autenticidad natural que, idealmente, tiene que estar cien por cien intacta, preservada, salvaje, de difícil acceso, no deformada ni «mancillada» por la marca del hombre. Como señala Suzanne Lallemand refiriéndose a los trotamundos y a la importancia que estos dan a lo «verdadero»: «Lo auténtico tiene que ser más verdadero que lo verdadero».[2]

Al mismo tiempo, se desarrolla, desde hace varias décadas, el ecoturismo o turismo sostenible, cuyo objetivo es viajar preservando el medioambiente y el bienestar de las poblaciones locales, limitando la huella ecológica dejada por los viajeros en los espacios naturales. Así pues un nuevo imaginario habita el turismo auténtico: este ya no se confunde únicamente con el rechazo del turismo de masas, sino que implica la preservación del medio natural y la mejora de las condiciones de existencia

1. El Programa de las Naciones Unidas para el Medio Ambiente (PNUMA, 2007) calcula que el número de turistas en el Ártico ha pasado de casi un millón a principios de 1990 a más de un millón y medio en 2007.

2. Suzanne Lallemand, *Routards en Asie. Ethnologie d'un tourisme voyageur*, L'Hartmattan, 2010.

de las poblaciones visitadas. Sin estar al servicio de la singularidad personal, pero sí de valores superiores que dan sentido a las vacaciones, el ecoturismo ilustra un nuevo régimen de autenticidad que integra la universalidad de los valores humanistas y ecológicos, la búsqueda de sentido y el espíritu de responsabilidad.

Señalemos, sin embargo, que si el turismo verde se declara auténtico, no por ello deja de ir acompañado de todo un conjunto de compras y «productos» comerciales sofisticados: transporte aéreo, guías, cicloturismo, circuitos organizados por agencias, equipamientos técnicos (ViT, cámara de vídeo y fotografía): la autenticidad del viaje hace buenas migas con los bienes del mundo consumista. No caigamos en el engaño: el ecoturismo está tan artificializado y mercantilizado como el turismo de masas.

EL TURISTA ANTITURISTA

El turista no solo busca la autenticidad de los espacios naturales o un lugar apartado y exótico: le motiva afirmar su propia autenticidad de viajero. Desde los inicios del turismo, la población vacacional es objeto de repulsión, burla y desprecio por parte de aquellos mismos que viajan por afición. Como actividad gregaria y vulgar, la actividad turística se estigmatiza al considerarla la falsificación de lo que es un viaje «de verdad», una desnaturalización de la relación auténtica con el viaje. Fundamentalmente, el universo del turista está marcado por la oposición de lo verdadero y lo falso, de lo real y lo ficticio, de lo profundo y lo superficial. El aventurero, el viajero de antaño a la búsqueda de gentes, aventura y de una experiencia no balizada, está bien: es auténtico. El turista borreguil, pasivo, inculto, está mal: y es así porque es la encarnación misma de un comportamiento conformista, superficial, sin contacto con los autóctonos y que considera verdadero aquello que, en realidad, no es más que pacotilla, teatro de la apariencia, decorado falso.

El turista vacacional, crédulo y engañado, es un falso viajero que no llega «al fondo de las cosas», que pasa de largo junto a lo esencial y se muestra incapaz de escapar de los artificios engañosos. Por ello, en nombre del culto de lo verdadero, al turista le gusta declararse antiturista. El «verdadero» viajero odia el turismo de los otros, el de las cohortes de visitantes vulgares de ciudades y museos: él no se considera un turista engañado, él es auténtico. Como señala Jean-Didier Urbain, «la guerra de lo verdadero divide incansablemente a los turistas».[1]

Turismo e individualismo singularista

¿A qué es debida esta «guerra de lo verdadero», esta fractura simbólica del turismo de la profundidad y del turismo superficial o no auténtico? Según Urbain, esta clasificación jerárquica «responde ante todo a una necesidad social de distinción», a la exigencia de afirmar una diferencia, de establecer una jerarquía que permita «situarse en un nivel superior de dignidad turística perpetuando una tradición prestigiosa».[2]

Aceptemos la idea de una práctica distintiva. Pero ¿de qué diferenciación estamos hablando? La cuestión merece ser trabajada, ya que «espontáneamente» se interpreta en los términos de la sociología de la distinción, haciendo hincapié en las estrategias simbólicas de clase erigidas como verdad última de los comportamientos culturales. Sin duda es probable que,

1. Véase sobre este tema los bellos análisis de Jean-Didier Urbain, *L'idiot du voyage*, Petite Bibliothèque Payot, 1993, p. 205.
2. *Ibid.,* p. 202.

durante un tiempo, el desprecio mostrado hacia los turistas incultos haya sido lo propio de las élites, las clases ricas en capital social y cultural. Pero ¿cómo acreditar esta interpretación cuando la preocupación por diferenciarse de la horda de los turistas se extiende entre amplios grupos sociales? La valorización de la autenticidad de las movilidades de placer exige ahora otra lectura del fenómeno.

Mostrar aversión hacia el «rebaño» de turistas, alabar el «viaje interior» y las peregrinaciones «en profundidad», constituye innegablemente, para el individuo vacacional, una estrategia de distinción, siempre y cuando se precise que se trata de una diferenciación personal y no de una obligación simbólica de clase. Al mostrar su desprecio por el turista superficial y borreguil, el turista se afirma como una persona singular, libre, no conformista. La apuesta está en afirmar una diferencia subjetiva, en construir una identidad personal: lo que se magnifica es el comportamiento de una individualidad particular. La reivindicación del viaje no formateado no expresa una imposición o un *ethos* de clase, sino la vertiente singularista de la cultura individualista moderna que pone en valor la personalidad del individuo, la autonomía, la diferencia subjetiva: el sí singular es el meollo de la cuestión, mucho más que una identidad de clase. La celebración del viaje auténtico está al servicio de la afirmación de un sujeto plenamente sujeto, es decir autónomo, poseedor de un espacio interior y que, al ser capaz de descifrar los signos engañosos, no se alinea con el comportamiento de los demás. La puesta en valor de la figura del turista auténtico, nacida con el propio turismo a inicios del siglo XIX, constituye una de las ilustraciones del individualismo de la singularidad. Es la antropología individualista, mucho más que la sociología de la distinción, la que ilumina la paradoja de la actitud antiturística del turista.

En la era de la hipermodernidad, la voluntad de escapar del turismo de masas ya no es un deseo elitista compartido únicamente por los viajeros aventureros, sino que tiende a alcanzar a amplias capas de la población vacacional al tiempo que florecen nuevas formas de turismo basadas en principios diferentes de aquellos del turismo industrial estandarizado. Con la democratización de las vacaciones y la consagración del ideal de autenticidad, el turismo ha entrado en una nueva fase de su desarrollo marcada por la individualización de las prácticas y el auge de los deseos de «viajar de otra manera».

La individualización del turismo

Al igual que la relación con la política, la religión o la familia, la relación con el turismo registra una potente ola de individualización de las prácticas y los gustos. Esta se traduce en la desincronización de las fechas de vacaciones, la multiplicación de las «vacaciones cortas», las exigencias de vacaciones que se salgan de lo ordinario, los deseos amplificados de viajar eludiendo los circuitos programados y dirigidos, las ofertas más personalizadas y diversificadas. Nuestra época se caracteriza por un fuerte aumento de la individualización de las vacaciones.

Durante las tres últimas décadas, esta tendencia se ha acentuado con fuerza debido al desarrollo de internet. Cada vez se confía menos la organización de los viajes a los operadores turísticos: cada vez más son los propios turistas los que se encargan de ello. Gracias a las aplicaciones digitales y a las plataformas de evaluación de los alojamientos y lugares, un número creciente de individuos vacacionales organizan ellos mismos sus viajes utilizando sus smartphones y confiando en las recomendaciones de sus pares en las redes sociales: casi ocho de cada diez franceses preparan ahora sus vacaciones en línea. Muchos de ellos, se informan por sí mismos, eluden los circuitos comerciales tradicionales y no recurren a intermediarios para organizar sus viajes de placer. Los valores individualistas y la revolución digital han permitido la emergencia de turistas cada vez más autónomos. Del mismo modo que el autoservicio ha vuelto autónomo al consumidor en relación con el vendedor de las grandes superficies, internet ha hecho posible el auge de los viajeros actores que cada vez necesitan menos a los expertos para idear y construir sus vacaciones en función de sus gustos particulares y de las informaciones ofrecidas por sus pares.

Al mismo tiempo, un número creciente de turistas ya no solo pide a la agencias que les hagan viajar, sino que les hagan viajar según sus propios gustos. Al adaptarse al proceso de individualización de los gustos turísticos, las agencias centran su marketing en la personalización y diferenciación del viaje. Tras un periodo marcado por la supremacía de un modelo basado en una oferta de productos estandarizados, ahora asistimos a la revolución de los viajes personalizados. Es el momento de la hipersegmentación de la oferta, de los viajes «hechos a medida», concebidos en función de los intereses personales, el tipo de alojamiento deseado, las actividades preferidas. El turismo de masas se desdobla ahora en un turismo de masas individualizado.

El turismo alternativo

Dado que exalta la singularidad individual, la cultura de la autenticidad lleva a imaginar sin cesar nuevas prácticas turísticas que se salen de los senderos balizados de los circuitos clásicos de la industria del viaje. Así lo atestigua, desde hace varias décadas, la multiplicación de las formas de lo que se denomina el turismo «alternativo».

Al contrario del turismo clásico centrado en los lugares prestigiosos y extra-ordinarios, un nuevo *ethos* turístico sale a la luz, dirigido a los lugares familiares o banales, al patrimonio de la cotidianeidad, a los barrios populares o de inmigrantes, a los espacios multiculturales, a las zonas rurales desprovistas de atracciones turísticas. Estos neoturistas se singularizan por el hecho de que aprecian entornos que no son típicamente turísticos,[1] espacios de la vida cotidiana, zonas desfavorecidas, periferias populares, ciudades «feísimas, sucias y malas», que se han quedado fuera de los circuitos clásicos del turismo de masas. La cultura del sí produce el efecto de llevarnos, en una especie de huida hacia delante, a buscar siempre más lejos y siempre de otra manera la autenticidad de los viajes de placer.

Esta manera alternativa de hacer turismo «auténtico» va acompañada de prácticas inéditas, se apoya en las redes sociales y se alía con formas de autoorganizacion, escapando al control de los profesionales del turismo: vacaciones en casas particulares, habitaciones en alojamientos sociales, estancia «gratuita» en casa de la gente del lugar (*couchsurfing*), visita de lugares atípicos (paisajes de barrios periféricos, lugares *underground*, eriales culturales, minas, recorridos *street art*, poblados de chabolas y otras favelas).[2] Los Modernos pusieron en un pedestal la autenticidad al oponerla a la cotidianeidad alienada: ahora, se valoriza la autenticidad de lo cotidiano y cercano, del «aquí» y de lo banal. Al turismo centrado en el deseo de descubrir «los lugares alejados y a los otros» se suma un turismo concebido

---

1. Jean Viard, *Court traité sur les vacances, les voyages et l'hospitalité des lieux*, L'Aube, 2000.
2. Maria Gravari-Barbas y Marie Delaplace, «Le tourisme urbain "hors des sentiers battus"», *Téoros* (en línea), 34, 1-2 2015, URL: https://journals.openedition.org/teoros/2790

como ocasión para vivir la experiencia de lo ordinario erigida en novedad.

Se multiplican también las asociaciones y los sitios web cuyo objetivo es hacer participar al visitante en la vida local del lugar que descubre y asociar la actividad turística a los propios habitantes de los territorios. Servicios gratuitos de guías turísticos locales, visita acompañada con «*greeters*» que proponen gratuitamente descubrir los lugares de la vida cotidiana, *couchsurfing*, WWOOFing que permite aprender y descubrir técnicas respetuosas con el medioambiente a través de estancias activas en granjas biológicas. El objetivo del turismo denominado «participativo» es permitir un encuentro auténtico entre el viajero y la población local, promover una relación no comercial, tejer un vínculo social «verdadero» reencontrando una hospitalidad que excluye al turismo de masas. En respuesta a los deseos de escapar del turismo estandarizado, a una demanda mayor de experiencias auténticas, de contactos «verdaderos» con los autóctonos, han surgido estas figuras del turismo alternativo.

De nuevo, búsqueda de autenticidad que se afirma en esta otra forma de turismo atípico constituido por el turismo solidario y responsable cuyo objetivo ya no es dar respuesta a una demanda de exotismo, sino participar en el desarrollo local del destino elegido, practicando una inmersión total en un contexto social y cultural diferente al contexto en el que acostumbra a vivir el turista. El objetivo del viajero solidario es conocer a las poblaciones de los países del Sur, compartir su vida cotidiana, intercambiar, descubrir otra cultura distinta a la suya, pero también contribuir al desarrollo de la economía local a través de un precio justo. Un turismo que implica aceptar compartir, al menos en parte, las limitaciones vividas cotidianamente por la población en materia de vivienda y alimentación: en otras palabras, un «turismo duro», alejado del confort de la vida consumista. Además del alojamiento en casa del habitante, este turismo a menudo va acompañado de una participación en determinadas actividades sociales y culturales: escolarización, formación, salud, artesanía, agricultura.

Una de las razones que invita a seguir esta vía es que contribuye al desarrollo de poblaciones pobres, ayuda a la realización de proyectos que permiten la mejora de las condiciones de vida de las personas visitadas que a veces se encuentran entre las más desfavorecidas del mundo. Pero más allá de esta dimensión ética que da sentido a las vacaciones, lo que se pretende es el «encuentro verdadero» con el otro, la conversación con la gente, la creación de vínculos personales en las antípodas de las relaciones artificiales y comerciales propias del turismo estandarizado. Al rechazar la autenticidad «degradada» de los viajes balizados, la principal preocupación de estos turistas es experimentar vínculos personales verdaderos con la gente, establecer relaciones auténticas, libres de intercambios monetarios, que permiten comprender a los autóctonos de esos lugares alejados en su vida cotidiana.[1]

Desde hace aproximadamente veinte años, se desarrolla también otra tendencia alternativa: el *slow tourism*, que invita a desacelerar, a impregnarse de los lugares visitados, a concederse un tiempo para apreciar mejor la riqueza de los paisajes y la experiencia del momento. Al contrario del turismo de masas, se trata de dejar un espacio a lo imprevisto y la sorpresa, viajar más lentamente, hablar con la gente, detenerse en el camino, no ser esclavo de un programa establecido por adelantado. Tomarse tiempo también eligiendo medios de transporte más lentos y ecológicos –caminar, ir en bicicleta, en barco, en gabarra, en tren– redescubriendo destinos cercanos, eligiendo el alojamiento en casa de los lugareños. El éxito creciente de la marcha y de las excursiones a pie y en bicicleta

1. Céline Cravatte, *Consommation engagée, souci de l'autre et quête d'authenticité. Les prestations de tourisme solidaire et équitable*, tesis de sociología, Université de Versailles-Saint-Quentin-en-Yvelines, 2013.

ilustra a gran escala la tendencia a privilegiar el placer de las vacaciones en modo lento.

El culto de ser uno mismo ha llevado a rechazar las prácticas turísticas «a toda máquina» y promover un modelo de vacaciones bajo el signo de la lentitud y del mejor estar subjetivo. Al anteponer la calidad de la experiencia vivida a la cantidad de actividades planificadas, el mejor estar a lo más, el *slow tourism* constituye una manifestación del aumento de la ética de la plenitud subjetiva aplicada al ámbito de las vacaciones: representa la versión *carpe diem* de la ética de la autenticidad. El turismo alternativo es hijo de la cultura de la autenticidad.

Todas estas prácticas que rompen con el turismo de masas han alimentado la idea de que nuestra época asistía al nacimiento de un «después del turismo» o de un «posturismo». Es obligado señalar, sin embargo, que el «sistema turístico» no está ni mucho menos enterrado: los lugares emblemáticos que dirigen la migración vacacional y los cruceros en navíos gigantes atraen cada año a un público creciente. Y los mismos turistas prendados de ética, experiencias auténticas y recorridos fuera de los caminos frecuentados pueden apreciar perfectamente formas de viaje mucho más «clásicas». La autenticidad no ha sustituido al turismo de playa o al *sightseeing*. La novedad está en que el universo turístico se diversifica, se fragmenta en corrientes múltiples y heterogéneas, según una lógica análoga a la de la producción posfordista. No se trata de «deturismo», sino de diferenciación y multiplicación de la oferta y la demanda turísticas. Es más un sistema arborescente, sobremultiplicado, hiperturístico, el que se afirma y no un después del turismo posmoderno.[1]

1. «La mise en tourisme de lieux ordinaires et la déprise d'enclaves touristiques: quelle implication de la société civile?», en Maria Gravari-Barbas y Géraldine Djament (dir.), 2015-2017, https://eirest.pantheonsorbonne. fr/sites/default/files/inline-files/PUCA-EIREST_Etat_de_l_art.pdf

La búsqueda de autenticidad como motor de innovación

Todas estas nuevas prácticas revelan, una vez más, la capacidad de acción del ideal de autenticidad, a contracorriente de las teorías críticas que solo reconocen en dicho ideal un argumento de marketing y una ilusión de la conciencia. Estos enfoques no rinden justicia al ideal de autenticidad como fuerza transformadora de las actividades turísticas. Ecoturismo, turismo de naturaleza, turismo participativo, turismo comunitario, turismo de lo cotidiano, turismo de inmersión, turismo solidario y justo, *slow tourism*: la lista de términos utilizados para calificar el turismo llamado alternativo se alarga regularmente. Bajo el estandarte de la autenticidad, el turismo no cesa de reinventarse. Con frecuencia se vincula el ideal de autenticidad con la voluntad reaccionaria de conservación de las tradiciones, con la nostalgia de lo antiguo, con la preservación de formas heredadas del pasado. Sin embargo, el ideal de autenticidad no se encuentra sistemáticamente del lado del conservadurismo antimoderno. Lejos de limitarse a la preservación del legado y a la exaltación del pasado tradicional, es también vector de innovación y ruptura, una fuerza que empuja a crear nuevas prácticas «verdaderas», nuevos dispositivos de movilidad vacacional que dan la espalda al turismo de masas. Hay que ver, en la autenticidad, una idea-valor productora de innovación sociocultural, una fuerza de reinvención perpetua del turismo.

PASTICHES Y SIMULACROS:
LA DISNEYLANDIZACIÓN DEL TURISMO

Al mismo tiempo que la industria del viaje presenta los paraísos de los lugares auténticos, no para de ofrecer decorados, simulacros, espectáculo pensado para la evasión del público.

Bajo los himnos a la autenticidad, triunfa el reino de lo falso, el pastiche, la imitación: aquello que Sylvie Brunel denomina la «disneylandización del mundo».

En todo el mundo, las tradiciones culturales son objeto de un trabajo de escenografización, de simplificación, de folclorización, en todas partes las prácticas sociales rituales o estéticas del pasado (bailes, trajes, hábitats) se espectacularizan y simplifican para crear «escaparates identitarios», típicos y pintorescos, que responden a las expectativas de esos turistas al acecho de exotismo diferente. Los proveedores de turismo ponen en escena una imaginería estereotipada de las «costumbres» desvinculadas de su contexto social, embellecen los ritos antiguos, venden un patrimonio congelado y reconstituido, fabrican universos puestos en cuarentena, burbujas turísticas asépticas y seguras, moralizadas y artificiales en las que todos los elementos considerados molestos se eliminan.[1] El proceso de disneylandización consagra a escala mundial la victoria de lo falso y la artificialidad sobre la autenticidad, el triunfo comercial del cliché, del espectáculo, de la turistificación del patrimonio.

Como ya señalaba Daniel Boorstin, lo que se ofrece a los consumidores de viaje es una realidad «agradable» de la que se elimina todo aquello que puede golpear la sensibilidad del público. La industria del viaje se dedica a recomponer una alteridad cultural sonriente y aséptica ofrecida al apetito fotográfico de los turistas. Lo que se da como auténtico no es más que una fabricación de estereotipos recreativos con fines comerciales. Con la hipermodernidad, se afirman la comedia de la autenticidad, la realidad oximorónica de una autenticidad artificializada dominada por el valor de espectáculo y el valor turístico.

1. Sylvie Brunel, *La planète disneylandisée. Pour un tourisme responsable*, Éd. Sciences humaines, 2006.

El estadio pastiche de la autenticidad

Al igual que las costumbres antiguas, los espacios urbanos son objeto de un trabajo de reconstitución artificial. Desde la década de 1980, florecen las operaciones de falsa patrimonialización cuyo objetivo es dar una imagen historicista al espacio urbano, integrando en él artefactos «a la antigua»: bolardos de hierro fundido, fuentes de estilo antiguo, farolas «de tradición», pavimentos de granito o gres para plazas y calles peatonales. El objetivo es reforzar el carácter atractivo de estos lugares dando la impresión del pasado, exhibiendo el «valor de antigüedad» (Riegl) mediante un acondicionamiento estético que simboliza el pasado, y por un proceso de «artefactualización» que introduce en las ciudades arquetipos, señaléticas y mobiliarios que imitan lo antiguo.[1] La cultura de la autenticidad se construyó contra la artificialidad: actualmente funciona como una fuerza creadora de simulacros, de entornos artificiales, de decorados y signos listos para ser consumidos.

Algunas operaciones de reconversión, fatales para la conservación del espíritu del lugar, conducen a la disneylandización de los lugares afectados. Así, por ejemplo, los reacondicionamientos actuales de los *waterfronts* industriales y portuarios transformados en espacios de ocio comerciales: con sus viejos veleros renovados, pontones de madera, hangares reconvertidos en centros comerciales y tiendas de moda, estos lugares se metamorfosean en «Macwaterfronts», «Disney-puertos» que se parecen a parques temáticos en los que la autenticidad local se sacrifica para ponerlos al servicio del turismo.

En China, las operaciones de conservación y renovación del patrimonio identitario se traducen en demoliciones completas de los edificios antiguos y reconstrucciones que repro-

1. Samuel Périgois, «Signes et artefacts», *EspaceTemps.net,* Trabajos, 26.04.2006, https://espacestem ps.net/articles/signes-et-artefacts/

ducen el modelo de la arquitectura china vernácula. Algunos elementos se renuevan (paredes blancas, tejas negras, aleros levantados en curva), pero las callejuelas estrechas de la ciudad vieja de Shanghái se han ensanchado, las casas de cuatro o cinco pisos han sustituido las construcciones de una o dos alturas, los elementos estructurales de la arquitectura tradicional se han eliminado.[1] También se construyen tejados con tejas falsas barnizadas de los que cuelgan linternas kitsch. En todas partes lo falso viejo, la imitación de lo antiguo ha sustituido lo original. Se ponen en valor un vocabulario ornamental básico, algunos elementos emblemáticos, caricaturales y folclóricos, «*chinoiseries*» que se encuentran en todas las Chinatowns occidentales. Se trata de parecer chino, de ofrecer una imagen de autenticidad fácil de descifrar para así procurar a los turistas esa sensación que buscan de estar en un lugar lejano y exótico.

El proceso de artefactualización patrimonial ha llegado a los pueblos pequeños, las aldeas «típicas» que ponen en escena su aspecto regional, persiguen todo aquello que no parece rústico y pintoresco, transformando el espacio público en una imagen de tarjeta postal. Para aumentar el atractivo turístico de los pueblos, se acondicionan decorados estándar que remiten a un pasado tradicional idílico, con «verdaderas falsas» calles viejas, «verdaderas falsas» fachadas en piedra, falsos chalets de montaña. El objetivo es ofrecer una imagen de pueblo auténtico, cuando en realidad todo ha sido refabricado artificialmente: la economía turística ha puesto en marcha el frenesí de lo antiguo falso, de lo auténtico falso, el estilo pastiche de lo antiguo. Estilo neorregional, neoprovenzal o neomontañés: todos ellos son reconstituciones «pintorescas» que trans-

1. François Ged, «Shanghai: du patrimoine identitaire au décor touristique. Le laboratoire de la nouvelle Chine», *Les Annales de la recherche urbaine*, n.º 72, 1996.

forman los pueblos turísticos en decorados, lugares postizos, simulacros de autenticidad.

Disneylandia: ¿hasta dónde?

¿Hasta dónde se extienden el imperio y el espíritu Disney? ¿Su excrecencia planetaria confirma realmente la liquidación del valor de autenticidad en beneficio de las lógicas del parque de atracciones, la simulación y la hiperrealidad? «Disneylandia está ahí para esconder que es el país "real", toda la América "real" que es Disneylandia», escribía Baudrillard,[1] para el cual el mundo contemporáneo solo está hecho de realidades reconstruidas, simulacros, verdaderos-falsos auténticos, que ofrecen experiencias artificiales, programadas, en las antípodas de la «verdadera autenticidad». Según Baudrillard, vivimos en una «alucinación estética de la realidad»[2] donde los juegos de los signos abolen la distinción entre verdadero y falso, entre auténtico y no auténtico. En la época de la simulación generalizada, la autenticidad ya no es más que una ilusión, un «principio fantasma», un espectro dotado de una existencia fantoche.

¿Nuestra época ha conseguido, así pues, transformar nuestro planeta en una inmensa Disneylandia constituida de enclaves parecidos a parques de atracciones? A esta pregunta hay que responder claramente: no. Por muy real que sea, la dinámica de simulación no es la única en liza: Disneyworld no reina como amo absoluto, existen lógicas antagónicas que

1. Jean Baudrillard, *Simulacres et simulation*, Galilée, 1981, pp. 25-26. (Hay traducción española: *Cultura y simulacro*, trad. de Antoni Vicens, Kairós, Barcelona, 1998.)
2. Jean Baudrillard, *L'échange symbolique et la mort*, Gallimard, 1976, p. 114. (Hay traducción española: *El intercambio simbólico y la muerte*, trad. de Carmen Rada, Monte Ávila editores, Caracas, 1980.)

305

revelan la fuerza inextinguible y ampliada del ideal de autenticidad.

Es cierto que los lugares patrimoniales abiertos al turismo ofrecen actividades lúdicas, facsímiles y reconstrucciones atractivas. También es cierto que se multiplican, en los museos, las exposiciones espectáculo que privilegian las atracciones multimedia, los dispositivos próximos de los de los parques de ocio. También es cierto que florecen los parques de atracciones y las burbujas turísticas artificiales. Esto no significa en absoluto que tengamos que dar por muerta la búsqueda de la autenticidad. Es justo lo contrario. Ya que nunca como ahora habíamos tenido tantas instituciones patrimoniales obsesionadas por la cuestión de la autenticidad de las obras. Desde el Renacimiento y, sobre todo, desde mediados del siglo XIX, las sociedades occidentales asisten al desarrollo de una verdadera «religión de la autenticidad» cuyo efecto es la estigmatización obsesiva de lo falso y de la imitación.[1] La disneylandización no ha hecho que decline el culto moderno de la autenticidad artística.

Todos los grandes museos del mundo exigen informes científicos y certificados de autenticidad de las obras. Se utilizan técnicas punteras para conocer el origen de los objetos arqueológicos, establecer su procedencia, detectar las falsificaciones, ofrecer una datación precisa de las piezas. Para responder a las expectativas de la comunidad científica, de los conservadores y coleccionistas, se lanzan procedimientos de autentificación científica de las obras mediante técnicas cada vez más afinadas para la detección de las falsificaciones, fraudes y otras estafas (datación con flúor o carbono radiactivo, uso del microscopio electrónico y de rayos X). Más que nunca, en el ámbito de las artes, la cuestión de la autenticidad es crucial.

1. Thierry Lenain, *Art Forgery. The History of a Modern Obsession*, Reaktion Books, Londres, 2011.

Nuestra época se caracteriza tanto por la disneylandización como por la «obsesión de la autenticidad» (Thierry Lenain).

Además, conservadores, expertos y restauradores se encargan de asegurar el cuidado, conservación y restauración de los monumentos para así «transmitirlos con toda la riqueza de su autenticidad» (Carta de Venecia). A través de una amplia comunidad (artesanos, conservadores, historiadores, científicos, arquitectos, etc.) se llevan a cabo intervenciones destinadas a salvaguardar los monumentos respetando su autenticidad. Desde 1964, la Carta de Venecia enmarca estas intervenciones estableciendo internacionalmente los principios que deben presidir la conservación y restauración de los monumentos. Estas actividades y exigencias nada tienen que ver con el proceso de disneylandización.

A pesar de su innegable expansión, la lógica Disney no es la reina absoluta. Desde hace unos cuarenta años, se multiplican los sectores salvaguardados, los edificios protegidos y clasificados como monumentos históricos o inscritos en el catálogo suplementario. Asistimos también a la multiplicación de las peticiones, de las asociaciones en defensa del patrimonio y los paisajes que se movilizan para salvaguardar los edificios antiguos, los lugares arqueológicos o naturales. En Carnac, algunos movimientos asociativos han denunciado la edificación de un «Arqueoscopio» en el yacimiento megalítico y han emprendido acciones jurídicas contra el «Eurodisney del neolítico» o la «Menhirlandia». Los defensores de los Alpes se han opuesto a las atracciones artificiales (tour panorámico, puente colgante, *Thrill Walk*) que transformarían el Rigi, el glaciar de los Diablerets y el Schilthorn en una «Disneylandia». Polémicas y movimientos de resistencia nacen con ocasión de proyectos turísticos y arquitectónicos que podrían desnaturalizar la autenticidad de los edificios y lugares. Las derivas de los parques arqueológicos calificados como «Disneylandias prehistóricas», las reconstrucciones a tamaño natural de yacimientos paleolíticos, los maniquíes hiperrealistas del australopiteco destinados a satisfacer a un público amplio se denuncian como «engaños», trampantojos, señuelos.[1] Nuestra época está marcada no solo por el desarrollo de las representaciones artificiosas, sino también por la exigencia de un respeto por el legado histórico y los datos científicos.

Lo real artificializado, la emoción verdadera

En las infraestructuras de la disneylandificación se denuncia un poder de simulación que transforma lo real en parque de atracciones, desfigura los lugares naturales, amenaza el patrimonio cultural, cambia el mundo en decorado de teatro o cine. En resumen, el acondicionamiento para el turismo actúa para malograr la experiencia auténtica de los visitantes.

Lo que podemos observar exige que haya que mostrarse más comedidos. Con estos dispositivos técnicos, la turistificación de las cataratas del Niágara (caminos para pasear, rutas por el Prospect Park, iluminaciones, teleféricos e incluso tirolinas) no impide sentir asombro ante el espectáculo grandioso de la belleza natural. Por el contrario: las infraestructuras técnicas preparadas para los excursionistas permiten admirar la belleza del lugar en todo su esplendor, vivir una experiencia intensa y auténticamente estética.

Rousseau ya señalaba en las *Confesiones* como, durante un paseo por los Alpes, un camino bordeado por «un parapeto para prevenir desgracias» le permitió contemplar el precipicio y «sentir vértigos a gusto». Mientras que el miedo o la inco-

1. Jean-Bernard Roy, «Les parcs archéologiques au risque du parc de divertissement», en *Culture & Musées*, «Du musée au parc d'attractions: ambivalence des formes de l'exposition» (bajo la dirección de Serge Chaumier), n.º 5, 2005.

modidad impiden disfrutar de la belleza de un lugar, los equipamientos turísticos en los paisajes naturales posibilitan
percepciones nuevas y sensaciones fuertes, permiten experiencias en verdad estéticas porque se viven sin el más mínimo
riesgo. Contrariamente a los presupuestos de la sociología crítica, la turistificación de los circuitos de viajes no conduce de
modo invariable a la aniquilación de las experiencias auténticas.

Hay que hacer hincapié en esta observación ya que pone
de nuevo en cuestión el esquema dicotómico que organiza el
pensamiento de la autenticidad. El hecho está ahí: el artificio
no es sistemáticamente aquello que malogra la autenticidad
emocional. Hay que renunciar a oponer de manera excluyente autenticidad y puesta en escena,[1] experiencia «natural» y
experiencia «artificial»: en determinadas circunstancias, el artificio puede ser la condición misma de momentos auténticos.

EL ENCANTO INCOMPARABLE DE LO AUTÉNTICO

La cuestión de la búsqueda de autenticidad como motivación turística aparece en la década de 1970, a contracorriente de los análisis famosos de Boorstin para quien el turista, a
diferencia del viajero aventurero, no está en absoluto interesa-
do en la verdad de lo que descubre, sino únicamente en su
confort. Se siente satisfecho con un conocimiento superficial
de la realidad, con la puesta en escena de las tradiciones loca-

---

1. Señalemos también que lo que es «falso» o «no del todo auténtico»
puede ser la ocasión de una experiencia realmente auténtica. Un ejemplo
chocante lo ofrece el Memorial de la paz de Hiroshima reconstruido bajo su
forma a mitad destruida. Visitado cada año por un gran número de turistas,
este espacio de exposición es una «falsificación»: no por ello deja de suscitar
emociones profundas y auténticas. Cf. David Brown, «Des faux authentiques.
Tourisme *versus* pèlerinage», *Terrain*, n.º 33, 1999, pp. 41-56.

les y con los «seudoacontecimientos» producidos por la industria del turismo. Lo que cuenta no es lo verdadero, sino lo que tiene apariencia de verdadero, el estereotipo, lo real simplificado y listo para ser consumido sin esfuerzo. Una indiferencia hacia lo «verdadero» que está vinculada al hecho de que la imagen, la copia y el artificio se muestran más interesantes, más espectaculares que el original.[1]

El gusto por lo hiperreal

Radicalizando la problemática del «seudoacontecimiento», los autores «posmodernos» consideran también que la búsqueda de la autenticidad no es lo que motiva a los turistas actuales. En un mundo convertido en un inmenso artefacto donde todo está simulado, lo que atrae al público son las copias de lo real, los clichés del pasado histórico, los juegos de ilusiones, las reproducciones artificiales capaces de sobrepasar lo auténtico. Así es el mundo de la «hiperrealidad»,[2] el de las montañas artificiales, el de lo neorreal programado y aumentado que parece más verdadero, más perfecto y deseable que la propia realidad. Los turistas visitan ciudades museificadas y museos transformados en parques de atracciones, filman y fotografían pueblos que parecen decorados y visitan parques temáticos donde el simulacro se convierte en lo real, donde lo real copia la ficción.[3]

En la época de la simulación hiperreal, el simulacro, la copia y el facsímil se imponen con más fuerza y más de lo deseable que el original. Con su playa artificial, su acuario gigante, sus bulevares europeos reconstruidos, el West Edmon-

1. Daniel Boorstin, *L'image*, trad. fr. de Janine Claude, UGE, 1971.
2. Umberto Eco, *La guerre du faux, op. cit.*
3. Marc Augé, «Ces lieux où le réel copie la fiction. Un ethnologue à Center Parcs», *Le Monde diplomatique*, agosto de 1996.

ton Mall en Estados Unidos atrae a más gente que las cataratas del Niágara. Eurodisney es el primer destino turístico europeo. La réplica exacta de la cueva de Lascaux visitada por los turistas se ha convertido en más real que el original. Mientras que algunas compañías aéreas y de cruceros proponen inmersiones en realidad virtual, los parques recreativos ofrecen experiencias de hiperrealidad virtual. Una parte del público prefiere la experiencia de artefactos a la experiencia de la realidad, las playas simuladas de los parques de ocio a las orillas marinas naturales.

Hay turistas que solo hablan de la autenticidad de los lugares, mientras que otros, indiferentes a esta dimensión, se dejan seducir por atracciones manifiestamente falsas, disfrutando del carácter ficticio de las puestas en escena. En China, surgen ahora réplicas en miniatura o a tamaño natural de los monumentos más famosos del mundo, así como barrios enteros construidos siguiendo el modelo exacto de ciudades francesas, austriacas, inglesas o italianas. Vivimos el tiempo de la seducción de lo «falso auténtico», parte de los consumidores y visitantes se complacen con los juegos del artificio, el pastiche, el kitsch, que ofrecen los parques de atracciones, los centros comerciales gigantes, los entornos artificiales y las reconstrucciones folclóricas. En Sudáfrica, se proponen falsos barrios de chabolas a los turistas de lujo, que se alojan en chozas de madera y chapa ondulada para vivir, como en los juegos de telerrealidad, una «experiencia» exótica sin «los problemas del crimen, la enfermedad y la insalubridad». El eclipse de la búsqueda de autenticidad va acompañado del triunfo del «turismo experiencial» que, con sus artefactos y simulaciones sensacionalistas, ofrece la posibilidad de intensificar y multiplicar las experiencias de consumo.

El cambio en la mirada y las expectativas de los viajeros contemporáneos es tal que John Urry habla de la aparición del «posturista» para el cual la conquista de la autenticidad ya no tiene sentido, habla de una posmodernidad turística dominada por la búsqueda del placer y el juego, el rechazo de las jerarquías entre obras culturales legítimas e ilegítimas, la distinción desdibujada entre lo verdadero y lo falso. Lo que interesa ante todo a los que se van de vacaciones ya no es lo auténtico, sino las experiencias y la diversión, la relación lúdica e irónica con lo verdadero y lo falso.[1] Ni ingenuos ni incautos, los «posturistas» son conscientes de que los espectáculos a los que asisten han sido creados de modo expreso para ellos y con fines comerciales: sencillamente, disfrutan con los clichés que se les presentan, los aprecian por las cualidades percibidas bajo el punto de vista del juego como falsos exotismos que, aun así, resultan «simpáticos» y divertidos. Gozan haciéndose cómplices de espectáculos «exagerados», participando en los juegos de lo superficial, el kitsch, lo falso-verdadero. Lejos de interesarse por los orígenes, prefieren divertirse de manera irónica con atracciones falsamente auténticas, pero espectaculares y exóticas.[2] El universo de la hiperrealidad ratifica la indiferencia ante la dimensión de autenticidad, así como el triunfo de un turismo de segundo grado.

La magia de la presencia

Así pues, ¿tenemos que decir adiós a la pasión por la autenticidad? ¿Ha dejado de tener algún valor y algún sentido para los turistas? Que no cunda el pánico: nada de esto ocurre. Aunque todo sea un escenario comercial, los individuos siguen queriendo vivir la presencia de lo alejado «con sus propios ojos» y no a distancia, a través de una pantalla. Es un grave error afirmar que el simulacro ha sustituido a lo «real» hasta el punto de convertirse en más «real» que él, que ya no es posible distinguir el

1. John Urry, *The Tourist Gaze*, Sage, Londres, 1990.
2. Erick Cohen, «The Changing Fraces of Contemporary Tourism. Symposium: Touring the World», *Society*, vol. 45, n.º 4, 2008, pp. 330-333.

original de la copia, que la simulación generalizada ha acabado con lo real en una hiperrealidad total, la de las pantallas interactivas, la de los videojuegos, la de la realidad virtual. Las tesis que proclaman el «fin del principio de realidad» en beneficio del principio de simulación son afirmaciones melancólicas infundadas. ¿Por qué el público acepta pasar horas haciendo cola para visitar un museo si no es precisamente para sentir la alegría de ver «en directo» las obras y la emoción de la unicidad del original? Por el mismo motivo, a pesar de la profusión de ofertas musicales en *streaming*, los festivales y conciertos en vivo atraen, desde los últimos treinta años, a un público creciente, que ya es considerable.[1] Nunca antes hemos dispuesto de tantas imágenes del mundo ni ha habido tantos turistas recorriéndolo en todas direcciones, deseosos de vivir lo exótico y sus maravillas con el propio cuerpo y los propios sentidos.

La fuerza de los artificios hiperreales no ha conseguido sustituir el gusto por lo natural y la presencia «auténtica» del mundo: mientras que el turismo de naturaleza triunfa, en todas partes se alzan las protestas contra las costas cementadas y las urbanizaciones que desfiguran los paisajes. En todas partes aumentan los deseos de paisaje y las exigencias de «protección de los paisajes». Cuanto más artificial, inmaterial y virtual se vuelve nuestro mundo, más asistimos al auge de una cultura que exalta lo natural y la experiencia sensible de las cosas. Todo salvo la liquidación del marco de referencia «mundano» y de las expectativas de autenticidad.

Lo que buscan los turistas es la experiencia sensible del aquí y ahora, el asombro de la presencia real y única de lo exótico, la magia de ver «en directo» y no solo de lejos, como en la televisión o el cine. «Incluso a la reproducción más perfecta siempre le falta algo: el aquí y el ahora de la obra de arte»,

1. En 2018, los festivales de música en Francia reunieron a más de siete millones de espectadores, es decir casi un adulto de cada diez.

decía Walter Benjamin.[1] Esta observación se aplica a los destinos turísticos: a las imágenes analógicas y digitales les falta el aura de la presencia. Precisamente, el turista es aquel que, al no conformarse con las imágenes mediáticas, busca la experiencia corporal de lo real, por muy turistificada que sea. De esta manera, cada vez más personas se desplazan por placer por el mundo, para ir al encuentro sensible de un real único, ver y sentir con sus cuerpos ciudades, museos, lugares naturales, poblaciones. La autenticidad de la presencia en el mundo constituye el carburante del viaje turístico.

¿Cómo comprender el turismo oscuro o negro (*dark tourism*) sin tener en cuenta el peso que representa la autenticidad de los lugares asociados a la muerte, al sufrimiento, a las catástrofes? A veces se denuncia esta forma de turismo porque va acompañado de voyerismo morboso y falsa experiencia. Dado que transforma en placer un lugar que debería suscitar horror, el turismo negro impediría cualquier relación auténtica con el acontecimiento histórico: el espectáculo emocional, lo artificial y el simulacro que predominan solo conseguirían alejar al público de la verdad del acontecimiento y de su plena comprensión. Pero si la visita del campo de Auschwitz no produce un conocimiento objetivo, la experiencia emocional que genera no es por ello menos real y muy distinta de la que crean sus imágenes.

Los neoturistas no se han vuelto indiferentes a la autenticidad de los lugares que visitan. No se conforman con las imágenes que fácilmente están a su alcance: desean ante todo visitar los lugares que han sido el teatro de lo innominable, estar en contacto, ver en verdad los vestigios de época. Y cada

1. Walter Benjamin, «L'œuvre d'art à l'ère de sa reproductivité technique», en *L'homme, le langage et la culture*, trad. fr. de Maurice de Gandillac, Denoël/Médiations, 1974, p. 141. (Hay traducción española: *La obra de arte en la época de su reproducción mecánica*, trad. de Wolfgan Erger, Casimiro Libros, Madrid, 2011.)

vez son más los que visitan estos lugres: más de dos millones de personas visitaron el museo de Auschwitz en 2016. Más allá de la fascinación morbosa, está la experiencia sensible, la impresión vivida al encontrarse físicamente ante los elementos materiales que constituyen las huellas tangibles de lo ocurrido. Todo el interés de la visita es fruto del hecho de encontrarse allí, en los lugares donde se produjo el horror.

La valorización de lo auténtico depende del hecho de que es fuente de emociones específicas. Se ha señalado con toda la razón que lo que buscan quienes visitan un museo o un castillo es el contacto directo con una realidad antigua, la emoción insustituible de encontrarse en el lugar donde se produjo un determinado hecho histórico, el embeleso de estar ahí donde se sitúa lo verdadero, lo original, el placer de poder decir: «estuve allí», «lo vi»: en otras palabras, el aura del aquí y ahora, el encanto de lo auténtico.

Un aquí y ahora que, en el caso de objetos y lugares patrimoniales, se caracteriza, entre otras cosas, por su capacidad de ofrecer el placer de sentir el pasado en el presente. El encanto de las ruinas, las «viejas piedras» y los monumentos no depende únicamente de su ser físico, de la belleza de sus estilos, sino también de la dimensión histórica que los habita y que permite a los visitantes sentir la emoción de la distancia temporal, proyectarse en otro espacio-tiempo, en el pasado.[1] Lo que a menudo se repite en los relatos de los turistas sobre su visita al yacimiento antiguo de Cartago es el placer de ir más allá de la materialidad de los objetos, imaginar la atmósfera del pasado, respirar el mismo aire que los romanos. Por ello la visita de un lugar patrimonial no suscita las mismas emociones que las que se viven en un parque de atracciones: en este último, no se da la proyección en un horizonte histórico lejano, todo se vive en presente. Si la

---

1. Habib Saidi, «Touristes québécois en Tunisie et patrimoine du "soi authentique"», *Ethnologie française*, vol. 40, 2010/3.

autenticidad conserva todo su valor de aura, ello es debido a que ofrece una experiencia específica del pasado en el presente, un juego de imaginación, un placer de proyección en el pasado que un simulacro o un parque recreativo no pueden ofrecer.

Además, el patrimonio cultural no es el único que constituye un recurso de autenticidad. Todo el turismo de naturaleza se basa en una expectativa de autenticidad. Cuanto más se artificializa el mundo, más se desarrollan el valor de la naturalidad, el gusto de las tierras aisladas, el buceo marítimo, las excursiones a pie, las actividades de senderismo o barranquismo. Nunca como ahora ha habido tantos aficionados a los paisajes naturales. Ninguna película, ninguna imagen puede reproducir el poder magnético que ejerce la belleza de los paisajes naturales, la felicidad de sentir el estremecimiento de lo real. Lejos de desaparecer, la búsqueda de la autenticidad se ha colado en las costumbres turísticas de la mayoría.

Es evidente que el universo de los simulacros hiperreales no ha puesto fin a la pasión por la autenticidad, ni a la distinción entre lo verdadero y sus dobles, ni a las búsquedas de sentido (turismo responsable, solidario y sostenible). No todo se mezcla, no todo se invierte, y los turistas no confunden de ningún modo las puestas en escena con los originales. Si el universo hipermoderno ofrece innegablemente una profusión de dispositivos artificialistas e incluso si el turista no está poseído por la pasión de lo verdadero o juega con ella, esto no significa en modo alguno el declive del valor de autenticidad, la desaparición del aura de la presencia. Como ha mostrado Nathalie Heinich, el mundo de la reproducción, lo virtual y lo digital no pone fin al aura de las obras; por el contrario, aumenta el valor de autenticidad del original.[1] La proliferación

1. Nathalie Heinich, «L'aura de Walter Benjamin», Nota sobre *L'œuvre d'art à l'ère de sa reproductibilité technique, Actes de la recherche en sciences sociales*, vol. 49, 1983.

de imágenes no nos hace indiferentes a la experiencia de la presencia real, sino que aumenta el deseo de vivirla a través de los sentidos en su aquí y ahora, democratiza el deseo de vivir la experiencia de las cosas en carne y hueso. Nunca ha habido tantos museos y yacimientos arqueológicos que atraigan a tantos visitantes deseosos de vivir la presencia del original. Las puestas en escena elaboradas por los operadores de turismo pueden dañar la autenticidad «objetiva» de los lugares, pero no destruyen el deseo de contacto corporal y sensible con los lugares. Esta presencia que los turistas llaman «mágica».

Universo consumista y sed de autenticidad

Dicho esto, no solo la multiplicación hasta el infinito de imágenes mediáticas y digitales está en el principio de la valoración turística de la autenticidad. Se ha señalado, con razón, el vínculo existente entre el universo consumista y el auge de la demanda de autenticidad, la uniformización industrial de los bienes comerciales que han provocado un déficit en diferencia, singularidad y autenticidad de las cosas, las prácticas y los seres. También hemos insistido en el hecho de que la producción industrial de los objetos hacía surgir una nostalgia de lo antiguo que se sacia a través de objetos singulares. Pero la nostalgia está lejos de agotar la cuestión: ¡no se siente nostalgia de la Edad Media o la Antigüedad romana! De forma más general, los turistas en busca de autenticidad no son sistemáticamente nostálgicos del pasado, las tradiciones y los orígenes. Se sobrevalora el peso de la nostalgia y se subestima lo que es propio del ideal hedonista consustancial al orden consumista.

El hechizo hedonista, en efecto, ha legitimado e intensificado la búsqueda y la diversidad de los placeres, en todas sus variantes sensitivas, estéticas e imaginarias y, sobre todo, aquellas que favorecen los bienes únicos: placeres materialistas y lúdicos, placeres del confort, placeres del aquí y ahora, y placeres también de evasión imaginaria del presente a través del consumo de las obras del pasado y la proyección de sí en otro espacio-tiempo. El consumidor de los tiempos hipermodernos no quiere excluir ningún tipo de placer; de este modo el universo del consumo de masas ha generalizado la sed de presencia auténtica. A la raíz de la demanda de autenticidad del turista se encuentra la cultura hedonista consumista: ella es la que ha precipitado la demanda turística de la presencia auténtica del mundo, lo exótico y el pasado.

LA AUTENTICIDAD LIGERA DEL TURISMO

Le debemos a Dean MacCannell el haber introducido la problemática de la autenticidad en la sociología del turismo. Si los turistas van en busca de experiencias auténticas, ello es debido a que se sienten alienados por la sociedad moderna, su falsedad, su futilidad, su superficialidad: viajan por el mundo para tener acceso, en otras latitudes, a una autenticidad que no encuentran en la vida moderna. La sociedad moderna, dominada por el dinero y una artificialidad alienante, empuja a los hombres a buscar en otros lugares, entre otros pueblos, modos de vida que imaginan más «naturales», más «verdaderos», más «auténticos»: «Los modernos piensan que la realidad y la autenticidad están en otros lugares, en otros periodos históricos y en otros estilos de vida más puros y sencillos».[1] El turismo es una actividad cuyo objetivo es huir de los malestares y la inautenticidad de la vida moderna.

1. Dean MacCannell, *The Tourist. A New Theory of the Leisure Class*, University of California Press, 1976, p. 16. (Hay traducción española: *El turista. Una nueva teoría de la clase ociosa*, trad. de Elizabeth Casals, Melusina, Santa Cruz de Tenerife, 2003.)

Sin embargo, esta búsqueda de autenticidad está abocada al fracaso debido a los procesos de comercialización y puesta en escena orquestados por la industria turística. A partir de la década de 1960, toda una sociología crítica (Boorstin, Enzensberger, Morin) se ha dedicado a interpretar el turismo en términos de «fabricación de ilusión», artificios, imágenes estereotipadas. Lo que se ofrece a los turistas no son más que simulacros de autenticidad, copias de tradiciones originarias y originales, pintoresquismo de fachada, arte de aeropuerto, folclore artificial. El turista busca la autenticidad, pero solo tiene acceso a «imágenes», «seudoacontecimientos» y atracciones concebidas expresamente para él, para distraerlo, hacerle olvidar la banalidad de su cotidianeidad. Quiere conocer al «otro», pero «del festival a la falsa tienda lapona, ante todo se propone al turista aquello que le interesa»,[1] lo que se corresponde con sus expectativas de pintoresquismo, lo que espera ver y que ya conoce a través de las guías, las fotografías y las imágenes televisivas: el famoso *sightseeing*, «las cosas que hay que ver», que transforman el viaje turístico en «una especie de tautología».[2]

El turista, superficial, desposeído de sí mismo por la maquinaria turística, privado de iniciativa, incapaz de asumir su libertad personal y de encargarse de sí mismo, es aquel que va a visitar lo que le dicen que tiene que visitar y que va a ver lo que «hay que ver». Consumidor de recorridos balizados y estereotipos, manipulado y programado por el universo comercial de los viajes, el turista representa una de las figuras de la alienación social moderna.

1. Hans Magnus Enzensberger, *Culture ou mise en condition?*, trad. fr. de Bernard Lortholary, UGE, 1973, p. 225.
2. Boorstin, *op. cit.*, pp. 177-179.

La autenticidad plural

La búsqueda de autenticidad entendida como búsqueda de lo verdadero, lo puro y lo original, representa innegablemente uno de los objetivos de la acción turística. Turismo ético, turismo solidario, étnico, alternativo, turismo extremo en el Himalaya: todos ellos son viajes fruto de la pasión por el original y el hombre «verdadero». Lo cierto es que no todos los viajes se parecen ni tienen las mismas motivaciones, el rechazo del turismo de masas y el gusto nostálgico por un pasado idealizado e idílico. De hecho, la mayoría de los turistas no buscan un exotismo puro y auténtico, no se muestran realmente interesados por la autenticidad o inautenticidad de los objetos y los lugares turísticos. La autenticidad está en otro lugar: no es el objeto el que define la autenticidad, sino la experiencia turística vivida, y esta no es sentida del mismo modo por todos.

De ello da testimonio el caso de los turistas no occidentales, para quienes la autenticidad de la experiencia turística se busca y se encuentra sobre todo en la «modernidad» de las instalaciones y los «símbolos del presente». Los turistas chinos que visitan Europa o Asia expresan su frustración por no ver suficientemente las infraestructuras de la modernidad; disfrutan tanto descubriendo las puestas en escena del presente –incluidos los parques de atracciones– como los lugares patrimoniales. Su deseo no está dirigido por la nostalgia del pasado, sino por el gusto de vivir experiencias auténticas de modernidad.[1] Es evidente que la autenticidad en la actividad turística puede tomar sentido y formas diferentes.

Hay algo más que estas diferencias de sensibilidad. En un primer momento, y según un enfoque de inspiración museográfica, los teóricos centraron la cuestión de la autenticidad

1. Saskia Cousin, «Authenticité et tourisme», https://www.persee.fr./doc/mhnly_1966-6845_20_num_8_1_1558

turística en la del objeto, es decir en su verdad «objetiva» tal como se expone en un museo en relación con el conocimiento científico: Selwyn habla sobre este tema, el de «autenticidad fría». Sin embargo, hoy, surge otra problemática que entiende la autenticidad bajo el prisma de la experiencia del turista, sus vivencias personales, su participación emocional y corporal en el presente de la visita: esta es la «autenticidad caliente».[1] Se habla de experiencia auténtica cuando el turista tiene la sensación de vivir una experiencia potente o excepcional con ocasión de una visita con fuerte tono afectivo, fuente de admiración, entusiasmo y hechizo.

No hace falta ser egiptólogo para sentir una emoción verdadera ante las pirámides; no hace falta ser historiador del arte barroco para sentir una emoción profunda ante los esplendores de la capilla Sixtina. Entonces ¿es necesario ser experto en arqueología e historia del arte para «ser» en la autenticidad? Se puede carecer de las claves culturales, religiosas y artísticas, pero ello no impide sentir admiración y emoción estética «verdaderas». El turista sin conocimientos profundos y que se queda extasiado ante el templo de Angkor o la Gran Mezquita de Córdoba no vive «sensaciones artificiales»: se siente «transportado», inundado de emociones fuertes y profundas. ¿Por qué visitar un lugar recomendado en las guías turísticas de renombre sería una condena a un modo de ser inauténtico? ¿Qué permite pensar que una visita balizada es sinónimo de alienación? Dado que la autenticidad es ante todo un asunto de vivencia emocional, no desaparece ni por la incultura de los turistas ni por el *sightseeing*.

Entonces, en lugar de ser la propiedad objetiva de una cosa, la autenticidad se considera una experiencia subjetiva que remite a una vivencia personal. El auge de la cultura hedonis-

1. Tom Selwyn, «The Political Economy of Enchantment: Formations in the Anthropology of Tourism», *Suomen Antropologi*, n.º 32(2), 2007.

ta y consumista ha cambiado nuestra manera de considerar la experiencia auténtica turística: dicha experiencia es la que remite a una vivencia sentida, a la involucración emocional del individuo y no a un atributo inherente de los objetos o lugares visitados. Con la exacerbación del derecho a ser uno mismo, la problemática de la autenticidad turística se ha emancipado del referencial sustancialista, de los criterios objetivos de lo verdadero y lo falso, de lo real y la ilusión: se ha subjetivizado en beneficio de la única dimensión vivida del fenómeno. Al eliminar la barrera elitista que hacía de la autenticidad un valor raro, un privilegio distintivo y de clase, el estadio III ha llevado a su punto culminante el espíritu democrático del *be yourself*. Desde este enfoque, cualquiera accede, sin riesgos ni alta cultura, a la experiencia auténtica de sí saboreando solo el tiempo recreativo de las vacaciones.

En la gran tradición filosófica, la cuestión que nos ocupa se estructuraba a través de la oposición binaria y sustancial: autenticidad/inautenticidad. Ahora, los estudios sobre el turismo prefieren hacer hincapié en la diversificación del sentido de la autenticidad. El modelo dicotómico se sustituye por un enfoque que declina el concepto en autenticidad caliente, autenticidad sustancial, autenticidad fría, autenticidad emergente, autenticidad emocional, autenticidad de la experiencia y autenticidad negociada. La fase III es contemporánea de la diseminación y la multiplicación de las acepciones del término, hasta aparecer, para determinados teóricos, no como un concepto analítico, sino como un concepto borroso y confuso al que sería juicioso renunciar, dado que no existe entendimiento en cuanto a su significado y alcance.[1]

1. Yvette, Reisinger y Carol J. Steiner, «Reconceptualizing Object Authenticity», *Annals of Tourism Research*, vol. 33, 2006, DOI: 10.1016/j. annals.2005.04.003.

Experiencia turística y autenticidad existencial

Desde el momento en que se privilegia la experiencia subjetiva y no la verdad «objetiva» del objeto turístico, aparece una nueva cara de la autenticidad. Se ha analizado muchas veces el turismo como una forma de obligación social, un *forcing* que reproduce la forma del trabajo productivo. Incluso si es innegable que esta lógica se corresponde con ciertas formas de actividades turísticas, no puede generalizarse al conjunto del fenómeno, ya que subestima los objetivos hedonistas y emocionales que lo mueven.

Lo que la mayoría busca es vivir momentos de placer, una «pequeña» aventura, eliminando los riesgos e incertidumbres de la «gran» aventura. Si los turistas conceden por lo general una gran importancia a la comodidad de sus alojamientos y desplazamientos, al mismo tiempo buscan experiencias nuevas, desean descubrir las bellezas del mundo, tener sensaciones «extraordinarias» que les hagan salir de la monotonía de lo cotidiano y los liberen de las obligaciones de la vida moderna. En este sentido, el turismo, aunque sea organizado, funciona como una práctica propiamente estética, en el sentido original del término, *aiesthesis*, que en griego significa «sensación».

Qué otra cosa busca el turista si no es exotismo, sensaciones corporales, experiencias estéticas nuevas, y todo ello por el placer de las emociones «gratuitas» que ofrece la contemplación de obras, paisajes y demás panoramas. Si los turistas viajan es para liberar su cuerpo de las obligaciones de la vida cotidiana, para vivir según otra temporalidad, relajarse, pasar ratos agradables con su familia o amigos. El viaje de placer se valora como espacio-tiempo de desahogo, desinhibición, liberación, expresión del deseo y reapropiación de sí. Por ello el turismo solo se estructura de manera puntual siguiendo la lógica productivista del trabajo obligatorio: lo que está en la base del *ethos* turístico es una cultura estética de sensaciones

323

que invitan a deshacernos de la rutina ordinaria y las obligaciones del trabajo, a vivir momentos «diferentes» por medio
de experiencias hedonistas y sensitivas.

Al ser una experiencia de tipo estético, el turismo es inseparable de un objetivo de «autenticidad existencial»[1] definida
como un estado de ser en el que el sujeto se reencuentra a sí
mismo a través de sensaciones de bienestar, placeres, relajación,
libertad: todo un conjunto de sensaciones corporales agradables
que crean una ruptura con la inautenticidad de la vida «seria»,
frustrante y productiva. A través de las sensaciones diversas,
los imprevistos, los descubrimientos, los momentos de relax y
placeres sensitivos (caminar, los paisajes, los sabores culinarios,
las salidas, las ensoñaciones al sol...) que acompañan el viaje
de placer, este permite alcanzar la completitud de sí liberado de
las limitaciones del trabajo, de las cadenas de la repetición
ordinaria, las obligaciones de la vida «conforme». En esos momentos, la autenticidad subjetiva no exige la relación con una
verdad objetiva (la de los objetos o lugares visitados), sino que
coincide con las experiencias que, al liberarnos de las obligaciones profesionales, la monotonía y los papeles «serios» de la
vida social, ofrecen la adherencia a sí, la voluptuosidad de vivir
un tiempo libre, un «tiempo para sí»[2] e incluso, a veces, «el
sentimiento de la existencia» (Rousseau), la alegría de existir
en el presente.

Liberados de las obligaciones de lo cotidiano y el trabajo,
los turistas se reencuentran, se sienten más verdaderos, más en
armonía consigo mismos y con los demás. La autenticidad

1. Sobre este concepto, Ning Wang, «Rethinking Authenticity in
Tourism Experience», *Annals of Tourism Research*, 26 (2), 1999. También,
Carol J. Steiner e Yvette Reisinger, «Understanding Existantial Authenti-
city», *Annals of Tourism Research*, 33, 2, 2006.

2. Alain Corbin, *L'avènement des loisirs, 1850-1960*, Champs, Flammarion, 2001, pp. 16-17.

existencial no tiene nada que ver con la verdad objetiva de los lugares visitados, se vive en las experiencias personales fuente de descubrimientos sensitivos y de un mejor ser uno mismo, de acuerdo consigo, de plenitud subjetiva. Si el turismo está tan codiciado es porque abre el camino a una cierta felicidad, a una forma de vivir el presente más intensa, a experiencias estetizadas y sensualizadas que enriquecen el sentimiento de sí. De tal manera que incluso aquellos a los que les gusta descubrir los *sightseeing* o que solo buscan relajarse, dedicarse al *farniente* en la playa y tomar el sol no tienen por qué ser considerados sistemáticamente como turistas «inauténticos». La autenticidad no es el resultado de una cualidad objetiva exterior a sí: es el sentimiento subjetivo de no estar fuera de sí o ser un extraño para sí y, versión más positiva, de estar de acuerdo consigo mismo. Esta experiencia de sentirse sí mismo es independiente de la calidad de los lugares y objetos con los que interactuamos.

El régimen ligero de la autenticidad

Así pues con el turismo nace una autenticidad existencial de un nuevo tipo. Lo hemos visto a lo largo de las fases anteriores de la modernidad: la idea de existencia auténtica no se separaba de la ruptura difícil con la cotidianeidad, del rechazo heroico del «triste confort». Nada parecido en la experiencia turística donde el ser uno mismo se vive sin esfuerzo, con el placer de una evasión fácil y feliz. Aquí se afirma una autonomía subjetiva en la que no se distinguen las inclinaciones «espontáneas» del placer y la ligereza de los placeres estéticos. El turismo invita a concebir un sí auténtico bajo los auspicios del hedonismo y de una ética estetizada de la vida. Ya no se trata de la ruptura seria y grave con «la ligereza y la facilidad» propias de la existencia del «se», sino de la compatibilidad de la autenticidad subjetiva con los goces ligeros del consumo. El turismo tiene el mérito de hacer que pensemos la autenticidad existencial de manera distinta a la de la «resolución» (Heidegger), a la de la gravedad y el voluntarismo extremo. No hay nada que impida acceder a una conformidad con nosotros mismos en las formas de vida feliz y hedonista que nos liberan del peso de las servidumbres del trabajo y la cotidianeidad.

De este modo la reflexión sobre el turismo invita a una diversificación de las concepciones de la vida auténtica. Ya no tenemos que pensar la autenticidad en el marco único del esfuerzo, la valentía y el desgarro, ya que el ser uno mismo puede realizarse según los momentos y de maneras diversas y, sobre todo, de forma compatible con el modo de vida ligero del consumo. ¿Cómo, por lo demás, no hacer valer el derecho a la idea de una autenticidad ligera cuando el yo no constituye un todo unificado y homogéneo, sino que está hecho de múltiples facetas heterogéneas? Al proponer el paradigma de una autenticidad ligera, solo se está teniendo en cuenta la heterogeneidad del yo, constatando la diversidad de las vivencias de la autenticidad y los diferentes estilos de vida capaces de liberarnos del peso de las obligaciones y ayudarnos, así, a sentirnos bien con nosotros mismos.

El advenimiento de un régimen ligero de la autenticidad revela en qué sentido el turismo, aunque sea organizado y a ritmo acompasado, no debe ser vinculado con el *ethos* productivista del trabajo, sino con la ética contemporánea de la realización de sí, de sus valores hedonistas, presentistas y estéticos. ¿De qué depende la pasión del turismo si no es de la fuerza creciente del imaginario de plenitud hedonista, del ideal de la vida auténtica que conlleva la ética estética de la civilización hipermoderna? Los turistas no recorren el planeta porque se sienten alienados por la sociedad moderna, sino para sentir «más» y mejor, vivir emociones diversas de placer. Si los viajes no responden a la búsqueda de autenticidad descrita por MacCannell, ello no significa que no sean vividos como lo que permite «re-encontrarse», sentirse «más» sí mismo. El turismo, antídoto para los fardos de la vida social, abre el camino a una «autenticidad existencial» ligera y feliz hecha posible por momentos de vida propios y para uno mismo, por actividades que crean la intensidad subjetiva liberada de las obligaciones, las costumbres y las limitaciones fastidiosas de la vida ordinaria y productiva.

X. LA OLA PATRIMONIAL

Desde el último cuarto del pasado siglo, una ola de gran alcance se abate sobre nuestras sociedades: la ola del patrimonio. Hay un gusto por las «raíces» y los lugares de memoria, un amor por las «viejas piedras» y las tiendas de ocasión, crecen el éxito de los museos y el interés por el patrimonio cultural bajo todas sus formas, se multiplican las asociaciones en defensa del patrimonio y los paisajes, y se restauran los barrios antiguos: el culto de lo antiguo ha adquirido una superficie social sin precedente. El fervor que secreta el patrimonio ejemplifica de manera sorprendente la sed de autenticidad típica de la modernidad avanzada: como símbolo de identidad, se ha convertido en uno de los grandes continentes portadores del valor de autenticidad.

En el imaginario contemporáneo, lo auténtico ya no es solo lo «verdadero», lo no falsificado, no desnaturalizado conforme con los caracteres que se le atribuyen y certificado por un organismo oficial. Es también lo antiguo, portador de memoria e identidad colectiva. Se consideran «auténticos» aquellos objetos, artefactos, signos y prácticas que, cargados de espesor histórico, vehiculan una memoria e ilustran la continuidad de una cultura. Se califica de auténtico aquello que hace existir el pasado en el presente, que recrea la memoria inscribiéndose en una tradición. Así, los centros urbanos históricos, los objetos del pasado más modestos, todos los elementos constitutivos de lo que denominamos el patrimonio material aparecen ahora como los depositarios del valor de autenticidad. Del mismo modo, lenguas, tradiciones y producciones locales acceden a una dimensión simbólica nueva al ser celebradas como unas especies de «islas de autenticidad»[1] que nos devuelven a la pureza de los orígenes. Estamos en el momento en el que las costumbres locales y el arraigo en una historia funcionan como emblemas de autenticidad: las singularidades culturales portadoras de memoria histórica se afirman como marcadores de autenticidad.

Este nuevo contexto histórico y social invita a volver a considerar los enfoques antropológicos que definen el objeto auténtico a través de la unicidad y singularidad, en oposición al objeto industrial estandarizado producido en serie y destinado al consumo de masas: el objeto auténtico «se define por su singularidad. No es sustituible. Escapa de la universalización del valor de cambio».[2] Esta conceptualización ha dejado de ser obvia ya que hoy en día la patrimonialización se extiende a «todo», «de la catedral a la cucharita» (André Chastel), incluso los instrumentos más modestos fabricados de manera industrial, las antiguas cajetillas de cigarrillos, los molinillos de café, los carteles publicitarios antiguos, son reconocidos como elementos patrimoniales. Por ello, la unicidad o la singularidad ha dejado de ser aquello que especifica «ontológicamente» el objeto auténtico: hemos pasado del objeto único y excepcional al objeto típico poseedor de aquellas propiedades características de su categoría.[3] La fabricación industrial y seriada de ob-

1. Alain Bourdin, *La question locale*, PUF, 2000.
2. Jean-Pierre Warnier, *Le paradoxe de la marchandise authentique*, L'Harmattan, 1994, p. 20.
3. Nathalie Heinich, *La fabrique du patrimoine. De la cathédrale à la petite cuillère*, Éditions de la Maison des sciences de l'homme, 2009, p. 20.

jetos ya no constituye un obstáculo excluyente para la calificación de autenticidad.

Al aplicarse a ámbitos cada vez más variados, la patrimonialización se ha vuelto «infinita»: entornos naturales, fauna, flora, ecosistemas, paisajes urbanos y bienes culturales e inmateriales son todos ellos esferas que han entrado en el orden patrimonial y se los designa a las medidas de protección de su autenticidad. La noción de patrimonio se ha ampliado tanto que se ha llegado a definirlo de manera minimalista como aquello que «cubre de manera necesariamente imprecisa todos los bienes, todos los "tesoros" del pasado»[1] o como «el conjunto de objetos que han perdido su valor de uso».[2] Con «la explosión patrimonial»[3] típica de la época, asistimos a una extraordinaria dilatación de la noción y el ámbito de la autenticidad.

Esta extensión no es únicamente tipológica, cronológica y espacial, sino que se debe a la integración de criterios no occidentales en la definición de la autenticidad patrimonial. El tener en cuenta los edificios antiguos japoneses reconstruidos con absoluta fidelidad a los originales ha llevado a una nueva ampliación de la definición de la autenticidad, liberándola de la consideración exclusiva del componente físico de los monumentos. En el imperio del Levante, el carácter original de la sustancia material no garantiza la autenticidad de un edificio, lo hace la fidelidad a la forma y la perpetuación del saber hacer de los portadores vivos de la tradición («los tesoros vivos»). Aparece una concepción nueva de la autenticidad según la cual cada obra debe ser «considerada y juzgada en relación con los criterios que caracterizan el contexto cultural al

1. Jean-Pierre Babelon y André Chastel, *La notion de patrimoine*, Liana Levi, 1994, p. 11.
2. Jean-Michel Leniaud, «Patrimoine», *Encyclopaedia Universalis*.
3. Pierre Nora, «L'ère de la commémoration», en *Les lieux de mémoire*, t. 3, Gallimard, 1997, p. 4.707.

que pertenece».[1] La interpretación absolutista y etnocéntrica es sustituida por un enfoque ampliado, relativista y deseuropeizado de la autenticidad patrimonial.

Al ampliar el ámbito de protección a todo aquello que puede fijar una memoria y una identidad colectiva, al integrar lo inmaterial, al englobar cada vez más objetos de todas las épocas y naturaleza, el nuevo régimen de patrimonialidad va acompañado de una profunda redefinición de la noción de autenticidad, de la ampliación de sus criterios y la extensión «infinita» de su campo de aplicación. Nuevo régimen de autenticidad que se caracteriza también por una conjugación inédita con lógicas tradicionalmente adversas: el espectáculo, el artificio, la innovación y el orden comercial. La fase III funciona con la conversión económica y escenográfica y con la organización de la autenticidad patrimonial.

BOOM PATRIMONIAL Y CALIDAD DE VIDA

Hace poco, la cuestión del patrimonio solo interesaba al Estado, los arquitectos, los historiadores de arte y los conservadores. Esta época «elitista» ha quedado atrás: el patrimonio ya no preocupa únicamente a los especialistas, sino que es objeto de una demanda amplia y sostenida por parte de consumidores, grupos y asociaciones. Vivimos el momento de la democratización del interés por el legado del pasado colectivo.

Se multiplican los museos y ecomuseos que atraen a un público inmenso que siente curiosidad por su historia: lo que antes solo interesaba a una pequeña élite cultivada, ahora interesa a un público muy amplio. Creadas en 1984 e instauradas en unos cincuenta países, las Jornadas del Patrimonio movilizan a un número creciente de visitantes: el 65 % de los

1. «Document Nara sur l'authenticité», Icomos, 1994.

franceses ya han participado en dichas Jornadas o tienen intención de hacerlo. En 2019, reunieron a más de doce millones de franceses en diecisiete mil lugares diseminados por todo el territorio. A tenor de una encuesta sobre las prácticas culturales de los franceses, el 73 % declaraba en 2008 haber visitado un monumento histórico a lo largo de su vida y el 30 % en los últimos doce meses. En 2011, casi seis de cada diez personas visitaron un monumento, una ciudad o una región de arte e historia.

La expansión del turismo internacional ilustra la misma tendencia. Según la Unesco, el viaje cultural y patrimonial es uno de los segmentos del turismo internacional (mil cuatrocientos millones de viajeros en 2018) que experimenta un crecimiento más rápido. La oferta cultural y patrimonial de un destino constituye un factor importante en la elección del viaje de uno de cada cuatro europeos. En todas partes, los lugares que forman parte del patrimonio mundial de la Unesco funcionan como motores de promoción turística. De acuerdo con los cálculos de la Organización Mundial del Turismo, el turismo cultural representaba en 2016, un 40 % del turismo internacional. Al englobar no solo la visita a museos, monumentos, lugares históricos y religiosos, «comunidades auténticas», sino también el turismo gastronómico y los festivales, este tipo de turismo sigue diversificándose y atrayendo a un público cada vez más numeroso en busca de autenticidad cultural.

El entusiasmo patrimonial se extiende más allá de los grandes monumentos y museos. Esto se observa en el aumento de demandas para la preservación de los paisajes, las iglesias y los lavaderos de pueblo, los puentes y las fábricas, las granjas y los mercados de abastos. Ya no se sueña con copiar el modelo americano haciendo tabla rasa del pasado: los voluntarios y las asociaciones se movilizan para salvaguardar el «pequeño patrimonio», el alma de su pueblo, su ciudad o su región. Según la Sauvegarde de l'art français, cada departamento cuenta ahora con más de doscientas asociaciones locales para la conservación del patrimonio. Hasta la destrucción del mercado Baltard, la mayoría compartía la idea de que los barrios viejos eran sinónimo de suciedad, miseria, «antigualla» (Le Corbusier): se aprobaba la demolición de dichos barrios en beneficio de viviendas nuevas, modernas y funcionales. Ahora estamos en las antípodas de este espíritu higienista y funcionalista. Desde la década de 1970, la patrimonialización de los centros antiguos es objeto de una amplia reivindicación social por parte de individuos y asociaciones que piden que una parte de los edificios antiguos sea protegida de la destrucción, rehabilitada y puesta en valor.

Esta sed de autenticidad patrimonial se manifiesta también a través del gusto por los «patrimonios alimentarios»,[1] los particularismos culinarios y el legado gastronómico local y regional. El éxito de los productos de la región constituye una ilustración del culto de las raíces, el pasado patrimonial y la memoria territorial. En paralelo, asistimos al auge del gusto por los objetos viejos: un público creciente busca ocasiones de segunda mano en los mercados de viejo, mercadillos y rastrillos vecinales. El mercado de las pulgas de Paris-Saint-Ouen acoge a más de cinco millones de visitantes al año: con una superficie de siete hectáreas, donde se agrupan aproximadamente dos mil vendedores, de los cuales mil cuatrocientos son anticuarios, se ha convertido en el quinto lugar turístico de Francia.[2] Cada año, en Francia, se organizan unas cincuenta mil ventas de

1. Sobre esta denominación véase Jacinthe Bessière, «Les terroirs de valorisation gastronomique», en *La mode du terroir et les produits alimentaires*, bajo la dirección de C. Delfosse, La boutique de l'Histoire, 2011, pp. 163-175.

2. El mercado de las pulgas de Paris-Saint-Ouen ha obtenido su clasificación como «Área de Valorización de la Arquitectura y el Patrimonio», que antes se denominaba «Zona de Protección del Patrimonio arquitectónico urbano y del paisaje», que lo convierte en el único lugar urbano, en Francia, protegido por su atmósfera.

objetos de segunda mano, es decir diez veces más que hace veinte años. Casi quince millones de franceses acuden a estos lugares en busca del objeto raro: rebuscar en los rastrillos se ha convertido en una de las actividades de ocio preferidas de los franceses. El objeto «viejuno» se ha transformado en objeto de seducción dotado de valor de autenticidad.

¿De qué depende este aumento de la pasión por el legado colectivo del pasado? Para explicarlo, muchas veces se ha hecho hincapié en la desaparición de sectores enteros de la sociedad provocada por la apisonadora de la mundialización y la modernización desenfrenada. A medida que desaparecen del espacio público las tradiciones, los antiguos marcos de vida, las maneras de ser y hacer, aumenta la nostalgia de algo que ya no es más que la voluntad de luchar contra el olvido, salvaguardando las memorias colectivas. La experiencia dolorosa de la pérdida estaría en el origen del éxito que tiene el patrimonio, pensado como necesario para el «trabajo de duelo»[1] y que constituye una defensa contra la desaparición del pasado.

La pulsión patrimonial contemporánea se vincula así con la crisis contemporánea del sentido y de las identidades, la disolución de los lazos comunitarios y las identidades colectivas, provocada por la dinámica del capitalismo, la mundialización y la individualización. Desde esta perspectiva, la compulsión patrimonial expresa una demanda de sentido e identidad colectivos, referentes y anclaje comunitarios: es la expresión de «la crisis identitaria del individuo contemporáneo» en busca de arraigo y de lo local en la era de la globalización de la producción y los intercambios. Los individuos se interesan por los bienes patrimoniales portadores de autenticidad para reafirmar una identidad local, superar la pérdida de referentes y la dilución de las identidades comunitarias.

1. Henri Pierre Jeudy, *Patrimoines en folie*, Maison des sciences de l'homme, 1990.

¿Nostalgia o calidad de vida?

Estos factores son importantes y desempeñan sin duda un papel en el fenómeno que estamos analizando. Sin embargo, no son solo los únicos que intervienen: hay otros de naturaleza muy distinta que merecen ser destacados.

Señalemos que los individuos no se fijan exclusivamente en aquello vinculado con sus raíces regionales, nacionales o europeas: muestran el mismo entusiasmo por todo aquello que, en el mundo, es testimonio del pasado. No solo nos importa la conservación de las iglesias y castillos de nuestros pueblos, sino también los lugares del patrimonio mundial. A los europeos no solo les gusta la música celta, el fado o el flamenco: sienten curiosidad por los cantos y danzas folclóricas de los pueblos de África, Oceanía o Asia. Los turistas internacionales viajan hasta la otra punta del mundo para descubrir yacimientos arqueológicos, ciudades y edificios antiguos que nada tienen que ver con su historia.

Evitemos también justificar de forma sistemática el gusto por el patrimonio material o inmaterial con el auge de la nostalgia, la añoranza melancólica de un pasado idealizado y la pena provocada por la pérdida de la diversidad cultural. Sin duda, expertos diferentes utilizan el tema nostálgico de la desaparición del encanto del pasado: realmente existe lo que David Berliner denomina una nostalgia de los patrimonialistas, las élites y los burócratas, que muestran una postura de «exonostalgia», es decir «añoranza por un tiempo que no hemos conocido directamente».[1] Sin embargo, ¿acaso este estado emocional explica el gusto del gran público occidental por las hue-

1. David Berliner, «Nostalgie et patrimoine. Une esquisse de typologie», en *Émotions patrimoniales*, Daniel Fabre (dir.); del mismo autor, *Perdre sa culture*, Zones sensibles, 2018.

llas del pasado? ¿La «nostalgia en pantuflas»[1] es el motor de los turistas? Resulta dudoso: la melancolía del pasado está lejos de ser el sentimiento que los domina. Entre los turistas culturales, ¿quiénes son realmente nostálgicos de la época de los faraones y la Roma antigua? Las masas que visitan la Galeria degli Uffizi de Florencia no sienten la añoranza melancólica del Quattrocento. ¿Qué puede añorar el parisino que visita un ecomuseo alsaciano? Casi siempre los turistas que acuden a los museos regionales no descubren las raíces de su cultura: descubren aquello que no conocen. Son muchos quienes, enamorados del patrimonio y su conservación, adoptan una postura positiva en relación con los cambios sociales y económicos contemporáneos e incluso con ciertos aspectos de la mundialización. El pasado que nos gusta descubrir no es necesariamente objeto de nostalgia: el patrimonio no actúa por defecto como la magdalena de Proust.

Otras causas están en juego. Empezando por nuestra nueva relación con el tiempo histórico marcada por el agotamiento de la fe en el progreso, en un porvenir cada vez mejor, cada vez más armonioso gracias a la modernidad técnica y prometeica. Este optimismo modernista se ha visto socavado por los diferentes «daños», «destrozos» y «estragos» (políticos, ecológicos, estéticos, urbanos..) del progreso. La fe soberana en la mejora continua de la condición humana ha sido sustituida por el miedo al futuro, el desencanto del progreso, del porvenir e incluso del presente. La desaparición de las visiones futuristas de carácter triunfal ha abierto el camino a una nueva relación con el legado histórico. Era necesario que se derrumbara la visión de un avance irresistible hacia algo mejor para que se afirmara el «retorno del pasado», que este volviera a

1. Arjun Appadurai, *Après le colonialisme. Les conséquences culturelles de la globalisation*, trad. fr. de Françoise Bouillot, col. «Petite bibliothèque Payot», Payot & Rivages, 2005, p. 131.

investirse de emoción, en este contexto, sin ser considerado un arcaísmo sin interés. La erosión de la religión dogmática del historicismo progresista, la disipación de las promesas traídas por las vanguardias y la idea de progreso sustentan la subida del gusto por la autenticidad patrimonial.

Hasta la década de 1960, los objetos modernos y el prestigio que favorecían el proceso de modernización han contribuido a despreciar lo antiguo tachado de «viejuno» y anticuado: mientras que los signos del Viejo Mundo seguían estructurando nuestra experiencia cotidiana, no los considerábamos porque los juzgábamos menos deseables que lo Nuevo. Esto ya no es así, se ha producido un cambio de tendencia: lo antiguo se ha convertido en algo raro y preciado con la profusión de objetos industriales fabricados en serie y en grandes cantidades y la banalización de los espacios funcionales estandarizados (estaciones, aeropuertos, hipermercados, centros comerciales, cadenas de comida rápida, autopistas, urbanizaciones de adosados). Pero estos dispositivos climatizados tienden a parecerse, siguen un mismo modelo, dan la impresión de estar inmersos en un entorno desencarnado y ficticio: son generadores de un sentimiento de monotonía y aburrimiento ya que, como sabemos, «el aburrimiento nació, cierto día, de la uniformidad». En este contexto, donde la uniformidad tecnocomercial domina la cotidianeidad, los signos del pasado recobran gracia, dignidad y valor, suscitan nuevas expectativas e incluso se convierten en objeto de capricho de moda. Ya no es lo moderno lo que encarna la diferencia, sino lo antiguo. El objeto patrimonio se ha vuelto una perla rara, signo de autenticidad y singularidad, oponiéndose a la artificialidad de nuestro marco de vida dominada por el marketing y mediatizada por los medios.

Sin embargo, hay que precisar que la nueva relación con el legado colectivo no es una simple reacción «mecánica» a la estandarización del mundo. El apego al patrimonio solo ha podido alcanzar la amplitud que conocemos al estar sostenido por la nueva cultura del sí y de los goces consumistas del presente. Más que una reacción a la crisis de las identidades y a la estandarización de la cotidianeidad, el culto contemporáneo del patrimonio traduce la fuerza de la ética hedonista de la realización de sí propagada a gran escala por la civilización consumista. Al reforzarse el capitalismo del deseo, se ha impuesto una cultura cotidiana que exalta los placeres sensoriales diversos y renovados y, desde la década de 1970, el ámbito referencial de la calidad de vida. La época de la modernización de los hogares, del urbanismo funcionalista, del culto del confort material ofrecido por el coche y la televisión, característico de los Treinta Gloriosos, ha quedado atrás. La modernización tecnocentrada del marco de vida ya no basta: en todas partes aumentan las exigencias de la calidad sentida, de bellezas, experiencias emocionales, goces sensibles, culturales y estéticos desdiferenciados. Con el capitalismo del hiperconsumo, nos gobierna una ética estética de la vida. Bajo su égida, la relación con lo antiguo no tiene únicamente una función defensiva, sino que responde a los deseos crecientes de calidad de vida.

El sentimiento de nostalgia no alimenta la democratización del apego al patrimonio; lo hace la pasión por la calidad de vida. Si el gran público valora el patrimonio es porque este le ofrece emociones estéticas incomparables, permite vivir momentos de una especie de «elevación», disfrutar de experiencias singulares y siempre variadas, de placeres asociados al esplendor y la calidad cultural. Distinto de los productos del consumo corriente, el bien auténtico te saca de la rutina y te asombra, es fuente de sensaciones «poéticas» y emociones nuevas y ricas en valor estético y simbólico.

Si se encuentra del lado de lo «verdadero» y la identidad, también se encuentra del lado de los placeres estéticos únicos, excepcionales y dotados de gran legitimidad cultural. El consumo de bienes patrimoniales auténticos no solo ocasiona placeres sensibles, sino también placeres que los propios actores consideran nobles, elevados, superiores a los del consumo de masas y el entretenimiento. Se reconocen como placeres de una especie superior y, como tales, desprovistos de la vergüenza que a veces acompaña al consumo de obras de la «baja» cultura mediática. Visitar un museo o un castillo y ver una serie televisiva son ocasiones para los placeres culturales, pero la primera de dichas experiencias, a diferencia de la segunda, te da la sensación de llevar «una vida más digna de ser vivida», de vivir momentos más elevados, más hermosos, más cualitativos. Por ello este tipo de consumo no sirve para «hacer que los demás sientan la propia importancia», sino para «afianzar y preservar todos los motivos para estar satisfecho consigo mismo».[1] A través del interés que sienten por el patrimonio, los consumidores aumentan la estima de sí mismos, un sentimiento de elevación de sí, una seguridad subjetiva debida a la calidad y legitimidad cultural de las obras. Si la cultura consumista favorece la búsqueda de placeres inmediatos y «fáciles», también provoca una búsqueda acentuada de placeres más «elevados» que contribuyen a crear una mayor estima de sí, un sentimiento de elevación de sí, una experiencia de calidad de vida estética y emocional.

Para los expertos y colectivos territoriales, las acciones de patrimonialización se rigen por la preocupación de preservar la identidad de los territorios, reforzar su atractivo turístico, desarrollar la economía local. Para el gran público que visita los castillos, los museos y las ciudades históricas prevalecen el *ethos* de la autorrealización y la pasión por un mayor bienestar existencial.

Sociólogos distintos sostienen la tesis, en mi opinión, de que la demanda contemporánea de autenticidad debe vincularse al desarrollo de la sociedad de consumo de masas. Pero

---

1. Thorstein Veblen, *Théorie de la classe de loisir* (1899), trad. fr. de Louis Évrard, Gallimard, 1970, p. 27. (Hay traducción española: *Teoría de la clase ociosa*, trad. de Carlos Mellizo, Alianza, Madrid, 2014.)

¿cómo entender este vínculo? Tanto para Warnier como para Boltanski, la falta del objeto singular y el malestar existencial provocados por el mundo entregado a la producción estandarizada de masas es lo que explica la demanda de objetos «auténticos», productos diferenciados, bienes considerados originales, fabricados de manera sincera sin intención manipuladora.[1] A mi entender, esa lectura no va a lo esencial. No es la experiencia de falta de singularidad, de identidad colectiva y personal lo que está en el origen de la difusión del gusto por lo antiguo, sino la difusión de la cultura hedonista y el *ethos* de la autenticidad individual promovidos por la economía consumista. No es el sentimiento de pérdida de singularidad individual e identidad lo que alimenta los deseos de autenticidad, sino la cultura artística del capitalismo consumista y su modelo estético de la existencia,[2] que celebran las satisfacciones sensibles y el mayor bienestar experiencial.

Hay que colocar en la base del estadio consumista de la autenticidad la acentuación del deseo de sentir emociones estéticas de calidad, vivir experiencias «enriquecedoras» que elevan la satisfacción de sí mismo, y no la pérdida del sí singular y la erosión de las identidades colectivas. La pasión por los bienes auténticos aparece como uno de los efectos del ideal de vida estetizada, uno de los ecos de las nuevas aspiraciones del consumidor transestético, ávido de ser mejor sí mismo, de placeres sensibles y emocionales. La búsqueda de autenticidad no expresa tanto una demanda de identidad colectiva como una exigencia acrecentada de estima de uno mismo y seguridad en sí, una demanda de mayor bienestar personal a través de

1. Jean-Pierre Warnier, *Le paradoxe de la marchandise authentique, op. cit.,* pp. 16-18; Luc Boltanski y Ève Chiapello, *Le nouvel esprit du capitalisme, op. cit.*, pp. 529-546.

2. Gilles Lipovetsky y Jean Serroy, *L'esthétisation du monde. Vivre à l'âge du capitalisme artiste, op. cit.*, cap. VI.

emociones estéticas y experiencias cargadas de un alto valor cualitativo.

Autenticidad, futurismo, presentismo

Marcel Gauchet subraya, con razón, que el «patrimonio es en realidad una noción futurista».[1] Dado que, en una sociedad radicalmente destradicionalizada, no sabemos lo que contará para las generaciones futuras, se impone el deber de preservar todos los datos del pasado y todos los testimonios del presente, que de inmediato se convierten en piezas del pasado: es la llegada de un porvenir histórico que se ha hecho infigurable lo que funda, de forma estructural, el «todo-patrimonio» contemporáneo.

Al mismo tiempo, resulta difícil no señalar que si, a escala del funcionamiento simbólico de las colectividades, el que manda el proceso de sobrepatrimonialización es el punto de vista del porvenir, no es así para las individualidades subjetivas. Para la mayoría, la preocupación por el porvenir es débil comparada con la expectativa presentista de disfrutar de ciertos instantes privilegiados de la vida embellecidos por las producciones y obras maestras del pasado: en el plano de la existencia individual, es la cultura presentista[2] la que sostiene la explosión de los gustos y gestos patrimoniales. Según André Micoud, las políticas del patrimonio están destinadas a conservar y transmitir «lo que es importante para las vidas futuras», a salvaguardar «aquello por lo que la vida y el sentido de una identidad colectiva podrán ser garantizados en el tiempo».[3] Con la sal-

1. Marcel Gauchet, *Le nouveau monde, op. cit.,* p. 418.
2. Sobre la categoría de presentismo véase François Hartog, *Régimes d'historicité. Présentisme et expériences du temps,* Le Seuil, 2003.
3. André Micoud, «Le bien commun des patrimoines», en Collectif, *Patrimoine culturel, patrimoine naturel,* La Documentation française, 1995.

341

vedad de que no es la preocupación por el porvenir sino la expectativa de satisfacciones del presente lo que conduce a la masa de individuos a reivindicar la preservación de los paisajes urbanos o naturales, lo que les anima a visitar los lugares patrimoniales, a comprar objetos antiguos o productos tradicionales. Si cada vez consumimos más bienes auténticos, lo hacemos para saborear mejor los momentos de un presente cualitativo.

Consideremos las movilizaciones de los habitantes de barriadas obreras para la patrimonialización de su barrio. ¿Qué otra cosa se pretende si no es la reabsorción del hábitat insalubre, la defensa y la mejora de su marco de vida, escapando del «trauma» de la demolición y el realojamiento, sinónimos, para algunos, de desarraigo y marginación? Y ¿qué buscan los militantes que se implican a favor de la patrimonialización de oficios en vías de desaparición si no es la estima social de sí necesaria para el bienestar de los actores?

Es también la demanda de calidad de vida la que sustenta la nueva sensibilidad paisajística. Para la Convención Europea del Paisaje, este es un componente fundamental del patrimonio cultural y natural. Pero si bien contribuye a la consolidación de la identidad europea, el paisaje se presenta como un elemento esencial de la calidad de vida de las poblaciones, del bienestar individual y social. Si la demanda paisajística se amplifica es para preservar la singularidad y diversidad de nuestros paisajes dado que contribuyen a «la plenitud de los seres»: la apuesta fundamental es mejorar el marco de vida para gozar de paisajes de calidad. La ética presentista de la autenticidad es la que alimenta las acciones de protección del paisaje.

Lo mismo es aplicable al gusto por los objetos antiguos. Desde mediados de la década de 1970, los objetos heredados del pasado o llegados de otros lugares se utilizan con frecuencia para personalizar la decoración del hogar o de las tiendas:

gusta «darles una segunda vida y una segunda imagen».[1] Recompuestos, recontextualizados, desviados de sus funciones de partida, se convierten en elementos decorativos originales del hogar: una azada transformada en aplique, el mango de una horca en pie de lámpara. Mediante estas nuevas prácticas de puesta en valor del objeto antiguo, los individuos consiguen entornos más personales, en concordancia con el ideal de autenticidad subjetiva. En este caso concreto, el patrimonio no funciona tanto como una vía para crear identidad colectiva, sino que singulariza al individuo afirmando una autenticidad e individualidad personal.

Por supuesto, los distintos colectivos de la sociedad civil que se movilizan con vistas a la patrimonialización de un lugar local expresan su apego a una identidad territorial, les mueve la preocupación por afirmar o consolidar una identidad espacial y colectiva, fuente de orgullo comunitario. Y las asociaciones de mineros que militan a favor de la patrimonialización de las cuencas mineras están movidas por una demanda de reconocimiento de un legado, una identidad comunitaria y una identidad de oficio, por el empeño en la preservación de la memoria minera, una memoria colectiva, local y popular.

Sin embargo, para la mayoría, el patrimonio se valora desde una óptica estrictamente individual y experiencial, con un espíritu de placer en el que el consumo de signos de autenticidad es lo que permite afirmar una autenticidad emocional personal. Asistir a un festival folk no responde tanto a una necesidad de arraigo, sino a una búsqueda de placeres vinculados a la programación, al ambiente general, a los artistas que encabezan el cartel, al descubrimiento musical. Si el patrimonio puede ser generador de identidad colectiva, es mucho más

1. Elsa Ramos, «La deuxième vie de l'objet ancien dans la ferronnerie d'art et la brocante», en *Le paradoxe de la marchandise authentique, op. cit.*, p. 67.

una fuente de exotismo y variedades, un amplificador de emociones estéticas que enriquece las vivencias del sí. No se trata de un «trabajo de duelo», sino de una experiencia productora de emociones sensibles para vivir mejor el presente individual.

EMOCIÓN PATRIMONIAL, AUTENTICIDAD CONSUMIDA

Al mismo tiempo, hay que reconocer que la relación que establecemos con los lugares de memoria no se limita a una pura y simple correspondencia de tipo consumista. Considerado como único, inapropiable, «sin precio», el bien patrimonial suscita, en determinadas circunstancias, emociones colectivas considerables. «Emociones patrimoniales»[1] que se manifestaron con un esplendor particular con ocasión de la inundación de Florencia en 1966, de la destrucción de los budas de Bamiyán en Afganistán y de los monumentos de Palmira, o, más recientemente, con el incendio de la catedral de Notre Dame de París. Ante los desastres patrimoniales nos embarga el sentimiento de vivir una pesadilla, un episodio trágico. El patrimonio da alegrías y provoca llanto, desencadena emociones y manifestaciones afectivas, provoca nostalgia, suscita apego afectivo y generosidad pública,[2] formas de implicación ciudadana, sentimiento de tener que preservar estos «tesoros» y legarlos a las generaciones futuras.

Por muy intensas que sean, estas emociones no deben esconder el hecho de que se despliega, fuera de estas circunstancias excepcionales, una relación perfectamente consumista con el patrimonio. Así lo ilustra la reconversión de los lugares y edificios

1. Daniel Fabre, *Émotions patrimoniales* (dir. Daniel Fabre), Éditions de la Maison des sciences de l'homme, 2013.
2. La Fondation du Patrimoine recibió doscientos dieciocho millones de euros para la reconstrucción de la catedral parisina destruida por las llamas.

industriales antiguos en barrios gentrificados, en lofts de lujo destinados a vivienda, en zonas de ocio con restaurantes y otras tiendas de moda. En los barrios gentrificados, las tiendas dejan a la vista las piedras y vigas del edificio anterior, poniéndolas en valor, así como los antiguos mostradores y los letreros kitsch, para atraer a los clientes. El edificio «auténtico», heredado del pasado, seduce, pero se recicla, se rediseña en función de las normas del confort y el *ethos* consumistas. El patrimonio histórico se ha convertido en tendencia, uno de los instrumentos de un nuevo consumismo.

La prevalencia de la cultura consumista también testimonia la manera «ligera» con la que los individuos «contemplan» las obras eternas, así como las elecciones relativas a los lugares y museos que visitan. Por término medio, los visitantes de los museos dedican a cada obra maestra menos de diez segundos de atención, antes de pasar a otra. En Francia, cuatro monumentos históricos reúnen el 50 % de las visitas y un 1 % de los museos de Francia (trece sobre 1.140) capta el 50 % de la asistencia del público. En Francia, tres cuartas partes de las visitas a los lugares turísticos propuestos se concentra en apenas una décima parte de la oferta. Hay un sobreconsumo de algunos, mientras que otros son poco visitados. Por un lado, se observa la avalancha de público hacia algunos lugares «clásicos» y que han sido restaurados minuciosamente. Por el otro, los testimonios modestos del pasado, el «patrimonio menor» e incluso numerosos museos están lejos de beneficiarse de un interés así. Como dice Françoise Benhamou, el consumo del patrimonio obedece a una lógica de *star system*.[1]

La «sacralidad» del patrimonio no obstaculiza en modo alguno la supremacía del *ethos* consumista: asistimos a un verdadero *star system* museístico y monumental. Es difícil no ob-

1. Françoise Benhamou y David Thesmar, *Valoriser le patrimoine culturel de la France*, La Documentation française, 2011.

servarlo: lo que realmente atrae no es el pasado en sí mismo, sino aquello que es más visible, más mediático, más conocido, aquello de lo que «se» habla en los medios y las redes sociales. Al final, todo el mundo quiere ver las mismas cosas, visitar los mismos lugares. Si el público está al acecho de bienes auténticos, los comportamientos son mucho más seguidistas o conformistas que auténticos, más impersonales que personales.

Para el público de masas, el objeto patrimonial ya no es aquello que interpela la memoria, ya no tiene la función de recordar el pasado, de rememorar la gloria de épocas antiguas: su función memorial se ha apagado en gran medida. En la actualidad, el ideal de memoria se ha visto suplantado mayoritariamente por los ideales consumistas de evasión, de distracción, de ocio, de diversión, de sensaciones nuevas y bellezas sensibles. El *ethos* hedonista del consumismo está en el origen del gusto creciente por lo antiguo.

EL PATRIMONIO ESPECTÁCULO

Al mismo tiempo que se producía la ampliación del campo memorial, se daba un cambio profundo en la manera de pensar el patrimonio, valorizarlo y promoverlo.

Ha quedado atrás la época en la que se era reacio a hacer fructificar y rentabilizar los activos patrimoniales: cada vez más los motivos de tipo económico son los que justifican las acciones dirigidas al patrimonio. Estamos en un momento en el que este no se considera tanto como un valor en sí, sino más bien como un «recurso» al servicio del desarrollo turístico, de la creación de empleo y del esplendor de las ciudades y regiones. Para los que toman decisiones en el ámbito público, los razonamientos de tipo utilitarista, de gestión y empresarial son necesarios. Por todas partes la patrimonialización se piensa según una lógica de mercado, desde una óptica de eficacia económica y financiera, con el propósito de producir un retorno sobre la inversión. Ya no basta con conservar los vestigios del pasado y transmitir- los a las generaciones futuras en su autenticidad: hay que renta- bilizarlos con vistas al crecimiento económico, al desarrollo de las regiones, las ciudades, el empleo y el turismo.

En el pasado, las políticas del patrimonio se realizaban en nombre de la gloria de la Nación, la instrucción pública, el arte eterno, la educación estética: iban dirigidas al ciudadano y a la difusión de la cultura y las artes. Ahora, van encami- nadas hacia el consumidor. Por mucho que se ensalce el pa- trimonio como un bien «sagrado», que se escapa del valor de cambio, de hecho, funciona como un recurso económico, una industria, un producto comercial. Con la economización de la «autenticidad», esta ya no representa un freno a la diná- mica comercial, sino que constituye uno de los motores de su irresistible expansión.

El patrimonio como hiperespectáculo

El patrimonio no existe en sí mismo: efecto de una cons- trucción social, económica y estética, se despliega únicamente a través de un proceso de patrimonialización cuyo objetivo es ponerlo en valor y en escena. Hoy, el objetivo principal es ren- tabilizar el legado, transformándolo en un bien de ocio, en un espectáculo recreativo. Lo que domina es el imperativo de «pues- ta en valor y puesta para el turismo» del patrimonio a través de festivales, animaciones y acontecimientos atractivos: la esfera patrimonial ha entrado de lleno en la hipermodernidad festiva- lera y espectacular. La ironía de la época es que cuanto más preocupados estamos por la autenticidad, más objeto de un trabajo de hiperteatralización es el patrimonio.

Desde la década de 1970, muchos municipios renuevan sus lazos con sus tradiciones y organizan festivales y fiestas locales, valorizando su patrimonio monumental, simbólico y vernáculo. La utilización de espacios patrimoniales para la organización de espectáculos o exposiciones se ha convertido en una práctica frecuente en el seno de los festivales. En las regiones se multiplican las fiestas temáticas que explotan su patrimonio histórico celebrando los productos de la tierra, las artesanías y tradiciones locales. Con el fin de aumentar el atractivo turístico se proponen bailes regionales, espectáculos, acontecimientos festivos, procesiones, desfiles con atuendos anclados en el pasado «tradicional». Estamos en el momento de la industria de consumo del patrimonio, de la festivaliza-ción, la folclorización, la turistificación de la autenticidad patrimonial.

Nuestra época asiste al desarrollo de una «industria del legado» que se materializa en la multiplicación de parques de atracciones que transforman el patrimonio en diversión de masas, en espectáculo histórico con reproducciones de hábitats antiguos, pueblos medievales y escenas de la vida cotidiana. Solo se apuesta por la «activación de los recursos patrimonia-les», las reconstrucciones históricas de combates de gladiadores, torneos de caballería, artesanos vestidos con «trajes de época». El legado se ha convertido en un elemento de la sociedad del espectáculo e incluso de hiperespectáculo a través de decorados temáticos realistas y a tamaño natural, espectáculos pirotécni-cos impresionantes, efectos especiales que rivalizan con los del cine. Lo que importa no es lo «real» auténtico del pasado, sino sus simulacros, las simulaciones teatralizadas de la memoria. Lo «real», lo «verdadero» ya no bastan: lo que entusiasma al gran público son los juegos ilusionistas con lo real, las imita-ciones hiperrealistas, las reconstrucciones imaginarias de la historia. El atractivo de los vestigios auténticos se suplanta por el de copias, decorados espectaculares y reproducciones artifi-ciales: los juegos de simulación, la animación y teatralización lúdicas prevalecen sobre el valor de autenticidad.

Incluso los museos, esos santuarios de la autenticidad de las obras, no escapan de las operaciones de escenografía y espectacularización a todos los niveles. Fueron pensados y diseñados como templos laicos y espacios educativos impregnados de seriedad: ahora se abren a la lógica de las exposiciones-espectáculo, al entretenimiento educativo, a las atracciones lúdicas, a las reconstrucciones ilusionistas. Para atraer a nuevas categorías de visitantes, los museos recurren cada vez más a dispositivos virtuales e interactivos, a técnicas de realidad aumentada, a estímulos sensoriales y emocionales, que desdibujan las fronteras clásicas del arte y el ocio, de lo educativo y lo lúdico, de lo serio y la diversión, del museo y el parque de atracciones. Desde la óptica del *edutainment*, lo que importa no es la experiencia «auténtica» de las obras, sino la experiencia lúdica, inmersiva, recreativa del consumidor. La cultura de la autenticidad se ha construido contra los juegos de la teatralidad y las imágenes fabricadas; a partir de ahora funciona a base de hiperespectacularización, escenografía y arficialización del patrimonio.

Puesta en escena lumínica

Robert Musil escribía: «Entre otras particularidades de las que pueden jactarse los monumentos, la más sorprendente es, paradójicamente, que no nos percatemos de ellos. No hay nada en el mundo que sea más invisible».[1] Esa época ha quedado atrás de manera clara, la industria patrimonial ha conseguido transformar los monumentos en espectáculos mágicos, en escenografías luminosas destinadas a atraer a un gran número de

---

1. Robert Musil, «Monument», *Œuvres pré-posthumes*, trad. fr. de Philippe Jaccottet, «Points», Le Seuil, 1965, p. 78. (Hay traducción española: *Obras póstumas publicadas en vida*, parte de obra completa vol. 4, trad. de Claudia Cabrera, Sexto Piso, Madrid, 2007.)

349

visitantes. Lo que era «invisible» se ha transformado en hiperespectáculo gracias a operaciones de puesta en valor nocturna, con iluminaciones estéticas y ostentosas de los monumentos.

La valorización del patrimonio urbano mediante la iluminación eléctrica no es algo reciente: la costumbre de iluminar los grandes monumentos de París data de la década de 1930. Sin embargo, el fenómeno ha cambiado de escala, se ha generalizado: a partir de la década de 1990 son innumerables las ciudades e incluso los pequeños municipios que iluminan de manera perenne o episódica sus espacios públicos, sus castillos, sus murallas, sus yacimientos arqueológicos, así como las simples iglesias, fuentes, parques, puentes, etc. Ya no se trata, como antaño, de iluminar las fachadas de los edificios con focos de gran potencia que permitían una iluminación nocturna monocroma, homogénea, que imitaba la iluminación diurna. Los avances tecnológicos hacen posible ahora iluminaciones-espectáculo, lúdicas y creativas, escenografías luminosas originales y autónomas, liberadas de cualquier referencia a la imagen diurna de las arquitecturas. Es el momento de la «transfiguración» creativa de la imagen de los lugares simbólicos urbanos, de la estetización paroxística de los monumentos históricos mediante dispositivos de iluminación decorativos y festivos.[1]

Ya no se trata, para los gestores de lo urbano, de poner en valor la autenticidad de un lugar, sino de crear una animación lumínica, una hipervisibilidad atractiva con efecto teatral extremo. A través del proceso de puesta en escena lumínica, el patrimonio se convierte en materia para estetizar, esculpir, poner de nuevo en forma: en lugar de la autenticidad pura de la construcción, triunfan las operaciones de ornamentación, una hiperteatralización de cara al público consumidor. Lo que prevalece no es el valor de autenticidad, sino el valor de atracción estética

1. Justine Bourgeois, «Le monument et sa mise en lumière», *L'Homme & la société* (n.º 145), 2002/3.

y recreativa de los espectáculos nocturnos, dirigida por objetivos de imagen y valorización de la identidad urbana.

Artificialización y museificación

Mucho más allá de las puestas en escena lumínicas, se despliegan estrategias de «puestas a la vista» del marco patrimonial de las ciudades históricas, cuyo objetivo es sobreexponer su imagen de antigüedad mediante operaciones de lavado de cara y puestas en escena estetizantes. Actualmente, la patrimonialización es inseparable de un proceso de estetización de los barrios antiguos: restauración de las fachadas, calles adoquinadas a la antigua, oriflamas, mobiliario urbano, «planes de color», proyectos de plantación de flores, señalización y farolas retro, rótulos de época. Así, somos testigos de un trabajo sistemático de puesta en escena de la ciudad preindustrial e industrial, de prácticas de «envoltorio» y de cambio de imagen cuyo fin es hacer que el patrimonio urbano sea más típico, más atractivo, y esté listo para el consumo turístico.

Todo lo que es patrimonio se utiliza como capital estético y simbólico que hay que poner en valor para las actividades de ocio. El patrimonio urbano es muy apreciado, siempre y cuando se le haya hecho un lavado de cara, se haya «domesticado» y no presente discordancias. Lo que ahora se hace no se parece a los grandes proyectos de embellecimiento urbano de los siglos XVIII y XIX cuya finalidad era modernizar el urbanismo vetusto y malsano. Se trata de operaciones puramente decorativas, de un trabajo de «paisajismo» y escenificación estética para significar de manera ostensible el tiempo y la memoria y reforzar la imagen de antigüedad de los centros urbanos.

Bajo el signo de lo auténtico, se lleva a cabo un proceso de teatralización y escenografía de la ciudad que, al eliminar las incoherencias de la historia, presenta un «sueño», un «pro-

351

ducto perfecto, más perfecto de hecho que la propia realidad».[1] Esta forma de patrimonialización ya no se vincula con una ambición de rememoración, sino con la voluntad de producir un verdadero más verdadero que al natural, de activar un espectáculo de encanto destinado al consumo recreativo y a la promoción de marketing de la imagen urbana. El patrimonio se presenta bajo los auspicios de lo auténtico, pero está fabricado y se comunica como una imagen de marca que permite desmarcarse de las otras aglomeraciones y atraer a turistas e inversores.

Este modo de patrimonialización se caracteriza por desembocar en una banalización, una repetición de modelos unidos a normas y modas que desmienten las pretensiones de singularidad auténtica. En todas partes los mismos espacios peatonales, las mismas calles adoquinadas, las mismas farolas falsamente tradicionales, los mismos bolardos de hierro fundido, las mismas fachadas restauradas y coloreadas. Lo que cuenta no es tanto la autenticidad, sino la imagen de autenticidad, aunque sea fabricada en su totalidad utilizando artefactos urbanos que simulan las formas del pasado y crean una impresión de antigüedad. Fabricación de decorados o ambientes que sobresignifican el anclaje histórico de los espacios urbanos: asistimos a la artificialización del proceso de patrimonialización de los espacios urbanos.

Al fabricar un decorado para los consumidores, el proceso de patrimonialización ya no se distingue de las operaciones de seducción dirigidas a dichos consumidores. Lo auténtico seduce mucho más al ser puesto en valor y en escena por la industria del turismo. El ideal de rememoración y verdad auténtica se ve destronado en beneficio del imperativo de gustar y emocionar, captar los afectos, estimular los deseos, crear

1. Maria Gravari-Barbas, «Belle, propre, festive et sécurisante: l'esthétique de la ville touristique», en *Norois*, n.º 178, Villes et tourisme, 1998.

una experiencia estética y recreativa «única», atraer y hechizar a los turistas. En las sociedades de la hipermodernidad, las estrategias de seducción han conquistado el ámbito de lo patrimonial, instrumentalizándolo con fines económicos. La patrimonialización del mundo coincide con la reconfiguración del orden patrimonial a través de las operaciones constitutivas de la economía de seducción.

La cultura de la autenticidad se ha construido en oposición excluyente al espectáculo, la seducción y la artificialidad comercial. Este universo hecho de disyunciones radicales ha sido sustituido por una cultura dominada por los procesos de conjunción de lo auténtico y lo turístico, de lo memorial y lo promocional, de lo original y lo artificial. En el nuevo régimen de patrimonialidad, se despliega la hibridación «contra natura» de la autenticidad y la teatralidad, de la tradición y la mercantilización, de la preservación del legado histórico y su puesta en escena. Aquello que aparecía como principios heterogéneos ha dejado paso a una cultura de hibridación sistemática donde se imbrican las lógicas de autenticidad y las lógicas comerciales de seducción.

Llevados al extremo, el culto contemporáneo del patrimonio y su turistificación entrañan algunos riesgos. El más conocido es el caso de algunos centros históricos que tienden a convertirse en escaparates turísticos, ciudades-decorado, «museos a cielo abierto». Ciudades «muertas», vaciadas de sus habitantes y actividades varias y, al mismo tiempo, «ahogadas» por el flujo desbordante de visitantes. Monofuncionalización turística, «embalsamamiento» de lo urbano, congestión de los lugares más emblemáticos: el éxito social de lo auténtico compromete la integridad y autenticidad de las ciudades afectadas. ¿Qué queda de la experiencia de autenticidad en los lugares sobresaturados de visitantes? Asistimos a una «cosificación del patrimonio» y no a una autenticidad urbana real. Amenazada por las hordas de turistas, replegada sobre sí misma, congelada, hiperreglamentada, dejando poco espacio para la libertad de acción de la población autóctona, impidiendo cualquier construcción moderna, la «ciudad-museo» no es una ciudad auténtica, sino una ciudad artificializada, diseñada para los visitantes, una ciudad-imagen, «inhabitada» y petrificada: la turistificación de la autenticidad ha dado lugar en sus formas extremas a una autenticidad liofilizada.

LA ACTUALIZACIÓN DEL PATRIMONIO

Uno de los aspectos del entusiasmo contemporáneo por la memoria conduce a una cierta «museificación» de las ciudades. Sin embargo, hay otro aspecto que, alejado de la religión de la conservación idéntica de los edificios antiguos, se caracteriza por sus operaciones de reutilización y reconversión del patrimonio. Con la inserción de lo actual en el patrimonio, surge una nueva manera de considerar la autenticidad patrimonial: nuestra época ve afirmarse el reino inédito de la autenticidad actualizada, reciclada e hibridada.

La reutilización del legado construido

En Francia, la destrucción del mercado de abastos Baltard en 1971 tuvo el efecto de un electrochoque tanto en la opinión pública como sobre los responsables de urbanismo: el fenómeno produjo la descalificación de las políticas de «tabla rasa» del pasado, el rechazo de las demoliciones brutales de edificios históricos. Una de las primeras consecuencias del efecto Baltard fue la salvaguarda de la estación de Orsay y su reconversión en museo. Desde entonces, las reconversiones arquitectónicas se han convertido en prácticas corrientes en Francia y también en el resto del mundo.

La actualización del patrimonio construido atañe a todos los tipos de edificios y a todos los tipos de implantación. Ahora, conventos, iglesias, castillos, granjas, prisiones, muelles portuarios y ruinas industriales se recalifican y transforman en espacios culturales o turísticos. Los edificios, dedicados antaño a la producción, se restauran con vistas a actividades de ocio, las fábricas se reconvierten en lofts y centros comerciales, las iglesias en cines, las centrales eléctricas y las estaciones en museos, los almacenes portuarios en espacios de ocio y comercio de alta gama: la lista de operaciones de reconversión de edificios antiguos crece día a día.

Por un lado, la reconversión de un edificio perjudica su autenticidad primera u original. Añadidos, agregaciones, ampliaciones, demoliciones exteriores y rediseño de los interiores son transformaciones que cambian no solo la función inicial de los edificios, sino también su configuración e imagen. De ahí los vivos debates que acompañan estas intervenciones arquitectónicas, acusadas de ser calamitosas para el carácter y espíritu de los edificios construidos. Son numerosas las protestas que hablan de ello como de una «masacre» o «traición» ya que dichas intervenciones atentan a la integridad del patrimonio y desnaturalizan su autenticidad.

Sin embargo, si bien los efectos de desnaturalización provocados por determinadas reconversiones son evidentes, ello no significa que todas hayan dado la espalda al ideal de respeto del legado arquitectónico. Nuestra época ve multiplicarse los artículos, coloquios y doctrinas que se preocupan por fijar los principios que permiten una reapropiación contemporánea de la memoria patrimonial, preservando al mismo tiempo su espíritu. La voluntad de continuidad y la ambición de conservar la autenticidad de los lugares no se han vuelto obsoletas. ¿Qué arquitecto, ante un proyecto de reutilización del patrimonio, no se plantea cuál es la manera «justa» y «verdadera» de adaptar una forma arquitectónica a nuevas funciones? ¿Cómo cambiar la función de un edificio sin dañar su autenticidad? ¿Cómo transmitir un patrimonio y al mismo tiempo adaptarlo a las necesidades de la sociedad contemporánea? ¿Cómo actualizar un edificio salvaguardando su veracidad? Estas cuestiones están en el centro del nuevo régimen de patrimonialidad que instituyen las reutilizaciones del legado edificado.

Dichas reutilizaciones no son sinónimo de renuncia al principio de preservación de la autenticidad de las construcciones patrimoniales: ponen en marcha una filosofía del patrimonio que, libre del fetichismo del original, tiene la ambición de conjugar continuidad e innovación, respeto a la historia y creación moderna: a este respecto, son testimonio de un cambio de «régimen de autenticidad»,[1] de un giro importante en la manera de concebir el patrimonio y su conservación. Desde el siglo XIX, los teóricos de la conservación «científica» rechazan los añadidos porque «desnaturalizan» el edificio original, su integridad y verdad. John Ruskin y William Morris fueron los grandes heraldos del no intervencionismo, al defender la idea de que restaurar equivalía a desnaturalizar y falsificar. Al mismo tiempo, Viollet-le-Duc adoptaba una actitud opuesta al defender una restauración que corrigiera la falta de homogeneidad de los monumentos mediante la creación de una unidad estilística «que puede no haber existido en un momento dado». En relación con estas doctrinas «clásicas», las reestructuraciones contemporáneas del patrimonio marcan un cambio de dirección dado que el principio de respeto a la memoria ya no excluye las ampliaciones, reestructuraciones, integraciones de lo contemporáneo, ni los cambios de función.

Así pues, en la jerarquía de los principios, la discontinuidad se impone a la continuidad histórica, la originalidad arquitectónica a la autenticidad original y material. Sin embargo, se

1. Lucie K. Morisset, *Des régimes d'authenticité. Essai sur la mémoire patrimoniale, op. cit.*

356

trata de una originalidad que, celebrando el «pasado ulterior», solo encuentra su plena legitimidad a condición de respetar el «espíritu del lugar», la «verdad» de lo construido. No asistimos a un retroceso del ideal de autenticidad patrimonial, sino a la aparición de un nuevo modo de autenticidad, una manera inédita de interpretar el patrimonio que, dándole un sentido contemporáneo, consagra una autenticidad viva y evolutiva.

Una autenticidad de tercer tipo

La persistencia del principio de preservación de la autenticidad se expresa en las voluntades reafirmadas de un diálogo entre historia y creación contemporánea, en las recomendaciones generales sobre las maneras deseables de actualizar los edificios heredados del pasado. Ya que la calidad de una reconversión depende de la adecuación entre la nueva función y la forma heredada del pasado, es importante respetar en lo posible la memoria del edificio original esforzándose por conocer su historia. De acuerdo con las recomendaciones de Boito, Brandi y la Carta de Venecia, las acciones de reutilización deben ser legibles, fáciles de reconocer y deben destacar sin ambigüedad de los elementos anteriores. También se recomienda limitarse a las intervenciones estrictamente necesarias, respetar todo lo posible lo existente, evitar los tratamientos ostensibles que desnaturalizan el espíritu de lo construido, así como las acciones demasiado radicales, para posibilitar futuros cambios de uso.[1] Todos ellos son principios rectores que revelan la persistencia del ideal de autenticidad dentro de un movimiento de innovación y creación contemporánea.

1. Emmanuelle Real, «Reconversions. L'architecture industrielle réinventée», *In Situ* (en línea), 26 de 2015, subido el 6 de julio de 2015, URL: http://journals.openedition.org/insitu/11745

357

Desde esta perspectiva, esto conlleva que la memoria patrimonial ya no sea considerada como «algo sagrado» que prohíbe cualquier intervención material correctora, sino como «un palimpsesto investido sin cesar con nuevas contemporaneidades»,[1] una «obra abierta» que autoriza «crear en lo creado» a través de una firma arquitectónica personal. Mediante las reconversiones, se deja atrás la idea moderna de restauración entendida como operación de pura conservación con el objetivo de preservar lo construido de la degradación material. La palabra maestra ya no es la restauración de lo antiguo, sino la creación original que se apoya en el legado arquitectónico: la memoria patrimonial no es perpetuar sin añadir o sustraer, sino actualizar, rediseñar y dinamizar de nuevo. Libre de la nostalgia del pasado, el reciclaje del patrimonio se afirma como un acto de creación de pleno derecho que, es cierto, ya no concuerda con el estado original del edificio, pero que, en compensación, le permite revivir y ser admirado de una manera nueva al acoger una función contemporánea.[2]

El fetichismo de la autenticidad «pura» se sustituye por una actuación de creación a partir del legado. El respeto del patrimonio ya no es lo que impide las intervenciones de transformación: funciona como una ocasión para reinterpretarlo en un sentido contemporáneo a partir de una nueva mirada sobre lo construido. Desde esta perspectiva, insertar algo nuevo en lo antiguo constituye no solo el medio para salvaguardar el patrimonio, sino una manera de verlo mejor, enri-

1. Luc Noppen y Lucie K. Morisset, «Édifier une mémoire de lieux en recyclant l'histoire», en *La mémoire dans la culture*, bajo la dirección de Jacques Mathieu, Presses de l'Université Laval, Quebec, 1995, p. 230.

2. Alexandra Georgescu Paquin, *Actualiser le patrimoine par l'architecture contemporaine*, Presses de l'Université du Québec, 2014. (Hay traducción española: *La actualización del patrimonio a través de la arquitectura contemporánea*, trad. de Juan Francisco Martínez Benavides, Trea, Gijón, 2015.)

quecerlo con nuevos significados, hacer que sea apreciado dirigiendo otra mirada al pasado. «No se puede restaurar, o mejor dicho, conservar, si no es transformando. Hay que actualizar el significado del monumento, iluminar el testimonio del pasado con una luz nueva que lo haga perceptible a través de una sensibilidad de nuestra época. A veces, los elementos nuevos ponen en valor los del pasado.»[1]

Si consideramos que las inserciones contemporáneas en los edificios patrimoniales no constituyen una amenaza sistemática para su autenticidad, es porque consiguen revitalizar, reanimar, dar vida al patrimonio en presente. Al darle una «segunda vida», al provocar un interés nuevo, impiden una fosilización que podría conducir a su desaparición. Rediseñar y reestructurar el patrimonio construido es restituirle su plena función social en la ciudad y ofrecerle, de este modo, una garantía de longevidad. Si, realizadas de esta manera, las acciones de modernización y modificación no comprometen el ideal de autenticidad de un edificio, es porque se niegan a congelar el patrimonio, a colocarlo «dentro de una vitrina». La autenticidad no es una propiedad «en sí misma» y su definición está abierta. Salvaguardar la autenticidad no puede limitarse a un enfoque arqueológico y documental, a un estricto conservadurismo patrimonial. Paralelamente al modelo de la preservación de modo idéntico, otro paradigma patrimonial se afirma y transforma su «régimen de autenticidad». Ya no se trata de una perspectiva estática, sino de una interpretación dinámica de la autenticidad que valoriza el reciclaje, la reactualización o la revitalización del patrimonio. Ya no es un enfoque nostálgico y retrógrado de la autenticidad, sino una interpretación vitalista de esta, concebida como expresión,

1. Isabelle Maheu-Viennot, Philippe Robert, Centre Georges-Pompidou e ICOMOS France, *Créer dans le créé. L'architecture contempoaine dans les bâtiments anciens,* Electa Moniteur, 1986, p. 201.

creación, tradición viva y que, así, legitima la transmutación del estatuto y de la forma del patrimonio.

Nuestra época ve así cohabitar dos tendencias de direcciones contrarias. Una es el fetichismo patrimonial, la religión del pasado, la obsesión por lo auténtico, uno de cuyos efectos es conducir al rechazo de cualquier forma de intervención contemporánea en el legado. La otra es el éxito del que gozan las reactualizaciones del patrimonio, signo del retroceso de la idolatría de la autenticidad material. Dicho éxito no está carente de riesgos: testimonio de ello es cierta disneylandización de los espacios urbanos. Sin embargo, los beneficios son superiores a las amenazas: repercusión turística, placeres estéticos, imagen positiva de la ciudad, pero también atención al desarrollo sostenible. Es más ecológico insertar algo nuevo en lo antiguo que demoler o reconstruir. Al rechazar el enfoque ortodoxo de la autenticidad, se limita la dualidad de los paisajes entre, por un lado, edificios escrupulosamente conservados y, por el otro, la monotonía de la realidad de los suburbios de viviendas unifamiliares y los conjuntos urbanos estandarizados, así como la homogeneidad planetaria de la arquitectura moderna sin raíces. Con la reactualización del patrimonio y su paradigma posintegrista de la autenticidad, nuestras sociedades frenan la desaparición acelerada de los emblemas del pasado y disponen una mayor diversificación de lo construido. Sean cuales sean sus derivas, la desfetichización de la autenticidad es positiva ya que contribuye al pluralismo estilístico y a una estetización creativa del mundo.

Con Ruskin y hasta la Carta de Venecia, la primera modernidad instauró la religión laica del patrimonio, integrándola en un ámbito «sagrado» intocable, no apropiable ni transformable por la acción humana. Considerado como una «reliquia», el monumento no debe ser en ningún caso modificado ni reestructurado, bajo pena de hacer que pierda su carácter auténtico. Esta fetichización transforma los edificios y los lugares en objetos sentimentales y simbólicos en detrimento de la acción humana, de la dinámica de la vida social y la historicidad creativa. Este es el tabú que la reactualización del patrimonio hace caer: al desacralizar la autenticidad, al deconstruir esta forma de religiosidad moderna, el nuevo paradigma de la autenticidad patrimonial ejemplifica la culminación del espíritu de modernidad: se ofrece como una de las figuras emblemáticas de la radicalización de la modernidad típica de nuestra época.

XI. LIDERAZGO, MARCA Y EMPRESA

El universo del emprendimiento cambia de cara. Ya no glorifica únicamente la rentabilidad, la innovación y la creación de valor, sino que rinde culto a los valores éticos, a las grandes causas colectivas y planetarias. En este contexto, el ideal de autenticidad ocupa un lugar destacado: en el centro de todos los discursos y adornado con todas las virtudes, se erige ahora como clave del liderazgo y «arma absoluta de las marcas». Piedra filosofal hipermoderna, la autenticidad se impone como la nueva llave maestra de la empresa, la nueva referencia en materia de liderazgo, la receta mágica del éxito de las marcas. Sea verdadero, sea usted mismo: ya no hay salvación fuera de los caminos de la autenticidad.

Florecen las publicaciones especializadas que analizan las grandes funciones de la empresa a través del prisma de la autenticidad elevada al rango de herramienta de gestión irremplazable. Se otorgan «Premios a la Empresa auténtica», se crean «Observatorios de la autenticidad», se publica el «Top 100» de las marcas más auténticas. Cada vez más se proclama la exigencia, para los dirigentes, de escuchar su voz interior, ser fieles a sí mismos y a sus compromisos, que sus actos y palabras sean coherentes. Ya son innumerables las marcas que se auto-declaran «auténticas» al proclamar su compromiso al servicio

362

de una causa justa. Cuanto más triunfa la cultura de la rentabilidad económica, más la empresa celebra el valor ético de la autenticidad.

LIDERAZGO Y CRISIS DE CONFIANZA

En el origen del aumento de la fuerza del paradigma del «liderazgo de la autenticidad» se encuentra la erosión de la confianza de los asalariados hacia las grandes empresas y la alta dirección.

Hay numerosos sondeos que informan sobre una desconfianza creciente de los asalariados hacia los dirigentes de los grandes grupos. En 2010, el 64 % de los franceses consideraba que los patrones eran corruptos, el 90 % pensaba que el enchufe prevalecía sobre el talento. Según el Barómetro Mundial de la Confianza de 2013, publicado por la agencia Edelman, solo el 18 % de las personas interrogadas consideraba que los dirigentes de empresa «dicen la verdad». Si bien el 75 % de los franceses confía en los patrones de empresas pequeñas y medianas,[1] solo el 31 % dice lo mismo de los dirigentes de las grandes empresas, acusados de interesarse únicamente en sus ganancias personales sin ninguna preocupación por el bien común. Las oleadas de despidos colectivos, las reestructuraciones organizacionales incesantes, los escándalos financieros, las remuneraciones astronómicas de los directores generales, la lógica del beneficio a corto plazo del capitalismo financiero han creado un sentimiento fuerte de sospecha hacia las élites económicas, así como un distanciamiento creciente de los asalariados respecto a los grandes grupos.

---

1. En la encuesta Edelman de 2019, «mi empleador» se clasifica como la institución más digna de confianza (75 %), por delante de las ONG (57 %), los poderes públicos (48 %) y los medios de comunicación (47 %).

La autenticidad del líder, instrumento de movilización del personal

Las empresas no pueden permanecer inactivas ante el debilitamiento de la involucración de su personal. En la economía posfordista, donde la competitividad ya no descansa exclusivamente en el aumento de la producción y la reducción de costes, la implicación de los individuos constituye un yacimiento de productividad decisivo y en consecuencia una exigencia primordial reafirmada sin cesar. Cada vez más, se subraya la importancia de lo humano, lo participativo, la motivación y la confianza en la gestión. Se acabó la cultura tecnocrática y burocrática basada en la organización «científica» del trabajo: se trata ahora de reinventar la gestión de los individuos para favorecer un alto nivel de implicación y fidelización del personal.

Debido a la centralidad de la cuestión de la implicación de los actores en las organizaciones, desde principios de la década de 2000, el «liderazgo auténtico», se ensalza como «remedio» a la crisis de confianza de los asalariados. Por su ejemplo ético, el líder auténtico, en efecto, difunde valores de compromiso y se muestra capaz de recomponer un clima de confianza. Bajo la autoridad de este nuevo paradigma, la principal cualidad del gestor ya no es el dominio técnico de los problemas, sino su autenticidad personal. A partir de ahora, un verdadero líder está en la obligación de ser un dirigente «auténtico».

Nuevo credo: para atraer y retener a los colaboradores apasionados, movilizar a los individuos y los equipos, favorecer niveles de compromiso elevados, reconstruir la confianza y la fidelidad, hacen falta menos promesas y más compromiso personal por parte de los dirigentes. Al adoptar una actitud ética, al mostrarse fiel a sus valores, el líder auténtico recrea un clima de confianza, favorece el espíritu de involucración y responsabilidad. Al aportar sentido y valores y comprometerse con el bienestar de sus colaboradores y con la calidad de vida en el trabajo, hace que progrese la satisfacción de los asalariados, y que se movilicen los equipos. Gracias a su capacidad para recrear confianza y movilizar a los individuos, está en el centro de la ventaja competencial de las empresas.[1]

Durante mucho tiempo, la autenticidad se afirmó como un ideal puro, un principio moral desinteresado e incondicional: hoy está al servicio del éxito de las empresas. La autenticidad era un fin moral: ahora se impone como el medio que permite obtener niveles de compromiso más elevados por parte de los asalariados y ganar en la arena de la competición mundial. Ya no se trata de un principio que se opone a la lógica económica, sino una palanca de la gestión, una herramienta principal para la competitividad de las empresas: después del momento idealista llega el reino del rendimiento y del utilitarismo de la autenticidad.

SOBRE LOS LÍMITES DE LA AUTENTICIDAD DE LA GESTIÓN EMPRESARIAL

Son numerosos los artículos y libros que describen las cualidades del líder auténtico. A pesar de que los perfiles propuestos por los teóricos de la gestión no siempre concuerdan, es posible hacer un esquema del ideal tipo de dicho liderazgo a partir de cuatro rasgos fundamentales.

Uno: la honestidad y la sinceridad. El líder auténtico se muestra tal como es, no da una imagen falsa de sí mismo, dice lo que piensa y hace lo que dice. Diciendo la verdad, expone

---

1. Según un estudio del gabinete del consejo americano KRW International, especializado en liderazgo, «los dirigentes cuya personalidad es apreciada por los asalariados obtienen una rentabilidad de los activos casi cinco veces superior a la obtenida por dirigentes poco apreciados».

sus convicciones y valores, mantiene sus promesas y compromisos. Se caracteriza por la coherencia personal, la adecuación entre lo que dice y sus actos.

Dos: no imita a los demás, dirige la empresa a partir de su propia visión, no actúa según las expectativas de los demás, se muestra capaz de resistir a las modas de gestión yendo a contracorriente de los estereotipos que proliferan en la literatura de las organizaciones.

Tres: el líder auténtico se define por un alto grado de «consciencia de sí», de sus valores, emociones, prejuicios, fuerzas, debilidades y límites. Para desarrollar la capacidad de conocerse a sí mismo, de reconocer y transformar los automatismos psicológicos que frenan la creatividad y conllevan la repetición de decisiones negativas, el líder debe trabajar sobre sí mismo, cultivar la consciencia de sí gracias a distintos dispositivos: *coaching* individual, técnicas de desarrollo personal, comentarios de sus pares y colaboradores y programas de formación. Esta disposición psicológica a la reflexividad sobre sí resulta central para el desarrollo de las demás cualidades necesarias para el ejercicio de un liderazgo auténtico y movilizador.

Cuatro: el líder auténtico está motivado por sus convicciones personales y no por la sed de reconocimiento y enriquecimiento. Guiado por sus valores y convicciones, expresa sus emociones profundas y expone sus debilidades y vulnerabilidades ante otras personas. Al animar a que se den diferencias de puntos de vista, al alentar la autonomía y la creatividad, favorece el desarrollo personal de los miembros de sus equipos, pone toda su energía para promover un clima ético positivo en la empresa preocupándose por los individuos, por su bienestar y por la sociedad a la que pertenecen. Integridad, justicia, exposición de sí, apertura de espíritu, empatía, benevolencia hacia los otros están en el centro del liderazgo auténtico.

La autenticidad no siempre es una cualidad positiva

La autenticidad del líder instaura, dicen, un clima de confianza en su equipo, sobre todo porque sabe reconocer sus temores, dudas e insuficiencias. Ser uno mismo, ser capaz de mostrar su vulnerabilidad, reconocer que se ha cometido un error, no ocultar sus imperfecciones. A través de la valentía que demuestra al atreverse a exponerse tal como es y a «recibir golpes», el líder se gana la confianza y el respeto de sus colaboradores: su autoridad personal crece al arriesgarse a la vulnerabilidad. «Cuando el líder muestra su vulnerabilidad y sensibilidad y consigue unir a sus colaboradores, el equipo gana» (Howard Schultz, CEO de Starbucks).

Varios observadores han señalado, sin embargo, que mostrar fragilidad, reconocer los propios miedos, la propia inexperiencia o los propios errores, puede sembrar la duda sobre las capacidades del líder para dirigir, destruyendo su credibilidad entre sus colaboradores. En lugar de instaurar confianza, la ética de la transparencia total puede hacer que se dude de la capacidad del dirigente para estar a la altura de los retos. ¿Cómo puede un director general dinamizar a sus grupos si expresa su pesimismo, su estrés o su depresión? Resulta imprudente afirmar que la transparencia conlleva sistemáticamente un compromiso mejor por parte de los miembros de la empresa.

Ser auténtico es decir la verdad e incluso para algunos decir toda la verdad. Pero aquí está el problema: esta postura radical está lejos de ser convincente, choca con el sentido común popular que sostiene, no sin razón, que «no todas las verdades son buenas», que algunas verdades deben evitarse sencillamente porque amenazan las buenas relaciones humanas. La franqueza excesiva puede chocar con ciertos tabúes y parecer como una falta de respeto hacia los demás. No todo debe ser transparente: en particular algunas informaciones personales relativas a los asalariados deben permanecer confidenciales.

Algunos temas estratégicos también deben quedar fuera del ámbito de la transparencia, para evitar que algún competidor pueda aprovecharse de alguna información importante. La transparencia total no es posible ni deseable: si el líder auténtico está obligado a decir la verdad, al mismo tiempo está obligado a mantener en secreto algunos temas por razones éticas, estratégicas, legales o competitivas.

El papel del dirigente no es contarlo todo, sino comunicar en el momento apropiado las informaciones útiles para el avance de la empresa. «Contarlo todo» puede resultar eminentemente nefasto. Una cierta hipocresía es también necesaria tanto en la vida en sociedad como en el trabajo en la empresa: posibilita la amabilidad de las interacciones humanas, frena los comportamientos agresivos, limita el odio y la lucha de unos con otros. Defender una postura absolutista en materia de transparencia es equivocarse de camino: la exigencia de autenticidad no debe conducir a ignorar la particularidad de las situaciones y la importancia de las condiciones que favorecen las buenas relaciones humanas.

Contarlo todo es imposible y a veces desastroso. Al mismo tiempo, la cultura del disimulo y la mentira es indefendible. Por lo tanto hay que explorar una tercera vía: la de una transparencia inteligente, no sistemática, una transparencia que admita límites y restricciones. Una política de transparencia es deseable siempre y cuando sea moderada. Hay que oponerse a Rousseau: ser uno mismo no significa ser totalmente transparente, no exige no ocultar nada. Lo que debe valorizarse es la autenticidad *responsable* del gestor que calcula lo que hay que decir, a quién, en qué momento y en qué forma. Para beneficiarse de una plena legitimidad en la empresa, el principio de autenticidad debe someterse a la ética de la responsabilidad ya que los individuos involucrados en la acción no pueden no tener en cuenta las consecuencias de su compromiso. La verdad consigo mismo y con los demás no es el único valor que debe tenerse en cuenta: hay otros, aún más importantes, que resulta peligroso sacrificar en el altar de la transparencia.

¿ES NECESARIO SER SIEMPRE FIEL A SÍ MISMO?

Para los que alaban el liderazgo auténtico, este es inseparable de la voluntad de descubrir la verdad de su «verdadero sí» a través de un trabajo de consciencia y conocimiento de sí. Este modelo se ensalza bajo una perspectiva socrática e interpersonal. El líder auténtico es aquel que intenta conocerse mejor para así vivir en función de su verdadero yo. Hay que conocer las propias fuerzas y los propios bloqueos para gestionar bien una organización. Comprender quién se es realmente, «conocerse» mediante la introspección, el *coaching* y la evaluación profesional, mediante ejercicios de desarrollo personal y transformación de uno mismo, aparece como la condición *sine qua non* para un liderazgo auténtico. Para hacer frente a la multitud de retos, reducir el estrés y la ansiedad, el líder debe hacer un trabajo de autorreflexión, desarrollar el conocimiento de sí mismo, «trabajar con sus emociones», practicar ejercicios de «plena consciencia» y de regulación de sus sentimientos. Se trata de transformarse a sí mismo para desarrollar plenamente las competencias que exige un liderazgo adaptado a las incertidumbres de la época. El trabajo psicológico sobre uno mismo constituye el medio que permite pasar del modelo del líder heroico al del líder auténtico.

Sin embargo, la fidelidad a uno mismo puede también constituir un obstáculo para un liderazgo eficaz. Como Herminia Ibarra ha señalado, para avanzar en la tarea de dirigente no se trata de encontrar recursos dentro de uno mismo, sino de actuar *contra* la propia naturaleza espontánea. Al celebrar la autenticidad como acuerdo con uno mismo, se pierde de vista la exigencia de «salir de la propia zona de confort», de cambiar, experimentar diferentes estilos de liderazgo. El enfoque psicológico o expresivo de la autenticidad debe sustituirse por un enfoque «experimental» que reconozca el hecho de que las respuestas a los problemas de gestión no se encuentran tanto en nuestro ser interior como en la «extrospección», que consiste en aprender probando, tomando prestado y mejorando modelos que no proceden de nosotros, sino de otros.[1] El individualismo que sostiene al gran líder no es expresivo: más bien es autocreativo, huyendo de los modelos y construye su propia singularidad, su propia identidad. El liderazgo no necesita los recursos del individualismo expresivo, sino los del individualismo autoconstructivo, que, al huir de los modelos, construye su propia singularidad de gestión y se muestra capaz de reinventarse.

Según Herminia Ibarra, este liderazgo supone un «espíritu lúdico». Para dar cuenta de este cambio de paradigma, también se puede proponer la comparación con la actividad artística. Un artista auténtico no es aquel que traduce hacia fuera lo que está ante él, sino aquel que inventa un estilo original y personal trabajando las formas, encontrando soluciones nuevas a problemas estéticos, escapando de sus maestros así como de su espontaneidad fundamental. Lo que importa no es la verdad psicológica del artista, sino la creación singular de una obra. La autenticidad artística no consiste en expresar sus verdaderos estados de ánimo: reside en la construcción de una obra personal necesariamente deudora de otras obras de artistas, pero que se despega de ellas singularizándose. En el ámbito artístico, ser auténtico no es proyectar hacia fuera una identidad íntima, sino inventar y cambiar de manera, forjar un sí artístico que no es psicológico. El artista nunca es tanto sí mismo como cuando consigue cambiar de estilo, crear algo nuevo.

1. Herminia Ibarra, «Le paradoxe de l'authenticité», *Harvard Bussiness Review*, febrero-marzo de 2016.

Es lo mismo para el líder: no debe empeñarse en ser verdadero consigo mismo, sino en ser capaz de afrontar sin desmayo los retos nuevos que surgen, encontrar las soluciones adecuadas según las circunstancias, aprovechar las oportunidades que se presentan, inventar un estilo singular de gestión. Lo que cuenta son las maneras de hacer y no la moralidad personal ni las cualidades humanas de fidelidad y transparencia. Aumentar la consciencia de sí no es la llave mágica para convertirse en un gestor mejor: para el gestor no se trata de volver sobre sí mismo, sino de experimentar e innovar para así afirmar su singularidad. Lo que hace cambiar al dirigente no es un trabajo de desarrollo personal: son los acontecimientos y sus evaluaciones los que le hacen cambiar y lo educan. La apuesta consiste en convertirse en un verdadero gestor y no en ser verdadero consigo mismo. El líder auténtico se singulariza por sus actos, no por la reflexividad del «conócete a ti mismo».

Para los apóstoles de la autenticidad, el líder ideal debe ser fiel a sí mismo y a sus convicciones. Esto no es exactamente lo que se observa en el universo de la empresa ni en el de la política. El gran líder no es aquel que no esconde nada, sino un dirigente flexible, adaptable, capaz de hacer concesiones y ducho a veces en el disimulo. En nombre de lo esencial, debe poder acallar sus convicciones personales y demostrar comprensión. Contra la religión de la autenticidad, es importante, también aquí, rehabilitar la fuerza y la necesidad de las máscaras, la apariencia, la astucia, el secreto y el disimulo. «Todo espíritu profundo necesita una máscara», escribía Nietzsche:[1] el gran líder no es una excepción.

1. F. Nietzsche, *Par-delà le bien et le mal*, II, 40. (Hay traducción española: *Más allá del bien y del mal*, trad. de Andrés Sánchez Pascual, Alianza, Madrid, 2018.)

Al igual que los gestores y líderes políticos, las grandes marcas son objeto de gran desconfianza. Solo el 7 % de los alemanes, españoles, ingleses y franceses piensan que las marcas son «abiertas y honestas», nueve de cada diez franceses consideran que las marcas «no son fiables» (Étude Authentic Brands, 2016). En Estados Unidos, Francia, Alemania, Japón, India y China, casi un consumidor de cada dos declara tener poca o ninguna confianza en las grandes marcas (estudio del gabinete A. T. Kearney, 2017). Según un estudio del «Observatoir de l'authenticité», menos de un francés de cada dos cree en los discursos institucionales de las empresas, mientras que tres de cada cinco se muestran escépticos cuando dichas empresas comunican sus acciones en materia de desarrollo sostenible (estudio Makheia Group y Occurrence, 2014).

Debido a la sucesión de crisis y escándalos alimentarios, así como al miedo a los OGM, la falta de confianza es particularmente alta en el sector agroalimentario: de forma mayoritaria, los franceses piensan que las condiciones de producción y los efectos de los productos alimentarios sobre la salud se han degradado y que no se puede confiar en las informaciones de las marcas relativas al respeto animal. Trece millones de franceses ya han descargado la aplicación Yuka que permite, escaneando el código de barras de un producto alimentario, conocer su clasificación nutricional e informarse de la presencia de aditivos, de ingredientes nocivos en su composición. Ya no se confía en los discursos de las marcas: se escanea el código de barras de un producto utilizando el teléfono móvil.

De forma más amplia, un gran número de consumidores tiene la sensación de ser manipulado por el marketing y la publicidad, de que se le esconde informaciones indispensables, que se le miente, que se les «engaña sobre la mercancía». Son, sobre todo, las grandes marcas internacionales las que cristalizan la desconfianza, mientras que las marcas francesas y las marcas regionales y locales escapan en gran medida a esta corriente. Sin embargo, avanza la opinión según la cual las marcas comunican mucho, pero se comprometen poco, no mantienen sus promesas, no reconocen suficientemente sus errores. La duda pesa con fuerza en las formas de comunicación acusadas de *goodwashing* o *greenwashing*. En este contexto, los consumidores confían más en las recomendaciones de sus pares en la web que en los discursos de las marcas y los expertos. El síndrome de la desconfianza ha alcanzado el universo de las marcas: de ahí la necesidad creciente de transparencia, honestidad y compromiso social por parte de las empresas.

El distanciamiento con las grandes marcas empieza a tener una traducción concreta en ciertos comportamientos: se expresan y comparten las decepciones, insatisfacciones e indignaciones de los consumidores en las redes, el rechazo de las marcas multinacionales del sector agroalimentario, las llamadas a boicotearlas, la virulencia de los jóvenes hacia empresas intolerantes en cuestiones de género, sexualidad o color de la piel, la preferencia por lo local y las marcas «comprometidas», actividades de «do it yourself». Cada vez más, los consumidores demuestran su inquietud sobre el auge de un Gran Hermano comercial, sobre la intrusión de las marcas en sus vidas privadas, la utilización que se hace de sus datos personales con fines publicitarios o de marketing, la venta de sus datos sin su consentimiento. Más de la mitad de los consumidores ya han renunciado a una compra en línea debido a la falta de protección de sus datos personales.

Precisamente, para tranquilizar a los consumidores y «reconquistarlos», el marketing pone de relieve los valores de autenticidad, honestidad y sinceridad. La autenticidad, considerada antes desde un punto de vista ético, ahora se moviliza como «arma» de gestión de las marcas, como relato destinado a conseguir la adhesión de los consumidores críticos y desconfiados.

El valor de autenticidad, instrumentalizado con fines comerciales, funciona según un nuevo registro: su búsqueda no se muestra tanto como una decisión moral autónoma, sino como una obligación dictada por la necesidad de tener en cuenta las demandas de los consumidores y reconquistar su favor. La autenticidad elegida por un sujeto moral autónomo cede el paso a la obligación de marketing de autenticidad para ser eficaz en la arena de la competencia económica. En el universo de la empresa, la reivindicación de autenticidad más que desearse se sufre: es el estado exterior del mercado el que conduce a la reivindicación de autenticidad y no la exigencia interior de adecuación al sí. Y si las empresas emprenden esta vía, ya no lo hacen para oponerse a la dictadura de la imagen social, sino para mejorar su imagen de marca. La autenticidad existencial es sinónimo de autonomía individual, emancipación en relación con el juicio de los demás, rechazo del conformismo; la voluntad de las marcas de aparecer como auténticas señala la sumisión a las fuerzas heterónomas del mercado y a las expectativas de los consumidores. Ya no se trata de una conquista de sí para sí y contra el poder de la opinión, sino de una dinámica de adaptación comercial a una presión social y económica de nuevo tipo, una estrategia de marketing cuyo objetivo es mejorar la imagen entre los clientes.

Proximidad

Para ganarse la adhesión de los consumidores, las marcas implementan estrategias inéditas que van a contracorriente del marketing clásico, de sus excesos espectaculares, de su hacer valer empático, de sus imágenes publicitarias superlativas. Ya no recurren a la exhibición, sino que adoptan una postura de humildad, comunican sus debilidades y errores, sus imperfecciones y defectos: con ocasión del aniversario del lanzamiento

374

de la New Coke, en 1985, Coca-Cola publicó entonces las cartas de fans descontentos con dicha decisión que condujo al fiasco. Para establecer una relación de proximidad con el público, las empresas apoyan también sus discursos en los testimonios de sus proveedores, desvelan lo que sucede entre bambalinas, muestran lo que hay detrás del decorado. Ya no se trata de mostrarse dominador, sino de trabajar para establecer una relación de proximidad con el público, mostrarse cercano a la gente, atento a las necesidades y deseos de los consumidores, invitados a participar activamente en el desarrollo de nuevos productos: esto es lo que se denomina el «marketing participativo».

Con el propósito de autenticidad, también se implementa una comunicación de tipo emocional centrada en la «gente real» fruto de la «vida real»: Comptoir des Cotonniers, Dove, Meetic, Kinder han sustituido a las estrellas, musas y otras top models por familias reales, parejas reales, asalariados reales, para dar más autenticidad a sus campañas de publicidad. Cambio completo de paradigma: lo auténtico no implica ya un distanciamiento con la mayoría, ni la ruptura con la «preocupación de estar en la media» (Heidegger), sino la proximidad con lo común. Al poner en escena a la *real people*, las marcas buscan recrear una proximidad, una accesibilidad, una autenticidad de la marca. Bajo la influencia de la telerrealidad y el poder creciente del marco referencial de la autenticidad, la publicidad, o al menos una de sus tendencias, se ha convertido en «publicidad realidad».

Transparencia

Por las mismas razones, el marketing de la transparencia gana terreno sin cesar. El *non plus ultra* de las estrategias de autenticidad es mantener un discurso de verdad integral sobre sí. Ya nada debe rodearse de sombra y opacidad, no debe parecer que se esconde algo, debe hacerse todo para impedir que se cree la sensación de engaño y manipulación. Al jugar con «las cartas destapadas», estas marcas reivindican, en modo hiperbólico, una sinceridad y honestidad sin fisuras, una transparencia total en «todo»: origen de los productos, cadena de proveedores, métodos de fabricación, costes, precio e incluso márgenes de beneficio. Cada artículo vendido por la marca Everlane está dotada con una ficha que ofrece, además de su origen, su composición exacta, el detalle de los costes de producción, la explicación en cifras del precio de venta: el fundador de la marca, Michael Preysman, lo denomina «*radical transparency*».

Con el objetivo de mostrarse transparentes, las empresas abren también las puertas de sus fábricas o de sus talleres; muestran en su página de internet las imágenes de los empleados que trabajan en ellos. Del mismo modo, los restaurantes exhiben sus cocinas y preparan sus platos ante los ojos de los clientes a través de vitrinas transparentes. Incluso el packaging de ciertos productos ilustra esta tendencia utilizando envoltorios minimalistas, sobrios y transparentes. Contarlo todo, mostrarlo todo, ser lo menos opaco posible: la cultura del secreto y el espectáculo se ve sustituida por el culto de la hiperautenticidad, la hipertransparencia: se trata de ver quién esconderá menos, quién contará cada vez más en una competición por la verdad. Al exhibir los procesos de producción y la composición de los costes, al mantener una relación transparente con los clientes, las marcas que «no esconden nada» pretenden ganarse la confianza y fidelidad de sus clientes.

Ironía de la época: estamos en un momento en el que el rechazo de la *star strategy* se ha vuelto *radical chic*, ultratendencia, una manera nueva de inventar un marketing *hype*. La autenticidad de lo verdadero ya no se opone a la moda: «*Transparency is the new cool*». La fase III registra la conjugación, ahora a la moda, de la transparencia y el espectáculo de la verdad. En el estadio de la autenticidad integrada, la escalada seria de lo verdadero aparece como una de las vías que permite dar una imagen guay a las marcas.

El compromiso de las marcas

Muchos observadores y consultores coinciden al constatar que el marketing ha ido demasiado lejos en el ámbito de lo artificial, el espectáculo, la desmesura, la banalidad: con ello se han sembrado las semillas de la duda y la desconfianza. Para contener este engranaje fatídico, las marcas tienen que cambiar radicalmente de dirección, recentrarse en las necesidades «verdaderas» y los valores verdaderos, comprometiéndose cien por cien en un negocio con impacto positivo, apto para mejorar la sociedad. La búsqueda de beneficios ya no debe hacerse dando la espalda a las responsabilidades humanas, sociales y ecológicas que incumben a las empresas. Ha llegado el momento para las marcas de pasar de la obsesión por los beneficios al compromiso al servicio de un ideal colectivo y del bien común, el medioambiente y el bienestar en el trabajo. Se consideran auténticas aquellas empresas que demuestran un compromiso responsable, sincero y significativo con la sociedad y el planeta.

Se proclama sin ambages que mañana la marca o se compromete o no existirá, que el compromiso es una necesidad y al mismo tiempo el nuevo Eldorado de las marcas: «Cada empresa posee el potencial de cambiar el mundo y no sobrevivirá si no lo hace», declara Richard Branson, considerando la razón de ser de las marcas como un factor fundamental de éxito de las empresas del futuro. Dado que el neoconsumidor exige sentido, las marcas deben demostrar responsabilidad social y medioambiental, ser portadoras de valor, tomar posición en los desafíos de la sociedad. La reivindicación de un fin elevado para las marcas, que era hasta hace poco un fenómeno marginal, moviliza a un número creciente de empresas, al tiempo que impulsa una amplia reflexión colectiva. Estamos en un momento en el que el compromiso social de la empresa se ha convertido en un elemento constitutivo de su identidad.

Se multiplican las tomas de posición de los grandes dirigentes, que piden a las empresas que expongan con claridad su razón de ser, que no debe consistir solo en repartir beneficios entre sus accionistas, sino en alcanzar aquello que beneficie al conjunto de actores y a la sociedad. La ley Pacte, destinada, en Francia, a promover un «capitalismo más responsable en el plano social y medioambiental» prevé la posibilidad para las empresas de inscribir en sus estatutos «una razón de ser» y difundir públicamente que son una «société à mission».[1] Mientras que cada vez más dirigentes de grandes grupos consideran que una razón de ser ambiciosa de la empresa mejora la satisfacción de los asalariados y fideliza a sus clientes, una gran mayoría de consumidores espera que las marcas tomen posición sobre temas sociales o medioambientales.

Si la problemática del compromiso responsable concierne a un número creciente de empresas, también se aplica a territorios cada vez más diversos: el medioambiente (Patagonia), el sufrimiento animal (The Body Shop), los animales en vías de extinción (Lacoste), la homofobia (Coca-Cola), la violencia de género (cerveza Carling Black Label), los estereotipos estéticos femeninos o la dictadura de la belleza (Dove), la estima personal (Penningtons), los inmigrantes (Starbucks), los hambrientos de la Tierra, los jóvenes de los barrios desfavorecidos, las enfermedades, la nutrición infantil y los derechos del ser humano. En la era de la hipermodernidad liberal, cualquier

1. Empresa que persigue además del lucro un objetivo social y medioambiental. *(N. de la T.)*

desafío social está ahí para convertirse en objeto de compromiso de las marcas.

El compromiso al servicio de una causa social se muestra como una exigencia estratégica, ya que un número creciente de consumidores basa sus compras en sus convicciones y eligen preferentemente aquellas marcas cuyos valores comparte. Según distintos sondeos, una mayoría de consumidores elige comprar o boicotear una marca según las tomas de posición de las mismas. Ahora las comunicaciones de marca centradas en los valores incitan más al acto de compra que los mensajes centrados en el producto, porque los consumidores consideran que las marcas pueden hacer más que los Gobiernos para resolver los problemas sociales (estudio Edelman Earned Brand, 2018). En una época en la que los consumidores muestran su escepticismo en relación con las marcas, buscan dar un sentido a sus compras y están dispuestos a pagar más por un producto de una empresa en la que confían, muchas empresas comprenden que no hay más que ventajas si se juega la carta de la autenticidad, se defiende los propios valores y convicciones y se toma posición con respecto a los grandes temas sociales. Dado que el compromiso para mejorar la sociedad da legitimidad a la empresa, dicho compromiso tiene la virtud de suscitar la confianza y fidelidad de los consumidores.

El compromiso de la marca en materia de responsabilidad social y medioambiental no solo tiene el poder de influir en las decisiones de compra de los consumidores, sino que también, tal como declaran muchos dirigentes, es un motivo de orgullo para los asalariados, así como una fuerza que contribuye a atraer a los mejores talentos, inversores y colaboradores. Al confeccionar una imagen positiva de la empresa, al fabricar confianza y adhesión, el compromiso con un ideal constituye un medio esencial para fidelizar a los consumidores, motivar a los asalariados y, así, maximizar la eficacia de las marcas. Cambio de época: en el momento de la autenticidad norma-

379

lizada, la ética del compromiso social es rentable, funciona como un instrumento funcional al servicio del éxito y la rentabilidad de las empresas; «*Business for Good*» se convierte en sinónimo de «*Good for Business*». Esto no significa necesariamente fariseísmo, hipocresía o falsedad, sino más bien una nueva cultura donde la autenticidad ya no se piensa como oposición excluyente al mundo de los intereses materiales.

En este contexto, se consideran auténticas aquellas marcas que se comprometen en favor del bien público, las que «no persiguen únicamente ser las mejores del mundo, sino las mejores para el mundo». Se reconoce la autenticidad siempre y cuando el compromiso no sea una cortina de humo, *greenwashing* o *socialwashing*, una simple operación de promoción, sino una toma de posición verdadera, sincera que se traduce no en declaraciones grandilocuentes sino en medidas concretas y verificables, planes de acción, medios de financiación, gamas de producto y servicios beneficiosos para la sociedad y capaces de mejorar la calidad de vida.

En el universo empresarial, la autenticidad no implica desinterés por el beneficio –el lucro sigue siendo un objetivo reivindicado y legítimo–, sino un compromiso no oportunista, coherente en el tiempo, una convicción fuerte y sincera que se materializa en prácticas cotidianas y al servicio de valores superiores. Es auténtica aquella marca que mantiene sus compromisos, encarna sus convicciones de manera tangible en la totalidad de la organización, en sus actividades de producción, servicio y comunicación. El compromiso auténtico significa no prometer si no se mantienen las promesas, actuar plenamente a largo plazo implementando acciones concretas con impacto positivo en la sociedad y las generaciones futuras.

El ideal de autenticidad no se vincula solo con la esfera de la moral individual e interindividual; se ha extendido al ámbito del hacer y el contar de las marcas comerciales. Es lo que llama a la transformación de las marcas, a la reinvención de los mercados y la comunicación. Si en la vida privada el ideal de autenticidad empuja a «cambiar de vida» para darle de nuevo sentido, en el universo de las marcas funciona como una idea-fuerza que invita a cambiar las propuestas de la oferta para mejorar la vida en sociedad, a innovar con vistas a un impacto positivo en el mundo.

Esto se concretiza en innovaciones tecnológicas que limitan la huella ecológica, que sustituyen la economía del usar y tirar por la «durabilidad programada», que desarrollan la economía circular y luchan contra el sobreconsumo de materias primas. O también, que privilegian los servicios ante los productos, el uso ante la posesión, que crean productos realmente útiles, que facilitan la vida diaria gracias a servicios orientados hacia el uso y las necesidades reales. La empresa auténtica ambiciona frenar la degradación de los ecosistemas, ser útil, dar respuesta a necesidades «reales», mejorar la cotidianeidad. Una de las vías del compromiso auténtico consiste en desarrollar una «economía de efectos útiles»[1] que, más allá de los productos, se empeña en ofrecer soluciones a los problemas de consumo, en acompañar a los clientes, resolver las dificultades de los consumidores en el uso de los productos comprados, pasar de una orientación-producto a una orientación-cliente Ahora la autenticidad ya no se piensa en oposición al mercado: se consideran auténticas aquellas marcas comerciales que, al ser portadoras de sentido y al actuar según una razón de ser ambiciosa, contribuyen a mejorar la calidad de vida con un impacto positivo en la cotidianeidad de los consumidores y el planeta.

1. Philippe Moati, «Refonder le modèle de consommation pour une nouvelle croissance», en *Une croissance intelligente. Demandons l'impossible!* (dir. Philippe Lemoine), Descartes & Cie, 2012.

La empresa auténtica y la fuerza de lo digital

Si la promoción del paradigma de la empresa auténtica se vincula con la crisis de confianza hacia las marcas, también es inseparable del desarrollo digital. Con la revolución digital, la empresa ya no puede pretender controlar de principio a fin los mensajes que la conciernen; sus incoherencias, sus fallos se revelan en un instante en las redes sociales; la información se difunde a gran escala a través del modo conversacional de los medios sociales o el «boca oreja» digital antes de ser retomada de inmediato por los distintos medios de comunicación. Con la democratización de los medios sociales, cualquier incidente puede difundirse rápidamente y ensombrecer la imagen de marca y la credibilidad de una empresa. Gracias a las redes sociales, millones de internautas pueden compartir, en todo momento, su opinión sobre una marca, un producto o una publicidad. De ahí la necesidad para las marcas de estar a la escucha de las aspiraciones y exigencias de los consumidores.

De este modo, la promoción del marco referencial de la autenticidad en el marketing no se vincula con las críticas de la masificación que desindividualiza, sino con la explosión de los discursos individuales en las redes. Con la red, el modelo de toma de palabra ha adquirido una importancia nueva: cada vez más individuos descontentos pueden comunicarlo a la mayoría, protestar contra la empresa, expresar sus puntos de vista sobre las marcas. Para responder a esta individualización de los discursos, a la proliferación de tomas de palabra de todos hacia todos, las empresas trabajan para promover nuevas formas de comunicación y marketing. La reivindicación del ideal de autenticidad por parte de las marcas se debe a esta oleada de palabras individuales que conciernen a las marcas comerciales: es una de las consecuencias del proceso de individualización de los consumidores, que cada vez son más críticos, desconfiados y escépticos, y de su capacidad nueva para comunicar públicamente sus descontentos, decepciones y opiniones.

Los neoconsumidores no solo demandan marcas transparentes y comprometidas, sino que buscan raíces, tradición, anclaje de los productos en el tiempo. El deseo consumista de autenticidad se manifiesta a través del gusto por las marcas que, fieles a su historia, a su origen, se inscriben en una continuidad y perpetúan una memoria: longevidad, continuidad, conformidad con una identidad propia son los rasgos que a menudo se asocian a la marca auténtica. Para los consumidores, el vínculo de una marca con un legado crea una percepción de autenticidad, añade valor al proceso de consumo, refuerza el atractivo, el prestigio y el renombre de la marca.

Lo antiguo como prueba de autenticidad

Por este motivo varias marcas (Dior, Gucci, Hermès, Baccarat, Cartier, Vuitton) reivindican con fuerza su pasado, ensalzan su legado, colocan su historia en el centro de su identidad y estrategia: la referencia al pasado y la puesta en valor de su patrimonio se han convertido en clave de éxito para las marcas, en un elemento esencial de su posicionamiento y marketing. «1778, Francia descubre Badoit», «Leffe, cerveza desde 1240», «Van Cleef desde 1906»: las marcas que poseen un largo pasado indican su fecha de nacimiento y utilizan símbolos o imágenes que connotan su antigüedad. La mención a la longevidad muchas veces va acompañada de un tipo de comunicación que insiste en la fidelidad a los orígenes. Las marcas que adoptan esta estrategia –las marcas «con legado»–

hacen uso de un marketing que, a través del logotipo, los códigos, los símbolos y el diseño, permite subrayar la continuidad
temporal de la marca.

Este proceso se manifiesta en particular en el universo de
las marcas de lujo, que cada vez más ponen en valor su historia prestigiosa asociándola al mundo artístico. Para reforzar su
imagen de autenticidad, estas marcas «con legado» compiten
en imaginación para subrayar los vínculos estrechos que mantienen, desde el «origen», con el arte: ediciones de lujo dedicadas a la historia de la marca, exposiciones en las mayores
instituciones museísticas (Saint Laurent en el Met, Chanel en
el Palais de Tokyo), museos de marca (Baccarat, Gucci), grandes retrospectivas de creadores carismáticos, celebración de
aniversarios, vídeos creativos a mayor gloria de la leyenda de la
marca, énfasis en las relaciones del fundador con los artistas
de vanguardia de su época: el pasado magnificado es un pasado
calificado de artístico.

Al elevar al fundador al rango de artista «inspirado», rei-
vindicando una tradición y un pasado «artísticos»,[1] la marca se
aleja, al menos simbólicamente, del mundo comercial: sus productos se presentan, como en el arte, como únicos, excepcionales, incomparables, singulares y nobles. Gracias a las prácticas
de «artificación»,[2] los productos de lujo se acercan a las obras de
arte: dotados con un «suplemento de alma», expresiones de una
firma portadora de creatividad personal, dichos productos consiguen una autenticidad y una legitimidad acrecentadas. En la

1. Este acercamiento al arte no concierne únicamente al patrimonio de
las marcas, sino que se prolonga a través del mecenazgo a favor del arte, la
colaboración con artistas contemporáneos para series limitadas de productos
y películas publicitarias firmadas por artistas y directores de prestigio.

2. Sobre este neologismo, véase Roberta Shapiro, «Qu'est-ce que
l'artification?», Actas del XVII Congreso de la AISLF, Sociología del arte,
Tours, 2004.

medida en que el artista moderno representa una figura paradigmática de la autenticidad, la marca se beneficia de este aura de insuperabilidad, excepcionalidad y personalidad «verdaderas». El arte transfiere a la marca sus cualidades y su imagen de autenticidad.

En todas partes las marcas «con legado» trabajan para tener un carácter «intemporal», para aumentar su prestigio mediante la idea de continuidad en el tiempo. Se trata de una autenticidad construida que se obtiene a través de un trabajo de relato, puesta en escena, valorización del pasado de la marca, de sus fundadores y sus leyendas. Todo se hace para comunicar un legado de marca nacido de una historia rica y única y que ha conseguido «atravesar las modas». La celebración de un pasado artístico, prestigioso e incomparable permite construir una personalidad de marca auténtica, dado que la continuidad en el tiempo crea una imagen profunda, de identidad no artificial, es decir, auténtica.

Las investigaciones en marketing muestran que la comunicación que valoriza el patrimonio histórico aumenta la confianza de los consumidores hacia la marca. Por supuesto esto es debido a la longevidad de la marca, pero también porque esta aparece como verdadera, fiel a sí misma. La afirmación del legado otorga un espesor temporal a la marca, crea, de este modo, una entidad menos ficticia, menos cortoplacista, pero también menos mercantil, porque se mantiene fiel a unos principios, a una cultura que no se limita a las motivaciones comerciales. Al mostrarse fiel a sí misma y a su pasado fundador, la marca afirma su singularidad presentando una imagen «verdadera», liberada del peso del oportunismo y del cinismo comercial: todas ellas cualidades que la vinculan a la autenticidad, a la verdad de sí.

Fidelidad a sí misma en el tiempo: este *ethos* es el testimonio de una actuación en cierta forma ética, de un apego a unos valores, a la búsqueda de la verdad profunda y singular de sí, a través de los cambios efectuados. En este sentido, la referencia al pasado aporta autenticidad, un suplemento de alma y referencias y puede suscitar la adhesión de los consumidores. Finalmente el consumidor transfiere el sistema axiológico que dirige la relación de sí consigo mismo a la marca. Una marca es auténtica cuando se la considera fiel a sí misma, a su identidad singular, y no se limita a la búsqueda del lucro. Si la fidelidad a su historia y sus orígenes puede imponerse como un principio de gestión y a la vez como la clave del éxito, es porque domina una cultura de autenticidad en la que la fidelidad a sí mismo se erige como valor principal.

Más todavía. La referencia a un pasado mitificado permite a las marcas «con legado», en particular las marcas de lujo, afirmarse como fuerzas de resistencia a la lógica de la obsolescencia generalizada presente en los mercados hipermodernos. Mediante la perpetuación de la memoria, se crean una especie de halo de atemporalidad y un punto de apoyo duradero que confieren una «sacralidad» profana a la marca. Si la invocación del pasado seduce a nuestros contemporáneos es porque hace posible un imaginario consumista «noble» que escapa a la inconsistencia de la moda, a la insignificancia y a la no permanencia del usar y tirar. Al sustraerse a la frivolidad de la moda, se consigue una sensación de consumo «verdadero», «auténtico», cargado de profundidad duradera y consistencia temporal.

Conjugar autenticidad e innovación

Si el *heritage branding* valoriza la autenticidad, el pasado en el presente, la fidelidad a las raíces y a los valores, no es menos cierto que el patrimonio de marca es una realidad construida en presente. Lejos de ser una realidad «en bruto», existente por sí misma de manera autónoma, el patrimonio en marketing no es más que una construcción de los actores de la empresa, el resultado de un trabajo que selecciona elementos que forman parte del legado de la marca o a veces, incluso, tomados prestados al pasado colectivo cuando se adecua al espíritu de la marca. No se trata de una institución congelada, una reproducción del pasado, sino de una construcción actual. Los elementos considerados se seleccionan a partir de diversos signos: edificio, diseño, grafismo, archivos, publicidad antigua, maestría obrera o artesanal, figura del fundador. En este conjunto heredado de un pasado multiforme, algunos rasgos se apartan, se eliminan, porque se consideran negativos para el éxito comercial de la marca; otros se ensalzan, retomados más o menos sistemáticamente en las producciones recientes de los productos, en la comunicación y en los puntos de venta.[1] De tal modo que incluso siendo fiel a su origen, la marca auténtica no deja de ser algo «construido», un artefacto, una creación viva.

La unión entre pasado y presente no se limita a esto. Es cierto que las marcas que rinden homenaje a sus raíces, a menudo obtienen resultados muy buenos. Hay que añadir que esto es así siempre y cuando sepan renovar su oferta. El apego emocional de los consumidores al valor de autenticidad no basta para garantizar el éxito y la perennidad de una marca cuya identidad está anclada en el pasado. Para seducir a nuevos públicos y consumidores más jóvenes, las marcas «con legado» tienen que ampliar la gama de sus productos, diversificarse, revisitar su oferta, lanzar nuevos productos, crear nuevas estéticas. Incluso las marcas de lujo que conceden un lugar primordial a las tradiciones, a la maestría de los artesanos, adoptan estrategias de innovación sistemática: Hermès renueva, cada seis meses, más de dos tercios de su oferta, es decir que

---

1. Fabien Pecot y Virginie de Barnier, «Patrimoine de marque: le passé au service du management de la marque», 2017, https://doi.org/10.1177/2051570717699376, ISSN, 2051-5707.

sobre cincuenta mil referencias se cambian treinta y tres mil.[1] Las marcas de lujo, para ceñirse a sí mismas, intentan dar una imagen de atemporalidad y autenticidad, pero solo consiguen construir su fama, paradójicamente, adoptando estrategias de extensión de marca, realizando renovaciones perpetuas de modelos centradas en la valorización del presente y del tiempo corto de la moda. Incluso a veces adoptan estrategias de ruptura (Gucci, Vuitton).

El imperativo de innovación es tal que conduce, desde hace algunos años, al fenómeno nuevo del *co-branding*, la colaboración entre dos marcas que, en principio, no tienen nada en común: Chanel se asoció con Pharrell Williams y Louis Vuitton con Supreme. El objetivo perseguido es comunicar de una manera diferente, atraer la atención, sorprender, crear algo inesperado para llegar a públicos nuevos, «rejuvenecer» la marca sin caer en la «gadgetización». Ahora, incluso las marcas que reivindican la fidelidad a su pasado se empeñan en demostrar imaginación reinventando su legado y movilizándolo, haciéndolo vivo, sorprendente y ultracontemporáneo.

Si cesa de innovar, si se «institucionaliza» y se inscribe en la única lógica del legado y de la transmisión de la tradición, la marca se adentra en la vía fatídica de la fosilización o la museificación. En este caso, en lugar de parecer auténtica se muestra como la copia de sí misma. Se considera auténtica una marca que, fiel a sus valores, a su base identitaria, se muestra, sin embargo, capaz de evolucionar, de reinventarse sin cesar.[2] Todo el arte de las marcas patrimoniales consiste, por lo tanto, en cambiar y al mismo tiempo conjugar el pasado y el presente,

---

1. Entrevista con Patrick Thomas, *Le Monde*, 22 de marzo de 2013.
2. Sandra Camus, «La marque authentique. Approche cognitive et expérientielle à partir de la littérature, des pratiques commerciales et des discours des consommateurs», *Actes des VIe Journées normandes de recherche sur la consommation*, ESC de Rouen, 2007.

tradición y modernidad, continuidad de lo mismo y renovación de sí. Sin una estrategia de innovación, la marca se vuelve anticuada, la identidad patrimonial se convierte en una carga, la autenticidad en un factor de inmovilismo que ahoga la iniciativa creativa. Si los consumidores buscan autenticidad, también exigen aún más innovación creadora: la autenticidad, la tradición, lo antiguo solo se aprecian si son reciclados, readecuados, según la lógica moderna de lo nuevo. La autenticidad de una marca no coincide con la reproducción inalterada de sí, con el eterno retorno de lo mismo; tiene que ser innovadora y estar «viva». Como el ser humano, la marca auténtica es aquella que no cesa de adaptarse, reinventarse, cuestionarse, enriquecerse (Frank Tapiro, *brand culture*): una especie de organismo «vivo» muy particular ya que, en este ámbito, el cambio en la fidelidad a sí misma es un factor de «rejuvenecimiento» de la marca.

Imagen y experiencia

Ahora bien, para una gran mayoría de consumidores lo que seduce no es tanto la autenticidad real u objetiva de los productos, sino el imaginario de autenticidad, los relatos que rodean la marca: a excepción del logotipo, ¿qué hay de auténtico (en el sentido de conformidad con el original) en un vaquero o un traje de baño Chanel? El consumidor valoriza una autenticidad construida por medio de la producción de símbolos, de una colección de signos, relatos e imágenes orquestados por la comunicación. Los productos y la marca se perciben como auténticos porque afirman serlo a través de símbolos, señales y representaciones dirigidos. Es auténtico aquello que el logotipo y las operaciones de comunicación de la marca certifican que es auténtico. Se buscan, sobre todo, el perfume imaginario de autenticidad y el aura de antigüedad y no tanto una objetividad auténtica o la conformidad con un original. En el momento de la hipermodernidad comercial, lo que triunfa es la imagen de autenticidad, consagrando así el reino de la autenticidad simbólica o señalética.

Retromarketing

En respuesta a los gustos crecientes por el pasado y el territorio, se ha desarrollado lo que los especialistas denominan el retromarketing (*re-vival marketing*) o marketing de lo auténtico que «privilegia el pasado en su enfoque o hace alusión directa o indirectamente a la noción de pasado en su comunicación».[1] Según J.-M. Lehu, este tipo de marketing puede adoptar varias formas: la nostalgia que se basa principalmente en el recuerdo colectivo o personal (por ejemplo «Bonne Maman»; pero también la revitalización de marcas antiguas, bien rejuveneciéndolas porque han envejecido, bien haciéndolas renacer porque han desaparecido. El objetivo es volver a sumergir al consumidor en el mundo de antaño, anclar la identidad de las marcas y los productos en un pasado convertido en mito. Apoyándose en el sentimiento de «los buenos viejos tiempos», así como en la necesidad de recuperar raíces y referencias, esta estrategia de marketing utiliza lo antiguo para vender productos contemporáneos, lanza de nuevo viejas marcas, reedita viejos productos, concibe objetos cuyo diseño recuerda el pasado (Nuevo Escarabajo Volkswagen, Mini de BMW, Alfa Romeo recuperando la marca Giulietta) y emplea el grafismo, las imágenes y los códigos de antaño (La Laitière) en las operaciones de comunicación. Todas ellas técnicas que se esfuerzan por crear una atmósfera sentimental a través de

1. Jean-Marc Lehu, *L'encyclopédie du marketing*, Éditions d'Organisation, 2004.

productos que reenvían la imagen de un pasado fantaseado y soñado, en el que todo parecía menos artificial, más sencillo, más tranquilizador y más auténtico. Dotado de una imagen guay, lo retro se ha convertido en una megatendencia del marketing hipermoderno: «*the old is the new*».

Ahora, en los sectores más diversos, para el marketing se recurre a las reconstrucciones del pasado. Las panaderías Paul ofrecen un aspecto rústico con sus carpinterías talladas, objetos de segunda mano y utensilios a la antigua: «una tienda como las de antes». Los tarros de mermelada Bonne Maman con la tapa a cuadritos y tipografía que imita la escritura de los colegiales de antaño dan una imagen de «hecho en casa» a sus productos: todo contribuye a evocar el pasado, dar la ilusión de que las mermeladas se preparan como antes, de manera auténtica. Gracias a su nombre, su logotipo y su tipografía, Le Petit Marseillais se presenta como una marca asociada al jabón tradicional de Marsella, natural, auténtico y fabricado a la antigua. De este modo, las marcas retro explotan el sentimiento de «era mejor antes»: se apoyan en la nostalgia de los años pasados al despertar los recuerdos de días mejores personales o colectivos, sumergiendo de nuevo al consumidor en sus impresiones de infancia.

Si nuestra época asiste al desarrollo de un marketing *high tech* de ruptura e innovación, también es contemporánea del auge de un «marketing de lo auténtico», pero que, en realidad, lo único que hace es producir una imagen de autenticidad, una seudoautenticidad dirigida por la razón comercial. De ahí la situación paradójica que caracteriza nuestra relación con lo auténtico. Por un lado, se observa un interés creciente por las tradiciones, los alimentos naturales, los objetos antiguos y artesanales, las etiquetas que certifican la autenticidad de las mercancías. Por el otro, se multiplican los productos kitsch, las simulaciones del pasado, los «falsos» auténticos, lo «*authentoc*»: envoltorios retro de los productos industriales, puesta en escena vintage de las tiendas, decoración «típica» de las pizzerías y los restaurantes rústicos. El culto de la autenticidad se despliega en una sociedad de simulación en la que los consumidores se satisfacen plenamente con artefactos edulcorados, imitaciones estereotipadas y sucedáneos de autenticidad. A través de este juego con lo antiguo original y tradicional, avanza la «kitschicización» del consumo, una «autenticidad rebajada»,[1] que se conforma con recordar de forma vaga las cosas de antaño o de otro lugar utilizando decorados y símbolos estereotipados que aportan un toque sentimental de ancestralidad.

En presencia de estas marcas y estos entornos artificiales confeccionados con una finalidad comercial, el consumidor no se deja engañar ya que no necesariamente los considera como «puros», «verdaderos», conformes con una tradición antigua. Aun así, este falso antiguo conserva la capacidad de gustar a muchos consumidores. Y esto es debido a que el recuerdo de los «viejos buenos tiempos» tranquiliza, da una imagen de calidad a los productos, provoca una sensación de protección y despreocupación asociada a la infancia. Pero si las marcas que juegan la carta del pasado tienen tanto éxito, ello también es debido a razones que no están de manera exclusiva vinculadas con la nostalgia. Estos consumidores, como dijimos al hablar del tema del turismo y el patrimonio, no se mueven necesariamente por los recuerdos melancólicos del pasado, sino que se muestran cómplices de la oferta mercantil, se prestan al juego que se les propone, el juego del *déjà-vu*, juego con el tiempo, juego con las reminiscencias de aquello que fue, encontrando en ello una forma de placer, el de «dejarse engañar» con su asentimiento, por la ilusión y el espectáculo.

El placer nostálgico de reencontrar los sabores «auténticos» del pasado vivido o imaginado es solo uno de los aspectos del

1. Véronique Cova y Bernard Cova, *Alternatives marketing*, Dunod, 2001, p. 87.

fenómeno marcado también por los placeres lúdicos y estéticos vinculados a la artificialidad y la teatralidad de los entornos, en particular para la nueva generación, una generación alimentada con juegos de guiños, de ironía y sarcasmo, y que se complace en el goce estético de los decorados, los disfraces y las simulaciones. Al intentar hacer revivir el pasado, las fabricaciones de marketing de lo auténtico diversifican las experiencias hedonistas a través de la creación de ambientes «diferentes» que recuerdan otra «época» mediante estéticas, escenografías, imágenes y diseños que se viven como «divertidos», «simpáticos» a causa de su diferencia con las formas contemporáneas. De tal manera que no es el sentimiento de nostalgia ni la búsqueda de la autenticidad lo que prevalece, sino el *ethos* del consumidor de experiencias, movido por las expectativas de pequeñas diferencias, decorados, juegos de complicidad y placeres transestéticos.

XII. ¿PUEDE LA AUTENTICIDAD SALVAR EL MUNDO?

Entre nuestros contemporáneos, son muchos los que piensan que nuestras mayores desgracias provienen del desencadenamiento de la dinámica tecnocomercial cuyo efecto es disponer una artificialización global y monstruosa de nuestras vidas, alejándonos cada vez más de lo natural, lo verdadero y lo auténtico. En esta forma de pensar, el ideal de autenticidad aparece como un hogar con un sentido salvador, la nueva llave maestra capaz de remediar los males que sufrimos. ¿Corre el planeta directo al desastre, devastado por un productivismo y un consumismo desenfrenados? Es perentorio promover un modo de vida sobrio y auténtico. ¿Los ciudadanos ya no confían en sus gobernantes, los asalariados en sus dirigentes, los consumidores en las marcas? La honestidad de los responsables, el «decir la verdad», la transparencia, la fidelidad a los valores se adornan con todas las virtudes y se convierten en la solución milagrosa de los distintos malestares de nuestra época.

La tesis se manifiesta en bucle: la clave de nuestros problemas está en hacer que gane el ideal y el espíritu de autenticidad. Ante un mundo entregado a la creencia de un demiurgo técnico, a un individualismo y utilitarismo enajenados, no hay nada más crucial que insuflar el espíritu de autenticidad en los grandes sectores de la sociedad: en los estilos de vida, los modos de producción y consumo, la educación, la empresa y la política.

¿La autenticidad es la nueva vía de salvación? Esta mitología, esta obsesión por la virtud, cuyo modelo aparece en el siglo XVIII, pero que actualmente se despliega a una escala muy distinta, es la que hay que analizar en detalle al llegar al final de este libro.

AUTENTICIDAD E INNOVACIÓN

La fe contemporánea en las virtudes salvadoras de la autenticidad se afirma de manera sorprendente en las corrientes que, en guerra contra el modelo «liberal-productivista» y el paradigma tecnoeconómico, preconizan un cambio radical en los estilos de vida, en las maneras de producir y consumir. Muchos grupos y movimientos, laicos o religiosos, llaman hoy a cambiar nuestra relación con nosotros mismos y el consumismo para así salvaguardar nuestra «casa común».

La frugalidad salvadora

En la encíclica *Laudato si'* (2015), el papa Francisco hace una invitación urgente a una nueva manera de construir el futuro del planeta: necesitamos una conversión ecológica, «una ecología humana auténtica» o «ecología integral» que tenga en cuenta no solo los grandes equilibrios naturales, sino también a la persona toda ella en sus dimensiones éticas, espirituales y sociales. Para poner fin a la degradación medioambiental, es esencial liberarse de la influencia del paradigma tecnocientífico, que «alimenta la ilusión de que la economía actual y la tecnología resolverán los problemas medioambientales». De tal modo que la solución a la crisis ecológica no reside en las proezas de la tecnociencia, sino en una conversión ecológica, ética y espiritual capaz de poner fin al consumismo obsesivo, sustituyéndolo por una cultura de la sobriedad y la protección del medioambiente, la solidaridad, la repartición y la generosidad. Para combatir el calentamiento climático y proteger los ecosistemas, la humanidad necesita cambiar, abrazar nuevas convicciones, tomar conciencia de la necesidad de realizar transformaciones en los estilos de vida, en los modos de producción y consumo y en las estructuras de poder.

En respuesta a la crisis ecológica planetaria generada por un sistema de producción/consumo sobreexcitado, nacen alternativas al hiperconsumo que ensalzan en el ámbito colectivo el decrecimiento y, en el individual, el deconsumo, la reducción voluntaria de la compra de bienes materiales, la vida centrada en los valores «esenciales». Los defensores de la «simplicidad voluntaria» ponen por las nubes «un conjunto de valores que privilegia en todo lo auténtico en lugar de lo artificial, las personas en lugar de las cosas, la calidad en lugar de la cantidad, el bien común en lugar del interés individual, el ser en lugar del tener, lo duradero en lugar del usar y tirar, la participación y la creatividad en lugar de la pasividad y el consumo».[1]

Para los defensores de la «sobriedad feliz», los «simplificadores» y demás «minimalistas», es conveniente renunciar al sobreconsumo, adoptar un estilo de vida sobrio, menos artificial, más «auténtico» poniendo en práctica la idea de que el bienestar no es sinónimo de cantidad de bienes y servicios producidos. Una vida simple y auténtica que constituye la vía necesaria para luchar contra los desastres ecológicos, la contaminación, las pandemias, los impactos negativos del consumo en el medioambiente y la existencia. A través de la autolimitación de las necesidades podemos acceder a una vida más

---

1. Dominique Boisvert, *L'ABC de la simplicité volontaire*, Les Éditions Écosociété, Montreal, 2005, p. 24.

verdadera, más sana, más cordial, más cercana a nosotros mismos, a los demás y a la naturaleza. Dado que la adicción al consumo nos hace extraños a nosotros mismos, dado que hace que lo superfluo, lo artificial y las falsas necesidades parezcan lo esencial de la vida, no hay nada más importante que reinventar un modo de vida auténtico que se consigue con la reducción máxima del consumo material, una sobriedad elegida y solidaria y el restablecimiento de relaciones verdaderas con la naturaleza. Para posibilitar el futuro, sin esperar a que se produzcan los supuestos «milagros» de la técnica, «entrar en resistencia climática», hay que cambiar aquí y ahora nuestras necesidades y costumbres, nuestra forma de vivir, con vistas a un decrecimiento ecológico mundial.

Por una autenticidad inteligente

Esta sensibilidad se materializa en prácticas que van en la buena dirección. Utilizar los transportes en común, circular en bicicleta, privilegiar el tren, comer menos carne, alimentarse con productos biológicos, locales y de temporada, reparar los objetos en lugar de tirarlos, limitar las compras nuevas, privilegiar el uso ante la posesión: todos ellos son comportamientos positivos porque permiten reducir la huella de carbono, ahorrar el consumo de energía, organizar una economía más respetuosa con el medioambiente.

Sin embargo, es ingenuo pensar que el compromiso con la frugalidad feliz sea el mejor camino para conseguir vivir en una Tierra habitable y hacer que eclosione un modo de producción virtuoso en materia de impacto sobre el medioambiente. La promesa de salvación a través de los recursos de la templanza individual es una utopía que tiene muy pocas probabilidades de llevarse a cabo a escala planetaria, dado que las aspiraciones a la mejora del bienestar material son fuertes, universales y están arraigadas en el estado social democrático y la antropología individualista, relanzada sin cesar por las innovaciones sistemáticas del universo económico. De hecho, no hay ninguna probabilidad de que se desvanezcan, a pesar de los himnos entonados en honor a los valores ecológicos y la vida auténtica.

En la actulidad, una mayoría de franceses piensa que el consumidor es el actor clave del cambio de la sociedad: él tiene en sus manos, a través de sus elecciones como ciudadano consumidor, a través de gestos simples que alteran sus costumbres y su modo de vida, hacer que cambien las cosas, modificar los modelos de producción, reinventar el mundo presionando a las empresas y marcas con vistas a una oferta responsable y duradera (Baromètre Contributing, 2020). He aquí al consumidor erigido en «superhéroe» de lo cotidiano, en agente principal del cambio civilizatorio deseable y necesario. La desconfianza hacia el progreso tecnocientífico y las instituciones políticas ha llevado a otorgar una confianza nueva al actor consumidor, a los comportamientos individuales auténticos movidos por una búsqueda de sentido y valores. Cuando ya no se cree en las leyes irresistibles de la historia, en el sueño prometeico de dominación sobre el mundo y en las grandes soluciones políticas, se afirma la fe en la acción ética de los individuos.

Esta confianza en el papel primordial del consumidor ecorresponsable es excesiva. Es cierto que los consumidores han adquirido un nuevo poder sobre las marcas y el universo del consumo: sin embargo, este poder debe ser relativizado teniendo en cuenta la amplitud de las transformaciones que exige la transición ecológica. Por muy importante que sea, el consumidor no puede considerarse el actor principal de la mutación ecológica venidera. La conversión de los individuos a un modo de vida más sobrio es, sin duda, tan deseable como necesaria, pero no será suficiente para hacer frente con éxito a los retos del calentamiento del clima, de la contaminación atmosférica, del empobrecimiento de la biodiversidad y el crecimiento demográfico. El estudio «Faire sa part?» (junio de 2019) realizado por el gabinete del consejo independiente Carbone 4 muestra que incluso si los franceses adoptaran comportamientos ecorresponsables «perfectos», casi «heroicos» (alimentación vegetariana, productos de proximidad, desplazamientos en bicicleta, no coger el avión, comprar productos de segunda mano, bajar la temperatura de la vivienda...), el resultado, como máximo, sería un descenso de un 25 % de su huella de carbono. Un reducción nada despreciable, pero que sigue siendo muy insuficiente y que no permite respetar el objetivo de una bajada del 80 % de las emisiones personales de CO_2 actuales, fijadas en el Acuerdo de París. Y el impacto que se puede esperar, de manera más realista, de un compromiso ecológico menos ascético de los franceses está en torno a un 5 o 10 % de descenso de la huella personal en término medio. Es evidente que el combate con vistas a la descarbonización de los modos de vida va mucho más allá de la esfera de los «pequeños gestos» individuales y del compromiso personal ecociudadano.

Los efectos concretos de la conversión virtuosa de los consumidores serán inevitablemente limitados si los poderes públicos y las empresas no se movilizan con vistas al desarrollo sostenible, si no se realizan profundas transformaciones sistémicas en el universo empresarial, en los modos de producción y circulación. ¿Cómo alimentarse con productos biológicos sin una oferta de productos ecológicos? ¿Cómo desplazarse de manera responsable sin medios de transporte limpios? ¿Cómo habitar, calentarse, tener luz respetando el medioambiente sin equipos térmicos eficaces, sin el desarrollo de las energías renovables? Para alimentar correctamente a la población de los cinco continentes, conseguir una economía descarbonizada, hará falta mucho más que la sobriedad voluntaria de los consumidores. La neutralidad de carbono para 2050 no podrá conseguirse si no es con transformaciones estructurales de la economía: los cambios en los comportamientos individuales, por muy radicales que sean, no bastarán. «Salvar el planeta» no exige tanto la conversión virtuosa de los ciudadanos a la vida sencilla, sino más bien un nivel colectivo de acción, innovaciones tecnológicas, políticas públicas ambiciosas, el compromiso decidido e inteligente de los organismos públicos y privados a favor del medioambiente, el clima y la energía.

La transición energética y ecológica por vía del decrecimiento verde es una ilusión funesta. El crecimiento solo podrá ofrecer los medios necesarios para ofrecer las energías renovables, la movilidad eléctrica, los ahorros energéticos en la ciudad y la vivienda. Un crecimiento que debe ser ecológico, llevado por una orientación nueva de la acción pública, de políticas originales para luchar contra el cambio climático. La urgencia está en el auge de planes de acción ambiciosos por parte de los Estados, de políticas públicas sobre el clima, el aire y la energía. Pero también de planes de inversión por parte de actores privados económicos y financieros para integrar el desarrollo sostenible en las diversas facetas de sus actividades, productos y servicios. Ante la amplitud de las amenazas ecológicas y demográficas, no necesitamos tanto una virtud ascética, como empresas que se comprometan auténticamente en tomar el camino de la reducción de gases de efecto invernadero, de residuos y del consumo de recursos naturales, así como también el del reciclaje, de los servicios y productos que hagan posible maneras más ecológicas de comprar, circular, viajar, alimentarse y habitar.

Contra las ideologías tecnofóbicas antimodernistas, no hay que dejar de recordar que ningún cambio global positivo podrá llevarse a cabo sin la movilización de los laboratorios de la tecnociencia. En la época de la urgencia climática, el cambio no se producirá por el auge de la virtud de los consumidores, sino por la expansión de los compromisos inteligentes que concilian innovación tecnológica y ecología, rentabilidad y responsabilidad social y medioambiental, libertad empresarial e interés colectivo, crecimiento económico e interés público.

A escala mundial no existen soluciones creíbles fuera de la inversión en investigación, del desarrollo de tecnologías verdes, de las acciones dirigidas al reciclaje de los materiales, de la economía circular, del abastecimiento sostenible y de la economía de la funcionalidad. A largo y medio plazo, ninguna solución real es imaginable sin nuevas ofertas empresariales inteligentes, sin el progreso de nuevas tecnologías, sin la explotación de la revolución digital y la inteligencia artificial. El compromiso auténtico no implica únicamente la elección a favor de la emancipación humana: debe movilizar la inteligencia creativa de los individuos.

Oponer de forma radical la vida auténtica al artificio humano conduce a un callejón sin salida peligroso en la medida en que esta problemática acaba por obstaculizar la investigación de soluciones técnicas y empresariales innovadoras. En relación con esto, el culto radical de la autenticidad de la simplicidad tiene efectos perversos. Hay que dejar de pensar en que todo lo que es auténtico es necesariamente bueno y va en la dirección de la felicidad, del bienestar cordial, y en que todo lo que es artificial es nefasto. La verdad es que solo la inversión en investigación y desarrollo y en la dinámica de la innovación y de la «destrucción creadora» es capaz de reducir a gran escala los flujos materiales y su impacto negativo en el medioambiente. Sin estas inversiones será imposible alimentar, dar vivienda, calentar, dar luz, cuidar a los casi diez mil millones de seres humanos que poblarán el planeta a mediados de nuestro siglo y que no aceptarán verse privados de las promesas del bienestar material. «Predicando el retorno a la autenticidad», a una vida sobria y natural no conseguiremos los medios para superar los retos ecológicos y demográficos: no hay otras vías de salvación que no

401

pasen por políticas inteligentes, por la inversión en la razón, la innovación y los recursos de la inteligencia colectiva.

Hay que oponerse a las interpretaciones que desacreditan el «progreso», acusándolo de ser responsable de todos nuestros males e incluso, recientemente, de la pandemia de la COVID-19. Las epidemias devastadoras no han esperado al surgimiento de la sociedad de hiperconsumo para extenderse en la Tierra. La peste negra del siglo XIV es responsable de la muerte de entre veinte y treinta millones de personas en Europa; el virus denominado de la «gripe española» produjo, en 1918, entre cincuenta y cien millones de muertos en el mundo. Gracias a los sistemas modernos de cuidados, a los medios de información, a las medidas de prevención, los efectos del coronavirus están lejos de esas cifras siniestras. En todo el mundo, la esperanza de vida gozando de buena salud aumenta gracias a los progresos de la medicina, la información y la mejora del nivel de vida. Frenando el «progreso» y cantando las alabanzas de la autenticidad no iremos hacia algo mejor, sino que lo conseguiremos intensificando la dinámica de la aventura tecnocientífica e invirtiendo en la innovación tecnomédica.

LOS CALLEJONES SIN SALIDA EDUCATIVOS
DE LA AUTENTICIDAD

Los callejones sin salida del fetichismo de la autenticidad son también indignantes en el ámbito de la educación.

No estamos ya en la época en la que la escuela «sin imposición» suscitaba un entusiasmo desenfrenado. Desde hace algunas décadas, los principios de la Educación Nueva son objeto de fuertes críticas por parte de investigadores, profesores y padres que alertan contra los efectos «calamitosos» de esta: crisis de la autoridad de los enseñantes, «incultura», tasas elevadas de alumnos incapaces de leer o comprender un texto y que salen cada año del sistema escolar sin ningún diploma. Para sus detractores, la Nueva Escuela que ensalza la «realización plena del niño» arruina los aprendizajes de base y los valores de esfuerzo y respeto a las autoridades educativas. En consecuencia, acaba por reforzar las desigualdades sociales y escolares, y mantiene al niño en su universo social, en lugar de ayudarlo a desprenderse de su condición de partida. Desde esta perspectiva, la cultura de la autenticidad, aplicada a la esfera educativa, no es más que un paradigma pernicioso de consecuencias catastróficas.

Se puede considerar que estas críticas son demasiado severas y nostálgicas de una escuela del pasado excesivamente idealizada. No por ello expresan dudas legítimas hacia los efectos perversos de la cultura de la autenticidad sobre la educación, ya que es cierto que aprender exige comportamientos y ejercicios que no están vinculados a la búsqueda del placer y la expresión espontánea de sí. ¿Cómo educar los recursos intelectuales de los jóvenes, sus capacidades de análisis y reflexión, sin aquello que Jean-Pierre Terrail denomina una «pedagogía de la ambición» que se opone a las trampas de la escuela atractiva, sin una «escuela de la exigencia intelectual» que asume los aprendizajes difíciles, la adquisición de saberes abstractos y «cultivados»?[1] Para permitir a todos los alumnos acceder al pensamiento conceptual y abstracto, no hay otros medios que no sean los métodos pedagógicos basados en el esfuerzo, el trabajo y la disciplina intelectual, al contrario de la cultura de la libre espontaneidad y la expresión de la personalidad.

La vía para formar cabezas «bien amuebladas» no puede economizar en las prácticas metódicas de aprendizaje basadas en el trabajo regular, el esfuerzo personal y la transmisión de

1. Jean-Pierre Terrail, *Pour une école de l'exigence intellectuelle*, La Dispute, 2016.

las referencias fundamentales[1] necesariamente heredadas. El aprendizaje del rigor intelectual, del dominio de la expresión oral y escrita exige la reimplantación de un cierto número de métodos clásicos «estrictos» más necesarios que nunca en este momento de sobreabundancia informativa creada por la revolución digital. Sin duda, se ha ido demasiado lejos en la reducción de las obligaciones «estrictas», los ejercicios tediosos sin los cuales la escuela tiene gran dificultad para asegurar su misión de base: aprender a leer, escribir, contar, expresarse y argumentar correctamente, «pensar por sí mismo». La educación no es soluble en una cultura en la que cada uno puede hacer todo lo que quiere en la euforia del instante. Centrada en el placer y la realización personal, la cultura de la autenticidad es incapaz de fundar una educación ambiciosa que dé las herramientas de la libertad del espíritu, preparando a los individuos para ejercer al máximo su capacidad crítica. El ideal de la realización subjetiva no debe cuestionarse: sencillamente, no puede considerarse como el principio que debe dirigir de manera soberana la filosofía de la educación. La ética de la autenticidad individual conservará toda su legitimidad siempre y cuando no pretenda ofrecer el modelo exclusivo que debe aplicarse en todas partes y en todas las esferas de la vida.

Erigir la autenticidad subjetiva en ideal supereminente conduce a transformar al alumno en un puro consumidor de servicios, a mantenerlo en lo que ya «es» y conoce, a encerrarlo en un subjetivismo egocéntrico ampliamente ligado a las ofertas del mercado. Bajo los auspicios del principio de autenticidad, se consolida en realidad la posición dominante del mercado en el universo de las preferencias personales. Sin trabajo, sin adquisición de saberes, solo se repite el ruido del

1. Marie-Claude Blais, Marcel Gauchet y Dominique Ottavi, *Transmettre, apprendre*, Stock, 2014.

mundo. La expresión espontánea de sí es cualquier cosa menos sinónimo de singularidad: creyendo honrar y preservar nuestra originalidad personal, solo se prorroga la banalidad más insulsa. La vocación de la escuela no es cultivar la espontaneidad subjetiva, sino cultivar al niño ayudándolo a construirse, educarse, perfeccionarse, comprendiendo que el sí no es la medida de todas las cosas, que ser sí mismo no significa decir «todo y cualquier cosa» argumentando: «Es mi derecho, es mi opinión, a cada uno su verdad». La autenticidad del instante desemboca en una subjetividad pobre, en una falsa singularidad.

El bien no se resume en la expresión de sí: existen valores ideales y riquezas antropológicas (la verdad, lo justo, la solidaridad, el trabajo, la creación, la ciencia, la cultura, el arte) que no encuentran su verdad en la subjetividad integral. La escuela tiene que preparar a los jóvenes para convertirse en «otros» distintos de lo que son, para comprender que la vida buena no se resume en el «buen placer» inmediato y en el encerramiento narcisista. El objetivo que se debe alcanzar no es la expresión de la subjetividad y la descalificación de las mediaciones y autoridades del saber, sino el aprendizaje de las herramientas que permiten «superarse», avanzar, «pensar por sí mismo»: esto no se concibe sin el beneficio que obtenemos del comercio con las obras de aquellos que nos han precedido. Salir de sí mismo en lugar de expresar el sí: tenemos que promover la escuela del saber y las habilidades, del progreso y la realización de sí, y no la escuela de la autenticidad.

Educación afectiva y permisiva

Al igual que la escuela, el nuevo modelo educativo parental que se ha desarrollado desde la década de 1970 suscita un inmenso debate marcado en particular por vivas críticas hacia la permisividad. Nuestra época asiste a la proliferación de sentimientos de culpabilidad e impotencia en los padres y madres, agobiados por su fracaso en el ejercicio de alguna autoridad sobre sus hijos. Las cuestiones de la autoridad parental hecha trizas y del niño-rey fuente de sufrimientos y dificultades permanentes para los progenitores se tratan ahora en multitud de libros y también en revistas y programas de televisión. Con el nuevo paradigma educativo se afirma la era del niño-problema y de los padres y madres desamparados.

Sin embargo, los aspectos positivos del nuevo modelo educativo no deben subestimarse: son muy reales. Muchos psiquiatras infantiles señalan que los niños de hoy están menos inhibidos, son más «abiertos» y activos que los de las generaciones precedentes. Y la cultura de la autorrealización subjetiva ha contribuido, a otro nivel, a borrar las ambiciones revolucionarias, reducir la violencia y la intensidad de la conflictividad social.

No obstante, cada vez más los psiquiatras, psicoanalistas y psiquiatras infantiles señalan los aspectos negativos de la educación permisiva. Con la difusión del laxismo parental, nuestra época registra una fuerte alza del número de niños tratados por psicólogos y en los servicios públicos de psiquiatría, un crecimiento significativo de la proporción de niños que sufren hiperactividad, trastornos psiquiátricos, comportamientos agresivos, inestables e irritables. De hecho, la manera hiperliberal de educar a los niños favorece el desarrollo de seres agitados, hiperactivos, ansiosos y frágiles debido a que son educados sin una figura de autoridad, sin las referencias estables e indispensables para la construcción y estructuración subjetiva. Educados sin reglas ni límites, en la omnipotencia y el goce absoluto, los niños se encuentran privados de límites simbólicos claros y coherentes, de las reglas elementales de la socialización, así como de los recursos psíquicos necesarios para afrontar lo real, superar los conflictos, soportar las frustraciones y la adversidad: en Francia, a los quince años, el 20 % de las niñas y casi un niño de cada diez han intentado suicidarse.

De este modo la educación del «dejar hacer» tiende a provocar la inseguridad psicológica, la desestructuración de las personalidades, la dificultad para dominar los deseos e impulsos. Llevada al extremo, la cultura de la realización y adecuación a sí mismo está llena de efectos patógenos, ya que conlleva para algunos vulnerabilidad subjetiva, pérdida de control de sí, inmadurez psicoafectiva e inseguridad de sí.

Se confía a ciegas en la autonomía precoz de los niños, pero, al mismo tiempo, cada vez más adolescentes y posadolescentes no consiguen romper con el mundo de la infancia, «alzar el vuelo», construir su propia vida separándose psicológicamente del vínculo parental. Hoy en día vemos a jóvenes que permanecen encerrados en su habitación: ya no tienen actividad social, ya casi no se comunican con su familia, viven de noche, duermen durante el día. Tony Anatrella ha propuesto el concepto de «adulescente» para designar a «adultos de todas las edades que se infantilizan y viven una prolongación interminable de la adolescencia». En la época hipermoderna, muchos jóvenes retrasan su entrada en el mundo adulto, posponen el momento de tener un empleo o emprender una vida afectiva estable, se muestran incapaces de ser independientes, de asumir cualquier forma de responsabilidad, de separarse del entorno familiar, de afrontar las obligaciones corrientes de la vida. Cuanto más se intenta que el joven sea autónomo, más numerosos son los jóvenes que tienen dificultades para madurar, abandonar el nido familiar, asumir responsabilidades, emprender una carrera profesional. Esta es la ironía de la ética de la autenticidad hipermoderna, que, empeñada en materializar en la educación el principio de posesión de sí, genera finalmente temor a la independencia, inseguridad y desposesión subjetiva.

La exigencia contemporánea de autenticidad es tal que
atañe incluso a las élites políticas. Ya no creemos en las megai-
deologías de la Historia: estamos a la espera de la moralización
de las costumbres políticas, de dirigentes honestos, sinceros,
íntegros, ya que la autenticidad aparece como la virtud capaz
de revitalizar las democracias liberales, carcomidas por una
profunda crisis de confianza de los ciudadanos hacia sus gobernantes y su capacidad para resolver las crisis del nuevo siglo,
sean estas económicas, sociales o internacionales.

Cuando las democracias por convicción y adhesión ceden
el paso a las democracias por desconfianza hacia las élites políticas, se apoyan los valores de rectitud, sinceridad y honestidad. En Estados Unidos, durante las últimas elecciones
presidenciales, la franqueza se consideró como la principal
cualidad de la que debía hacer gala un candidato. Según un
sondeo de Ipsos, el 65 % de los franceses estimaban, en 2017,
que la honestidad y la probidad eran las cualidades más importantes para un presidente de la República. Al mismo tiempo, casi un ciudadano de cada dos consideraba que el tema de
la transparencia y la moralización de la vida política tenían que
ocupar un lugar prioritario en la campaña presidencial y más
del 80 % de los encuestados pensaba que había que exigir un
historial judicial virgen a cualquier candidato que se presen-
tara a unas elecciones y que era indispensable que las personas
condenadas por corrupción no pudieran presentarse jamás.
Para un número creciente de ciudadanos, la sinceridad y el
decir la verdad constituyen los primeros deberes del hombre
político.

En la prensa, en internet, hay numerosos artículos y cró-
nicas que estigmatizan las promesas sin futuro, la falsedad, el
lenguaje con doble sentido, la falta de ética, la hipocresía de los
líderes políticos. En Francia, desde la década de 1990, un mi-

nistro investigado debe dimitir; y se han adoptado todo un conjunto de dispositivos de leyes para reforzar la moralización de la vida pública, de la transparencia, de la lucha contra la corrupción. Cuanto menos piensan los ciudadanos que los responsables políticos son honestos y sinceros, más se les exige que sean irreprochables y ejemplares. Cuanto más desacreditados están los políticos debido a su ineficacia, más crece la exigencia de moralidad hacia ellos. Todo ello tiene una consecuencia paradójica: cuanto más está la esfera política sometida a sistemas de vigilancia y medidas legislativas de saneamiento moral, más se desmorona el vínculo de confianza entre responsables políticos y ciudadanos.

Ahora, la mentira, la hipocresía, las promesas incumplidas, la contradicción entre lo que se dice y se hace exacerban el enfado de los ciudadanos y el desencanto de la esfera pública. En política, la hipocresía ha dejado de ser una falta menor, un desliz secundario: se ha convertido en un pecado capital, en un vicio muy molesto que condena de inmediato a los líderes sospechosos de ella. En Europa como en Estados Unidos, la sinceridad se afirma como una de las principales virtudes exigidas a los políticos, a los que cada vez más se juzga en función de criterios éticos. Hoy la autenticidad y la sinceridad y la rectitud moral desempeñan un papel principal en la opinión que tienen los ciudadanos de sus representantes.

El final de las grandes ideologías de la Historia, el peso del marketing político y la personalización del poder han dado una importancia creciente a la imagen mediática de los líderes. En las democracias liberales contemporáneas, no se vota tanto a un partido o un programa como a una persona, de tal manera que el voto de los electores está fuertemente determinado por la personalidad del líder, su carácter, la confianza que inspira y no por el examen en profundidad de los programas. Y justo para gozar de una buena imagen, la imagen de autenticidad del candidato es central. En Estados Unidos, la cuestión de la sinceridad ha adquirido una importancia particular debido a las críticas lanzadas contra lo políticamente correcto, considerado como un lenguaje falso e hipócrita. Todo debe hacerse para parecer auténtico y sincero. En gran medida, esta cuestión es la que determina la batalla de imagen, así como el resultado de las elecciones. En Francia, François Fillon perdió las elecciones presidenciales de 2017 debido a su imagen desgastada por el asunto Penelopegate. En Estados Unidos, Trump se hizo con la victoria al haber conseguido aparecer como un hombre que dice las cosas tal como son, al contrario de su adversaria Hillary Clinton, que arrastraba una imagen de hipocresía.

Terror y autenticidad

Por supuesto, el culto de la autenticidad en política no es de ayer: nace con la Revolución francesa y más precisamente con el jacobinismo. Se conocen los esfuerzos que hicieron los jacobinos para presentarse como hombres de verdad virtuosos, puros, sinceros, movidos por el amor al bien público: haciendo un uso permanente del lenguaje de la virtud, los dirigentes quieren aparecer públicamente como «hombres de virtud». Involucrarse en la revolución solo tiene valor si es un acto fundado en la integridad absoluta, la entrega desinteresada a favor del bien público, la sinceridad pura de los sentimientos patrióticos surgidos del corazón. En nombre de la virtud auténtica, libran una guerra sin merced a la corrupción, el egoísmo, las ambiciones personales, los intereses particulares. El revolucionario movido por el egoísmo de sus intereses y la ambición personal no es más que un «hipócrita del patriotismo», un impostor, un corrupto, un traidor que debe ser aniquilado. La voluntad revolucionaria debe estar desprovista de todo interés egoísta y de toda ambición personal de poder.

Solo es auténticamente revolucionario aquel movido por el amor de la virtud y las motivaciones puras de la probidad y el patriotismo.

No hay actitud revolucionaria digna de este nombre sin virtud moral, sin pureza de sentimientos, sin un desinterés absoluto: un líder revolucionario es puro, incorruptible, debe ser capaz de anteponer el bien público a cualquier otra consideración, dar prioridad absoluta a la patria, incluso en detrimento de los intereses de su familia o de sus amigos. Es así como, en la política jacobina, la cuestión de la autenticidad de la virtud revolucionaria ocupó un lugar central. La autenticidad no es una virtud contingente, sino una virtud principal, el arma indispensable para combatir a los traidores, los débiles e incluso a los indiferentes.

En este contexto, los dirigentes revolucionarios deben hacer todo lo posible para demostrar su integridad absoluta, la sinceridad de su amor por la cosa pública, su falta de ambición individual. Su discurso y sus comportamientos son objeto de un examen sistemático por parte de sus adversarios y de la prensa revolucionaria. En el Club de los Jacobinos, los grupos que se enfrentan se acusan de corrupción poniendo en duda la sinceridad de las motivaciones de sus adversarios. En ausencia de pruebas concretas de traición, las denuncias estigmatizan la ambición egoísta de los jefes de fila, su avaricia, la búsqueda del propio interés, el lado ficticio de la virtud exhibida por unos y otros.[1] La consagración moderna de la autenticidad revolucionaria iba acompañada de una oleada sin precedentes de sospechas sobre la sinceridad de las motivaciones de los dirigentes, de ataques personales a la falsa entrega a la virtud y al bien del pueblo, de denuncias, pero también de purgas y ejecuciones.

1. Marisa Linton, «Robespierre et l'authenticité révolutionnaire», *Annales historiques de la Révolution française*, n.º 371, 2013.

La denuncia de la vida privada de los jefes revolucionarios, acusados de estar dominados por el vicio (libertinaje, mala vida, orgías, celos, hipocresía, falsedad, sed de poder, abuso del alcohol, falta de integridad...) y no por la virtud, se convirtió en un arma para luchar contra los enemigos políticos. Los ataques dirigidos a la vida privada, las dudas expresadas sobre sus cualidades personales, la descripción de vicios y abusos, las sospechas sobre las motivaciones profundas, todo ello sirvió para empañar la imagen pública de los hombres entregados a la Revolución. La cuestión de la autenticidad personal se convirtió en un arma política y al mismo tiempo en un elemento central del terror ejercido contra los hombres políticos. En nombre de la virtud, se desencadenó el terror, un terror envuelto en un aura de moralidad auténtica.

Historiadores eminentes han mostrado que el reinado del Terror no podía ser pensado como producto de las circunstancias: en realidad, es el resultado de una corriente de pensamiento para la cual el ideal político se basa en la Virtud y que se siente investida con el deber de «purificar las costumbres, elevar las almas, dirigir las pasiones del corazón humano hacia el interés público» (Robespierre). La ambición prometeica de regeneración del género humano basada en la dicotomía del bien y del mal ha conllevado el imperativo de desenmascarar a los traidores, eliminar sin piedad todos los elementos que no son auténticamente virtuosos y obstaculizan la regeneración de los pueblos. De ahí que para la Revolución se trate de establecer el reinado de la virtud; es imperativo mostrarse inflexible con aquellos que se oponen mucho o poco a la República, que exige y descansa en los hombres de virtud:[1] el Terror es «una emanación de la virtud», declara Robespierre. Sustituir «el egoísmo por la moral», «el desprecio de la desgracia por el des-

1. Jean-Pierre Poussou, «Massacres, terreur et vertu», *Histoire, économie & société*, 1991, 10-1.

precio del vicio», «el amor por el dinero por el amor por la gloria»: la obsesión de la virtud pura y auténtica desempeñó un papel principal en la aparición del Terror. Virtud, autenticidad moral y Terror revolucionario constituyen un sistema.

La retórica populista

Estamos en otra época. El peligro principal que amenaza las democracias representativas ya no es el establecimiento del Terror, sino el auge del populismo y las políticas contrarias al liberalismo. El vínculo entre populismo e ideal de autenticidad es estrecho. No hay populismo sin la reivindicación reiterada de la autenticidad del partido y su líder. El populismo no se presenta como una ideología con contenidos determinados: se relaciona con una manera de hablar, una retórica, un «estilo político»,[1] una de cuyas características es la de anteponer la autenticidad personal del líder. El jefe populista construye su liderazgo presentándose como el único en expresar la voluntad popular, el único en ser el auténtico portavoz o representante de esta, el único en encarnar la voz del pueblo. Jefe carismático, promete romper con las prácticas de los partidos «tradicionales», devolviendo al pueblo su poder, poniendo fin a la corrupción.

El movimiento populista se afirma demonizando a las élites y a los partidos existentes, repitiendo machaconamente que el pueblo ha sido traicionado por las élites venales, denunciando un complot contra el «verdadero» pueblo, declarado lleno de sentido común, honesto y auténtico. La criminalización de las

---

1. Pierre-André Taguieff, «Le populisme et la science politique. Du mirage conceptuel aux vrais problèmes», en *Vingtième Siècle, revue d'histoire*, n.º 56, octubre-diciembre de 1997.

élites globalizadas, despectivas y corruptas, coloca el debate político en el plano moral: el bien contra el mal, los «buenos» contra los «malos», el pueblo virtuoso y sano contra las élites traidoras, el líder auténtico «antisistema» contra los partidos corruptos. El populismo se apoya tanto en el imaginario del «pueblo verdadero» fusionado a sus «raíces», su historia profunda y amenazada por el extranjero invasor, como en la mitología de la proximidad y la autenticidad personal del jefe.

La construcción de la imagen de autenticidad debe mucho al uso de una retórica con fuerte carga emocional a contracorriente del lenguaje demostrativo, racional y objetivo. «Se le odia, se le odia, se le odia», escribe François Ruffin, dirigiéndose a Emmanuel Macron, en *Le Monde* (4 de mayo de 2017); «votad con el estómago, no con el cerebro», exclama Beppe Grillo. Los discursos de los líderes populistas, desbordantes de pasiones, odio y agresividad, renuncian a cualquier forma de moderación: Matteo Salvini denuncia el Euro como «crimen contra la humanidad», Luigi Di Maio, dirigente del movimiento 5 Estrellas, compara a los periodistas con chacales y prostitutas, Jair Bolsonaro profiere frases injuriosas hacia las mujeres y las minorías étnicas o sexuales. Beppe Grillo se hizo famoso al gritar con fuerza: *«vaffanculo».* Trump construyó su imagen a partir de una comunicación a base de provocaciones, groserías, amenazas y excesos verbales: son innumerables sus tuits insultantes dirigidos a personas individuales, grupos minoritarios, inmigrantes, mujeres, medios de comunicación «oficiales» y a la oligarquía. Al presentarse bajo el signo de lo «instintivo», de la espontaneidad impulsiva, de lo no moldeado por los comunicadores profesionales, este estilo emocional parece «verdadero»: confiere autenticidad al líder populista.

Mediante una retórica agresiva y sin matices que contrasta claramente con los discursos educados en vigor en la arena política clásica, el líder populista pretende expresar alto y claro aquello que todos piensan en silencio. Al romper los filtros entre discursos privados y discursos públicos, al presentarse como antiestablishment y antielitista, el líder populista se posiciona como alguien próximo al pueblo, alguien que lo entiende y habla como él. El hecho de expresarse con violencia, lejos de los códigos oficiales del lenguaje político, vale como prueba de sinceridad. El discurso violento parece auténtico por el simple hecho de ser violento. Con sus frases incendiarias, sus discursos llenos de groserías e insultos, Donald Trump se muestra «auténtico», un adversario resuelto de lo políticamente correcto, de un refinamiento del lenguaje sinónimo de hipocresía, artificio y mentira: él dice «las cosas como son», como las siente, sin esconderse tras el lenguaje conformista del «bien pensar». Al mostrarse como alguien que rompe los tabúes y el discurso acartonado de la corrección política, al no tener miedo a no gustar, al parecer que no le preocupa lo que los demás piensen de él, el líder consigue una imagen de autenticidad entre un electorado poco ilustrado, «amenazado» por la globalización y que alimenta un resentimiento hacia las minorías étnicas, los inmigrantes, los medios de comunicación «liberales» y las élites moralizadoras.

La ironía de la época está en que los dirigentes que utilizan sin moderación las *fake news* y demás *bullshits* con fines políticos pueden parecer líderes auténticos y, de todos modos, más sinceros y honestos que sus adversarios más respetuosos con los datos objetivos. La competición entre Hillary Clinton y Donald Trump la ganó este último, a pesar de todas sus mentiras y contraverdades. Por mucho que el *Washington Post* dijera que Trump pronunciaba cada día entre siete y dieciséis bulos (*fake news*), esto no tuvo efecto alguno: Trump sigue apareciendo a los ojos de sus partidarios como un presidente auténtico, honesto y sincero. Si la era de la «posverdad» es inseparable del auge de las redes sociales, del clima de desconfianza hacia las élites e instituciones encargadas de la producción colectiva de la «verdad», también lo es de la consagración de la autenticidad emocional.

La autenticidad tóxica

Por mucho que los populistas pretendan ser los únicos auténticos demócratas, muchos de ellos, una vez instalados en el poder, atacan a la prensa, la oposición y las instituciones independientes, al Estado de derecho: prueba de ello son la Hungría de Viktor Orbán, el PiS polaco o la Turquía de Erdoğan. Incluso cuando las libertades fundamentales no se ven amenazadas, como en el caso de Estados Unidos, la oleada populista constituye un mal que carcome las democracias desde dentro. Los movimientos populistas no solo pretenden descalificar a la prensa, a los expertos y a sus adversarios, sino que hacen que la sociedad se vuelva más agresiva, intolerante y paranoica mediante discursos de odio, misóginos, nacionalistas y xenófobos.

Al jugar con las emociones y las pasiones, los movimientos populistas enfrentan a los grupos, suscitan el desprecio de las instituciones y el odio hacia las élites, atizan las frustraciones, intensifican los miedos, exacerban las pasiones xenófobas, proteccionistas y nacionalistas. Al declarar a la prensa enemiga del pueblo, al cuestionar la legitimidad de los adversarios tratados como traidores de la nación, al insultar a las mujeres, a los inmigrantes y a todos sus detractores, al no moderar sus palabras,[1] Donald Trump ha pisoteado los principios y las reglas del juego democrático. Ha histerizado el debate democrático y, además, «incendiado» Washington incitando a sus partidarios a asaltar el Capitolio, símbolo de la democracia estadounidense. En Gran Bretaña, con el referéndum sobre el Brexit y la retórica agresiva utilizada por Bo-

---

1. Steven Levitsky y Daniel Ziblatt, *La mort des démocraties*, trad. fr. de Pascale-Marie Deschamps, Calmann-Lévy, 2019. (Hay traducción española: *Cómo mueren las democracias*, trad. de Gemma Deza Guil, Ariel, Barcelona, 2018.)

ris Johnson, se han multiplicado los insultos, mensajes de odio y amenazas de muerte dirigidos a los diputados británicos partidarios de Europa.

El ideal de autenticidad se presentaba como un imperativo ético de verdad que debía permitir el desarrollo de un clima de confianza y escucha entre las personas. Con los líderes populistas, se ha convertido en una herramienta demagógica al servicio del arte de exacerbar las divisiones sociales, religiosas, étnicas, regionales y nacionales. Lejos de favorecer el auge de democracias de confianza, la retórica populista atiza la desconfianza de los ciudadanos hacia sus dirigentes, incrementa las disensiones, incita al odio hacia los cuerpos intermedios y los inmigrantes, extiende la intolerancia, la xenofobia, la paranoia colectiva: el populismo se caracteriza por un régimen de autenticidad de odio.

A todo ello se suma el hecho de que los jefes populistas se afirman como líderes eminentemente peligrosos en situación de crisis sanitaria. Al confiar solo en su intuición, denigrando a los expertos, tratando el virus con desprecio, los dirigentes populistas han revelado su incompetencia, su ineptitud para gestionar la pandemia de la COVID-19. El fracaso es patente en el Reino Unido, Estados Unidos y Brasil, que figuran entre los países más afectados. Los demagogos declaraban que iban a poner fin a la impotencia política, pero el balance en esta ocasión es inapelable: Boris Johnson, Donald Trump y Jair Bolsonaro se mostraron particularmente impotentes ante el virus. El supuesto sentido común de los populistas revela ser un desastre para las poblaciones: la democracia populista se vuelve en contra de la seguridad sanitaria del pueblo. El populismo actúa como un virus que pone en peligro la vida de las poblaciones.

Vencer al populismo

Es cierto que el populismo explota una autenticidad «mala» o peligrosa, pero es ingenuo pensar que una «buena» autenticidad acabará con él. Lo que sustenta la oleada populista es, ante todo, el aumento de un sentimiento de injusticia social acompañado de una sensación de inseguridad social generalizada, económica e identitaria.

Desde la década de 1980, la globalización y el aumento de las desigualdades reales o sentidas han alimentado un sentimiento creciente de ansiedad e injusticia, de desclasamiento y abandono en el seno de las clases populares, que se sienten traicionadas, engañadas, olvidadas y despreciadas por las élites existentes. De ahí nace un profundo resentimiento hacia el establishment político, su descrédito, vilipendiado como cínico, arrogante y responsable de los males que afligen a los «olvidados» del sistema. Este sentimiento de abandono de las categorías desfavorecidas, combinado con la idea de que la economía beneficia sobre todo a las categorías favorecidas, alimenta la pérdida de confianza en las instituciones, así como la creencia de que únicamente las personas o los partidos «fuera del sistema» son capaces de aportar soluciones a nuestro «sistema bloqueado» e injusto.

En todo el mundo aumentan los miedos al presente y al futuro, así como la necesidad de seguridad y protección para los individuos. En el origen del aumento de la inseguridad en las sociedades hiperindividualistas, se encuentran una multitud de factores entre los que figuran el descrédito de las grandes ideologías de la historia, la globalización (la sociedad de mercado y la competencia generalizada) y la precarización del empleo, pero también la inmigración y el terrorismo. Todos ellos son fenómenos que explican el auge del sentimiento de inseguridad, así como las nuevas necesidades de protección de los individuos. El optimismo progresista que acompañaba los Treinta Gloriosos es solo un recuerdo del pasado: ahora, el futuro, incierto y ansiogénico, acentúa las voluntades de protección y seguridad de los individuos. De este modo, los procesos de destradicionalización e individualización exacerbados, típicos del mundo nuevo, van acompañados de nuevas demandas de protección. El individualismo liberacionista ha sido sustituido por un individualismo de protección. Por este motivo, la sinceridad de los líderes, el decir la verdad y la transparencia no bastarán para acabar con el populismo. El compromiso virtuoso de los políticos es sin duda deseable, pero no bastará para reconstruir un estado de confianza. La ética de la autenticidad no es la solución, no es adecuada para dar respuesta con éxito a los retos que constituyen la desconfianza política y el populismo. Únicamente medidas estructurales serán capaces de reducir los sentimientos de inseguridad económica, social e identitaria; solo acciones políticas que demuestren que la colectividad nacional no está del todo desposeída de control sobre sí misma, que es capaz de gobernarse de modo eficaz, permitirán recrear seguridad, confianza en las instituciones y en la vida política. No se acabará con el populismo ni con las fuerzas antisistema con la virtud moral de la autenticidad, sino con un nuevo modelo económico menos sujeto al sistema cortoplacista, con un funcionamiento colectivo menos desigual, con acciones públicas a favor de una mayor justicia social que reduzca las causas profundas que alimentan el sentimiento de inseguridad, las iras, la indignación y los resentimientos de las capas populares y de una parte de las clases medias.

DESFETICHIZAR EL IDEAL DE AUTENTICIDAD

Los tiempos han cambiado. Es innegable que la autenticidad ha dejado de ser un concepto fetiche que suscita el fervor filosófico. Algunos incluso la consideran una categoría anticuada, obsoleta, «pasada de moda», que ya no da cuenta del espíritu de los movimientos de emancipación característicos de nuestra época, de sus referentes y objetivos. Sin embargo, al mismo tiempo, la autenticidad se enarbola como ideología moral regeneradora y como la clave para un porvenir mejor. Si, en el ámbito filosófico, la autenticidad ha perdido valor, en un número creciente de sectores es magnificada de manera incondicional, ensalzándola en cualquier circunstancia, erigiéndola en principio salvador, en vía principal para construir un universo duradero y más humano.

Este libro ha pretendido rechazar ambas perspectivas: la autenticidad no es una problemática «*has been*», ni la herramienta maravillosa de la salvación hipermoderna.

Mal que les pese a los militantes del «Woke», de las identidades, del *gender*, de la raza, el ideal de ser uno mismo es más que nunca el foco de sentido que alimenta las reivindicaciones y las luchas de emancipación contemporáneas, las de las mujeres, las minorías etnoculturales, las minorías sexuales y de género. Al ser privada de sus cartas de nobleza filosófica, la autenticidad individual se afirma como una idea-fuerza principal, un principio de sentido que funciona como una palanca incomparable de transformación social de la relación de sí consigo mismo, con los demás, con el cuerpo, el trabajo, el consumo, la religión, el arte y la vida política. Junto con la igualdad, constituye una «significación imaginaria central» (Castoriadis), un motor de cambio de las modas de ser y pensar, una fuerza productora de una condición subjetiva nueva. Es un error de interpretación considerar el ideal de autenticidad como una noción desfasada y una antigua gloria. La realidad es muy diferente: no es una categoría del pasado, sino un vector activo que moldea el presente y reconfigura al *homo democraticus*. No es un principio en declive, sino un agente de sentido que contribuye a la invención perpetua de una nueva modernidad, una nueva antropología individualista. No es la mitología pasada del viejo mundo, sino

420

una instancia matricial que, gracias a la legitimidad que la anima, permite cuestionarlo y cambiarlo.

Si los maestros de la filosofía moderna han disparado sus dardos contra la existencia no auténtica, por nuestra parte tenemos que deconstruir la fe ciega en las virtudes de la propia autenticidad. Contra el fetichismo de esta, es importante subrayar que no es el ideal principal ni el remedio milagroso para nuestros problemas. Lo hemos visto: peligro ecológico, eficacia económica, crisis de la educación, amenazas a la democracia liberal, acentuación de las desigualdades sociales... ninguno de estos enormes problemas se resolverá apelando a la vida auténtica. Como respuestas ilusorias, hechizos quiméricos, las odas a la autenticidad no están a la altura de los retos colectivos y planetarios de nuestra época.

No se trata de desacreditar la cultura de la autenticidad, sino de dejar de reconocer en ella la panacea para los males engendrados por la tecnociencia, el hiperindividualismo y la economía de mercado. A esta escala de los problemas, poco podemos esperar de la exigencia de autenticidad ya que esta se muestra incapaz de aportar soluciones creíbles, efectivas, a las cuestiones medioambientales y económicas, políticas y sociales. Es innegable que la ética de la autenticidad engendra transformaciones profundas en la manera de ser de los individuos, en su exigencia de ser sí mismos y conseguir el reconocimiento social: en este aspecto, es, sin duda, un agente principal de cambio social. Pero es en vano esperar de ella incluso el inicio de una respuesta creíble para los grandes retos del siglo que son el desastre ecológico, el populismo, las desigualdades sociales y la crisis de la educación.

A partir de un momento determinado, el culto de la autenticidad es más un mantra, una fórmula mágica, que una respuesta seria a los problemas del mundo.

Además, la religión de la autenticidad puede funcionar, en uno de sus aspectos y llevada a sus extremos, como un freno, un obstáculo a lo que exige la época. Hay que rechazar enérgicamente la antigua idea de que «la autenticidad está bien, la no autenticidad está mal». El mundo tecnocientífico no es el gran Satán: no es posible un porvenir mejor sin la mediación del artificio técnico humano. Y por otro lado, la exaltación de la autenticidad tiene sus riesgos y efectos nocivos tanto para la cohesión democrática como para una educación digna de este nombre. Cuidado con los himnos a la autenticidad, capaces de amenazar la innovación tecnocientífica, la libertad de espíritu, los valores republicanos, la comunidad nacional y una educación exigente. Tenemos que desabsolutizar el ideal de autenticidad, que no puede considerarse una herramienta de salvación, ni siquiera para el principio supremo de la vida buena.

Ser uno mismo constituye un ideal ético consustancial al universo moderno democrático. Esto no autoriza a reconocerlo como el valor de los valores. Comparto la afirmación de Charles Larmore según la cual:

> La autenticidad no lo es todo. Solo es un valor entre otros y debería resultar evidente hasta qué punto nos equivocamos al elevar la autenticidad personal al rango de valor supremo.[1]

¿Qué es preferible: un cirujano codicioso pero muy competente o un cirujano altruista pero con competencias mínimas? Es cierto que el mundo moderno consagra la autenticidad, pero también ensalza la iniciativa, la innovación, la investigación científica, la eficacia tecnológica y la creación, que son también valores y cualidades positivos, indispensables para construir un porvenir deseable, moldear un planeta habitable para todos, una sociedad del mejor-vivir libre y más justo. Tenemos que colocar en el lugar que le corresponde el valor de autenticidad que, en el plano de lo que estamos tratando,

---

1. Charles Larmore, *op. cit.*, p. 206.

no regula nada, «no tiene buena mano», no es capaz de aportar soluciones efectivas a los peligros que afectan a nuestras sociedades. Cuidado con la religión de la autenticidad que reconstituye una especie de pensamiento mágico: la «sabiduría» que necesitamos consiste en no esperar de la autenticidad más de lo que nos puede ofrecer.

ÍNDICE